KB125900

스칸디나비아 국가의 거버넌스와 개혁

남궁근 · B. Guy Peters · 김상묵

김승현 · 윤홍근 · 이혁주

정익재 · 조현석 지음

한울
아카데미

국립중앙도서관 출판시도서목록(CIP)

스칸디나비아 국가의 거버넌스와 개혁 / 남궁근 엮음 ; 남궁근,
B. Guy Peters, 김상묵, 김승현, 윤홍근, 이혁주, 정익재, 조현석
[공]지음. -- 파주 : 한울, 2006
      p. ;   cm. -- (한울아카데미 ; 855)

ISBN   89-460-3535-8 93350

340.923-KDC4
320.948-DDC21   CIP2006001104

 이 책은 스칸디나비아 국가를 중심으로 지난 20여 년간 진행되어 온 거버넌스 개혁사례를 소개한 것이다. 스칸디나비아(Scandinavia) 국가는 노르웨이, 덴마크, 스웨덴 3국을 일컫는 말로서, 일반적으로 핀란드는 제외된다. 여기에 핀란드를 포함한 4개국을 함께 묶어 북유럽국가(Nordic Countries)로 부르기도 한다. 여기에서는 이들 4개국을 국내에 널리 알려진 대로 스칸디나비아 국가라고 부르기로 하겠다.

 스웨덴, 노르웨이, 덴마크, 핀란드로 이루어진 스칸디나비아 국가들은 발트해(Baltic Sea)와 북해(North Sea) 주변 국가들로서 나름대로 독자적인 문화와 역사를 공유하고 있다. 1980년대 이후 전 세계적으로 거버넌스 개혁이 추진되어 왔는데, 세계 각국에서 개혁을 추진하게 된 배경 즉 경제위기, 세계화 추세, 정보화 등의 배경요인이 유사하기 때문에 개혁의 방향에서도 유사한 측면이 많다. 그러나 스칸디나비아 국가들은 세계적인 추세에 따르면서도 나름대로의 독자적인 개혁 방식을 채택해 왔다. 이들 국가의 개혁방식은 영미식의 신자유주의적인 이데올로기를 반영한 '작은 정부'론과는 상당한 거리가 있다. 이들 국가들은 정부가 교육, 사회복지, 보건의료서비스 등의 분야에 적극적으로 관여하여 일자리를 제공해 왔다. 한편 공공부문에서의 고용과 서비스는 중앙정부가 아닌 지방정부가 중심이 되어 시행하고 있다. 이들 국가의 거버넌스 특징은 시민참여형 거버넌스, 그리고 지방분권형 거버넌스라고 할 수 있을 것이다. 한편 우리나라에서는 참여정부 출범 이후 국정운영의 방향은 과거 문민정부와 국민의 정부에 이르기까지 이상형으로 추구해 온 신자유주의적 방식과는 차별성이 나타나고 있다. 최근 참여정부는 심화되고 있는 양극화를 해소하는 방법으로 일자리 창출이 최우선 과제라고 밝히고 있다. 그런 일자리의 상당 부분은 공공부문에서 제공해야 할 것으로 생각된다. 이같이 정부가 민간부문의 중소기업을 중심으로 하는 일자리를 창출하기 위하여 적극적으로 노력하고, 공공부문에서도 상당수의 일자리를 창출하는 국정운영방식의 원형은 스칸디나비아 국가에서 찾을 수 있을 것이다.

우리는 오랫동안 영·미식의 신자유주의적 개혁만이 국가경쟁력을 강화시킬 수 있을 것이라는 잘못된 믿음을 가지고 있었다. 그러나 스위스 제네바 소재 비영리연구기관인 세계경제포럼(WEF)이 발표한 2005년 국가별 경쟁력 평가 보고서에 따르면 117개 조사대상국 가운데 스칸디나비아 국가들 중 핀란드는 3년 연속 1위를 차지했고, 스웨덴은 3위(2년 연속), 덴마크는 전년도 5위에서 4위로 순위가 상승하였다. 한편 영·미계 국가들의 경우 미국이 2위, 호주 10위(지난해 14위), 영국 13위(지난해 11위), 뉴질랜드 16위(지난해 18위)를 기록하였다. 그러므로 국가경쟁력의 순위에서 스칸디나비아 국가들이 영연방국가들보다 순위가 높다는 것을 알 수 있다.

이 책에서는 북유럽국가의 인문사회, 지리적 환경, 정치행정체제 전반을 소개한 후 각 분야별로 진행되어 온 거버넌스 개혁사례를 소개하고자 했다. 이 책은 2003년 한국학술진흥재단의 연구비 지원(KRF-2003-072-BS2062)으로 이루어진 '참여형 개혁에 대한 실태조사: 스칸디나비아 국가들에 대한 비교연구'의 연구결과를 토대로 한 것이다. 이 책은 4부 11개 장으로 구성되었다. '제1장 서론: 북유럽국가의 거버넌스와 개혁'에서는 본서의 내용을 간략하게 요약하여 소개했다. 제1부는 2개의 장으로 구성되었는데 북유럽국가들의 인문사회, 지리적 환경, 정치행정체제 전반을 소개(2장)하고, 정책협의제의 변화(3장)를 다루었다. 제2부 정부부문의 개혁은 4개 장으로 구성되었는데, 참여형 정부의 구축(4장), 정부혁신의 전략과 결과(5장), 인사개혁전략의 특징과 결과(6장), 전자정부 개혁(7장)을 다루고 있다. 제3부 복지제도의 개혁은 2개 장으로 구성되어 있으며, 사회서비스 부분의 개혁(8장)과 사회보장제도 개혁(9장)을 다루고 있다. 제4부는 산업정책과 공기업 개혁으로 산업정책의 변화(10장)와 전력산업의 구조개편(11장)을 다루고 있다.

이 책은 공공부문에서의 정부혁신, 거버넌스 개혁, 사회복지 개혁 등에 관심 있는 학자와 연구자, 공무원, 그리고 개혁에 관심을 가진 일반 독자들이 반드시 읽어야 할 것이다. 영·미식의 신자유주의적 개혁만이 국가경쟁력을 제고하는 유일한 방식이라는 편견을 가진 독자들은 반드시 읽어보고 균형감각을 찾아야 할 것이다. 그러므로 이 책은 행정학, 사회복지학, 정치학 분야에서 정부와 기업관계, 거버넌스, 사회복지개혁, 규제개혁 등 관련 강의에서 참고교재로 사용할 수 있을 것이다.

이 책의 제5장은 ≪한국행정학회보≫(39권 3호)에 '북유럽국가 정부인사개혁전략의 특징과 결과'라는 제목으로, 제8장은 ≪한국행정학회보≫(39권 4호)에 '사회적 서비스 부문의 신공공관리개혁: 스칸디나비아 사례연구'라는 제목의 논문을 토대로 하였다. 한편 학술진흥재단의 연구비 지원과는 별도로 2개 관련논문이 추가되었다. 제4장은 피츠버그대학교 석좌교수인 피터스(B. Guy Peters)가 2003년 7월 24일 서울세종문화회관에서 개최된 서울산업대학교 IT정책대학원 세미나에서 발표한 논문이다. 제8장은 ≪정책분석평가학회보≫(9권 1호)에 '후기산업사회에서의 복지정책의 다양성'이라는 제목으로 발표되었다. 두 편의 논문은 이 연구프로젝트와 관련성이 높아 이 책에 수록하였다.

이 기회에 연구비를 지원해 준 한국학술진흥재단에 감사드린다. 또한 2003년 7월에 서울을 방문하여 참여형 국정개혁에 관하여 발표하고 동아일보의 인터뷰에도 참여해 준 피츠버그대학 피터스 교수에게도 감사드린다.

같은 대학에 재직 중인 동료교수들과 함께 한 연구는 그 성과는 물론이고 연구과정 자체가 즐거움이었다. 본 연구에 참여하지는 않았지만 2004년 6월 말부터 자료수집 차 2주에 걸쳐 북유럽국가 현장 조사에 동행하였던 본교 행정학과 하태권 교수와 김재훈 교수께도 감사드린다. 연구과정에서 공동연구원으로 참여하여 자료 수집을 맡아준 한국외대의 이교헌 박사와 김상철 박사에게도 감사드린다. 북유럽 4개국의 현황에 대한 자료수집과 원고교정에 애써 준 서울산업대학교 IT정책전문대학원 석사과정 우하린에게도 고마움을 전한다. 나날이 어려워지는 여건하에서 출판을 맡아주신 도서출판 한울 김종수 사장님과 꼼꼼하게 편집하고 교정을 보느라 수고하신 편집부에 심심한 감사의 말씀을 드린다.

2006년 2월 집필진을 대표하여

남궁근

차례

제1장

서론: 스칸디나비아 국가의 거버넌스와 개혁
남궁근

1. 스칸디나비아 국가 거버넌스의 특징

일반적으로 거버넌스란 정부, 시민사회, 시장이 상호 협력하는 국정운영 방식을 말한다(Pierre & Peters, 2000). 거버넌스 형성의 세 주체는 정부, 시장, 그리고 시민사회다. 즉 정부를 구성하는 정부부처와 기관, 시장에서 영리를 추구하는 행위자인 기업체와 자영업자들, 시민사회에서 공공의 이익을 위하여 일하는 비영리기관과 자원봉사단체가 주체가 된다. 거버넌스는 국제수준, 국가수준, 지방수준에서 이루어지고 있다. 1970년대와 1980년대 서구 선진국에서의 국가경쟁력의 위기는 국가수준의 거버넌스가 변화하는 환경에 취약하다는 것을 나타낸 것이다. 이에 따라 오늘날 국가수준의 거버넌스가 약화되고, 그 대신 국제수준 및 지방수준의 거버넌스가 강화되고 있다(Nye, 2002: 3-4).[1) 그런데 국가수준의 거버넌스에서 다루어야 할 과제를 지방수준의 거버넌스에 어느 정도까지 위임할 것인지는 선택의 문제이기도 하다.

각 국가별 거버넌스의 특징은 거버넌스 형성의 세 주체인 정부조직, 시민사

---

1) 유럽국가의 경우 유럽연합이 초국가적 기구로 성상하면서 국제수준의 거버넌스가 국가 거버넌스에 미치는 영향과 간섭이 강화되고 있는 추세다.

회단체, 시장조직 자체의 특징, 그리고 이들 사이의 상대적 역학관계나 기능 등의 요소가 종합적으로 고려되어 나타난다. 여러 가지 요소를 종합적으로 고려할 때 북유럽국가들은 영·미 앵글로 색슨계 국가들과는 뚜렷하게 구분되는 독자적인 거버넌스 모형을 발전시켜 왔다. 여기에서는 북유럽국가에서 발전시켜 온 거버넌스의 특징을 '조합주의와 정책협의제'의 전통, 적극적 정부와 분권형 정부, 사회민주주의 복지모형, 시민참여와 시민권리구제의 전통으로 구분하여 간략하게 살펴보겠다.

1) 조합주의와 정책협의제의 전통

북유럽국가들은 20세기 이후 오랫동안 이해관계를 가진 조직들과 정부 사이의 정치적 타협을 통해 시장력의 작용을 제어하는 정치제도 및 관행을 발달시켜 왔다. 즉 북유럽국가들은 전통적으로 노동자단체와 사용자 조직, 그리고 정부가 합의(consensus)를 도출하는 비시장적 조정기제를 활용하여 왔다. 이는 영·미계 국가들이 주로 시장에서 해결방안을 찾았던 것과 대조된다. 정치제도에서도 북유럽국가들은 모두 비례대표 선거제도를 채택하고 있으며, 그 결과 다당제도가 유지되고 있다. 반면 영·미계 국가들은 다수대표제도와 소선거구제도를 채택하고 있고, 따라서 양당체제적 성격이 강하게 나타나고 있다. 북유럽국가에서 전통적으로 유지되어 온 노사정 합의는 전국단위로 이루어지므로, 이를 전국단위 조합주의(national corporatism) 전통으로 부른다. 한편 독일, 프랑스, 네덜란드, 벨기에 등 유럽대륙 국가들은 산업별 노사정 합의제도의 전통을 가지고 있으며, 영·미계 국가에서는 그러한 전통이 약하거나 없다. 제3장에서는 북유럽국가에서의 전통적인 전국단위 조합주의와 정책협의제가 지난 20여 년간 개혁과정에서 어떻게 변모되었는지 분석하고 있다.

2) 적극적 정부와 분권형 정부

북유럽국가들은 전통적으로 큰 정부를 유지해 왔고 정부가 항상 적극적인 역할을 수행하여 왔다. 작은 정부와 큰 정부는 정부의 역할 및 규모에 대한 논의와 함께 정부가 국민의 사회·경제 활동에 어느 정도 개입하는가에 따라 구분된다. 그런데 공무원 수, 국내총생산액(GDP) 대비 국민 조세부담 및 정부 재정지출 수준, 정부가 민간부문에 개입하는 정도, 그리고 정부가 제공하는 공공서비스의 양과 질 등 어떤 지표를 적용하더라도 북유럽국가들은 큰 정부이며, 국가가 적극적인 역할을 수행하고 있다. 중앙정부와 지방정부(county 및 지방자치단체 포함) 사이의 역할 분담에서도 지방정부가 압도적으로 많은 역할을 수행해 온 분권형 정부의 전통을 가지고 있다. 지방정부는 주로 사회복지, 초·중·고등학교 교육, 문화와 여가활동 등 주민생활과 직결된 분야에서 서비스를 제공해 왔다.

이러한 정부운영 방식은 1970년대 서구 선진국의 재정적자와 국가경쟁력의 위기에 대응하여 1980년대에 본격적으로 추진된 정부혁신의 물결 앞에서 거센 도전을 받았다. 이 책의 4장부터 7장까지는 정부부문의 혁신을 다루고 있는데 1980년대의 이러한 도전에 북유럽국가들이 어떻게 대응했는지에 관한 것이다. 10장 핀란드의 산업정책과 11장 전력산업의 구조조정에서는 중앙정부와 지방정부가 그 과정에서 수행한 적극적인 역할을 분석하고 있다.

3) 사회민주주의 복지모형

북유럽국가들은 사회민주주의 복지체제를 발전시켜 왔다(Esping-Anderson, 1990). 사회민주주의 복지국가는 사회보험, 사회복지서비스, 공적부조가 상호 유기적으로 결합되어 있다. 사회보장제도를 통한 재분배 효과도 매우 크다. 특히 사회복지서비스의 강화로 여성과 노인들의 경제활동 참여가 확대되었다. 사회민주주의 복지국가는 그 크기가 상대적으로 크며 이전지출뿐만 아니라 사회복지서비스와 같은 비이전지출 분야에 많은 노력을 기울이는 체제다. 안상훈(2005)은 사민주의적 생산·복지체제는 복지의 확대가 생산적일 수 있는 부문에 상당히 집중되며 이를 통해 양질의 인적 자원을 확보함으로써 생산성 높은 첨단산업의 지속적 혁신이 가능하고, 결국 복지와 생산 양자의 성공으로 이어지는 체제라고 평가하고 있다. 북유럽국가가 유지해 온 큰 정부는 상당부분 복지 분야에 종사하는 인력이 많고, 그 지출이 매우 크기 때문이다. 이 책의 8장과 9장에서는 북유럽국가에서 1980년대 이후 진행되어 온 사회서비스와 사회보장제도의 개혁에 관하여 분석하고 있다.

4) 시민참여와 시민 권리구제의 전통

북유럽국가들은 일찍부터 정부의 정책결정에 시민의 참여를 확대하는 한편 정부와 공무원의 권력남용으로부터 시민을 보호하는 옴부즈만 제도를 발전시켜 왔다. 북유럽국가의 시민참여형 거버넌스에 관하여는 4장에서 다루고 있다. 그런데 시민권리 구제를 위한 전형적인 제도인 옴부즈만 제도는 이 책에서 다루지 않고 있으므로 여기에서 간략하게 살펴보겠다.

옴부즈만 제도의 발상지는 스웨덴으로, 1809년 헌법에서 사법옴부즈만 제도가 창설되었고, 1915년에는 군사옴부즈만 제도를 두어 200년 가까운 전통을 가지고 있다. 핀란드가 1919년에, 덴마크는 1953년에 이를 채택했고, 노르웨이가 1952년에 군사옴부즈만을, 1962년에 민간옴부즈만을 둠으로써 북유럽국가들은 모두 옴부즈만 제도를 도입하게 되었다. 옴부즈만의 기능은 다음과 같다. 첫째, 개인적인 권리구제나 불만을 해결하는 데 기여한다. 둘째, 행정의 통제를 통한 행정의 질적 수준을 높이는 데 기여한다. 셋째, 행정과 시민을 연결하는 통로로서의 역할을 함으로써 행정의 인간화에 기여한다. 오늘날 옴부즈만의 기능은 '시민보호'로부터 점차 '보다 나은 공공행정의 촉신'으로 숭점이 옮겨지고 있다.

노르웨이에서는 노르웨이 의회가 총선이 치러진 다음해 1월 1일부터 4년

임기로 의회옴부즈맨(Parliamentary Ombudsman)을 임명하여 운영하고 있다. 임명된 옴부즈맨은 시민이 국가나 주정부, 시정부 등으로부터 부당한 행위로 고통받지 않도록 보장하기 위해 활동하는데, 옴부즈맨은 정부와 시민 사이에서 독립적이고 공정한 중재인으로 역할을 하도록 되어 있다. 이들의 판정은 명령이 아닌 권고 사항이다. 또 1962년부터 옴부즈맨법을 제정하여 옴부즈맨이 매년 보고서를 의회에 제출하도록 되어 있는데, 이는 옴부즈맨에게 의회 감시 기능을 보조하는 역할을 수행하도록 한 것이다. 현재 노르웨이에서 운영되고 있는 옴부즈맨의 종류에는 크게 소비자 보호를 위한 옴부즈맨(시민인권을 위한 공무원), 아동을 위한 옴부즈맨, 평등과 시민 인권을 위한 옴부즈맨 등이 있다(외교통상부, 2005a).

옴부즈맨(Ombudsman) 제도는 덴마크에서도 활발하게 이용되고 있는데, 이 제도는 법률 및 행정 등 국정에 관한 민원을 조사하여 시정이 필요한 사항에 대해서는 조치나 권고를 할 수 있는 권한을 보유하는 것이다. 옴부즈맨 제도는 1753년에 개정된 헌법 제55조에 따라 그 임명의 법적 근거가 마련되었으며, 그 이후 지속적으로 활발하게 이용되고 있다. 옴부즈맨의 조사 대상은 모든 정부 부처와 지방자치단체 및 소속공무원이지만, 사법부와 사법부의 관리 및 판사는 조사 대상에서 제외된다. 또 개인은 누구든지 옴부즈맨에 직접 소원을 제기할 수 있다. 이처럼 의회에 의해 임명되는 옴부즈맨(Parliamentary Ombudsman 또는 Legislative Ombudsman) 이외에도 소비자 옴부즈맨(Ombudsman for Consumer Affairs)이 있다. 소비자 옴부즈맨은 소비자가 민간기업 또는 정부기관이 선량한 시장 관행에 위배되는 행위를 했다고 판단하는 경우 제소하도록 되어 있는데, 강제처분 권한은 없고 타협을 통한 해결책 권고를 모색하는 것이 그 특징이다(외교통상부, 2002).

한편 옴부즈맨(Ombudsman)제도의 발상지인 스웨덴의 행정감찰관제도는 세계 여러 나라에서 채택하고 있는데, 그 결과 오늘날 국민들은 관료나 정부가 권력을 남용하는지 여부를 과거에 비해 손쉽게 감시할 수 있게 되었다. 이는 국민이 국가 기관의 업무처리가 부당하다고 생각하여 이에 대해 민원을 제기하면 해당 옴부즈맨이 조사를 하는 방식으로 이루어지는데, 그 종류는 매우 다양하다. 현재 스웨덴에서 운영되고 있는 옴부즈맨에는 '사법체계에 대한 불만을 다루는 옴부즈맨(JO)', '인종차별을 다루는 옴부즈맨(DO)'과 '어린이의 권리를 다루는 옴부즈맨(BO)' 등이 있다. 또한 스웨덴에서는 국가 안보와 관련된 서류 외에 모든 서류는 국민의 요청이 있을 경우에 공개하도록 되어 있다. 국민 개인의 경우 자신과 관련된 모든 서류는 요청만 한다면 어떤 것이든 열람이 가능하다(외교통상부, 2004).

2. 스칸디나비아 거버넌스 개혁과 이 책의 주요내용

이 책에서는 북유럽국가(Nordic Countries)를 중심으로 지난 20여 년간 진행되어 온 거버넌스 개혁 사례를 분야별로 소개하였다. 1980년대 이후 전 세계적으로 거버넌스 개혁이 추진되어 왔는데, 세계 각국에서 개혁을 추진하게 된 배경 즉 경제위기, 세계화 추세, 정보화 등의 배경요인이 유사하기 때문에 개혁의 방향에서도 유사한 측면이 많다. 그러나 북유럽국가들은 세계적인 추세에 따르면서도 독자적인 개혁 방식을 채택해 왔다. 이 책에서는 북유럽국가의 인문사회, 지리적 환경, 정치행정체제 전반을 소개한 후 각 분야별로 진행되어 온 거버넌스 개혁 사례를 소개하고자 하였다.

이 책은 4부 11개 장으로 구성되어 있다. 제1장 서론에 이어, 제1부에서는 북유럽국가들의 인문사회, 지리적 환경, 정치행정체제 전반을 소개(2장)하고, 정책협의제의 변화(3장)를 다루었다. 제2부 정부부문의 개혁은 4개 장으로 구성되어 있는데, 참여형 정부의 구축(4장), 정부혁신의 전략과 결과(5장), 인사개혁전략의 특징과 결과(6장), 전자정부 개혁(7장)을 다루고 있다. 제3부 복지제도의 개혁은 2개 장으로 구성되어 있으며, 사회서비스 부분이 개혁(8장)과 사회보장제도 개혁(9장)을 다루고 있다. 제4부는 산업정책과 공기업 개혁으로 산업정책의 변화(10장)와 전력산업의 구조개편(11장)을 다루고 있다.

1) 제1부 북유럽 개관 및 정책협의제 변화

3장은 윤홍근 교수의 논문으로 스웨덴과 덴마크에서의 '정책협의제의 변화'를 비교분석했다. 북유럽국가들은 20세기 이후 오랫동안 이해관계를 가진 조직들과 정부 간 정치적 타협을 통해 시장력의 작용을 제어하는 정치제도 및 관행을 발달시켜 왔다. 스웨덴이나 덴마크는 스칸디나비아 국가들의 고유한 정치적 전통이 되어온 정책협의제(policy concertation)를 거의 1세기 동안 유지해 왔다. 북유럽의 국가에서 전형이 발견되는 정책협의제는 다음과 같은 특징을 갖는 것으로 설명된다.

첫째, 사용자 단체와 노동조합의 정상 조직(peak organization)이 중앙 수준에서 협상을 통해 시장에 영향을 미치는 공공정책의 주요 내용을 결정하며, 정부 관료와 의원들이 이 협상과정에 참여하여 주로 조정자로서의 역할을 담당한다. 둘째, 정상조직 산하 각 이익조직은 산업별, 부문별로 위계구조로 조직화되어 있으며, 중앙에서의 협상과정에서 부문간 이해관계 조정을 위한 협의가 동시에 진행된다. 셋째, 정책협의의 주 대상이 되는 정책은 고용, 가격, 성장, 무역, 복지 등 경제정책과 사회정책에 관한 것이다. 노동정책에 관한 한 중앙 협상의 결과는 산업별 협상 또는 개별 기업 차원에서 노조와 사용자의 협상을 제약하는 구속력을 갖는다.

1950년대부터 1970년대까지 스웨덴 모델 및 덴마크 모델은 정치적 안정과 경제성장을 가져온 모범적 사례로 광범위한 찬양의 대상이 되어왔다. 그러나 1970년대 초반 국제오일 쇼크 이후, 스칸디나비아 복지국가체계에도 세계경제의 충격이 미치기 시작했고, 1980년대 이후 세계화의 여파가 밀려들면서 스칸디나비아 국가모델에도 새로운 차원의 변화가 찾아들기 시작했다. 1980년대 이후 일기 시작한 신자유주의와 유럽 경제통합 물결이 스웨덴이나 덴마크 등 북유럽국가에까지 스며들면서 이 국가의 오랜 정치 제도와 관행은 적지 않은 변화 압력에 직면하지 않을 수 없었다.

윤 교수는 스웨덴과 덴마크에서의 정책협의제는 1970년대 이후 서서히 정점에서 내려와 변화를 모색하기 시작한다고 본다. 이들 국가에서 정책협의제의 변화는 1970~1980년대 양국에서의 보수 우익정부와 밀접하게 연계되어 있다. 스웨덴에서는 1976~1982년, 그리고 1991년 말~1993년까지 보수우익 정부 (Buildt 정부)가 들어섰고, 덴마크에서는 1973~1976년, 그리고 1982~1993년 우익 연합정부(Poul Schluter)가 집권하였다. 스웨덴과 덴마크에서는 1970년대 중반 이후 1990년대 초반까지 사민당 정부와 보수 우익 정부가 정권을 교체해 가며, 똑같이 신자유주의 경제사회정책을 시행해 나갔다는 점에서 공통점이 발견된다. 양국에서 정책협의제 변화는 임금동결, 실업급여 삭감, 대대적인 디플레이션 정책, 탈규제와 민영화 등 신자유주의적 정책 추진을 배경으로 하고 있다.

윤 교수는 스웨덴의 SAF는 정책협의제 유지에서 오는 비용이 기대 편익을 능가한다고 믿어 정책협의제로부터의 이탈을 감행한 반면 덴마크의 DA는 정책협의제 및 중앙단체 교섭체제 유지비용이 기대편익을 능가한 것은 아니지만, 유지비용을 더 감축하기 위해서 분권화된 체제로 변모시킴으로써 절묘한 절충점을 모색하였다고 본다. 1980년대 이후 스웨덴과 덴마크에서의 정책협의제는 서로 다른 방향에서 변화를 경험하였다. 스웨덴의 정책협의제는 명백하게 퇴조의 길로 접어들었고, 덴마크에서는 새로운 형태로 변모하여 여전히 협의제의 강력한 전통을 지키고 있다. 하지만 윤 교수는 새로운 변화 가운데에서도 탈집중화, 분권화, 지방화라는 면에서 공통된 변화를 읽을 수 있다고 본다.

정책협의제 이탈 이후 스웨덴 사용자 단체연합은 SAF 회원사에게 정보 등 서비스 제공과 로비활동에 주력하는 단체로 스스로를 탈바꿈시켜 나갔다. SAF는 1992~1994년의 내부 조직개편을 단행하여, 협상담당 부서를 폐지하였으며, 정보생산 및 홍보활동 부서를 크게 확충하는 등 철저한 시장주의 집단으로 변모를 본격화해 나갔다. 1980년대까지만 하더라도 스웨덴 정책협의제의 사용자측 대표로서 정부 및 노조와 함께 공공정책을 입안하고 집행하는 데 참여했던 당사자 집단으로 SAF는 이제 예외적으로만 정부나 노조의 간헐적 요구에 부응하여 이들과의 부수적인 협상에 참여할 뿐이다.

덴마크의 DA는 회원단체의 단체교섭에 대한 조정·승인권을 유지하고 있고, 중앙 및 지방의 정책협의제의 공식 대표가 됨으로써 여전히 정상조직으로서의 권위를 잃어버리지 않고 있다. 하지만 최근 덴마크의 DA도 스웨덴의 SAF와 마찬가지로 새롭게 활동방향을 재정립해 나가고 있음을 알 수 있다. 덴마크의 DA는 단체협상의 일선에서 물러나는 대신, 회원 단체들의 활동에 필요한 정보제공 등의 서비스를 제공해 주는 단체로 전환을 도모하고 있다. 윤 교수는 SAF와 DA의 이러한 서비스 기구화는 세계화와 탈규제라는 경제적, 정치적 환경변화에 적응하기 위한 전략적 선택으로 보고 있다.

2) 제2부 정부부문의 개혁

4장은 미국 피츠버그 대학교 석좌교수인 피터스(B. Guy Peters) 교수의 글로 스칸디나비아 및 북미국가에서의 참여형 정부 구축의 교훈을 제시하고 있다. 피터스 교수는 1970년대 말부터 지금까지 거의 모든 나라의 정부가 공공부문의 개혁을 주요 활동으로 추진해 왔다고 본다. 여기에서 정부에 대한 가장 중요한 비판은 정부조직의 계층제적 성격과 공식적 권위에 의존한다는 것이다. 이러한 관점에서 먼저 계층제의 문제점을 지적하고, 고객과 시민의 역할을 고찰한다. 행정과 정책에의 참여를 위한 제도적 장치와 함께 숙의(deliberation)와 시민참여를 고찰하면서 참여형 정부의 위험성도 지적하고 있다. 피터스 교수는 민주주의 성격이 변화하고 있다고 주장하면서 논의결과를 요약하고 있다.

피터스 교수는 계층제적 구조가 조직 내 효과적인 의사소통을 방해하고, 조직구성원의 역량을 제대로 발휘하지 못하도록 만들며, 변화하는 환경 여건에 대한 반응을 둔화시킨다고 본다. 계층제 문제에 대한 일반적 처방은 참여의 형태를 진작하는 것인데, 구조적으로는 '수평조직화(flattened)' 또는 계층 축소가 필요하고, 관리의 측면에서는 정부조직 구성원과 시민의 정책결정단계에서의 참여를 진작시키는 것이다. 참여의 촉진은 규범적인 측면에서도 정부에 대한 민주적 참여의식의 증대를 위해서도 중요하다고 본다. 피터스 교수는 통치과정에서 시민과 직접 접촉하는 일선관료의 역할이 중요하다는 점을 지적하고 있으며, 일선관료와 고객이 상호협조(mutual co-optation) 관계를 통하여 서비스 제공의 능률을 증진할 수 있으나, 효과적·대응적 정부의 핵심인 통제와 책무성을 약화시킬 수 있다는 점도 동시에 지적하고 있다.

피터스 교수 논문의 핵심은 참여를 위한 제도에 관한 것인데, 스칸디나비아와 북미국가에서 광범위하게 활용되고 있는 조합적 다원주의(corporate pluralism), 공청회(open hearing), 통치의 네트워크 모형(network models of governing), 고객에 의한 관리(client management)를 기술하고 있다. 뒤이어 시민참여와 숙의 민주주의(deliberative democracy)의 주요 가정을 문제점과 함께 소개하고 있다. 피터스 교수는 참여형 정부의 장점과 함께 위험성에 관하여도 지적하고 있다. 즉 참여적인 거버넌스 모형의 몇 가지 잠재적 난점으로, 참여하는 복수 집단 간 갈등가능성, 고객을 정의하는 과정에서 나타나는 문제점, '고객'을 중시하면서 경제적인 관점이 부각되고 통치의 정치적 성격이 경시될 수 있는 문제를 지적하고 있다. 그러므로 만약 참여가 조심스럽게 설계되지 못한다면 참여의 혜택은 상실될 것이고 그 결과는 부정적일 수도 있다고 본다.

피터스 교수는 역사적으로 참여의 확대과정을 살펴보면서, 민주주의의 성격이 변화되고 있다고 주장한다. 즉 전통적인 민주주의의 모형인 자유주의적 '투입 민주주의(input democracy)'에서 성과 관리를 강조하는 '산출 민주주의(output democracy)'를 거쳐, 대중이 직접 정책결정과 서비스 생산에 관여하는 '과정 민주주의(throughput democracy)'의 방향으로 나가고 있다는 것이다.

결론적으로 Peters 교수는 계층적 모형과 마찬가지로 참여형 모형도 또한 강점과 약점이 있다고 본다. 그러므로 참여형 제도를 설계하는 과정에서 비결은 균형을 찾는 것으로, 예측가능성과 대응성 사이의 균형, 대응성과 책무성 사이의 균형을 강조한다. 그러나 균형의 적절성을 평가하는 분명한 기준은 없으며, 결국은 판단의 문제로 남게 된다고 본다.

4장의 부록으로 2003년 7월 28일자 동아일보에 게재된('참여형 행정개혁'

어떻게)를 주제로 한 가이 피터스와 남궁근 교수의 대담 내용을 담았다. 대담에서는 한국에서 추진하고자 하는 참여형 행정개혁에 관하여 교훈이 될 수 있는 사례 등이 논의되었다.

5장은 남궁근 교수와 김상묵 교수가 집필한 논문으로, 시장지향적 개혁으로 대변되는 영연방국가의 정부혁신 전략과 분권-참여형 개혁으로 대변되는 북유럽국가의 정부혁신 전략의 내용과 결과를 분석하고 있다. 이 연구에서는 먼저 1970년대 서구 선진국의 재정정자와 국가경쟁력의 위기에 대응하여 1980년대에 본격적으로 추진된 정부혁신의 이데올로기와 이론적 기초를 살펴보고 있다. 신보수주의 이데올로기에 따르면 정부기능을 축소 조정하는 방향으로 나가지만, 사회민주주의 이데올로기에 따르면 국가기능의 지방 이양이 추진되게 된다. 새로운 거버넌스와 정부개혁의 방향으로 시장지향적 거버넌스 모형과 참여-분권형 모형이 구분되며, 이러한 모형은 각각 다른 이론적 기반에 기초하고 있다.

영연방국가들은 정부혁신에서 공공부문의 규모를 감축하고, 경쟁과 성과관리 메커니즘을 도입했지만, 지방분권화와 탈집중화 등 지방으로의 권한위임에는 진전이 없었다. 지방정부에도 중앙정부와 같이 능률성, 효과성과 비용의 가치를 강조하는 방향으로 개혁이 진행되었다. 이러한 방향의 정부혁신은 1979년부터 영국의 대처정부에서 시작되어 뉴질랜드와 호주의 노동당 정부에서 1984년 이후 유사한 방향의 개혁이 추진되었는데, 뉴질랜드는 급진적인 개혁모델을 채택한 반면, 호주에서는 점진적인 개혁모델을 채택하였다.

북유럽국가들은 영연방 국가와는 달리 정부규모 축소전략은 크게 활용되지 않았다. 그러나 경쟁과 성과를 강조하는 민간관리기법은 정도의 차이는 있지만 활용하는 것으로 나타났다. 정부혁신과정에서 특징적인 것은 중앙정부 권한과 책임의 분권화가 상당히 진전되었다는 것이다. 북유럽국가에서는 1980년대의 개혁을 통하여 중앙정부의 업무가 지방자치단체에 이관되는 분권화가 추진되었고, 중앙부처 일선기관의 자율성이 증가하는 탈집중화도 추진되어 왔다. 북유럽국가들은 전통적으로 시민의 필요를 충족시키는 데 더 큰 관심을 두고 있다. 중앙정부의 규제는 전반적으로 완화되어 지방정부 수준에서 지방의 우선순위에 따른 서비스 제공이 가능하도록 하였다. 지방정부가 상당한 권한을 행사하면서도 시민들이 지방정부의 의사결정에 중요한 역할을 담당하게 되었다.

이들 국가의 정부혁신전략을 비교해 보면, 영연방 국가들은 민영화, 시장기제의 활용, 결과지향성과 성과관리 등 시장지향적 거버넌스 모형의 관점에서 강력한 개혁을 추진한 반면, 북유럽국가들은 지방분권화 전략과 전통적인 관리개선에 치중하는 분권-참여형 정부모형의 관점에서 개혁을 추진하였다고 정리할 수 있다.

남궁 교수와 김 교수가 1985년부터 2000년까지 이들 국가의 정부부문 변화를 비교한 결과, 정부 총지출이 GDP에서 차지하는 비율과 공무원 수의 변화 추이를 보면, 영연방 국가들의 경우에는 북유럽국가들에 비하여 정부부문의 축소조정에 더욱 더 많은 노력을 기울였으며 가시적 성과가 나타났다. 즉 시장지향적 개혁에 상당한 정도 성공한 것으로 평가할 수 있다. 그러나 중앙정부와 지방정부의 비중에는 큰 변화가 없었다. 한편, 북유럽국가의 경우 정부지출과 공무원 규모의 축소 정도는 미미한 것으로 나타났다. 반면에 지방정부의 규모가 상대적으로 증가했고 중앙정부의 규모는 상당히 축소되어 지방분권화의 성과가 매우 큰 것으로 확인되었다. 결과적으로 영연방 국가와 북유럽국가들은 지난 20여 년간의 개혁과정에서 상당히 다른 경로를 걸어왔고, 그 결과 정부부문의 규모와 중앙정부와 지방정부의 비중은 더욱 차이가 커진 것을 알 수 있다. 따라서 개혁의 출발점이 되었던 1970년대의 재정위기, 국가경쟁력의 위기는 북유럽국가와 영연방국가 모두에서 효율적으로 극복되었으나 위기극복을 위하여 채택한 개혁방향과 전략은 매우 상이했다고 볼 수 있다.

남궁 교수와 김 교수는 이러한 결과를 경로의존성(path-dependency) 관점에서 해석하고 있다. 한 국가의 역사적 전통, 문화적 규범 및 확립된 관행 등이 정부개혁의 성공 여부에 영향을 미친다는 것이다. 영연방국가들은 다원주의적 선봉이 두드러지고, 북유럽국가들은 강한 참여윤리를 바탕으로 긴밀한 조정과 합의, 신뢰와 상호조정에 기반을 두는 합의민주주의적 전통이 강하다고 할 수 있다. 국가와 시민사회와의 관계에 대해서도, 영연방국가들은 폐쇄적인 네트워크와 소비자로서의 시민이라는 믿음이 강한 반면, 북유럽국가들은 포용적인 네트워크와 능동적인 시민의 정책과정 참여를 중시하는 경향을 지니고 있다. 재정위기 해결을 위한 핵심 과제도 영연방국가들은 중앙정부의 국정수행역량의 증진으로, 북유럽국가들은 민주적 책무성의 확보로 판단하였다. 따라서 이러한 전통과 문화 및 정치행정체제의 특성으로 인해 영연방국가들은 정부개혁의 대안으로 시장지향적 모형을, 북유럽국가들은 참여-분권형 모형을 선택한 것으로 이해할 수 있다.

6장은 김상묵 교수와 남궁근 교수가 집필한 논문으로 핀란드, 덴마크, 스웨덴 등 북유럽국가의 정부 인사개혁전략의 특징을 분석하고 있다. 이들 북유럽국가들이 1980년대 이후 추진해 온 인적자원관리 개혁의 전반적인 경향은 상당한 유사성을 지니고 있다. 공통적인 방향은 ① 인적자원관리의 권한과 책임을 각 부처, 책임기관 및 정부기관의 관리자에게로 위임하는 분권화 경향, ② 관리자와 공무원의 능력개발을 통하여 정부의 경쟁력을 강화하려는 역량개발 경향, ③ 성과계약, 성과에 대한 평가와 보상을 중시하는 성과관리 경향이라고 볼 수 있다.

아울러 김상묵 교수와 남궁근 교수는 이들 북유럽국가들이 국가마다 조금씩 차이는 있으나 정부부문의 인적자원관리에서 상당한 유사성을 지니고 있다고 분석하고 있다. 첫째, 인적자원관리의 책임이 개별 부처와 집행기관으로 위임되고 중앙인사기관의 역할과 권한이 축소되고 있으며, 총액인건비제도를 도입하고 있다. 둘째, 공무원의 법적 지위와 신분보장은 점차 약화되어 민간부문과 유사해지고 있다. 셋째, 각 정부기관은 필요한 직위에 필요한 인력을 적시에 충원할 수 있으며 공직체제도 전통적인 직업공무원제에서 탈피하여 직위 중심의 공직체제로 전환하고 있으며, 인사관리의 신축성을 제고하고 있다. 넷째, 공무원에 대한 평가체제가 점차 분권화되고 있으며, 성과평가 또한 더욱 중요하게 간주되고 있는데, 평가에서 면담방식의 활용이 중요한 요소로 부각되고 있고, 평가 결과는 금전적인 보상과 직접적으로 연계되고 있다. 다섯째, 보수수준 결정 등 공무원에게 영향을 미치는 사안에 대하여 노동조합의 참여와 영향력이 크며, 정부 측과 공무원노동조합과의 단체교섭은 중앙 차원과 개별 기관 또는 직능별 차원의 두 개 계층에서 이루어지며 공무원에게 파업권을 부여하고 있다.

이 연구를 통하여 김 교수와 남궁 교수는 북유럽국가들의 인적자원관리 개혁전략은 상호 보완적 특성을 가진다는 점을 유념할 필요가 있다고 강조한다. 첫째, 북유럽국가가 추진한 공무원의 직업 안정성 약화, 인사관리의 신축성 제고, 개방형 충원방식은 북유럽국가의 오랜 조합주의적 문화를 바탕으로 한 상호 협력적 노사관계와 상호 보완적 관계라고 할 수 있다. 둘째, 공무원에 대한 성과평가, 성과급제의 도입, 책무성 강화 등의 개혁전략은 관리자와 공무원 간의 쌍방향적 의사소통과 면담의 중시, 공무원의 역량 강화와 자기계발 강조 등과 상호 보완적이다. 셋째, 인사행정기능의 분권화 및 중앙인사기관의 역할 축소는 성과 중심적 관리 및 성과에 기반을 둔 보상과 상호 보완적 관계를 형성한다. 넷째, 개방형 임용제도, 직위 중심의 공직체제, 인사교류 활성화 등의 전략은 공무원의 자기계발과 능력향상, 헌신과 몰입에 대한 강조와 상호 보완적이다. 다섯째, 행정서비스의 질 향상 및 성과관리의 강조는 지방정부로의 권한과 책임 이양, 지방정부의 인력비율 증가와 상호 보완적이다. 따라서 인사개혁이 성공하기 위해서는 여러 개혁전략들이 상호 보완적 관계를 형성하면서 전반적인 변화의 흐름을 만들어갈 수 있도록 개혁전략 상호 간의 관계 및 영향을 주기적으로 점검하고 더욱 장기적인 관점에서 인적자원관리 개혁을 꾸준히 추진해야 한다고 충고하고 있다.

또한 김 교수와 남궁 교수는 북유럽국가의 인적자원관리 개혁의 중심에는 공무원이 있다는 점을 유념해야 한다고 강조하고 있다. 북유럽국가들이 인적자원관리 개혁을 통해 달성하고자 하는 비전은 바로 공무원의 발전을 통한 정부의 역량 강화인 것이다. 공무원에게 뚜렷한 목표의식을 심어주고 목표-활동-성과-보상의 연계를 통하여 업무수행 결과에 대한 예측가능성을 제고하며,

정기적인 상담과 평가를 통해 환류를 제공할 뿐만 아니라 분권화를 통하여 업무수행에 대한 권한과 책임의 일치를 도모하며, 역량개발을 강조함으로써 공무원의 '자기계발 → 업무수행역량 증진 → 성과 향상 → 더욱 많은 보상'의 선순환을 유도하고 있다는 것이다.

7장은 정익재 교수의 논문으로 스칸디나비아 4개국의 전자정부 내용과 구축 배경을 비교 분석하였다. 전자정부는 단순한 비용절감이나 정부규모의 축소와 같은 외형적 변화를 위한 정보통신기술의 활용이 아니라 공공서비스에 대한 국민의 만족도를 높이고 민주주의의 심화라는 좀 더 상위의 목표를 추구하는 정부혁신이라는 시각을 통해서 대상 국가에 접근하였다. 전자정부의 내용은 추진배경, 목표와 추진체계, 기능적 기반, 그리고 주요 온라인 서비스로 구분하여 개별 국가의 정책경험을 정리하였다. 상이한 추진배경에서 시작된 각국의 전자정부는 차별성보다는 시민 위주의 온라인 서비스 제공이라는 목표, 다수의 정부기관과 협의체가 참여하는 추진체계, 중앙정부와 지방정부의 지리적 분절을 극복할 수 있는 네트워크 환경과 인터넷 포털사이트, 그리고 전자주민카드와 전자인증제도와 같은 적극적인 온라인 환경 도입 등과 같은 공통성을 발견할 수 있다. 유럽연합이 조사한 24개 주요 온라인 서비스의 수준을 비교한 결과에 따르면, 지역 내 국가 간의 지엽적인 차이에도 불구하고 공공서비스의 90% 이상이 온라인을 통해서 제공되고 있으며 이 가운데 60% 이상이 문서나 직접방문이 필요치 않는 것으로 나타났다는 점에서 여타 유럽 국가와는 구분되는 성과를 보였다.

다양한 정보화지표에서 스칸디나비아 4개국은 예외 없이 높게 평가되고 있다. 전자정부의 성과수준과 정보사회지표(ISI)를 분석하여 유럽의 15개 주요 국가의 전자정부 수준을 리더국가, 진입국가 그리고 추진국가로 유형화하고, 이를 배경으로 지역 내 4개국의 특성을 비교 정리하였다. 전자정부의 높은 성과를 설명하기 위해서 정보사회지표를 구성하는 컴퓨터, 통신, 인터넷, 사회 영역 지수를 분석한 결과, 모든 지수가 전자정부 성과에 의미 있는 연관성을 갖는 것으로 나타났다. 이 가운데 사회 영역과 인터넷 영역이 다른 영역보다 상당히 높은 설명력을 갖는 것으로 평가되었는데, 이는 정보통신기술과 관련된 하드웨어 차원의 기반과 네트워크 접근성 및 IT 투자비율보다는 인터넷 사용, 정보화 교육 수준, 그리고 사회문화적 성숙도가 전자정부 성과에 더 많은 영향력을 갖는다고 해석할 수 있다. 사회문화적 배경변수가 갖는 의미를 재확인하기 위해서 부패인지지수(CPI: Corruption Perception Index)와 전자정부 성과수준의 상관관계를 분석한 결과 매우 높은 연계성이 있는 것으로 나타났다. 분석결과는 전자정부가 성공적으로 구축되어 시민 위주의 공공서비스 제공과 더불어 정부 활동이 공개되었기 때문에 부패수준이 낮을 것으로 해석할 수 있고, 반대로 투명성이 높은 정치행정문화와 사회경제적 환경이 전자정부의 기능성을 높였다는 의미로 볼 수도 있다. 정익재 교수는 후자의 논리에 따르면 첨단정보통신기술은 전자정부 구축을 위한 충분조건이 아닌 필요조건이며, 성공적인 전자정부는 사회문화적 성숙도와 행정의 선진화를 통하여 완성된다고 추론할 수 있으며, 한편 전자의 논리는 정부혁신과 사회변화를 위한 수단으로서 전자정부가 갖는 전략적 의미가 강조되는 근거라고 설명한다.

부패지수에서 상대적으로 낮은 수준을 보이고 있지만 정보통신기술 개발과 전자정부 준비수준에서는 세계의 주목을 받고 있는 한국의 전자정부 구축 노력과 이를 통해 국가혁신을 도모하려는 과정이 소기의 목적에 도달하기 위해서는 정책 자원의 배분과 우선순위를 어디에 집중할 것인가에 대한 시사점을 제시하고 있다.

3. 제3부: 복지제도 개혁

8장은 김승현 교수의 논문으로 사회적 서비스 부문에서의 시장형 개혁과 참여형 개혁을 비교하고 이러한 개혁이 확대되는 요인을 알아보기 위하여 북유럽국가 4개국의 경험을 비교하였다. 개혁에 대한 태도, 전략, 결과 등의 측면에서 각 국가별로 상당한 변이를 보인다는 '구조적 다원주의'의 입장에서 네 가지 가설을 검증하였다. 즉 경제문제의 심각성이나 위기의 시기, 집권정당의 이념, 이들 국가의 참여적 행정문화, 중앙정부와 지방정부의 관계를 주요 요인으로 보는 설명들이다. 이를 기반으로 급속한 변화를 겪은 1990년 이후의 시기를 중심으로 탁아와 노인 서비스의 변화과정을 분석한 결과, 시장형 개혁도 더딘 편이지만, 가장 참여적이라는 이들 국가에서도 소비자의 참여를 강조하는 사용자위원회 같은 참여형 개혁도 결코 성공적이지 못했다.

김 교수에 따르면 다른 나라의 개혁의 흐름과 동떨어져 있는 노르웨이를 제외하고 비교해 보면 공통적으로 진행되는 것은 강도 높은 분권화 경향이지만, 나머지 수단의 적용에서 차이를 보인다. 먼저 참여적 수단의 도입은 어느 국가에서나 적극적으로 집행되지 못하고 있다. 덴마크는 중앙정부의 입법화 노력에도 불구하고 지방정부들은 이를 성공적으로 거부하고 있다. 가장 차이를 보이는 수단은 시장형 개혁의 정도이다. 가장 강도 높게 계약 공급과 소비자선택의 수단들을 도입하는 국가는 스웨덴이다. 이에 미치지는 못하지만 핀란드도 탁아의 영역에서는 계약 공급과 소비자선택을 보장하려는 노력을 계속하고 있다. 낙후된 노인서비스의 영역에서도 소비자선택의 여지를 확대시키고 있다. 이에 비해 덴마크는 개혁에 대한 논의와 도입 노력이 가장 오래되었음에도 불구하고 집행의 측면에서는 이들 두 국가에 미치지 못하고 있다. 탁아와 노인서비스에서 계약 공급을 확대하고 사용자위원회를 구성하려는 노력이 성공적이지 못했다. 그리고 이러한 결과를 네 가지 가설에 비춰보면 경제적 요인, 집권정당의 이념적 성격이나 문화적 요인보다는 지방정부의 자율성과 같은 제도적 분화의 정도가 개혁과정에 가장 큰 영향을 미치고 있다. 뿐만 아니라 이러한 지방정부의 자율성의 정도에 따라 사회적 서비스의 전달체계도 달라지는 것을 알 수 있다. 노르웨이의 경우 다양한 자발적 조직들이 오랫동안 주요한 서비스 제공자였으며 덴마크에서도 자발적 조직의 역할은 전통적으로 상당히 크다고 알려져 있다. 이에 비해 스웨덴과 핀란드에서는 공공조직이 주된 서비스 제공자였다. 4개 국가에서 개혁의 정도를 서열화한다면 스웨덴, 핀란드, 덴마크, 노르웨이의 순이 될 것이고, 이는 서비스 전달체계를 포함하는 제도적 분화의 정도에 대한 설명과 일치하는 것이다. 즉 지방정부의 자율성 또는 제도적 분화의 정도도 이러한 순서로 커지고 있다.

김 교수는 복지국가의 개혁과 재조정에 관한 논의의 관점에서 보면, 확대발전과정의 설명을 주도하던 정치적, 경제적 요인으로 개혁이나 재조정을 설명하기는 어렵다는 점을 확인한다. 마찬가지로 성장과정을 기반으로 하는 복지국가의 분류에 따라 재조정 과정을 설명하려는 노력도 큰 설득력을 갖지 못한다. 적어도 북유럽국가에서는 재조정과정을 제도적으로 설명하는 논리가 작용하고 있다고 볼 수 있으므로, 기존의 정책구조가 개혁과정을 결정한다고 보는 경로의존성을 지적할 수 있다. 즉 제도적 분권화(지방정부의 자율성과 기존의 서비스 전달체계)는 많은 비토점(veto points)을 의미하므로 복지의 성장과 재조정에서 중요한 억제요인으로 작용한다.

9장은 남궁근 교수의 글로 스웨덴과 미국, 영국의 복지국가 구조조정 결과를 비교한 것이다. 이 연구에서는 다음 두 가지 연구문제를 제기하였다. 첫째, 1980년대 이후 서구 복지국가에서 전개된 핵심적인 복지정책 영역에서의 재편시도와 축소조정 결과는 국가별, 프로그램별로 어떤 차이가 나타나는가? 즉 후기산업사회에 접어들면서 진행된 서구 복지국가의 축소조정 결과를 비교할 때 '새로운 수렴(new convergence)' 현상이 나타나는지, 아니면 '다양성(divergence)'이 나타나는지를 살펴보고자 하였다. 둘째, 국가별 또는 프로그램별 축소조정 결과에 차이가 나타난다면, 이를 설명할 수 있는 적절한 이론은 무엇인가? 이 연구에서는 국가복지의 성장을 설명하는 이론의 연장선상에서 후기산업사회론(특히 포스트 포디즘 이론) 및 권력자원론과 함께 역사적 제도론의 관점을, 축소재편의 차이를 설명하는 유력한 이론으로 고려하였다.

이 연구의 분석대상은 미국, 영국과 스웨덴이다. 복지국가의 유형을 자유주의, 권위주의, 사회민주주의로 구분한 에스핑-앤더슨(Esping-Andersen)에 따르면 미국과 영국은 자유주의 복지국가, 스웨덴은 전형적인 사회민주주의 복지국가로 분류된다. 이 연구에서는 연구범위를 핵심프로그램인 노령연금, 보건의료(의료서비스와 상병수당), 실업(고용)보험 등 세 가지 영역에 한정하여 고찰하였다. 노령연금과 보건의료 서비스는 전 국민이 혜택을 받는 보편적 프로그램이며 지출액수가 큰 핵심적 프로그램인 반면, 상병수당과 고용(실업)보험은 보편적 프로그램이면서도 취약한 일부 계층만이 실제 급여를 제공받는 프로그램이다. 연구의 시간적 범위는 국가복지의 축소조정이 본격화된 1981년부터 1995년까지다.

남궁 교수는 연구결과를 토대로 다음과 같이 주장한다. 첫째, 후기산업사회의 국가복지 프로그램 축소조정 결과에서 새로운 수렴 경향이 나타나는가 또는 다양성이 나타나는가? 이 연구에서 고찰한 미국, 영국, 스웨덴에서는 프로그램별 축소조정의 정도가 국가별로는 물론 특정 국가 내에서도 상당히 다르다. 예를 들면 같은 자유주의 복지국가인 미국과 영국을 비교하여 볼 때 노령연금의 경우 미국은 지출의 축소에 실패한 반면, 영국은 대폭 축소·재편하였고, 보건의료 서비스의 경우 미국은 의료보험제도(Medicare) 지출억제에 성공한 반면 영국은 국가보건서비스(NHS)의 민영화 및 지출억제에 실패하였다. 자유주의 복지국가와 사회민주주의 복지국가라는 차이에도 불구하고 상병수당은 영국과 스웨덴에서 공통적으로 대폭 축소되었다. 한편 영국은 1980년 실업급여에서 황금기 복지국가 보험급여의 특징인 소득비례급여를 폐지한 반면 미국과 스웨덴은 여전히 이를 유지하고 있다. 이러한 축소재편 결과를 프로그램 단위로 비교하면 국가 간, 프로그램 영역 간에 수렴성향보다는 다양성을 확인할 수 있다는 것이다.

둘째, 이러한 축소재편의 차이를 설명하는 이론을 고찰한 결과 국가복지프로그램의 채택과 성장을 설명하는 유력한 이론의 연장선상에 있는 후기산업사회론, 그리고 권력자원론으로는 축소조정의 차이를 설명하는 데 일정한 한계가 있었다고 본다. 반면에 복지국가의 성장기에 제도화된 복지 프로그램의 특성, 즉 프로그램의 성숙도와 포괄성, 관리체제의 특성이 프로그램별 축소조정의 차이를 설명하는 강력한 변수였다. 일반적으로 말하면 역사가 길고 수혜자가 많은 프로그램과 독자적인 관리방식을 발전시킨 프로그램은 축소되지 않았다. 이런 점에서 볼 때 후기산업사회에서 국가복지 프로그램의 다양성이 나타나는 원인은 바로 국가복지 프로그램의 제도적 유산과 특성, 그리고 이를 둘러싼 이해관계의 차이 때문이라는 주장이 확인되었다고 보았다. 복지국가의 위기에 대응하는 해결방식은 각 프로그램의 특징을 토대로 결정되며, 바로 그 때문에 수렴적 경향보다는 다원적 경로(multiple paths)가 존재한다고 볼 수 있다는 것이다. 그러므로 경로종속성 또는 정책이 정치를 결정한다는 역사적 제도론자들의 주장이 어느 정도 타당한 것으로 보았다.

4. 제4부: 산업정책과 공기업 개혁

10장은 조현석 교수의 글로 경제위기와 핀란드의 신산업정책에서 지방정부의 역할을 다룬 것이다. 핀란드는 1990년대 초 경제위기의 충격 속에서 위기를 기회로 활용하여 산업구조 고도화에 성공함으로써 정보통신 강국의 위상을 확보하고 혁신주도 경제를 이룩하는 데 성공했다. 경제위기를 계기로 주력산업이 산림산업에서 정보통신 산업으로 구조적 전환을 이룬 것이다. 조 교수는 이러한 성공이 국내외 환경 변화에 대응하여 추진된 핀란드의 새로운 산업정책과 밀접한 관계를 가지고 있다고 주장한다. 금융의 국제화와 자유화, 국제무역규범의 제약 속에서 주도자에서 촉진자로 국가의 역할을 정립하여 혁신주도 경제로 발전하게 되었다는 것이다.

조 교수는 촉진자로서의 국가의 역할은 구체적으로 미시적인 산업정책 수단을 통해서 구현된다고 본다. 첫째, 기술발전과 혁신의 중요성을 인식하고 장기적이고 전략적인 관점에서 연구개발 투자를 대폭 증액하는 정책을 일관되게 추진하는 등 적극적인 기술정책을 시행하였다는 점이다. 둘째, 산업정책과 기술정책에 대해 혁신체제의 개념을 일찍 도입하여 기술혁신체제를 구축함으로써 산업정책의 변화를 모색하였다. 이러한 기술혁신체제를 통해서 중앙정부 및 지방정부의 정책조정과 집행조직, 대학, 연구기관, 대기업, 중소기업 등 다양한 혁신주체 간에 협력을 촉진하는 네트워크를 형성함으로써 기술혁신이 효율적으로 이루어질 수 있는 체제를 구축하였다. 이러한 기술혁신체제는 1990년대 말 OECD의 정책 권장 제도가 되었고 최근 우리나라도 중요한 산업정책으로 기술혁신체제의 구축을 채택한 것을 감안하면 기술혁신체계를 중심으로 추진된 핀란드의 산업정책 변화는 의미가 매우 크다고 볼 수 있다. 셋째, 중앙정부 주도의 산업정책을 지양하고 산업정책 구조를 분권화시키는 것과 함께 각 지역이 지역혁신체제를 구축하는 것을 지원함으로써 기술혁신 능력을 극대화하는 데 노력했다. 우리나라의 경우 최근 몇 년 사이에 지역혁신 정책과 혁신클러스터 조성이 산업정책의 주요한 부분이 되고 있다. 이런 점에서 조 교수는 핀란드의 지역혁신정책과 클러스터 정책이 아주 빠른 시기에 이루어진 정책 변화라고 보았다.

조 교수는 이러한 정책변화가 1990년대에 찾아든 경제위기에 대응하는 과정에서 모색된 새로운 정책이념의 대두와 정책조정제도 및 정책조직 체계의 조정과 밀접한 관계를 가지고 있다는 점을 보여주었다. 새로운 정책이념의 경우 규범적인 차원에서는 핀란드의 특유한 기술민족주의 이념을 들 수 있고 이론적으로는 포터의 경제발전단계론, 클러스터 접근법, 산업정책에 대한 체제론적 접근법, 기술 부문 시장실패론 등을 들 수 있다. 이러한 정책이념은 연구개발투자의 증대 등 기술정책의 중요성을 정부 및 기업엘리트들에게 인식시켰고 기술혁신체제의 구축에 대한 주요한 규범적, 이론적 근거로 작용했다고 보았다.

또한 제도적 변수로는 사회적 합의 기제와 정책조정 기제로 작용한 과학기술정책위원회의 설립과 역할 강화를 들 수 있으며 이와 함께 1990년대에 들어와서 이루어진 정책집행체계의 강화와 분권화를 지적하고 있다. 조 교수는 이 중에서 중요한 부분을 다음처럼 요약한다. 1990년대에 들어 전통적 집행조직인 기술개발청의 역할이 확대되어 1997년 지역고용 및 경제발전센터를 각 지역에 설립하고 통상산업부, 농림부, 노동부의 정책 및 지원 업무를 통합적으로 운영하였다. 또 기술개발청, 학술원, 국가연구개발기금(Sitra), 그리고 연구개발센터(VTT) 간 협력을 강화하기 위해 네 기관 협의회를 정기적으로 개최하도록 했다. 또 1994년 지역발전법을 제정하고 조정제도로 지역위원회(Regional Council)를 설립하여 지역발전과 지역혁신이 체계적으로 이루어지는 데 기여했다. 요약하면 1990년대 초 경제위기에 대응하여 모색된 핀란드의 산업정책의 변화는 정부의 연구개발예산의 대폭적인 증액을 포함하는 기술정책의 강화, 기술혁신체제의 구축, 그리고 지역혁신체계와 산업클러스터의 활성화를 포함하는 산업정책의 분권화의 맥락에서 적절히 이해될 수 있다고 본다.

11장은 이혁주 교수의 글로서 덴마크 전력산업 개편에 관한 사례연구다. 이 교수는 덴마크 전력산업의 개편이 시장형 개혁을 표방하고 있지만 그 내용은 참여형 개혁에 해당된다고 주장한다. 덴마크의 전력산업은 생산단계 간 수직분리와 더불어 동일 생산단계 내 수평분리를 통해 시장형 산업구조로 개편되었다. 그러나 전력산업에 대한 지배구조는 기존의 이해관계를 그대로 보존하면서 지방정부와 소비조합의 강한 통제하에 운영되는 모습을 띠게 된다. 그 결과 산업구조적 측면에서 EU의 행정지침에 따라 시장형 개혁모형의 모습을 하고 있지만 산업 지배구조의 실질 면에서는 참여형 개혁모형을 선택하게 됨으로써 전체적으로 '혼합형' 개혁으로 귀착되었다. 이러한 개혁방식은 다른 OECD 국가뿐 아니라 덴마크 내 다른 망형산업의 개혁유형과도 구분되는 독특한 사례다. 이 장에서 이 교수는 덴마크 전력산업이 왜 이런 개혁유형을 채택하게 되었으며 그 결과 이러한 거버넌스의 채택으로 인해 규제완화의 양태와 성과가 어떤 영향을 받았는지에 대해 다른 북유럽국가 및 OECD 국가와 비교연구를 통해 규명하고자 하였다.

우선 혼합형 개혁유형을 선택하게 된 덴마크 전력산업과는 달리, 다른 산업 혹은 국가에서는 국가가 국유기업의 주인으로서 혹은 순수 민간회사를 정책적으로 통제할 수 있는 권력으로서 자신의 의지대로 해당 산업의 구조를 비교적 자유롭게 재설계할 수 있었다. 이를테면 덴마크, 노르웨이, 핀란드의 통신산업, 한국의 전력산업 등에서는 해당 산업이 국가의 깅한 동세하에 중앙정부의 의사대로 개혁이 이루어졌고 그 개혁은 철저히 시장지향적이었다. 이에 반해 덴마크의 전력산업은 통신서비스에 비해 필수재적 성격이 더욱 강했을 뿐만 아니라 지역 내에 기반을 둔 다수 이익단체의 강한 통제하에 있었기 때문에, 기본적으로 EU의 행정지침에 따라 중앙정부 주도로 추진되었던 규제완화 및 시장자유화 조치에 대해 지역의 반응은 미온적이었던 것으로 추정된다. 이 교수는 그 결과 중앙정부의 정책의제에 따라 시장자유화의 모양을 '산업구조적'으로는 갖추면서, 실질 면에서는 기존의 이해관계와 의사결정 방식을 변형된 모습으로 보전한 혼합형 개혁모형을 채택했던 것으로 보았다.

이 교수는 북유럽국가나 OECD 국가 망형산업에서 개혁유형의 선택은 개혁 조치 단행 당시 누가 해당산업을 통제하고 있었으며 누가 개혁을 실질적으로 주도했느냐에 따라 좌우되었다고 본다. 이를테면 중앙정부의 통제하에 있던 산업으로서 중앙정부가 개혁의 추진자로 나섰던 북유럽국가의 여타 망형산업의 경우 거의 예외 없이 시장형 개혁을 추구했다. 이에 반해 개혁의 실질적 추진자이자 해당산업에 강한 통제력을 가진 주체가 지방단체였던 덴마크 전력산업의 경우에는 형식적 추진자였던 중앙정부의 의지가 지방정부를 통해 혼합형이라는 개혁유형으로 타협을 보게 되었다. 이러한 개혁 초기의 사회적 여건은 당시 각 사회가 달성한 일종의 정치적 균형을 반영한 것으로서, 개혁이 갖는 정치경제적 특성상 개혁노선을 선택할 때 정치적 균형의 영향을 받지 않을 수 없었을 것이다.

이 교수는 개혁유형의 선택은 이후 개혁과정에서 보게 될 규제완화의 정도 뿐 아니라 개혁의 성과에도 직접 영향을 준 것으로 보았다. 이를테면 덴마크 전력산업의 실질적 구조개편 주체는 지방정부였기 때문에 규제완화의 정도가 덴마크의 다른 망형산업, 이를테면 통신산업과 비교해도 덜했다는 분석이 가능하다는 것이다. 이런 점은 시장개혁의 성과에도 일정 부분 영향을 미친 것으로 보인다. 즉 개혁조치 이후 전력공급의 안정성 면에서 덴마크의 전력산업은 매우 신뢰할 만하다는 평가를 받고 있다. 그 발생원인에 대해 이견이 있기는 하지만 덴마크 전력산업의 공급 안정성은 캘리포니아 전력난 사태에서 보았던 미국 전력산업의 안정성과 분명히 구분되는 것이 사실이다. 그러나 요금 측면에서 보면 덴마크의 전력요금이 다른 나라와 비교해 종별로 그 인하 효과가 불분명하게 나타나고 있다. 이 점에 대해 이 교수는 덴마크 전력산업이 시장형 개혁을 철저히 추구하지 않고 혼합형 개혁을 선택했기 때문에 발생했 다는 설명이 가능하다고 본다.

참고문헌

안상훈. 2005. 「생산과 복지의 제도적 상보성에 관한 연구: 선진자본주의 국가를 중심으로」.
    ≪한국사회복지학≫, 57(2)
외교통상부. 2002. 『덴마크 개황』.
_____. 2004. 『스웨덴 개황』.
_____. 2005a. 『노르웨이 개황』.
_____. 2005b. 『핀란드 개황』.
Esping-Anderson, G. 1990. *The Three Worlds of Welfare Capitalism*. Cambridge: Polity Press.
Nye, J. S., Jr. 2002. "Information Technology and Democratic Governance." In E. C.
    Kamarck & J. S. Nye Jr.(eds). *Governance.com: Democracy in the Information Age*, pp.1-16.
    Washington DC: Brookings.
Pierre, J., and Peters, B. G. 2000. *Governance, Politics and the State*. London: Macmillan
    Press.

제 1 부

북유럽국가 개관 및
정책협의제 변화

제2장

북유럽국가 개관

남궁근 · 김상묵

1. 북유럽 개관

흔히 뛰어난 자연경관과 안정된 복지 기반의 이미지로 그려지는 북유럽국가는 발트 해(Baltic Sea)와 북해(North Sea) 주변 국가들로서 노르웨이와 덴마크, 스웨덴, 핀란드를 일컫는다. 이들 국가를 일컫는 말로 스칸디나비아(Scandinavia) 반도국이 있으나 스칸디나비아 반도국은 노르웨이, 덴마크, 스웨덴 3국을 가리키는 말로서, 일반적으로는 핀란드는 제외된다. 한편 핀란드를 포함한 북유럽 4개국을 함께 묶어 노르딕 국가(Nordic Countries)로 부른다.[1)]

이들 북유럽국가는 북유럽 신화를 공유하고 있고 오늘날 인구 대부분이 바이킹의 후손이다. 그 결과 비교적 단일 공동체를 구성해 왔지만, 그들 내부적으로는 독립과 분리의 경험을 갖고 있다. 종교적으로는 인구의 대부분이 복음주의 루터교(Evangelical Lutheran Church)를 믿는다. 또한 이들은 '얀테의 법'이라고도 불리는 얀넬러겐(Jantelagen) 정신을 공유하고 있는데, 이는 '스스로를 대단한 사람이나 혹은 다른 사람보다 더 나은 사람'이라고 생각하지 않는 것이다. 이는 북유럽국가의 국민들이 다른 사람들에 비해 혹은 다른 국가에

---

1) 이 장의 내용은 서울산업대학교 석사과정 우하린이 수집한 자료를 기초로 작성하였다.

비해 지나치게 경제적으로 부유하거나 성공하는 것에 대해 경계하도록 하였다. 그 결과 이는 북유럽국가들이 중도를 지향하도록 하여, 사회주의 사상이 자리 잡을 수 있게 하는 데 영향을 미쳤다. 이러한 인문·역사적인 공통점뿐만 아니라 이들 국가는 사회복지제도의 구비와 시장체제, 여성의 활발한 사회진출, 입헌군주제(핀란드 제외), 행정의 옴부즈맨(Ombudsman) 제도 등 정치·사회적 유사점을 공유하고 있다. 뿐만 아니라 이제는 유럽연합(EU)를 기반으로 한 경제를 공유하고 있으며, 환경문제에 대한 공동의 노력을 기울이고 있다.

이들 국가는 지난 1952년부터 북구협력(Nordic Cooperation)을 창설하여 북유럽국가 간 협력과 이해를 도모하고 있다. 북구협력은 북구 지역 국가 간 정치, 경제, 통상, 문화, 환경 등 제반 영역의 협력 증진을 위해 1952년 창설된 지역협력체다. 회원국은 스웨덴, 덴마크, 핀란드, 노르웨이 및 아이슬란드 5개 국이며, 주요 기구로는 북구이사회(Nordic Council)와 북구각료이사회(Nordic Council of Ministers)가 있다. 북구이사회는 각 국 의회에서 1년 단위로 선출되는 87명의 대표와 투표권이 없는 약 80명의 정부 대표로 구성된다. 이 이사회에서는 북구각료이사회에 각종 협력에 관한 권고를 행하는데 이 권고는 회원국 의회와 정부에 상당한 영향력을 끼친다. 북구이사회의 주요 기구로서는 최고 결정기관인 총회(Plenary Assembly)와 의장단(Presidium), 경제, 법사, 통신, 문화 및 사회·환경 분야 등 5개 상임위원회(Permannent Commitee), 예산통제위원회 및 사무국이 있다. 한편 북구이사회의 외교 및 국방 문제를 제외한 비정치 분야의 제반 결정 사항 및 권고 사항을 집행하기 위한 정부 간 협력 기구로서 북구각료이사회가 있다. 이 각료이사회의 주요 산하기구로 교육, 문화, 에너지, 환경, 법률 등 각 분야별 각료이사회(Council of Ministers), 고위급위원회(Committees of Senior Officials) 및 사무국이 있다. 이 외에도 이들 국가들은 연 2회의 정상회의와 수시 외교장관회의 및 국방장관회의 등을 통하여 외교, 안보 및 국방 분야에서도 긴밀히 협력하고 있다(www.norden.org; 2005년 접근)

이 장에서는 북유럽 4개 국가의 인문사회 환경, 자연환경, 정치·행정체제, 경제체제를 노르웨이, 덴마크, 스웨덴, 그리고 핀란드 순서로 살펴보기로 한다.

<그림 2-1> 북유럽 지도

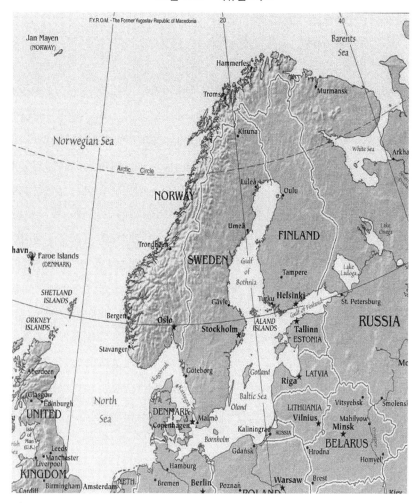

자료: http://www.lib.utexas.edu

1) 노르웨이

(1) 인문사회 환경

유럽의 최북단, 북유럽국가 중 가장 서쪽에 자리한 노르웨이는 323,878㎢에 달하는 본토와 넓이 62,700㎢의 스발바르(Svalbard) 군도, 그리고 면적 380㎢의 섬 얀마옌(Jan Mayen)까지 포함한다. 총 면적은 386,958㎢로 이는 남한의 약 4배에 이른다. 정식국명은 노르웨이 왕국(The Kingdom of Norway)이며, 명칭에서 알 수 있듯이 하랄 5세 국왕(King Harald V)을 국가원수로 하는 입헌군주제 국가다. 인구 50만 명이 거주하고 있는 오슬로(Oslo)는 노르웨이의 수도다. 2004년 현재 4,574,560명의 인구가 살고 있는데, 인구밀도는 유럽에서 아이슬란드 다음으로 낮다. 노르웨이의 인종은 북유럽인, 유럽중부인, 발트 해 연안인 등의 게르만계인데, 이들의 구성 비율이 98%에 달한다. 공식 언어로서 덴마크어의 영향을 받은 보크몰(Bokmal)어와 노르웨이 지방 고유어인 뉘노시크 (Nynorsk)어를 지정하고 있다. 다른 북유럽국가와 마찬가지로 인구의 94%가 복음주의 루터교를 믿고 있으며, 이는 헌법상 국교로 지정되어 있다. 공식화폐로는 크로네(Norwegian kroner: NOK)를 사용한다(외교통상부, 2005a).

(2) 자연 환경

국토의 대부분이 산으로 이루어져 있고, 빙하의 영향을 받아 형성된 U자 모양의 피오르드 해안으로 유명한 노르웨이는 북위 58~72°에 걸쳐 길게 뻗어 있다. 노르웨이는 북쪽으로는 바렌츠 해를, 서쪽으로는 노르웨이 해와 북해를, 남쪽으로는 스카게라크 해협으로 둘러싸여 있다. 동쪽으로는 스웨덴, 핀란드, 러시아 연방과도 접하고 있다. 미국의 알래스카와 거의 같은 위도상에 위치하고 있지만 서해안의 멕시코 나류의 영향을 받아 평균 기온이 너무 높다. 겨울은 평균 기온 -1~-2℃로 온화하며, 여름은 평균기온 9~17℃이다.

비교적 선선한 기후를 가지고 있지만 자주 돌풍이 발생하고 날씨 변화가 매우 심하다. 내륙 산악지역과 북부는 대체로 서해안보다 한랭하고 바람이 더 강하다. 다른 북유럽국가와 마찬가지로 겨울이 긴 반면 여름은 짧으며, 겨울에는 북부 지역의 경우 해가 뜨지 않고 여름에는 해가 지지 않는 백야 현상이 나타난다(브래태니커 사전: www.daum.net에서 인용).

(3) 정치 · 행정체제

① 헌법

노르웨이 헌법은 나폴레옹 전쟁 후 1814년 5월 17일 제정되었는데, 그 후에 스웨덴과의 연합을 형성된 후에도 헌법상 독립을 유지하게 되었다. 그러나 1905년 스웨덴과의 연합에서 벗어나 분리·독립한 이후 덴마크의 왕자였던 칼(Carl)을 국왕 호콘(Haakon Ⅶ)으로 추대하고 입헌군주제를 근간으로 하는 헌법 체제를 유지해오고 있다. 헌법 제1장에는 노르웨이를 '제한적 세습 군주'가 있는 '왕국'으로 규정하고 있다(엘리자베스 수데일, 2005). 제정된 이후 수차례 개정 절차를 통해 현재의 수정된 단원제 의회에 입법권을 부여하는 내용이 추가되었다. 현행 제도적 관행은 영국과 유사한 형태다(외교통상부, 2005a).

② 국왕

긴 역사를 가지고 있음에도 덴마크의 오랜 지배와 스웨덴과의 연합, 전쟁 등으로 통합을 이루지 못했던 노르웨이는 덴마크의 칼 왕자를 국왕으로 추대한 이래로 입헌군주제를 유지하고 있다. 현재의 국왕은 지난 1991년 1월 21일에 즉위한 하랄 5세(King Harald V)이며, 노르웨이 왕실은 국가 통합의 상징으로 자리 잡았다. 헌법상 국왕은 교회의 수장이고, 총리 및 각료 임명권과 법률거부권, 국군통수권을 보유하지만 이는 형식적일 뿐이다(외교통상부, 2005a).

③ 의회

노르웨이의 의회는 18세 이상 국민의 투표를 통하여 선출된 165명의 의원으로 구성되어 있다. 노르웨이는 헌법상 입헌군주제를 정체로 인정하고, 변형된 단원제인 스토르팅(Storting) 제도를 대의기구로 하고 있다. 임기는 4년인데, 노르웨이 의회의 특이한 점은 다른 여러 나라에서와는 달리 해산되거나 재선거가 실시될 수 없다는 것이다. 스토르팅은 전체 의원의 1/4인 상원 오델스팅(Odelsting)과 전체 의원의 3/4인 하원 락팅(Lagting)의 양원으로 나뉘어 있고, 법안은 양원 모두에서 통과되어 국왕의 비준을 받아야 법적 효력이 발생한다. 또 스토르팅은 다양한 분야를 담당하는 13개의 상임위원회를 두고 있다(엘리자베스 수데일, 2005).

노르웨이에서는 3년 이상 거주한 외국인도 지방선거에서 투표권을 갖는데, 각 주마다 의회로 진출할 수 있는 의원의 수가 다르다. 자치주가 작을수록 비례대표의 수가 커지는데, 예를 들어 인구 2만 명이 거주하는 핀마르크에는 4명의 의회의원이 있다. 반면 인구 50만 명이 거주하는 오슬로는 15명이다. 따라서 오슬로에서는 의원 1명이 주민 3만 명을 대표하지만, 그보다 더 작은 도시인 핀마르크에서는 정상적인 비례대표자보다 많은 수의 의원이 선출된다(엘리자베스 수데일, 2005).

노르웨이의 의회는 비례대표제(정당명부식 선거제도) 때문에 군소 정당이 많은 편이지만, 의회는 사회주의계와 비사회주의계(보수계)로 양분되어 타협과 조정을 통해 비교적 안정된 정치를 해오고 있다. 노르웨이의 주요 정당으로는 노동당, 진보당, 보수당, 중앙당, 기민당, 사회주의 좌파당 등이 있다. 가장 역사가 오래된 자유당, 보수당, 노동당은 1884년 의회제도가 도입되면서 형성되었다. 지난 2005년 10월에 있었던 총선 결과, 전후 단독으로 정권을 수임했던 노동당이 사상 처음으로 사회주의 좌파당 및 중앙당과 연합(적록연합: Red-Green Alliance)을 통해 중도우파 연정을 제치고 집권당이 되었다. 노동당은 역사적으로 복지국가를 옹호해 오고 있고, 연정은 NATO와 EU와의 관계를 공히 중시하는 대외정책 기조를 유지하는 가운데 빈곤층 타파, 사회복지 강화,

교육제도 개선, 일자리 창출 등을 주요 국내정책 목표로 설정·추진하고 있다(외교통상부, 2005a).

④ 행정부

행정권은 형식적으로는 국왕에게 있지만, 실제로는 총리가 이끄는 국가평의회가 실질적인 집행권한을 행사한다. 국왕은 의회의 동의하에 총리를 임명한다. 현재 노르웨이의 행정부는 지난 2005년 9월 12일에 있었던 총선 결과, 노동당이 사회주의좌파당 및 중앙당과 연합(적록연합: Red-Green Alliance)한 중도좌파 연정이 이끌고 있다. 총리는 지난 2005년 10월 17일에 취임한 노동당 출신의 옌스 스톨텐베르그(Jens Stoltenberg)다. 내각은 총리실과 16개 부의 18명의 장관(외무부와 보건사회부의 경우는 2명의 장관을 임명) 등 총리와 각료로 구성된다. 정부 각 부는 재무 및 관세, 외무, 수산업, 아동 및 가족, 국방, 법무 및 경찰, 교육·연구 및 교회, 지방정부 및 지역개발, 문화, 농업, 환경, 무역 및 산업, 석유 및 자원, 교통 및 커뮤니케이션, 사회 및 보건, 노동 및 정부행정 등으로 구성되어 있다(엘리자베스 수데일, 2005).

노르웨이는 그 자체가 별도의 자치주 역할을 하는 수도 오슬로를 포함해서 크게 19개의 주(county)로 구성되어 있는데, 자치주 행정부는 중앙정부와 지방정부 사이를 연계하는 역할을 한다. 자치주 행정부는 중등학교 이상 교육, 교통, 병원, 특별히 세분화된 의료 및 정신과 치료 등을 담당한다. 자치주 아래에 존재하는 435개의 지방자치 행정기구(자치시위원회)는 법률의 범위 내에서 과세, 사회복지 정책, 초·중등과정까지의 교육, 보건서비스, 교회, 소방서비스, 도시계획 등에서 자치권을 보유하고 있다(외교통상부, 2005a).

노르웨이에는 도시로 분류할 수 있는 자치시가 46개 정도 있다. 자치시 중에는 도시주민위원회(urban neighbourhood commitee)가 구성되어 있는 곳도 있는데, 위원회 총원은 오슬로의 경우 35명에서, 노토덴(Notodden)의 경우는 4명까지 다양하다. 위원회는 권력분산의 원칙에 입각해서 현행 정치문제에 대한 주민들의 관심을 모아 지역문제에 관한 의견을 제시할 수 있도록 하고,

사회 문화활동 지원금을 집행하며 기타 행정적 업무를 관할한다(엘리자베스 수데일, 2005).

⑤ 사법부

노르웨이의 사법부는 대법원(Høyesterett)과 고등법원, 지방법원으로 구성되어 있다. 대법원은 대법원장과 17명의 대법관으로 구성되어 있는데, 대법관은 종신제이며 내각의 권고에 따라 국왕이 임명하는 형식으로 구성된다. 개별 사건은 5명의 대법관으로 구성된 법원이 심의한다. 1995년 8월에 노르웨이 사법부는 모든 형사사건의 제1심을 지방법원에서 담당하도록 하는 소송 절차를 개정하였는데, 이에 따라 현재 고등법원은 항소법원으로서의 역할만을 담당하게 되었다. 항소는 법률 적용이나 소송 절차, 판결 등에 하자가 있다고 판단되는 경우에만 가능한데, 이 경우 3인의 법관과 4명의 법률비전문가(lay people)로 구성된 법원이 심의한다. 그러나 징역 6년 이상의 중대한 범죄의 항소심인 경우에는 법관과 10인의 법률비전문가로 구성된 법원이 심의하도록 되어 있다. 제1심 법원으로서 모든 민사사건과 형사사건을 담당하도록 되어 있는 지방법원의 경우는 법관 1인과 2인의 법률비전문가로 구성된 법원이 심의한다. 그러나 사건에 따라 혹은 당사자의 요청이 있는 경우 법원의 구성을 달리할 수 있도록 되어 있다(외교통상부, 2005a).

(4) 경제체제

그동안 노르웨이의 경제는 어업과 농업에 기반을 두고 성장해 왔다. 그러나 1967년 북해유전개발 이후 이곳에서 생산되는 석유를 바탕으로 점차 산업구조를 고도화와 경제적·사회적 안정을 취해 오고 있다. 현재는 사우디아라비아와 러시아에 이어 세계 3위의 석유수출국이며, 석유와 가스의 수출입의 대부분을 석유기금으로 적립하여 해외에 투자하고 있다. 이를 바탕으로 노르웨이의 국내 경제는 안정되었고 국민생활 수준이 향상되었다.

오늘날에는 노동인구의 절반 이상이 상업·서비스업·유통·커뮤니케이션·행정 등의 분야에 종사하고 있고, 1/3은 제조업·광산업·건축업·전력 및 수자원 공급에 종사하고 있다(엘리자베스 수데일, 2005). 한편 20세기 초만 하더라도 국가 경제의 대부분을 차지했던 농업·임업·어업의 경우 오늘날에는 인구의 10% 정도가 종사하고 있다.

2004년 현재 GDP는 2,193억 달러이며, 1인당 국민소득은 42,000달러로 부국들인 북유럽국가 중에서도 최고 수준이며 세계에서도 가장 높은 수준에 속한다. 무역의 경우는 수출이 672억 달러, 수입이 401억 달러로 흑자를 기록하고 있다. 주요 수출품으로는 천연가스, 석유, 기계장비, 수산물, 알루미늄, 철, 강철 등이 있으며 주로 영국, 독일, 스웨덴, 덴마크 등과 교역한다. 주요 수입품으로는 기계류, 화학제품, 식료품 등이 있고 교역 대상국으로는 영국, 스웨덴, 일본, 미국 등이 있다. 이 가운데 EU는 노르웨이 수출입의 약 2/3를 차지하는 최대 교역 상대인데, 주로 원유, 천연가스, 해운 분야에서의 의존도가 증대되고 있다(외교통상부, 2005). 또 노르웨이는 철을 이용한 합금과 금속합금 분야의 세계 최대 수출국에 속하며, 수력발전과 마그네슘 생산 등에서는 세계 최대 생산국에 속한다(브리태니커 사전; www.daum.net에서 인용).

2) 덴마크

(1) 인문사회 환경

수도는 코펜하겐(Copenhagen)으로 덴마크의 공식 명칭은 덴마크 왕국(The Kingdom of Denmark)이다. 북위 54~57°와 동경 8~15°에 위치하는 유틀란트 반도와 406개의 섬으로 이루어져 있다. 이 가운데 76개 섬이 유인도이며, 1,000명 이상 거주하는 섬은 17개뿐이다. 전 국민의 반에도 못 미치는 인구가 유틀란트 반도에 산다. 면적은 자치령인 그린란드와 페로제도를 제외하고 43,093㎢이며, 인구는 2004년 현재 5,413,392명이다. 인구밀도는 120명/㎢

이다. 이 가운데 약 50만의 인구가 수도 코펜하겐에 거주하는 것으로 추정된다. 종족은 아리안계의 데인족과 고트족으로 구성되어 있으며 공식 언어로 덴마크어(Danish)를 사용한다. 인구의 약 88%가 국교인 복음주의 루터교(Evangelical Lutheran Church)를 믿는다. 국가원수는 지난 1972년 1월에 즉위한 마르그레테 2세(H. M. Queen Margrethe Ⅱ)이다. 화폐단위로 덴마크 크로네(Danish Krone)를 사용한다(외교통상부, 2002).

(2) 자연 환경

유럽대륙과 스칸디나비아 반도를 잇는 '북유럽의 관문'인 수도 코펜하겐이 자리 잡고 있는 씨일랜드(Zealand)섬과 핀(Fyn)섬을 주요 섬으로 하는 덴마크는 406개의 섬과 본토로 이루어져 있다. 이 중 독일과 연결된 유틀란트(Jutland) 반도가 덴마크의 본토다. 스칸디나비아 산맥의 빙하에 의해 운반·퇴적되어 형성된 평탄한 지형의 국토와 규모가 작은 하천, 1,008개의 호수가 그 특징이다. 기후는 멕시코 만 난류의 영향으로 대체로 온습하며 연중 대체로 바람이 많고 특히 겨울에는 기후변화가 매우 심하다. 여름(7월)에는 평균 기온이 16.6℃이고, 겨울(2월)에는 평균 -0.4℃이다. 연평균 강우량은 664mm로 연평균 약 160일이 강우일이다(외교통상부, 2002).

(3) 정치·행정체제

① 헌법

1849년 6월 자유민주주의 헌법 채택에 따라 입헌군주국(Consitutional Monarchy)이 되었다. 실제로 내각책임제는 1901년부터 시행되었으나 법적으로는 현행 헌법이 채택된 1953년 6월부터 시행된 것으로 본다. 헌법에서 3권분립제를 채택하였고 입법권은 국왕과 의회(Folketing)가 공동으로 보유하는 것으로 명시되어 있다. 대부분의 내각책임제 시행 국가와 마찬가지로 행정권은 국왕에게 있으나 실질적으로는 총리를 수반하는 내각에 의해 행사되고 있으며, 사법권은 법원에 속한다. 또한 헌법에서는 복음주의 루터교(Evangelical Lutheran Church)를 국교로 지정하고 있다(외교통상부, 2002).

② 국왕

덴마크의 국왕 또한 북유럽국가 중 입헌군주제를 채택하고 있는 다른 나라와 마찬가지로 상징적인 존재다. 헌법상 국왕은 입법권과 행정권을 가지지만 실제로는 입법권은 의회에, 행정권은 내각에 소속된다. 다만 국왕은 각료를 통하여 최고통치권(Supreme Authority)을 행사할 수 있다. 또한 국왕은 의회에 대한 법률안제출권을 가지며, 비상시 의회의 소집이 불가능한 경우 헌법에 위배되지 않는 한 임시법을 발표할 수 있는 권한을 가진다. 왕위는 18세 이상의 남녀에 의해 계승되는 것을 원칙으로 하고 있는데 이는 1953년 왕위계승법에 의거한 것이다. 현재 국왕은 1972년 1월에 즉위한 마르그레테 2세(H. M. Queen Margrethe Ⅱ) 여왕이다(외교통상부, 2002).

③ 의회

덴마크의 의회는 단원제이며 총 197명의 의원들로 구성되어 있다. 이 중 175명은 본토에서 선출하고, 나머지 4명은 그린란드(Greenland)와 페로제도(Faroe)에서 각각 2명씩 선출하도록 되어 있다. 의원의 임기는 공식적으로는 4년이지만, 임기 종료 전이라도 정부는 의회를 해산하고 총선을 실시할 수 있도록 규정되어 있다. 실제로 지난 2001년 11월 20일에 실시된 총선은 정부가 임기 종료 전에 의회를 해산하고 실시한 조기총선이었는데, 이처럼 의회가 수상 불신임안을 가결하거나 예산안 등 정부 신임을 묻는 법안을 부결시킬 경우 정부는 사퇴하거나 총선을 실시해야 한다. 의회의 주요 권한으로는 입법권과 행정부 감독권이 있다. 의회의 구성을 보면 의회의장(President of the Folketing)과 다수 의석순에 의한 정당대표 4명으로 이루어진 부의장으로 되어 있다. 현재 의회의장은 자유당의 한센(Ivar Hansen)이며, 부의장은 사민당의 우거(Sven Augen), 덴마크인민당의 Poul Nødgaard, 기독인민당의 이카스트(Kaj Ikast), 사회인민당의 우거(Margrethe Augen)이다.

선거제도에 대하여 살펴보자. 덴마크는 103개의 선거구로 구분되며 175개 의석 중 135석은 각 지역구별로, 나머지 40석은 정당 비례대표로 선출하도록 되어 있다. 135명의 지역대표는 특정 선거구에서 각 정당이 획득한 투표수에 따라 선거구 단위로 배분되고, 정당비례대표의석은 전국 총 유효투표의 2% 이상을 획득한 정당에 비례 배분된다. 투표는 18세 이상의 국민이 직접 실시하는 것을 원칙으로 한다.

1953년 개정헌법에 의한 비례대표제 채택 이후 덴마크에서는 정당 설립의 용이함과 절대다수의 의석확보 곤란 등으로 다수 정당이 난립하고 있는 상황이다. 이에 연립내각 또는 소수내각이 성립되어 왔고, 정치 성향에 따라 좌파혹은 우파의 연정을 구성해 온 것이 특징이다. 주요 정당으로 자유당, 사회민주당, 보수당, 덴마크인민당, 사회인민당, 급진자유당, 기독인민당, 연합당, 중도민주당 등이 있다. 이 중 현재 집권당은 자유무역, 기업에 대한 최소한의 국가권력개입, 근대적이고 전반적인 사회보장제도의 채택을 정강으로 내세우고 있는 자유당이다. 자유당은 1870년에 창당하였으며, 주로 농민층이 전통적으로 지지해 왔다. 그러나 친기업적이고 친자유시장적인 정책을 지향함으로써 도시의 청년층과 전문직층에게도 높은 지지를 받고 있다. 정부성향은 현 집권당인 자유당의 영향에 따른 중도우파다(모르텐 스트랑에, 2005).

④ 행정부

헌법상 국왕은 국정 전반에 걸쳐 최고통치권을 보유한다고 명시되어 있으나 실질적으로 행정권은 총리를 수반으로 하는 내각에 의해 행사된다. 내각구성 시 국왕은 의회 내 각 정당 지도자들과 협의한 후 의회에서 다수의 지지가 가능할 것으로 예측되는 인사를 총리 후보로 지명하면, 총리 후보는 각료 명단을 작성하여 국왕에게 제출함으로써 새로운 내각이 구성된다. 이 때 내각 구성에 대한 의회의 동의는 필요하지 않지만 의회는 총리나 혹은 개별 각료에 대한 불신임을 의결할 권리를 갖는다. 각료는 보통 의회의원 중에서 임명되고, 때로는 의회의원이 아닌 사람도 임명된다. 현재 덴마크의 총리는 자유당 당수인 라스무센(Anders Fogh Rasmussen)이다.

덴마크의 지방행정제도는 매우 오래된 역사를 가지고 있는데, 1660년 코펜하겐시가 국왕에게서 자치권을 인정받은 것을 시초로 보고 있다. 그 이후 1849년 입헌군주제 헌법채택 이후 본격적으로 시행되어 1938년 코펜하겐시의 자치에 관한 법률이 제정되었다. 1950년에는 일반 주와 시, 지방자치체에 관한 법률이 제정되었고, 이로써 법적 체계가 완성되었다. 덴마크는 크게 수도인 코펜하겐 시 등 14개 주와 88개 시 그리고 187개의 군 등 총 289개의 지방자치체로 구성되어 있다. 각 주에는 국왕이 임명하는 주지사가 내무부 감독하에 행정권을 보유하고 있으나, 실질적으로는 각 주에서 거의 완전한 자치권을 행사한다. 4년마다 지방의회 선거가 실시되고 있으며, 주지사를 의장으로 하고 주 내 각 지자체의 대표가 참가하여 열리는 주 이사회에서 공동 소관사항을 협의한다. 실제로 코펜하겐시의 경우는 55명으로 구성된 시의회에서 시정 전반을 결정하고 운영한다. 이 의원 중에서 당별 의석수에 비례하여 시장 1명, 부시장 5명, 행정관 5명을 선출한다. 그러나 시·군 자치체의 경우는 7~22명으로 구성된 시·군 의회의원을 선출하고, 이 중에서 시장이나 군수를 다시 선출한다(모르텐 스트랑예, 2005).

⑤ 사법부

덴마크의 사법부는 3심제도에 기초하여 대법원, 고등법원, 하급법원으로 구성되어 있다. 이외에도 특별법원으로서 해양, 상업법원(Maritime and Commercial Court)과 노동법원(Labor Court)이 있다. 법관은 법무장관의 추천에 의해 국왕이 임명한다(외교통상부, 2002).

(4) 경제체제

국제적으로 농산물과 낙농업 그리고 그 가공품으로 유명한 덴마크는 국토의 70%가 농경지다. 19세기 초 덴마크는 거듭된 전쟁으로 황폐화된 농토 대신 낙농을 주축으로 한 농업국가의 길을 선택하여 짧은 기간 안에 선진국 대열에 진입하는 데 성공하였다. 그러나 1960년대 이후로는 공업이 발달하면서 더 이상 농업이 큰 비중을 차지하지는 못하고 있다. 실제로 농업은 2002년 현재 GDP의 약 3.3%를 차지하고 있고, 1998년 현재 농업인구는 총 노동인구 중 약 3.4%로 구성되어 있다. 2000년 현재 산업별 GDP 구성비를 살펴보면, 공공서비스 분야가 26.7%로 가장 높고, 무역·수송·통신 분야가 23.7%, 일반 서비스 분야가 24.0%, 광업·제조·에너지 분야가 21.7%를 구성하고 있다. 2003년 현재 덴마크의 GDP는 2,108억 달러이며, 1인당 GDP는 39,179달러 로서 높은 편이다.

덴마크는 공업 발달에 필요한 자원이 절대적으로 부족함에도 불구하고 공업 이 크게 성장하였다. 주요 산업은 기계, 금속공업, 식품가공, 의료기기 및 의약품, 조선공업, 건설업, 화학공업 등이다. 전체 수출품 중 공산품이 약 2/3를 점유하고 있는데, 이 중 독특한 디자인의 가구, 전자제품, 도자기, 금속제 품, 낙농제품, 냉동어·육류 등이 주요 수출 품목이다. 주요 수출국은 독일, 스웨덴, 영국, 미국, 노르웨이, 프랑스 등이다. 덴마크의 주요 수입품으로는 석유 관련 제품, 차량, 식품류, 철강재 등이고 주요 수입국으로는 독일, 스웨덴, 영국, 네덜란드, 프랑스, 노르웨이 등이다. 한편 덴마크는 GDP의 수출입 의존 도가 50%에 달할 정도로 국가경제의 대외의존도가 높은 편이다. 2003년 현재 수출액은 579억 1,600만 달러이고, 수입액은 573억 3,900만 달러다(국가 정보원: www.nis.go.kr; 2005년 접근).

덴마크 기업계의 특징으로 중소기업이 많다는 것을 꼽을 수 있다. 등록되어 있는 43만 개 기업 중 30만 개 이상의 기업은 기업주 혼자서 일하는 회사다. 또 중소기업의 절반은 총 거래액이 10만 달러를 넘지 않고, 23개 기업만이

유한책임회사다. 이 중 약 250개 기업이 연간 1억 달러 이상의 매출을 올리는 것으로 보고되고 있다. 500명 이상의 근로자를 고용한 기업은 전체의 2%를 넘지 않으며, 대부분의 기업은 근로자 100명 이하의 소규모 기업체다(모르텐 스트랑예, 2005).

덴마크의 국내 경제는 EU 회원국 중 가장 건실하게 발전하고 있는 것으로 평가받고 있다. 실제로 2000년에는 무역수지 흑자, 물가 안정에 힘입어 약 3%의 원만한 경제성장을 달성하였다. 이와 함께 덴마크뿐만 아니라 북유럽국가의 공통된 문제점인 만성적 고실업률도 점차 감소하여 지난 2001년에는 4.2%를 기록하였다. 이는 지난 25년을 통틀어 최저 실업률이다. 한편 덴마크는 유럽경제통화연맹(EMU) 가입 여부와 유로(Euro)화 도입 여부를 결정하는 국민투표가 다른 EU 회원국의 Euro화 도입 이후에도 계속 연기되어 왔다. 그러나 지난 2000년 9월 28일 EMU 가입 여부를 놓고 국민투표가 실시되었는데, 개표결과 찬성 47%, 반대 53%를 기록함으로써 EMU 가입안이 부결되었다. 이에 따라 EU와의 더 이상의 통합이 거부되었다(외교통상부, 2002).

3) 스웨덴

(1) 인문사회 환경

스톡홀름(Stockholm)을 수도로 하는 스웨덴의 정식 명칭은 스웨덴 왕국(The Kingdom of Sweden)이다. 명칭에서 알 수 있듯이 스웨덴은 국왕을 국가 원수로 하는 입헌군주제를 유지하고 있다. 구스타프 16세(Carl XVI Gustaf)가 지난 1973년 즉위하여 현재까지 왕위를 지켜오고 있다. 1523년 덴마크로부터 독립하였으며 면적은 449,964㎢로, 서유럽에서 국토면적이 3번째로 큰 국가로 성장하였다. 이는 한반도의 2배 정도 되는 크기로, 남북으로 길게 뻗은 지형을 하고 있다. 인구는 2004년 8월 현재 8,986,400명으로 인구 밀도는 약 19명/㎢이다. 출생률은 1000명당 9.91명으로 세계 최저, 인구의 자연증가율은 0.02%

로 세계 최저국 중 하나다. 반면 기대수명은 남자 78세, 여자 82세로 꽤 높은 편이다. 종족 구성은 북구 게르만족인 스웨덴인(人)이 95%를 차지하며 핀란드, 노르웨이, 덴마크, 아이슬란드인 등 북유럽계와 서유럽계가 3%를, 그 외 아시아계와 동유럽 이민자들로 구성되어 있다. 공식 언어는 스웨덴어(Swedish)다. 그러나 이 외에도 사미(Sami: 영어로는 랩 Lapp)족의 언어인 사미어와 핀란드어가 쓰인다. 인구의 80% 이상이 여타 북유럽국가와 마찬가지로 복음주의 루터교(the Evangelical Lutheran Church of Sweden)를 믿는다. 화폐단위는 크로나(Krona)를 사용한다(외교통상부, 2004).

(2) 자연 환경

스칸디나비아 산맥과 높은 산은 주로 노르웨이와 국경을 접하고 있는 북부의 산악지대에 위치하며 중·남부 지역과 동쪽을 향해 경사가 낮아지는 것이 지형적 특징이다. 북부 지역은 삼림이 무성하고, 중·남부 지역은 빙하의 이동으로 형성된 비옥하지 않은 평야로 이루어져 있다. 동쪽에는 발트 해가 있고, 서쪽에는 북해가 자리 잡고 있다. 국토는 삼림 53%, 산지 11%, 경작지 8%, 호수와 하천 9%, 기타 구릉지 13%로 구성되어 있으며 빙하의 이동으로 형성된 호수가 약 96,000여 개로 강과 함께 수력발전과 목재 수송로로 이용되고 있다.

북위 55.5~69°에 이르는 긴 지형을 가진 스웨덴은 크게 3지역으로 구분된다. 노를란드(Norrland) 지방으로 불리는 북부지방은 겨울이 매우 길고 추우며 여름은 짧고 서늘하다. 1년 중 약 220여 일 동안 눈이 오며 6개월 동안 눈으로 덮여 있다. 이 지방의 가장 이색적인 특징으로는 6월 하순의 하지를 절정으로 6월과 7월에 걸쳐 해가 지지 않고 낮이 24시간 계속되는 백야(白夜)현상이 나타나는 것이다. 반대로 12월 초부터 1월 10일경까지 약 50일 동안은 해가 전혀 뜨지 않는다. 노를란드 지역은 스웨덴 국토의 60% 정도를 차지하지만 스웨덴 인구의 1/9 정도만이 이 지역에 거주한다. 주로 스웨덴 사람과 유목

생활을 하는 사미족이 거주한다(국가정보원: www.nis.go.kr: 2005년 접근).

스웨덴의 수도인 스톡홀름과 대학 도시로 유명한 웁살라(Uppsala) 그리고 배름란드(Värmland)주 등 대도시가 주로 자리 잡고 있는 중부 지방은 스베알란드(Svealand)로 불린다. 이 지역은 북부 지역에 비해 상대적으로 겨울이 짧고 여름이 길다. 연중 날씨 또한 따뜻하고 쾌적하여 이 지역에 스웨덴 인구의 대부분이 분포한다.

요탈란드(Götaland)로 불리는 스웨덴 남부는 바이킹 시대에 덴마크의 영토였다. 그래서 지금도 이곳의 억양과 풍습은 덴마크와 매우 비슷하다. 이 지역은 겨울에도 바다가 얼지 않고 날씨가 연중 온화하며 풍부한 강수량을 그 특징으로 한다.

기후는 짧고 시원한 여름과 길고 추운 겨울을 특징으로 하는 북극권 온대성 기후다. 수도인 스톡홀름의 평균 기온은 여름(7월)에는 17.2℃, 겨울(1월)에는 -2.8℃이다. 연간 강수량은 500~700mm 정도이며, 발트 해 연안과 내륙 지방은 300~400mm이나 서남부의 노르웨이 접경 고산지대는 2,000mm 정도로 연중 고르게 비와 눈이 내린다(샬로트 로센 스벤손, 2005).

(3) 정치 · 행정 체제

① 헌법

근대적 의미의 헌법은 1809년 6월에 제정되었다. 그 뒤 1968년과 1969년에 부분적인 수정을 거치고, 1973년과 1974년에 정부조직법과 의회법을 개정하여 1975년에 발효한 동 헌법이 현재까지 유효하다. 스웨덴의 헌법은 크게 4부분으로 구성되어 있는데, 정부조직법(Instrument of Gvernment), 의회법(Riksdag Act), 왕위계승법(Act of Succession) 및 언론자유법(Freedom of the Press Act)으로 구성되어 있다. 헌법은 주권재민, 국민의 기본권 및 자유의 완전한 보장, 대의제 민주주의, 의회의 우월적 지위 부여 등을 주요 내용으로 밝히고 있으며, 특히 내각을 통한 권력의 민주적 행사를 명시하고 있다(샬로트 로센 스벤손, 2005).

② 국왕

국왕은 국가를 대표하는 상징적 존재로서 국가 원수다. 그러나 국가 원수로서의 권력을 행사하지 않고 정치에도 참여하지 않는다. 국왕의 주요 권한 및 기능으로는 의회개원, 외교사절의 임명 및 접수, 내각 변경시 특별각의 주재, 의회 외교자문위 회의 주재, 3군 최고 사령관으로서의 대표 등 의례적인 직무만을 행하는 데 그친다. 또한 입헌군주제를 실시하는 다른 국가들과는 달리 스웨덴에서는 의회의장이 총리 임명권을 행사한다. 현재 스웨덴의 국왕은 지난 1973년 9월에 즉위한 칼 구스타프 16세(Carl XVI Gustaf)이고, 왕위 계승자는 1980년 의회 결의에 따라 장녀인 빅토리아(Victoria) 공주로 정해졌다(외교통상부, 2004).

③ 의회

현재는 단원제로서 임기는 4년이고, 349명의 의원으로 구성되어 있다. 1816년부터 상·하 양원제를 유지해 왔으나 1968년 의회법 개정 이후 1971년부터 단원제를 채택했다. 또한 의원의 임기는 본래 3년이었으나 1994년 EU 가입에 따른 헌법 개정으로 인해 4년으로 1년을 연장하였다.

1명의 의장과 부의장 3명으로 구성되어 있으며 의장은 국왕 다음인 국가 제2위의 서열이다. 의장은 총리 임명권을 가지며 총리 보수에 준하는 보수를 받는다. 이 외에 본회의, 16개 상임위원회, EU문제 자문위, 외교자문위 등의 10개 특별위원회, 의회 감사국, 선거 검토위원회 등의 10개 의회 기관 등이 있다. 의회의 주요 권한 및 기능은 총리에 대한 불신임권, 입법권, 예산심의권, 조세권, 중앙은행 및 중앙 행정기관에 대한 감독권이 있다.

의원은 18세 이상의 국민이 직접 선출하는데, 1909년 이래 비례대표제를 실시하여 지역구에서 310명, 전국구에서 39명을 선출하도록 하고 있다. 선거에서 전국 유권자의 4% 이하를 얻은 정당은 의회의 전국구 의석 배분에 참가할 자격을 상실하게 되어 있고, 한 선거구에서 12% 이상의 지지를 얻은 정당만이 동 지역구의석을 배분받을 수 있는 자격을 갖는다.

현재 스웨덴의 주요 정당으로 사민당, 보수당, 좌파당, 기민당, 자유당, 중앙당, 환경당 등 총 7개 정당이 있다. 이들 정당은 사민당과 좌파당, 환경당의 사회주의계와 보수당, 자유당, 중앙당, 기민당의 보수계로 양분되는데, 이들의 대부분은 1900년대 산업화시기에 형성된 노동조합에 뿌리를 두고 있다. 최근에는 국내산업, 경제체제, 국방, 사회보장제도, 대외정책 등 여러 정책 면에서 현격한 입장 차이를 발견할 수 없다. 이는 정당 간에 상호접근 및 타협현상이 두드러지게 나타나고 있기 때문인 것으로 분석할 수 있다. 그 결과 스웨덴의 정치정세는 중도좌파의 성향을 띠며 북유럽국가들 중에서 가장 안정되어 있다.

집권당인 사회민주당(Social Democratic Party)의 경우 1889년 산업노동자를 지지기반으로 하여 창당하였다. 사민당은 자유민주주의 체제 유지 및 시장경제하의 경제적 평등을 주요 강령으로 채택하고 있으며 생산과 분배에서 국민 전체의 이익을 고려하는 것을 기조로 삼고 있다. 1932년부터 1976년까지, 1982년부터 1991년까지 총 53년 동안 집권하였으며, 2002년 10월 총선에서 재집권에 성공하여 지금까지 집권당으로서 그 역할을 충실히 해오고 있다. 의회법에 따라 당수인 요한 페르손(Göran Persson)이 총리직을 맡고 있다.

현 총리인 페르손은 2개 좌파계 정당들과의 정책연합을 통해 대내외 정책을 추진하고 있는데, 대내적으로는 높은 성장과 낮은 실업률의 달성, 대외적으로는 EU와의 협력 강화, 인권 및 국제평화에 기여, 인도적 원조 등의 면에서 성과를 보이는 것으로 평가받고 있다(외교통상부, 2004).

④ 행정부

스웨덴의 정체는 입헌군주제이지만, 정부형태는 의원내각제이다. 이에 따라 정치권력은 국가 행정 업무를 담당하고 있는 내각과 내각을 대표하는 정당에 있다. 또한 내각은 의회에 대해 책임을 진다. 현재 스웨덴의 내각은 총리, 부총리 각각 1명씩을 포함하여 10개 부처 장관 19명 등 총 22명의 각료로 구성되어 있다. 내각의 규모는 총리가 결정하는데, 각료는 의회 의원이나 외부 인사 중에서 임명된다. 내각은 의회에 대해 법령제안권, 의회결정에 대한 시행

규칙 결정권, 의회지정 예산에 대한 배분권, EU 각 위원회에서의 스웨덴 대표권, 외국과의 조약체결권, 기타 정부활동 및 산하 행정담당기관 감독권 등을 보유하고 있다.

스웨덴의 지방행정조직은 크게 21개의 주(county)와 289개의 군(commun)으로 구성되어 있다. 중앙정부는 정부령을 통해 지방정부에 대한 지침을 시달하고 감독한다. 또한 중앙정부가 임기가 6년인 주지사를 임명함으로써 지방정부에 대한 관리·감독의 목적도 동시에 달성하고 있다. 스웨덴에서는 '지방주민투표제도'가 잘 발달되어 있어서 특정 사안에 대해서는 주민의 의견수렴을 위해 주민투표를 실시한다. 뿐만 아니라 주민은 지방정부의 결정 사항에 대해서 국가행정법원에 제소가 가능하도록 되어 있다.

지방정부는 주로 문화와 여가활동, 도로·공원·통신·교통·상하수도, 의료, 소방 사회보장, 초·중·고등학교 교육 등의 업무를 담당한다. 지방정부의 주요 기관으로 주의회 또는 군의회, 집행위원회, 특별위원회가 있다. 집행위원회에서는 지방행정업무 전반에 대해 감독하는 역할을 담당하고, 동시에 예산안을 편성하며 특별위원회의 활동을 감독한다. 이 위원회는 주의회나 군의회 의원 중에서 선출된 11~17명의 의원들로 구성된다. 한편 주의회 및 군의회 의원선거는 의회의원 선거와 함께 4년마다 실시한다. 특별위원회는 주의회 또는 군의회가 특정 분야의 업무를 담당할 위원회를 구성할 필요에 따라 편성된다 (샬로트 로센 스벤손, 2005).

⑤ 사법부

스웨덴의 사법부는 법률사건과 행정사건을 분리하고, 법률법원과 행정법원이 각기 독립하여 고유의 관할권을 갖는데 각각 3심 제도를 택하고 있다. 특별법원으로는 부동산, 노동, 환경, 해상, 특허, 시장 법원 등이 있다. 법률사건을 처리하는 법원은 대법원, 고등법원, 지방법원으로 구성되어 있고, 행정사건을 처리하는 법원은 행정대법원, 행정고등법원, 주행정법원으로 구성되어 있다. 대법원은 26명의 판사로 구성되어 있고, 재판 및 심의는 5명의 판사로 구성되는 합의재판부로 운영한다. 그러나 사건에 따라서는 전체 회의가 소집되기도 한다. 한편 행정대법원은 23명의 판사로 구성되며 그 운영은 대법원과 유사하다(외교통상부, 2004).

(4) 경제체제

스웨덴은 19세기 말부터 뒤늦게 산업화가 시작되었지만 1·2차 세계대전시 전쟁수요에 힘입어 공산품 위주의 수출주도형 경제로 발전하였다. 그 결과 평균 6.5% 수준의 급격한 경제성장률을 기록하였으며 현재 세계최고 부국 중 하나이자 안정적인 사회복지국가로 변화하게 되었다. 초기 산업화 과정에서는 풍부한 삼림자원을 기반으로 한 제지산업이 핵심이었고, 그 외 북부지역에 매장된 철 등의 광물자원을 이용한 철강산업과 기계제작 등의 중공업 분야가 발전의 원동력이 되었다. 1960년대 이후 산업구조가 고도화됨에 따라 목재와 철강을 이용한 소비재 제품의 비중이 감소하는 반면 고급 기술과 고부가가치 기계산업이 제조업의 주종을 차지하게 되었다. 스웨덴의 주요 공산품으로는 기계류, 사브(SAAB)와 볼보(Volvo)로 대표되는 차량, 전자제품, 세계 최고를 자랑하는 에릭슨(Ericsson)의 통신 자재 및 선박 등이며 이케아(IKEA)로 유명한 가구와 도자기, 유리제품 등도 국제적으로 유명하다.

산업구조를 살펴보면, 1960년대 초부터 2차 산업과 3차 산업이 커다란 비중을 차지하고 1차 산업의 비중은 점차 감소하는 고도화된 산업구조의 전형을 보이고 있다는 것을 알 수 있다. 농업이 GDP에서 차지하는 비율은 4% 미만이며 농업에 종사하는 인구도 전체 노동인구의 4% 정도다. 토지면적의 7%만이 경작되고 있고 고도로 기계화된 시설이 특징이다. 생산된 농산물은 국내 수요의 80%를 충당하는데, 주요 작물로 밀, 사탕무, 보리, 귀리, 감자 등이 있다. 또한 낙농업이 고도로 발달한 것이 특징이다. 현재 스웨덴은 주로 제조업·서비스업·중공업·국제무역 등을 기초로 한 선진화된 시장경제체제를 보이고 있는데 그 중 제조업과 중공업이 지배적이다. 특히 제조업이 다양화되고 발달되어 있는데, 전체 노동인구의 20% 이상이 제조업에 종사하고 있고 GDP의 24%를 차지하고 있다.

주요 수출품으로는 전자 및 통신 기기, 기계, 자동차, 종이, 펄프 등이 있으며 주요 수출대상국으로 미국, 독일, 노르웨이, 영국, 덴마크가 있다. 한편 스웨덴은 화석연료가 부족해 이를 주로 수입에 의존하는데 주요 수입품으로는 석유, 석유제품, 철강, 식료품 등이고 주요 수입대상국으로 독일, 노르웨이, 덴마크, 네덜란드가 있다. 한국은 수출입 대상국 중 22위를 차지하고 있다. 2003년도 기준으로 무역수출은 928억 3,900만 달러이고, 수입 854억 4,800만 달러다.

현 정부는 지속적인 경제성장을 위한 구조개혁과 건실한 재정유지, 실업 감소 및 고용확대, 국민복지의 견실화와 건전한 환경 조성을 기본 목표로 하여 경제 정책을 시행하고 있다. 그 중 스웨덴을 대표하는 복지정책의 경우 복지개혁 정책을 실현하기 위해 예산을 증액하며, 장학금 증대와 연금생활자에 대한 주택보조금 인상을 기본 정책 방향으로 삼고 있다. 또한 세계 전반적인 경제 부진에 따른 실업률의 증가에도 불구하고, 스웨덴 정부는 노동인구(20~60세)의 취업률 80% 달성을 노동정책의 목표로 하고 있다. 경제 전반의 성장을 위해서 도로와 철도에 대한 투자를 늘리고, IT 산업에 대한 세금을 인하함으로써 정보기술 및 통신 산업의 발전이 이루어질 수 있도록 지원하고 있다. 한편 공정한 과세 및 건전한 환경을 조성하기 위해 재산세 및 아파트 소유세를 인하하고, 전기세 및 디젤유세를 인상하여 환경을 보호하고자 노력하고 있다.

2003년 현재 GDP는 3,017억 달러이고 1인당 GDP는 33,621달러이다. 그러나 세계 최고 부국 중 하나인 스웨덴도 최근 세계적인 경제 침체로 경제성장률이 1%대에 머무는 등 경제 부진이 계속되고 있다. 그 결과 당분간 기업의 자본지출은 감소할 것으로 예상되고 이에 따라 가계수입의 증가세도 둔화될 것으로 예측된다.

스웨덴 경제의 특이한 점 중의 하나는 스웨덴이 EU 가입구인에도 유럽경제 통화동맹(EMU)에 가입하지 않았고 EURO화도 사용하지 않는 점이다. EMU

가입여부에 대해 스웨덴 정부는 2003년 9월 14일에 국민투표를 실시하였으나 찬성 41.8%, 반대 56.2%로 가입안이 부결되었다. 이는 유로화 출범 이후 유로화를 사용하는 유로지역의 실업률과 성장률, 인플레이션 등 주요 거시경제지표가 좋지 않다는 점과 가입시 재정정책 운용 제약으로 인해 복지정책의 유지가 어려울 것으로 전망되었기 때문이다. 실제로 유로지역의 1999~2002년 동안의 GDP성장률은 평균 2.2%였는 데 반해 스웨덴은 평균 3.0%를 기록하였고, 실업률도 유로지역은 평균 8.5%였으나 스웨덴은 평균 5.5%였다. 그러나 2003년의 국민투표에서 EMU 가입안이 부결된 것은 '절대반대'의 입장이 아니라는 점에서 향후 국민투표의 재실시를 통해 EMU 가입이 가능할 것으로 예측된다(외교통상부, 2004).

4) 핀란드

(1) 인문사회 환경

핀란드는 북유럽국가의 일원이며 발트 해 연안 국가의 일원이지만 공식적으로 스칸디나비아 국가의 일원은 아니다. 덴마크, 노르웨이, 스웨덴 등 여타 북유럽국가와 비교적 다른 점이 많은 핀란드의 정식 국명은 핀란드 공화국(Republic of Finland)이다. 입헌군주제를 실시하고 있는 다른 북유럽국가와는 달리 핀란드는 대통령제와 내각책임제를 함께 운영하는 이원집정제를 실시하고 있다. 이는 오랜 기간 동안 안정된 역사를 가지고 있는 다른 국가와는 달리 1917년 12월 6일 러시아로부터 독립한 경험에서 기인한다. 수도는 헬싱키(Helsinki)이고 56만 명이 2005년 현재 거주하는 것으로 추정된다. 이 외에도 주요도시로 에스포(Espoo), 탐페레(Tampere), 반타(Vantaa), 투르쿠(Turku), 오울루(Oulu) 등이 알려져 있다. 국토의 총 면적은 338,000 ㎢이며 이는 한반도의 약 1.5배에 달하는 넓이다. 인구는 2004년 현재 5,214,512명이며 인구밀도는 17명/㎢로서 매우 낮다. 전체 인구의 62%가 도시에 거주하고 있다. 종족 구성은 핀란드인이 93%, 스웨덴인이 6%를 차지하며 나머지는 사미족 및 러시아인 등으로 구성되어 있다. 공식 언어는 핀란드어(Finnish)와 스웨덴어(Swedish)이나 대부분 핀란드어를 사용한다. 복음주의 루터교를 대부분의 국민들이 믿고 있고 나머지는 러시아정교를 믿는다. 이 외에 특이한 점은 이동전화 및 인터넷 보급률이 인구대비 세계 제일이라는 것과 여성의 사회적 진출이 대단히 활발하게 이루어지고 있고, 남녀평등이 실질적으로 가장 잘 실현된 나라라는 것이다 1906년부터 핀란드는 여성에게 참정권을 부여해 왔으며, 여성 대통령을 비롯하여 각료 18명 중 8명이 여성이고, 여성 의회의원이 75명으로 38%, 여성 기업주는 33%에 이른다(국가정보원: www.nis.go.kr; 2005년 접근).

(2) 자연 환경

동쪽으로는 러시아, 북동쪽으로는 노르웨이, 서쪽으로는 스웨덴 등 3개국과 국경을 접하고 있는 핀란드는 국토의 총 면적이 338,000km²로서 유럽에서 5번째로 크다. 숲과 호수의 나라로서 전 국토의 75%가 삼림이고 전 국토의 10%가 호수(약 19만 개)이며, 나머지 중 8%는 경작지다. 위도 60~70°에 위치하는 핀란드는 국토 전체가 세계에서 가장 북쪽에 있고 남북으로 긴 형태의 국가다. 그렇기 때문에 위도에 따라 그 기후와 지형이 다르다. 북쪽 라플란드는 나무 등 식생이 거의 존재하지 않는 툰드라 지대에 속하며, 중동부는 숲과 호수가 주류를 이룬다. 남부는 빙하의 영향을 받은 복잡한 해안선이 펼쳐져 있고 평평하게 구릉진 농경지가 펼쳐져 있다. 높은 위도 때문에 연평균 기온이 5℃로 낮지만 비교적 대서양과 가깝고 발트 해에 맞닿아 있어 기후는 대체적으로 온난한 편이다. 북극권 온대성의 기후 특색을 지니며, 수도 헬싱키의 평균 기온은 여름(7월)에는 16.4℃, 겨울(2월)에는 -3.6℃이다. 연평균 강수량은 500~600mm인데 그 중 30~40%는 강설량이다(외교통상부, 2005b).

(3) 정치 · 행정체제

핀란드의 정부형태는 대통령제와 의원내각제의 혼합체제인 이원집정제다. 현재 대통령은 지난 2000년 3월에 취임한 할로넨(Tarja Halonen) 대통령이고, 총리는 중도당의 반하넨(Matti Vanhanen)이다. 대통령은 외교, 국방 등 주로 대외정책을 주관하고, 총리는 내정과 EU업무를 주로 담당하며 외교정책은 대통령과 협조하여 추진한다. 한편 핀란드는 지난 2000년 3월 1일에 있었던 헌법 개정을 통해 대통령의 권한을 축소하는 반면 국회와 내각의 기능은 강화하였다.

핀란드 정치의 특징으로는 국회의원 선거제도에서 비례대표제 및 대선거구제를 채택하고 있기 때문에 역사적으로 수많은 군소 정당이 난립해 왔다는 것이다. 그 결과 1917년 러시아로부터 독립한 이후 60회 이상의 정권 교체가 있었는데, 이처럼 단일 정당에 의한 집권이 이루어지지 못하고 연립 정부가 구성되어 오고 있다. 한편 핀란드의 주요 정당으로는 중도당, 사회민주당, 국민연합(보수당), 좌파연합, 스웨덴인당, 녹색당, 기독민주당 등이 있으며, 최근 2003년 3월에 있었던 총선을 통해 중도당이 55석을 확보함으로써 제1당으로 부상하였다. 중도당은 사회민주당, 스웨덴인당과 함께 연립내각을 형성하였다. 2003년 6월 24일에는 중도당의 반하넨(Vanhanen)가 총리로 취임하였으며, 새로운 정부가 출범되었다. 정부의 성향은 중도좌파의 성격을 띠는데 이는 공산당이 집권했던 러시아의 지배하에 있었기 때문으로 분석된다(데보라 스왈로우, 2005).

① 헌법

1917년 러시아로부터 독립한 이후 핀란드는 가장 기본법인 Constitution Act(1919.7), Parliament Act(1928), Ministerial Responsibility Act(1922), Act on the High Court of Impeachment(1922)로 구성된 헌법을 제정하였다. 헌법에서 핀란드는 가장 강력한 권한을 대통령에게 부여함으로써 국회 및 내각을

견제하는 이원집정부제가 채택될 수 있는 여건을 마련하였다. 그러나 계속해서 대통령의 권한을 축소하는 한편 국회의 기능은 강화하도록 하는 요구가 있었다. 이에 따라 1996년부터 국회 내 헌법위원회를 구성하여 헌법 개정 문제를 논의했으며, 그 결과 4개의 기존 성문헌법을 1개로 통일한 헌법 개정안을 마련하였다. 그리하여 2000년 3월 1일에 개정된 헌법이 발효되었다. 국회 기능의 강화, 대통령의 정부구성 주도 권한 축소, 대통령의 외교안보정책 관련 권한축소 및 내각의 권한 강화 등이 개정된 헌법의 주요 내용이다(외교통상부, 2005b).

② 대통령

대통령제를 채택하고 있는 대부분의 국가에서 그렇듯이 핀란드에서도 대통령은 국가원수로서 외교정책 결정권을 가지며, 국군통수권을 행사한다. 대통령은 직접선거를 통해 선출되는데 임기는 6년이며 1회에 한해 연임이 가능하다. 선출 방식은 1차 투표에서 투표자 과반수의 지지를 받은 후보가 없을 경우, 최고 득표자 2인에 대해 결선투표를 실시하여 다수 득표자를 대통령으로 선출한다. 또 대통령은 행정수반으로서 총리 제청시 국회 해산권과 임시의회 소집권, 선거 실시권, 의회 개·폐회 주재권, 총리를 포함한 각료 및 법관 임명권을 가지며 국무회의를 주재한다. 의회와 함께 광범위한 입법권을 행사하여, 법률안 제안권 및 일시적 부결권(거부한 법률안이 차기 의회에서 채택되면 효력 발생), 법률 동의권, 법령 공포권을 가진다. 그밖에도, 6개 주정부에 대한 주지사를 임명하며, 사정 감독원장(Chancellor Of Justice)을 임명하여 국무회의 결정 사항의 적법성 및 각료의 법률 준수 여부 등을 감독한다.

현재 대통령은 2000년 3월에 취임한 할로넨(Tarja Halonen)인데 핀란드 최초의 여성 대통령으로 역대 대통령 중 가장 좌파적 성향의 대통령으로 평가받고 있다. 노동자 계급이 주로 주거하는 지역에서 성장한 할로넨은 어렸을 때 언어장애를 겪은 이후로 사회적 약자의 인권과 소수자 사야에 많은 관심을 기울여왔다. 여러 시민운동단체에서 활동해 왔으며 그 후 노동조합 변호사를 거쳐 1978년 사회문화위원회 위원장이 되었고, 1987년 사회복지 장관이 되었다. 1995년에는 외무 장관이 되었으며, 2000년 대통령으로 당선되었다. 임기 5년째인 2005년 현재 할로넨 대통령의 지지율은 70%를 웃도는 것으로 나타났다(데보라 스왈로우, 2005).

③ 국회(Eduskunta)

핀란드의 국회는 1906년 이래 현재까지 단원제를 유지해 오고 있다. 국회는 15개 선거구에서 선거권을 지닌 18세 이상 모든 남녀의 보통선거를 치러 구성되며, 비례대표제에 의해 선출된다. 1개의 의석이 할당되어 있는 올랜드 지역 이외에는 14개 선거구에서 7~32명의 의원을 선출하는 대선거구제다. 국회는 총 200명으로 구성되며, 의원의 임기는 4년이다. 선출된 국회의원은 입법, 예산 승인, 대정부 행정 감독 및 질의, 조약 승인 등의 권한을 갖는다(외교통상부, 2005b).

④ 행정부

핀란드의 행정부는 대통령이 임명하는 총리와 각료로 구성되는데, 대통령이 총리와 각료를 임명할 때는 국회의 신임을 얻어야 하므로 총리와 각료는 국회에 대해서 책임을 지지만 대통령은 책임을 지지 않는다. 국무회의가 국가의 행정 전반을 관장하며 대통령의 권한에 속한 사항(주로 외교·국방)에 대해서는 대통령이 국무회의를 주재하고, 그 밖의 사항에 대해서는 총리가 주재(주로 내정 및 EU를 관장)한다. 주요 국사는 국무회의에서 결정되고 기타 사항은 각 부처의 각료들이 결정한다. 따라서 총리는 행정 일반에 대하여 책임을 지며, 17명의 각료는 소관사항에 관해서만 책임을 진다.

핀란드는 6개 주(Province)정부와 452개 지방자치시(municipalities)로 이루어져 있다. 이들 주는 대통령이 임명하는 주지사가 통치하며, 주정부는 경찰권을 포함한 지역행정 제반 사항에 대해서 책임을 진다. 지방자치시(municipalities)는 중앙정부로부터 학교, 병원, 보건센터, 도시계획 및 사회복지 사업 등에 대해 독립된 시 행정을 수행하는 행정단위다. 지방자치시는 지역주민에 대한 세금 징수권을 보유하는 반면, 중앙정부에서 보조금을 받기 때문에 자치권은 축소되는 경향이 있다. 이 때문에 자유자치시(free-municipality) 제도를 실험적으로 도입하고 있는데 이는 자치시의 경제적 독립성 강화를 위한 것이다. 시의회 (municipal council)는 자치시의 최고 의사결정기구인데 이는 직접선거에 의해 비례대표제로 선출되며, 시장 및 시위원회 위원을 임명하고, 시장은 시의회에 대하여 책임을 지도록 되어 있다(데보라 스왈로우, 2005).

(4) 경제체제

오늘날 세계 10위권의 경제 강국인 핀란드는 사회주의와 자유시장경제체제가 혼합된 형태다. 또 북유럽국가 중 유일하게 유로화를 사용한다. 2004년 현재 핀란드의 GDP는 1,497억 유로이고, 1인당 GDP는 28,646유로다. 1유로는 약 1.2달러의 가치를 지니므로(2005년 12월 기준) 핀란드의 GDP 및 1인당 GDP는 여타 북유럽국가 수준과 비슷하다고 볼 수 있다. 교역현황을 살펴보면, 수출액은 487억 유로이고, 수입액은 402.7억 유로에 달한다. 핀란드의 자연자원에는 목재, 구리, 아연, 철광석, 은 등이 있다. 특히 구리의 경우, 핀란드는 유럽에서 가장 큰 구리 광산을 보유하고 있지만 기타 지하자원은 부족한 편이다. 주로 아연과 니켈을 수출하고, 석유와 석탄은 전량 수입하고 있다. 한편 핀란드 전체에서 가장 풍부한 자원인 목재는 총 생산의 66%가 수출되는데, 원목, 가구, 종이, 셀롤로오스 등 다양한 가공제품 형태로 수출된다. 주요 수출품으로는 기계장비, 화학제품, 금속 등이 있으며, 주로 러시아, 독일, 스웨덴, 영국, 미국 등으로 수출한다. 반면 주요 수입품으로는 식료품, 원유, 운송장비 등이 있으며, 러시아, 독일, 스웨덴 등지에서 주로 이러한 품목을 수입한다. 1900년대 초만 하더라도 핀란드 수출품의 85%가 임업 제품이었지만, 1980년대 말부터 1990년대 초까지 계속된 심각한 경제불황 이후 산업구조를 고도화하여 경제발전을 꾀했다. 산업구조를 살펴보면, 공업 및 건설 부문 21%,

농림수산업 6%, 서비스 73%로 지식기반산업의 비중이 크게 증가했다는 것을 알 수 있다. 오늘날 특히 핀란드 정부는 IT산업의 발달을 정책적으로 장려하고 있는데, 세계 이동통신 단말기 시장을 주도하고 있는 노키아(Nokia)가 대표적이다. 이를 바탕으로 점차 생명공학(Bio Tech), 환경산업 분야에서도 발전을 꾀하고 있다.

핀란드 경제에 가장 큰 특징은 부패가 없다는 것이다. 이에 대한 근거로 매년 국제투명성기구(TI)가 발표하는 국제투명지수(CPI)가 2000, 2001, 2002년 3년 동안 세계 1위였고, 월드 이코노믹 포럼(World Economic Forum)이 발표하는 국제경쟁력지수(GCI)도 2001년에 세계 1위였다. 핀란드에 부패가 없는 이유로는 실업수당, 주택지원 등 잘 정비된 사회보장제도로 인해 부정의 필요성 및 가능성이 줄어 철저하게 법의 지배가 확립되었다는 점, 또 인구가 5백만 명에 불과하기 때문에 세무당국이 국민들의 예금 계좌를 용이하게 추적할 수 있다는 점이 지적되고 있다. 뿐만 아니라 일반인들도 공직자들의 재산 내역을 쉽게 확인할 수 있을 정도로 공공분야 구성원들의 부조리가 쉽게 노출되는 구조를 갖고 있다는 점과 검찰총장과 사정감독원장(chancellor of justice)은 정권변동에 구애받지 않고 해당 정년까지 임기를 보장함으로써 더욱 소신 있게 주어진 역할을 수행할 수 있게 되었다. 이외에도 근면을 기본 정신으로 하는 국교인 복음주의 루터교를 국민 대부분이 믿고 있다는 점과 노점 상인들도 신용카드를 받거나 영수증을 발급할 정도로 상거래 관행이 공개되어 있다는 점, 무엇보다도 주어진 규칙이나 규정을 잘 따르는 국민성이 핀란드의 경쟁력을 강화하는 요인으로 여겨진다(데보라 스왈로우, 2005).

참고문헌

데보라 스왈로우(Swallow, Deborah). 2005. 『핀란드』. 서울: 휘슬러.

모르텐 스트랑예(Strange, Morten). 2005. 『덴마크』. 서울: 휘슬러.

샬로트 로센 스벤손(Sevnson, Charlotte Rosen). 2005. 『스웨덴』. 서울: 휘슬러.

엘리자베스 수데일(Su-Dale, Elizabeth). 2005. 『노르웨이』. 서울: 휘슬러.

외교통상부. 2002. 『덴마크 개황』.

_____. 2004. 『스웨덴 개황』.

_____. 2005a. 『노르웨이 개황』.

_____. 2005b. 『핀란드 개황』.

국가정보원(www.nis.go.kr)

네이버 백과사전(www.naver.com)

다음 백과사전(www.daum.net)

외교통상부(www.mofat.go.kr)

Nordic Council(www.norden.org)

University of Texas Libraries(http://www.lib.utexas.edu)

제3장

정책협의제의 변화: 스웨덴과 덴마크 사례 비교

윤홍근

1. 조합주의와 정책협의제

북유럽국가들은 20세기 이후 오랫동안 노조나 경제단체 등 이익 조직들과 정부 사이의 정치적 타협을 통해 시장력의 작용을 제어하는 정치제도 및 관행을 발달시켜 왔다. 하지만 1980년대 이후 일기 시작한 신자유주의와 유럽 경제통합 물결이 스웨덴이나 덴마크 등 북유럽국가들에까지 스며들면서 이 국가의 오랜 정치 제도와 관행은 적지 않은 변화 압력에 직면하지 않을 수 없었다.

스웨덴이나 덴마크는 스칸디나비아 국가들의 고유한 정치적 전통이 되어 온 정책협의제(policy concertation)를 거의 1세기 동안 유지해 왔으나, 1990년대 이후부터는 본격적으로 큰 변화를 경험하고 있다.[1] 정책협의는 시장과 경제에

---

[1] 스칸디나비아 국가에서의 정책협의제의 역사적 기원에 대해서는 서로 다른 해석이 존재한다. 예컨대 로드스타인(Rothstein)은 스웨덴이나 덴마크에서 조합주의적 경향이 나타난 것은 19세기 말까지 거슬러 올라간다고 주장하고 있다. 1888년 노동자보험위원회에서 노동자와 사용자 대표들을 참여시켜 산재보험기구를 만들려는 시도가 있었다는 것이다. 실질적인 조합주의적 기구는 1903년 지방정부에서 노사대표가 참여하는 직업소개소가 구성되었는데 이를 기원으로 보아야 한다는 해석도 있다. 하지만, 정책협의의

영향을 미치는 주요한 공공정책을 정부와 노조, 사용자 단체가 공동 결정 (codetermination)하는 정책결정 양식을 의미한다. 사회적 파트너십은 정책협의 제를 지탱하는 가치와 신념으로 칭송되어 왔다.

북유럽국가를 모델로 하여 공공정책 결정과정에 노조와 업계 대표가 참여하는 현상은 슈미터 이래 '조합주의' 개념을 중심으로 분석되어 왔다. 슈미터에 의하면 조합주의는 국가에서 공인받은 소수의 유력한 이익조직들과 국가 사이에 독점적 이익표출과 정책순응이 정치적으로 교환되는 이익대표체계를 의미하는 것이었다(Schmitter, 1979). 슈미터가 조합주의를 이익대표체계의 한 양식으로 이해하고 있었다면, 공저자였던 렘브르쉬는 조합주의 현상을 정책결정양식이라는 측면에서 이해하고 있다. 즉 "대규모 이익조직들 상호 간 그리고 이익조직과 정부당국 사이에서 이익표출 과정에서뿐 아니라, '가치의 권위적 배분'의 정책결정, 정책집행과정에서의 상호 협력이 제도화되어 있는 정책형성 유형"이다(Lehmbruch, 1979). 이런 맥락에서 정책협의는 조합주의의 정책형성 측면을 특별히 부각시키기 위해 만들어진 개념이라 할 수 있다. 정책협의제는 북유럽국가뿐 아니라, 오스트리아나 이탈리아, 스페인, 포르투갈 등 유럽 전역에 걸쳐 다양한 사례를 찾아볼 수 있고 이들 사례에 관한 많은 연구가 축적되어 있다. 최근 민주화된 동유럽 국가에서 나타난 사례에 대해서도 폭넓은 연구가 진행되고 있다.

북유럽국가에서 전형을 찾을 수 있는 정책협의제는 다음과 같은 특징을 갖는다.

첫째, 사용자 단체와 노동조합의 정상 조직(peak organization)이 중앙 수준에서 협상을 통해 시장에 영향을 미치는 공공정책의 주요 내용을 결정하며, 정부 관료와 의원들이 이 협상과정에 참여하여 주로 조정자로서의 역할을 담당한다.

요체가 노소와 사민당 정부와의 정치적 제휴를 배경으로 중앙정부 차원해서 추진된 것이라는 점을 감안한다면 그 기원은 1930년대 사민당 집권시기로 보아야 할 것이다.

둘째, 정상조직 산하 각 이익조직들은 산업별, 부문별로 위계구조로 조직화되어 있으며, 중앙에서의 협상과정에서 부문 간 이해관계 조정을 위한 협의가 동시에 진행된다.

셋째, 정책협의의 주 대상이 되는 정책은 고용, 가격, 성장, 무역, 복지 등 경제정책과 사회정책에 관한 것이다.[2] 노동정책에 관한 한 중앙 협상의 결과는 산업별 협상 또는 개별 기업 차원에서 노조와 사용자의 협상을 제약하는 구속력을 갖는다.

렘브르쉬(1984)에 의하면 정책협의제는 다음 두 제도적 차원을 포함한다. 첫째는 정상조직과 하위조직 간의 통합, 그리고 정상조직들의 정책결정 및 집행과정에의 참여양식(mode of participation)이다. 둘째는 정상조직과 정부사이의 협의양식(modes of concertation)이다. 렘브르쉬에 의하면 전자는 공식화되어야 하지만, 후자는 비공식적일 수 있다.

렘브르쉬가 말하는 참여양식은 두 가지 차원을 내포한다. 하나는 노조나 사용자 단체와 같은 이익조직 내의 이익집약 기제를 뜻하는 것으로서, 조직 내부의 다양한 이해관계가 정상조직을 통해 수렴 집약될 수 있어야 한다는 것이다. 정상조직은 조직내부의 활동을 효과적으로 조정하기 위한 권위를 부여받는 반면, 하위 단체들은 제한된 자율성을 갖는다. 또 다른 차원은 정상조직이 정부의 정책 구상에 대해 공식적으로 협의하는 절차가 마련되어야 한다는 것이다. 이는 이익조직의 대표가 정책을 입안하거나 혹은 집행 기능의 책임을 맡은 정부기구에 주요 구성원으로 참여할 수 있어야 함을 의미하는 것이다.[3] 또한 정책협의가 이루어지는 협의체 내부에는 참여 집단들 사이에 타협과 합의를 유도하는 공식화된 의사결정의 기제와 절차가 마련되어 있어야

---

2) 정책협의의 대상이 되는 공공정책의 영역과 그 범위는 국가별로 차이가 있고, 또한 시대별로도 차이가 있다. 주로 근로조건이나 임금, 고용 수준을 결정하는 노동시장정책이 공통적으로 나타나고 있으며, 재정금융정책이나 산업정책, 통상정책, 일자리 창출과 직업교육훈련을 위한 정책 등에 이르기까지 광범위하게 다루어지기도 한다.
3) 주로 정책입안을 담당하는 정부위원회(commission)나 정책 집행을 담당하는 집행기구 — 통상적으로는 집행이사회(executive board)의 주요 멤버로 초청되는 것을 의미한다.

한다는 것이다.

참여양식의 제도적 기제는 국가별로 각각 다르다. 어느 산업을 대표하는 인사가 협의체에 참여할 것인가 하는 문제부터 협의체 내부의 의사결정 규칙에 이르기까지 정책협의제의 제도적 성격은 국가별로 차이가 있을 수 있다. 정책협의제의 제도적 특성에는 특히 그 나라 산업구조의 차이가 반영되어 있다. 이익조직 내 의사결정 과정에서는 참여 단체나 기업 사이에 불균등한 영향력 관계가 존재하는데, 일반적으로는 그 나라의 경제적 성과에 지대한 영향력을 행사하는 산업 부문이 소속 기업이나 단체를 통해 정상 조직 내부의 의사결정 과정에서 더 큰 지배력 행사한다.

트랙슬러는 경제적 성과의 축적을 주도하는 기업과 업계단체의 영향력이 크다는 점을 인정하면서도, 사용자 집단의 영향력을 대표성(representativeness)과 통합가능성(governability)의 함수로 설명한다(Traxler, 1993, 1995). 대표성 문제는 일차적으로 그 이익조직에 얼마나 많은 기업이나 업계 단체를 망라하느냐 하는 것으로, 트랙슬러는 이를 집적도(high density)의 개념으로 설명하고 있다. 고집적도가 높은 이익조직일수록 대표성을 인정받을 수 있다. 하지만 고집적도는 곧 멤버십의 이질적 구성을 의미하는 것이기 때문에 이익집약 과정에서 취약성을 가질 수도 있다. 따라서 조직체계 내부의 통합가능성의 문제가 제기된다. 통합가능성은 사용자 조직의 수직적 통합의 정도를 나타내주는 지표로서, 조직 내부의 이익조정 메커니즘의 중앙집권화의 정도, 제재권 (制裁權) 발동을 통한 구성원들에 대한 통제가능성 등을 포함한다.

스칸디나비아 국가에서 이익대표성 및 통합가능성 문제는 일반적으로 사용자 단체 연합회 내의 대기업과 중소기업 간의 이익갈등, 노조총연맹 내의 수출산업 부문과 보호산업 부문, 공공부문과 민간부문 간의 이익갈등이 주된 문제 영역임을 알 수 있다. 대기업과 중소기업은 이해관계가 일치하지 않고, 자원동원 능력에도 차이가 있다. 중소기업은 빡빡한 재정적 한계 속에서 작동되고, 노사분규에 의한 타격의 정도가 강한 반면, 대기업은 정치적 활동에 필요한 자원동원이 용이하고 노사분규에 대응할 수 있는 다양한 전략적 옵션의 활용이 가능하다. 물론 규모의 차이가 큰 기업들로 구성되어 있는 산업은 조직구조와 기술이라는 측면에서 이질적일 수밖에 없다.

이와 같은 조직 내부의 이질성 문제는 조직 내부의 의사결정규칙의 정치적 중요성을 배가시킨다. 사용자 단체 연합회 내에서 대기업이나 영향력 있는 기업들은 국가경제에서 자신들이 차지하는 비중에 걸맞은 영향력 행사를 기대하고, 규모에 상응하는 투표권을 요구한다. 이러한 요구는 규모나 자원의 크기와는 상관없이 1개 기업 일표주의를 요구하는 중소기업의 입장과는 다르기 때문에 이익조직 내 대기업과 중소기업 사이의 양극화 현상을 초래한다.

정책협의제는 어느 의미에서 정치화된 정책결정과정 혹은 정책결정과정의 정치화를 뜻하는 것이라 할 수 있다. 정책협의는 본질적으로 타협과 협상을 내포하는 정치적 과정이기 때문이다. 여기에는 정책협의제의 제도적 취약성을 말해 주는 두 가지 중요한 의미가 내포되어 있다. 하나는 정책결정과정이 시장력에 상응하여 경제적 합리성 제고를 목표로 하는 것이라기보다는 정치적 협상을 통해서 시장력의 발현을 제어해 나간다는 점이다. 다른 하나는 정책협의제하에서 조직화된 이익 사이에서 체결되는 협약은 당사자들 간의 일시적인 힘의 균형을 반영하고 있는 잠정적 타협책(modus vivendi)에 불과하다는 점이다.

정책협의제는 여건 변화에 큰 취약성을 가지고 있는 제도다. 경제조건이나 시장력 변화에 취약하고, 참여 그룹의 역학관계 변화에 취약할 수밖에 없다. 1980년대 이후 스웨덴과 덴마크에서의 정책협의제 변화는 바로 이러한 관점에서 분석될 수 있다. 이 글은 스웨덴과 덴마크에서의 정책협의제 변화 과정을 기술하고, 두 나라의 정책협의제 변화 방향에 차이를 가져온 것이 무엇인지에 관하여 그 배경과 요인을 설명하려는 목표를 갖는다.

2. 스웨덴과 덴마크의 정책협의제

스웨덴과 덴마크는 스칸디나비아의 다른 국가와 마찬가지로 정책협의제의 오랜 전통을 지켜 왔다. 정책협의제의 전통은 이들 국가가 공유해 오고 있는 사회경제적, 정치적 특성과 밀접히 연계되어 있다. 스웨덴과 덴마크는 광범위한 복지국가체계를 발달시켜 왔고, 공공부문의 급격한 팽창을 경험하였다. 국민들의 결사체 참여 비율이 높고, 사용자 집단과 노동자 계층을 대표하는 중앙 정상조직의 고집적성과 중앙집권적 이익집약 구조도 공통으로 가지고 있다. 정치적으로는 사회민주당 정부가 노조와 오랜 기간 동안 긴밀한 정치적 협력관계를 공고화해 오면서 장기간 집권해 오고 있다는 점에서도 공통점을 갖는다. 내수 시장이 작은 수출의존형의 작은 경제국가라는 점에서도 마찬가지다.

스웨덴과 덴마크의 이러한 공통성은 20세기 초 이들 국가의 초기 산업화 과정의 유사성에서 유래한 것으로 보인다. 20세기 초까지만 하더라도 스웨덴과 덴마크는 산업화 초기 단계의 농업 국가였고, 대다수 사람이 농업 부문을 중심으로 임금노동자로 고용되어 있었다. 대규모 농업자본을 배경으로 서로 긴밀하게 사회적 망을 이루고 있는 사용자들과는 달리 이들 임금 노동자들은 이익을 대표할 만한 단체 하나 결성하지 못한 상태에서 갈기갈기 나뉘어 있었다. 스웨덴과 덴마크에서는 1900년을 전후로 하는 시기에 노동자 조직과 사용자 단체 그리고 사회민주당이 출범함으로써, 20세기로 접어든 이들 국가에서 조합주의 정치의 기본 구도가 형성되기 시작했음을 알 수 있다.

1) 스웨덴의 정책협의제 형성

스웨덴에서는 1889년 의회에서 임금노동자들을 대표하기 위한 사회민주당이 만들어졌고, 9년 후 여러 갈래로 나뉘어 있던 임금 노동자들이 스웨덴 노조총연맹(LO)을 결성, 노동자 권리보호를 위한 정치적 단합을 이루어 나가기 시작하였다. 노조의 이러한 정치적 단합은 20세기 초 계속되었던 강력한 파업 투쟁을 배경으로 이루어진 것이었다(Fulcher, 2002).

스웨덴과 덴마크에서 사용자 단체가 본격적으로 결성되기 시작한 것은 LO의 출범에 대응하기 위한 것이었다. 스웨덴 사용자 총연합(SAF)이 만들어진 것은 1902년이었다. SAF는 노조총연맹의 정치적 단합에 맞서기 위해 강력한 중앙집권화를 추진해 나갔다. 스웨덴 사용자 연합은 노동조합에 대응하기 위한 방편으로 직장폐쇄를 매우 공격적으로 사용했으며, LO에 회원 조직에 대한 통제를 강화하라고 압박하였고, 1906년에는 '사용자 권리'를 인정하는 협정을 맺도록 강제하기도 하였다.

스웨덴에서는 두 거대 단체의 대립 속에 노조의 파업투쟁이 상당 기간 지속되었고, 국가는 사용자 단체와 노조의 대립을 중재하기 위해 제3의 중재기구로서 노동재판소(labour court) 설치 등의 법적 조치를 취해 나갔지만 성공적일 수는 없었다. 스웨덴은 1930년대 후반부터 산업평화가 정착한 국가로 알려졌지만, 1930년대에 이르기까지 아주 심각한 수준의 노사갈등을 경험하였다.

스웨덴에서 노사 간의 대립이 줄기 시작한 배경에는 1930년대 후반, 세계 경제의 극심한 불황이 있었다. 경제 불황은 노사 서로가 결코 받아들일 수 없는 요구를 자제하는 분위기를 조성하였고, 더욱 진지한 상호 타협의 자세를 견지하도록 만들었다. 특히 SAF는 노사갈등에 대한 국가규제를 노사공동 규제로 대체하기 위하여 LO와의 연계를 강화해 나갔다. 1930년대 후반에 이르러 SAF는 사민당 정부하에서 국가통제가 확대되는 것을 크게 우려하였다. 국가 통제의 확대가 궁극적으로 기업 활동에 대한 통제로 이어진다고 믿었기 때문이다(Fulcher, 2002: 284).

스웨덴에서 노사정 간의 협력기도가 처음 제도적 결실을 맺은 것은 1938년의 일이었다. 1938년 살트셰바덴(Saltsjobaden)에서 노사대표들이 모여 노사관계를 중앙에서 노사공동으로 규제할 수 있도록 한 제도적 틀, 즉 '기본합의(Basic Agreement)'에 도달하였다. 살트셰바덴 '기본합의'는 이후 '스웨덴 모델(swedish model)'의 원형으로서, 노조는 파업권과 대표권을 인정받는 대신, 사용자의 권리를 또한 확고하게 인정하는 등 노사공존, 공영의 새로운 틀을 모색한 것이었다. 기본합의는 스웨덴 국법으로 뒷받침되어 전국 수준으로 확대되었으며, 이로써 노조와 사용자가 양자 협의를 바탕으로 임금수준을 결정할 수 있는 권리를 국가가 인정한 것이었다.

기본합의안에는 노사 간 합의 도달실패로 산업평화가 위협받을 때에 SAF와 LO는 정부와 협의를 거쳐 조정하며, 이것도 여의치 않는 경우에는 노동재판소의 최종 결정에 구속된다는 점도 명문화되어 있었다. 기본합의의 밑바탕에는 산업관계 문제를 노사 간 대화와 협력을 통해 자율규제(self-regulation)로 풀어간다는 원칙이 자리하고 있는 것이었다. 이러한 상호인정과 동등지위 보장의 자율규제 정신은 노조와 사용자 단체 내 급진세력의 입지를 뒤흔드는 것이었으며, 노사 대표가 정부위원회나 집행이사회에서 우호적인 분위기하에서 상호협의를 통해 합의안을 도출할 수 있는 관행을 가능하게 만든 것이었다.

1930년대 스웨덴에서 정책협의제의 기틀이 자리 잡을 수 있었던 것은 두 거대 이익조직 외에도, 사민당 정부의 능동적 역할이 있었기 때문이다. LO는 사민당 정부를 통로로 활용하여, 정부의 정책결정에의 참여를 확대할 수 있었다. 그렇지만 사민당은 전적으로 노조의 편에 서지 않고 사회의 주요 집단(농민 기업 등)들과 실용적 관계를 구축하고자 노력하였다(Fulcher, 2002: 284-285). 스웨덴 사민당은 복지국가를 달성하기 위해 산업의 수익성에 의존할 수밖에 없었으며, 스웨덴 경제의 국제경쟁력을 유지할 수밖에 없다는 것을 인정하였다. 또한 사민당은 1930년대 이후 급진적 강령을 포기하는 이데올로기적 변화를 거치면서 계급갈등보다는 계급협력을 강조했고, 노동계급만의 정당이 아닌 인민 전체의 정당임을 자처했다.

실용주의 노선에 힘입어 사민당은 전후에도 확고한 정치적 기반을 다져갈 수 있었다. 전후 한때 사민당 내 일부 급진세력들의 국유화 강령으로 선거에서 지지 기반의 이탈을 경험하는 위기를 겪기도 했지만, 아직은 부수주의 정당들이 집권할 만큼 위력적이지 못했기 때문에 1970년대 중반까지 사민당 정부를 유지하는 데는 큰 문제가 없었다. 하지만 사민당의 선거성과에 따라 정책협의제는 다소 부침을 겪었음을 알 수 있다. 예컨대 1950년대 후반 총선에서 압승한 사민당은 정부의 위상을 강화하였고, 사용자 단체들과의 정책협의는 1964년까지 1년에 한 차례 수상관저에서 진행하는 요식행위에 그쳤다.[4] 이에 대하여 풀처는 이미 이 시기에 임금억제와 경제성장, 합리화라는 시장지향적 정책노선에 대하여 노조와 사용자 단체, 그리고 사민당 정부가 합의를 보고 있었기 때문에 정책협의의 필요성이 거의 없었던 것으로 해석하고 있다 (Fulcher: 286).

1950~1960년대 스웨덴에서는 중앙정부 차원의 정책입안을 위한 정책협의는 활성화되지 못했지만, 이와는 별도로 의회의 입법과정이나 행정기관의 집행과정에서 정책협의가 지속적으로 이루어졌음을 알 수 있다. 예컨대 입법을 준비하기 위해 주요 정당과 이익조직의 대표가 참여하는 조사위원회 (research committee)가 법안별로 설치되었는데, 이들 위원회의 제안서는 표준적인 입법검토 및 자문절차를 통하여 각 이익조직에게 공식적으로 회람되었고, 이들 조직에게서 오는 회신들은 법안을 만드는 데 실질적으로 활용되었다.

의회에서 법이 통과되면, 이를 집행하기 위한 세부적인 법규는 행정부 각 기관에서 작성되도록 되어 있다. 정책집행을 담당하고 있는 스웨덴 행정부는 각료의 직접적 통제를 받지 않는 준자율적 기구들로 구성되어 있고, 각 기구의 집행이사회는 통상적으로 주요 이익조직의 대표들을 참여시킨다. 전후 1970년대에 이르기까지 이익조직의 대표들이 참여할 수 있는 정부 기구의 비율은 1946년의 28%에서 1968년에는 64%로 증가했다. 그런가 하면, 경제 및 산업 관계의 현안에 관련된 특정 정책 분야에서는 아예 이익조직 자체에 정책집행이 위임된 경우도 있었다. 이들 조직에 대한 정책위임은 이해관계자들이 스스로 타협점을 모색하기 위한 것이었는데, 이는 정부가 주도하는 정책협의에 대한 기능적 대안이기도 했다.

---

4) 이 회의는 수상 관저인 하프순트(Harpsund)에서 열렸다. 이 때문에 하프순트 민주주의 (harpsund Democracy)라고도 명명되었는데, 경영계, 농민, 노조 및 협동조합 주요 조직의 지도자들이 초청되었다.

이익조직과 국가는 이러한 정책협의 및 정책위임 장치를 통해 서로 이익을 공유했다. 국가는 이익조직들의 전문 인력과 자원을 활용할 수 있었고, 정책에 대한 이익조직의 지지를 보장받으며, 정책에 대한 정당성을 제고할 수 있었다. 그런가 하면 자율 기구와 이익조직에게 집행에 따르는 책임을 전가할 수도 있었다. 특히 집행단계에서의 집행이사회를 통한 정책협의제 운용은 내각의 정치인에게는 편리한 장치였다. 왜냐하면 각료들은 행정기구의 인사와 예산을 여전히 통제할 수 있는 위치를 그대로 유지하면서도 정책집행에 대한 책임을 전가할 수 있었기 때문이다(Fulcher: 287).

다른 정책영역에서 정책협의제의 부침과는 무관하게 1950년대와 1960년대 스웨덴의 소득정책은 전적으로 SAF와 LO의 수중하에 놓여 있었다. 1950년대까지 중앙 단체협상제도가 아직 도입되지는 않았으나, 이미 이때 정부 개입 없이 임금인상 압박에서 오는 인플레이션 충격을 성공적으로 해소해 나가기 위해서는 중앙 단체협상이 불가피하다는 인식이 싹트기 시작했다. 사용자 집단은 중앙 단체교섭으로 노조의 자율적인 임금억제를 기대했을 뿐 아니라, 그것이 국가의 개입을 차단하는 길이라고 생각했다(Milner, 1990).

단체협상은 그것이 정부 밖에서 작동하는 별도의 임금결정 기제라는 점에서 자율규제 체제를 의미한다. 완전고용과 거시경제 성과에 대한 책임은 정부에 있지만, 정부는 임금인상 지침을 결정하는 노조와 사용자 단체와의 협상 과정에서 주도적인 역할을 하지는 않는다. 1950~1960년대 사용자 단체들과 협상에서 노조가 정작 관심을 가지고 있던 문제는 노조 간 임금경쟁에 의해서 노동자 집단 사이에 임금격차가 발생하는 것이었다. 이 시기에 노조측이 적극 도입하고자 했던 연대임금정책은 동일노동·동일임금을 보장해야 한다는 정책으로 임금의 차이는 사용자 즉 기업의 수익성에 따라 달라져야 하는 것이 아니고, 숙련성과 훈련, 일정한 사회적 기준을 반영해야 한다는 것이었다.

노조는 자발적으로 노조 간 경쟁과 전투적 노동운동을 자제해 나갔으며, 임금격차를 축소시키는 방향으로 활동하였다. 이에 대해 사용자 단체가 수익 성과는 무관하게 중앙에서 정한 비율에 따라 임금을 지불해야 하는 동일노동·

동일임금 원칙을 적용하기 때문에 수익성이 큰 수출부문의 노동자들은 임금억제를 감수하지 않을 수 없었다. 하지만 이러한 연대임금원칙은 재정적 한계선상에서 작동되는 많은 중소기업들에게 재정압박을 가중시키는 것이었기 때문에 고용불안 문제를 심화시키는 결과를 낳기도 하였다. 이러한 고용불안의 문제는 정부의 '능동적 노동시장정책(active labour market policy)'에 의해 해소될 수밖에 없었다.[5]

2) 덴마크의 정책협의제 형성

19세기 덴마크의 산업화는 아주 작은 규모의 수공업 공장을 중심으로 이루어졌다. 스칸디나비아의 다른 국가에서와는 달리 덴마크에서는 산업화 초기단계부터 국가의 개입 없이 시장경제 원칙에 따라 충실하게 임금과 가격이 결정되는 기업 활동이 행해졌다. 길드제의 규제 시스템 혁파와 함께 노동자들은 노조를 만들어 연대활동을 해나갔고, 소규모 기업주들은 노동자들의 이러한 연대투쟁에 맞서 집합적인 대응을 모색해 나갔다(Due, 1995).

전국 단위 노조의 결성에 자극받아 사용자 단체 연합이 결성되었던 스웨덴의 경우와는 달리 덴마크에서는 전국단위의 사용자 단체 연합(DA)이 먼저 결성되었고, 이에 자극 받아 노조총연맹(LO)이 만들어졌다. DA는 설립 목적자체가 노조연대 투쟁에 대한 사업자들의 집합적 대응에 있었던만큼, 설립초기부터 철저하게 중앙집권화된 방식으로 운영되었다. 초기 단계부터(1907) 회원 조직들은 연합회의 승인이 있어야만 노조단체와의 합의안 작성이 가능했던 것이었다.

덴마크 사업자 단체연합(DA)의 집권화된 활동에 대응하기 위하여, 노조역시 1898년 덴마크 노조전국 연맹(LO)을 결성하고, 산하 단체의 파업을 규제

---

5) 능동적 노동시장정책에는 고용교환, 노동자 고용지속 지원, 노동유동성 제고, 취약근로자에 대한 임금보조금 지급 등이 포함되었으며, 고용안정을 보장하는 최후의 수단은 공공부문이 사용자로서의 기능을 대대적으로 확충하는 것이었다.

하거나 지지하는 활동을 전개해 나갔다. 덴마크 LO는 사용자 단체연합과는 달리 산하 단체의 모든 활동을 중앙집권적으로 통제할 수는 없었다. 산하 노조단체들이 권한을 전폭적으로 위임하기보다는, 하위 조직에도 얼마간의 재량권을 남겨두기를 원했기 때문이다.

1899년 덴마크에서는 DA와 LO가 치열한 세력대결을 벌인 끝에 '9월 대타협안(September Compromise)'을 만들어 낼 수 있었다. 이 대타협안은 사용자의 경영권 및 작업배치권과 노조의 단체결성권 및 노조가입권을 서로가 인정하고, 기업의 임금과 근로환경에 대해서는 노사가 단체협상을 통해 결정한다는 내용을 포함하고 있었다. 덴마크에서는 산업화 초기 단계부터 사용자가 노동자들의 노조결성권과 단체협상권을 인정해 준 것이었는데, 이런 결과 근로자들의 노조가입률이 더욱 크게 증가하는 계기가 되었다(Carsten, 2002).

9월 대타협은 노동시장에서 발생하는 문제에 국한되었던 것은 아니고, 일반 공공정책에 관한 문제를 함하여 광범위한 사회적, 정책적 문제가 포괄되어 있음을 알 수 있다. 이는 국가가 다양한 정책영역의 의사결정 과정에 사회적 파트너들이 참여하도록 보장해 주었음을 말해 주는 것이다. 1899년의 대타협안은 의회가 입법으로 뒷받침하여 6년의 시효를 보장해 줌으로써 사회적 합의의 법제화가 이루어진 전형적인 사례가 되었다. 덴마크의 사회적 합의를 흔히 '갈등에 기반한 합의(Conflict-based Consensus)'로 부르는데, 9월 대타협은 갈등관계에 기초한 합의라는 '덴마크 모델(Dannish Model)'의 원형을 기록한 것이라고 할 수 있다.

덴마크 단체협상에서 발견되는 특징 가운데 하나는 국가가 단체협상에 직접적으로 개입할 수 있도록 제도화되어 있다는 점이다. 덴마크에서는 노사 간의 단체협상에 관하여 의회가 입법을 통해 합의의 보증자로서 기여했을 뿐 아니라, 노동재판소(Labour Court)나 화해위원회(Conciliation Board) 등과 같은 국가의 공식적 기구가 설치되어 일정 절차에 따라 정부가 노사관계에 자동적으로 개입할 수 있는 장치가 마련되어 있었다. 1910년 처음 설치된 화해위원회는 국가가 임명하는 중립적 조정자가 노사 간 단체협상의 중재자로서 기능할 수 있도록 하는 장치로서 1934년 덴마크 국법(The Conciliation Board Act of 1934)으로 공식화되었다.

20세기 초 이미 덴마크에서는 사용자, 노동자, 주요 정당 사이에 임금이나 노동시간과 같은 노동시장 기준에 관한 문제는 언제든지 노사정 3자 협의에서 다루어야 한다는 암묵적 합의가 형성되어 있었다. 하지만 노동시장 문제에 대한 국가의 개입은 매우 제한적으로 이루어져 왔고, 노조와 사용자는 노사관계의 현안을 해결하는 데 원칙적으로 노사 자율해결을 위한 상호 협력적인 태도를 지켜 왔다. 이와는 달리 노·사 간 협상의 영역이 아닌, 국가나 지방정부 소관으로 규정되는 사회정책, 예컨대 실업, 의료보험, 육아, 노인복지 등의 정책의제는 법률을 통해 형성되고 집행되었다. 물론 이러한 사회복지정책 영역의 문제가 노사 간 협상의 이슈가 되지는 않지만, 노사가 이에 대한 영향을 미칠 수 있는 장치는 별도로 마련되어 있다. 덴마크에서 노조와 사용자 단체는 입법위원회에 사전 참여함으로써 자신들의 이해관계를 정부에 반영할 수 있는 제도적 기회를 가져오고 있다.

덴마크에서는 이미 20세기 초부터 국가가 노동시장의 주요 당사자들과 여타 이익집단을 정책 입안과 집행 과정에 참여시키는 전통을 축적해 왔다. 이해당사자들을 관련 정책결정과정에 참여시켜야 한다는 원칙과 규범은 오늘날까지도 덴마크의 정치, 조직, 행정기관들 사이에서 본질적인 기초를 형성하고 있다.6) 덴마크는 스웨덴과 마찬가지로 정부에 각종 위원회(committees, commissions, boards)를 두어 정책 입안 및 집행단계에 이익조직의 대표를 참여시키고 있다. 이익조직의 대표들이 참여하는 이러한 정부기구의 공공위원회 숫자는 1980년대까지 지속적으로 증가해 왔음을 알 수 있다. 예컨대 1914년에는 18개 공공위원회에서 민간 이익조직의 대표들이 활동했는데, 이 수는 점차 늘어 1946년에는 413개 이익단체가 200개 이상의 공공위원회에 참여하였고,

---

6) Christiansen, P. M. Interesseorganizationer, Centraladministration og Udvikingen af Indflydelsesstrategier. pp.119~154. in K. Ronit Interesseorganitioner I Dansk Politik, Juristog Okonomforbundets Forlag, Copenhagen(1998), p.130; Carten(2002)에서 재인용.

1980년에는 이익조직들이 참여하는 위원회 수가 732개로 늘어났다(Carsten, 2002: 78).

3. 정책협의제의 제도적 위기

1950년대부터 1970년대까지 스웨덴 모델은 정치적 안정과 경제성장을 가져온 모범적 사례로 광범위한 찬양의 대상이 되어 왔다. 그러나 1970년대 초반 국제오일 쇼크 이후, 스칸디나비아 복지국가체계에도 세계경제의 충격이 미치기 시작했고, 1980년대 이후 세계화의 여파가 밀려들면서 스칸디나비아 국가의 국가모델도 새로운 차원의 변화를 경험하기 시작하였다.

스웨덴과 덴마크에서의 정책협의제는 1970년대 이후 서서히 정점에서 내려와 변화를 모색하기 시작한다. 이들 국가에서 정책협의제의 변화는 1970~1980년대 양국의 보수 우익정부와 밀접하게 연계되어 있다. 스웨덴에서는 1976~1982년, 그리고 1991년 말~1993년까지 보수우익 정부(Buildt 정부)가 들어섰고, 덴마크에서는 1973~1976년, 그리고 1982~1993년에 우익 연합정부(Poul Schluter)가 집권하였다. 스웨덴과 덴마크에서는 1970년대 중반 이후 1990년대 초반까지 사민당 정부와 보수 우익 정부가 정권을 교체해 갔는데 양 정부가 똑같이 신자유주의 경제사회정책을 시행해 나갔다는 점에서 공통점이 발견된다. 양국에서 정책협의제 변화는 임금동결, 실업급여 삭감, 대대적인 디플레이션 정책, 탈규제와 민영화 등 신자유주의적 정책 추진을 배경으로 하고 있다.

1) '스웨덴 모델'의 급격한 변화

스웨덴에서 정책협의제는 1970년대 이후 서서히 퇴조하는 방향으로 일관되게 변화해 나갔음을 알 수 있다. 스웨덴 정책협의제 쇠퇴의 가장 정점에서 있었던 사건은 1991년 스웨덴 사용자 단체연합(SAF)이 그 동안 대표를 파견하여 정부 및 노조의 대표들과 주요 공공정책의 입안과 집행을 협의해 오던 3자 협의체 기구에서 탈퇴한 것을 선언하고, 중앙정부의 거의 모든 위원회에서 6,000여 명의 사용자측 대표를 전면 철수시킨 사건이다.[7] SAF의 이러한 일방적 조치 이후에도 노조 대표들은 여전히 정부의 위원회나 집행이사회에 대표를 파견하였으나, 1992년 보수주의 연립 정부가 정부의 집행이사회에서 모든 노조의 대표들을 축출하는 법안을 발효시킴으로써 스웨덴 정책협의회는 적어도 공식적으로는 중앙정부 차원에서 종말을 고한 것이었다.

스웨덴에서 정책협의제가 급격히 쇠퇴하기 시작한 것은 1970년대 이후 사용자 단체와 노조 사이에 중요한 공공정책 이슈를 둘러싸고 절충할 수 없을 만큼의 대격돌이 이루어지면서, 결코 협의를 통해 합의에 도달할 수 없는 주요 쟁점들이 이어졌기 때문이다. 1970년대 원자력 전력 문제나 '임금노동자 투자기금(Wage Earner Funds)', 1990년대 EU 가입을 둘러싼 격돌 등이 대표적이다. 이들 이슈 가운데는 EU 가입 건처럼 스웨덴 모델에서 이례적이라 할 수 있는 국민투표(referendum)로서 해결을 보아야 하는 국가적 쟁점도 있었다. 두 이익조직 간의 확연한 노선과 입장의 차이는 더 이상 협의제의 틀 속에서 합의 도출이 불가능 할 정도의 이데올로기적 대립으로 비약되어 있었으며, 이로써 서로에 대한 불신은 갈수록 높아만 갔다. 스웨덴 LO 내의 급진파들에 의해 추진된 기업과 자본에 대한 정치적, 이념적 공세에 대하여 SAF 역시 극단적인 초강수를 선택함으로써 다시는 협의제의 틀 속으로 되돌아 올 수 없을 만큼 양자는 멀어져 갔다. 협의제의 틀 속에서 합의가 불가능했던 굵직한 사안들은 협의제 자체에 대한 회의적 시각을 불러일으키는 데까지 비화한 것이다.

---

7) 스웨덴 사용자 연합(SAF)는 1991년 9월 보수우익 정부를 탄생시킨 총선거 직후, 정책협의제 폐지를 홍보하기 위한 캠페인 성격의 회의를 개최하였다. 이 회의의 제목이 'Farewell Corporatism'이었다. SAF는 정책협의제 폐지를 곧 코포라티즘 철폐라는 말로 표현했던 것이다.

1970년대 중반 스웨덴 노조는 의회의 다수당이었던 사민당을 내세워 노조의 영향력을 강화하는 대신, 제도적으로 기업과 자본에 부담을 부과하려는 입법을 추진해 나가기 시작하였다. 그 와중에 기업의 반발을 촉발한 것이 1976년의 '공동결정(Codetermination)법'과 '임금노동자 투자기금법'이었다. 공동결정법은 사용자가 작업장의 환경에 필요한 변화조치를 취하기 위해서는 반드시 노조의 동의를 받도록 하는 등 기업의 의사결정 과정에 노조가 더 많은 영향력을 행사할 수 있도록 제도적으로 뒷받침해 주는 법이었다. 특히 사용자 측의 거센 저항을 받은 임금노동자 기금법은 1976년 스웨덴 노조총연맹이 채택한 '마이드너 계획(Meidner Plan)'에 따라 산업의 소유권을 노조가 통제할 수 있는 투자기금으로 이전시키려는 급진적 기도였다.

　　노조에 의한 마이드너 플랜의 입법화 기도는 스웨덴 정책협의제의 쇠퇴를 재촉한 가장 상징적인 사건이었다(Marshall, 1996). 새로 설립된 스웨덴 왕립위원회(Royal Commission)에 의해 법안이 추진된 마이드너 플랜은 정책협의를 위한 기존의 제도적 틀 속에서 평온하게 다루어질 수는 없었다. 이 법의 취지는 회사의 이윤으로 피고용자들을 위한 투자기금을 조성하되, 노조가 그 운영권을 갖도록 하자는 취지의 법안이었기 때문에 노사 간의 기본 시각에도 차이가 확연했다. 정치적, 사회적 갈등만 불러일으킨 왕립위원회 활동은 아무런 합의 없이 작업 종료를 선언했지만 위원회 밖에서는 여론의 양극화가 심화되고 있었다. 사회민주당이 근로자투자기금에 대하여, 양론으로 나뉘어 대립하다가 1983년 당초의 취지에서 크게 후퇴한 법안을 통과시켰으나, 양쪽 모두에게 비판을 받았다. 피고용인 투자기금(Employee Investment Funds)법은 결국 산업의 소유권에 어떠한 영향도 미치지 못했다.

　　이러한 일련의 상황이 전개되면서 기업과 사용자 집단은 더 이상 정부가 중립적이라고 보지 않았으며, 더 이상 LO를 믿을 만한 사회적 파트너로 볼 수 없다는 확고한 인식을 가지게 되었다. 1970년대 중반 이후 스웨덴 노동운동의 이념적 급진화는 기업과 사용자 단체의 강력한 반발을 불러 일으켰다. 그동안 정치적 중립을 표방해 오던 스웨덴의 사용자 단체들은 극우 부르주아

정당인 온건당(Moderate Party)를 공개적으로 지지하면서 사민당 정부를 퇴진시키려는 정권교체 운동까지 기도하였다. 그런가 하면 영국 등 유럽 전역에서 붐이 일던 신자유주의 물결을 스웨덴으로 불러들이기 위한 여론형성 활동에 적극 나섰다. SAF의 적극적인 캠페인 활동으로 정부재정지출 삭감, 세금인하, 시장력 복원을 요구하는 새로운 정책 패러다임이 급부상함으로써 복지국가 모델에 대한 스웨덴의 사회적 합의체제는 서서히 붕괴해 나가기 시작했다.

스웨덴에서의 정책협의제 쇠퇴는 노사 중앙 단체교섭의 틀이 해체되어 간 데서 그 전형을 찾을 수 있다. 스웨덴에서 노동시장 정책인 정책협의제 실패는 노사 간의 갈등과 함께, 노노간의 갈등을 더욱 부채질했음을 알 수 있다. 1960년대 후반부터 화이트칼라 노조가 자신들만의 중앙 집중화된 교섭조직을 만들었고, 1970년대 이후에는 공공부문 노조가 독자적으로 움직이기 시작했다. 화이트칼라 노조 상호 간의 경쟁관계, 화이트칼라 노조와 스웨덴 LO 간의 알력과 경쟁 관계로 인해 매년 임금협상은 정책협상의 제도화된 틀 속에서 난항을 계속해 가며, 합의된 기준 이상의 임금상승(wage drift)으로 기업과 사용자 집단의 부담이 가중되어 갔다. LO의 중앙집권에 대하여 산하 단체나 지역 차원의 불만도 고조되었기 때문에 중앙연맹의 통제력을 기대할 수도 없었다. 1970년대까지 스웨덴에서 중앙 단체협상을 위한 제도적 장치는 원래 목표인 임금억제와 산업평화를 이루어내지 못하고, 파업, 직장폐쇄, 부문 간 경쟁, 그리고 급격한 임금상승만을 가져왔을 뿐이다.

노조 간의 갈등에 대해서 사용자 단체는 일부 노조의 지원을 이끌어내며, 노사협상의 분권화를 추진해 나갔다. 대표적으로 스웨덴의 수출금속제조업 사용자 단체(VF)는 수출 금속제조업 노동자들로 하여금 스웨덴 LO에서 이탈하도록 종용할 수 있었다. VF는 이후 지속적으로 중앙 단체교섭의 틀을 해체하고, 개별 기업단위의 노사교섭을 통해 탈집중화된 방식으로 문제를 해결해 나가야 한다는 강력한 입장을 견지하였다.

이러한 노사 갈등에 대하여 스웨덴 정부는 행정기관과 지방정부에 보다 많은 권한을 위임하고, 지방정부 차원에서 더욱 많은 이익단체가 정책결정과정에 참여하도록 하는 공공부문 개혁을 단행해 나갔다. 이러한 개혁은 '탈집중화된 정책협의 구조'로서 사회적 통합을 이룩하고, 중앙정부에 대한 불만을 줄이는 효과가 기대되었다. 하지만 분권화된 정책협의는 정책결정에 대한 통제력 상실과 함께, 국가 차원의 정책 조정문제를 발생시켰다.

한편 스웨덴 중앙정부는 결정권을 이양했지만, 노사 간의 단체교섭 실패로 발생하는 파업 등의 사회적 갈등문제에 대해서는 더욱 지시적이고, 권위주의적인 방식으로 정부 개입의 강도를 높여 나갔다. 많은 분권화된 교섭의 실패 사례에 직면하여 스웨덴 정부는 과거 노사자율 교섭에 맡긴 많은 정책 이슈에 대해 중앙정부 차원의 기준과 지침을 마련하고, 경우에 따라서는 입법화를 추진하기도 하였다. 1983년 이후 다시 정권을 인수한 사민당 정부는 변화한 세계경제 환경 속에서 스웨덴 기업의 국제경쟁력 강화 문제와 공공지출 감축 문제에 더 큰 정책적 관심을 기울였고, 이러한 우경화는 스웨덴 LO와 갈등을 낳기도 하였다.

1990년대 초반 스웨덴 정책협의제의 급격한 쇠퇴는 1991년부터 1993년까지 짧은 기간 동안 정권을 장악한 우익보수 빌트(Bildt) 정부하에서 추진되었다. 빌트 정부하에서 스웨덴은 이전 '사회적 파트너'들 사이의 협상에 맡겼던 주요 정치적, 사회적 문제를 시장적 해결책에 의존하여 해결하려는 신자유주의 해법을 조심스럽게 모색하기 시작했다(Pestoff, 2002: 296-297). 신자유주의론자들은 분권화와 탈규제의 공공정책을 내세우면서 정책협의, 사회적 파트너십, 코퍼러티즘을 위한 제도적 장치를 공격했다. 빌트 정부는 공행정 부문에서 정책협의제의 핵심적 요소라 할 수 있는 이익조직의 평대표제(lekmannastyrelser)[8]를 1992년 입법조치로 폐지하였다. 모든 이익조직의 대표들은 행정기관의 집행이사회에서 철수할 수밖에 없었고, 단지 개인 자격으로만 여기에 참여할 수 있었다.[9]

---

8) 평대표는 정책집행의 실무책임을 맡고 있는 공공행정 이사회의 집행기구에 주요 이익조직과 정부, 의회, 전문가 집단 등을 대표하여 파견된 사람을 의미한다.
9) 1992년 이익조직 대표제가 폐지된 이후에도, 여전히 이익조직의 대표가 정책협의를 위해 산류하고 있는 정책집행 기구는 노동재판소나 연금보험기금 등 매우 한정된 노동정책 분야의 기구다.

1960년 스웨덴 중앙정부에는 34개 공공행정 이사회가 있었으며, 여기에 파견된 평대표들은 318명이었다. 정책협의제의 공식 폐지 바로 전해인 1991 년에는 91개 이사회에 825명으로 늘어났고, 이 가운데 노조나 사용자 단체를 대변하는 이익조직의 대표는 약 1/5에 이르렀다. 1992년 공식폐지로 1997년 에는 74개 이사회에서 633명의 평대표가 개인 자격으로 참여하고 있다(Pestoff, 2002: 300). 전체적으로 그 수가 축소되는 추세이지만 각 이익조직에 배당된 비율은 그대로 유지되고 있다. SAF의 반대와는 무관하게, 스웨덴의 대표적인 노조들은 — 노조연맹(LO)과 봉급생활자 및 공무원단체 중앙회(TCO)— 정책협의 제의 부활에 큰 관심을 보여왔다.

1998년 총선 이후, 정권을 안정적으로 유지하게 된 사민당과 노조의 노력으로 '성장을 위한 동맹(Alliance for Growth)'이라는 타이틀 아래 정책협의제를 복원하려는 움직임이 추진되었으나, 이것 역시 마지막 단계에서 기업과 사용자 단체가 여기에 응하지 않음으로써 좌절되고 말았다(Stephen, 2000).

2) '덴마크 모델'의 탈집중화

덴마크에서의 정책협의제 변화는 1970년대 초반 이후, 공공부문의 축소와 세금감축, 사회복지제도의 개혁을 주장하는 우파 정당의 정치적 약진을 배경으로 하고 있다. 덴마크에서는 1982년 자유보수 연정의 슈뤼터(Poul Schluter) 정부 — 흔히 네잎 클로버 정부(four-leaf clover government)로 불린다 — 가 출범하여 11년 동안 신자유주의 정책이 추진되면서 스웨덴에서와는 달리 1970년대에는 비교적 안정적으로 작동되던 정책협의제가 동요하기 시작하였다. 임금동결과 복지축소, 인플레이션 억제정책, 탈규제와 민영화 등의 신자유주의 정책은 정책협의제의 작동 기반을 위축시키는 결과를 가져 왔다. 사회적 파트너들 간의 협상에 의해서 국가경제를 운용해 나가는 '협상경제(negotiated economy)' 전통은 신자유주의 정책노선과 상충할 수밖에 없었던 것이다.

슈뤼터 정부는 출범과 함께 정책협의제 작동에 제동을 가하기 위한 조치를 취했다. 예컨대 사민당 정부가 행해 오던 노조와의 정례적 정책협의를 거부했고, 사용자 단체와도 일정한 정치적 거리감을 유지하고자 했다(Compston, 1998: 519). 정부의 위원회나 정책자문회, 의회 입법위원회, 정책집행 기구에서 이익조직의 대표 참여제는 그대로 유지되었으나, 이익조직의 정책참여 비율은 줄어들었다. 이와 같은 정책협의제의 변화는 실업수당 감축 등 복지혜택의 축소, 공공지출을 줄이기 위한 긴축재정 정책과 궤를 같이하는 것이었다.

하지만 소수파 연립정부였던 슈뢰터 정부가 이러한 정책을 일관성 있게 추진하기에는 역부족임이 곧 드러나게 되었다. 무엇보다도 여전히 의회 내에서 가장 많은 의석수를 차지하고 있던 사민당의 거센 저항에 부딪혔기 때문이다. 사민당 의원들은 보수정부의 이러한 조치에 대하여 사회적 약자를 짓밟는 불공정한 정책으로 공격함으로써 신자유주의 정책에 의구심을 갖던 노조와 유권자들의 지지를 재탈환하고자 하였다. 1980년대 중반의 경기호황으로 신자유주의 추진세력들이 정책추진의 명분으로 내세웠던 '위기의식'이 대중적 설득력을 가질 수 없었다는 점도 문제였다(Green-Pedersen, 2001). 1987년 총선에서 자유보수 연정 세력이 많은 의석을 상실함으로써 신자유주의 정책 추진은 동력을 잃어가기 시작하였다.

보수정부의 신자유주의 노선은 덴마크의 오랜 사회적 파트너십의 전통, 즉 덴마크 모델(Dannish Model)을 급격하게 해체하지는 못했다. 덴마크에서는 오랫동안 법규정보다는 사회적 파트너들 간의 협상에 의해서 국가경제를 운용해 나가는 '협상경제(negotiated economy)'를 유지해 왔다. 덴마크의 오랜 전통이라 할 수 있는 '협상경제' 체제하에서는 법규정보다는 사회적 파트너들 간의 그때그때의 협상이 더욱 중요한 의미를 갖는다(Amin and Thomas, 1996). 덴마크에서는 사회적 파트너들이 오랫동안 자율주의의 전통을 지켜 왔다. 1930년대 이후 농업경제에서의 근대적 산업화가 이루어지면서 공공정책결정과정에 노사 곧 사회적 파트너들이 적극적으로 참여할 수 있는 제도적 장치와 관행이 축석되어 왔고, 사회적 파트너들 사이의 자율합의가 가능하지 않은 예외석 상황에서만 국가가 주도권을 가지게 되는 전통이 형성되어 왔다. 이러한 강력한 전통은 정권을 장악한 보수연립 정부로 하여금 스웨덴의 빌트정부처럼 정책협의제의 기반을 위축시키는 법적 조치를 펼쳐 나갈 수 없도록 만들었다.

1993년 사민당이 소규모 중도좌익 정당의 지지를 받아 정부구성에 성공함으로써 덴마크 정책협의제는 다시 탄력을 갖게 되었다. 사민당 정부는 이전 보수주의 연립정부보다 정책협의제에 적극적이었다. 경제정책, 노동시장정책, 사회정책, 근로자 안전보건정책 영역 등에서 사민당 정부는 정책협의제의 성과를 활용해 나가고자 하였다. 그러나 사민당 정부 역시 소수 정권이었기 때문에 정책협의제의 복원을 위해 일관된 원칙을 가지고 강력한 시책을 전개해나갈 수는 없었다. 의회 내 보수우익 정파나 덴마크 기업 및 사용자 단체와의 협력관계도 중요했기 때문에 노조단체와의 정치적 밀월관계를 지속시켜 나갈 수 없었다.

1980년대 이후 덴마크에서는 정당과 이익조직의 관계, 이익조직 내부의 산하단체 사이의 관계에 큰 변화가 초래됨으로써 그동안 비교적 안정화되어 있던 정책협의제의 제도적 기반에 상당한 변화가 일기 시작하였다. 전통적으로 덴마크에서는 사민당과 노조, 보수주의 정당과 사용단체 간에 긴밀한 정치적 제휴관계를 유지해 오면서 서로의 진영에 대해서는 반목보다는 상호협력을 모색해 왔다. 하지만 덴마크 노조연맹(LO)의 내부균열로 이러한 구도에 변화가 일기 시작하였다.

사민당과 덴마크 LO의 정치적 제휴관계에 반발하면서 출범한 FTF(사무관리직 노조)10), AC(전문직 노조)11) 등이 1990년대 이후 영향력을 크게 확대하면서,

---

10) 덴마크 LO의 사민당과의 정치적 제휴관계에 반발하여, 특정 정당과 연계되지 않는 탈정치화된 노조를 표방하면서 1952년에 설립되었다. 화이트칼라와 공무원노조원 62,000명이 가입하여 출범하였으나, 가입 노조와 노조원 수가 꾸준히 증가하여 1995년 당시 13개 산하 노조단체, 332,256명의 노조원이 있다. 공공부문의 전문직 노조, 사무관리직 노조가 주로 여기에 참여하고 있지만(FTF 전체 1/4), 민간부문의 사무관리직 노조가 다수를 구성하고 있다. 대표적인 산하 단체로는 교사노조와 간호사 노조가 있다. LO와 대립관계에 있는 것은 아니며, 노사협상과정에 국가가 개입을 늘려가는 것에 대해서는 공동보조를 취하고 있다.

사민당과 덴마크 LO의 입지를 좁혀갔다. 1990년대 중반 이후 사민당과 덴마크 LO와의 공식적 연계망은 두절되었고, 비공식적 연계망 또한 약화되었다 (Mailand, 2002). 이에 대한 반발로 LO는 야당인 자유당과 제휴를 모색하기도 하였다. 사민당으로서는 야당시절 보수연정의 신자유주의 정책에 있는 힘을 다해 반대했지만, 재집권 이후 인플레이션과 고실업사태에 직면하여 유사한 정책을 추진할 수밖에 없었기 때문에 덴마크 LO와의 제휴가 지속되기 어려운 상황이었다. 특히 1990년대 초반 사상 최고의 실업사태에 직면하여, 기업과 사용자 단체의 협력이 중요해졌기 때문에 정부가 노조에게 끌려 다닌다는 인상을 주어서는 안 되었다.[12] 사민당 정부는 적어도 중립성을 견지하면서, 정책협의제의 틀을 살려 그 속에서 이익조직 간의 정치적 합의를 통해 노동시장 문제를 풀어가기를 원했던 것이다.

1990년대 이후 덴마크의 정책협의제는 노동시장 정책영역에서 그동안의 새로운 변화가 전형적으로 자리 잡아 가고 있음을 알 수 있다. 노동정책 영역에서 덴마크 정책협의제는 임시 사전입법위원회와 상임 3자 노동시장 위원회에서 국가 차원의 주요한 쟁점을 다루며, 정책 집행은 사안별로 개별 정책집행위원회에서 다룬다. 1990년대 이후 큰 변화는 노동시장 개혁을 위한 조치로 14개 지역 노동시장위원회에 상당한 권한을 위임해 준 것이다. 이러한 분권화 조치는 노동시장에서 이루어진 단체협상의 분권화 추세와 함께 1990년대 이후 노동시장에서의 정책협의제의 가장 주목할 만한 변화로 덴마크 모델의 변화를 단적으로 보여주는 것이다.

덴마크 노동시장 정책영역에서의 정책협의제 분권화는 노동시장의 양대 정상조직인 덴마크 사용자 단체연합(DA)과 덴마크 LO의 산하 회원단체 통합 및 협상카르텔 구성, 그리고 DA와 LO 사이에서 진행되어 오던 중앙 단체협상

---

11) 1972년 출범한 AC는 주로 공공부문의 대학 교직원으로 구성되어 있고, FTF와 마찬가지로 정치적 중립성을 표방하고 있다.

12) 1980년 중반의 짧은 호황기가 지나간 후, 덴마크에서는 실업률이 증가하기 시작하여 1990년대 초부터 실업문제가 가장 중요한 정치적 이슈로 부상되었다. 1993년 실업률은 12.3%를 기록 덴마크 역사상 최대의 실업사태를 빚었다.

의 탈집중화 추진으로 나타났다.

1980년대 이후 덴마크에서는 DA, LO 등 중앙 정상 조직의 영향이 상대적으로 줄어들고, 양 정상조직 간에 중앙 단체협상의 분권화가 추진되었는데, 1990년대에는 이와 같은 경향이 더욱 가속화되어 갔다. 그 발단은 DA가 인위적 조직재편을 단행, 산하단체를 제조업, 출판업, 건설업, 도·소매업 등 5개 산업부문에서 25개의 회원단체로 정리하고, 단체협상권을 5대 산별 회원 단체로 이양한 것이었다. 즉 중앙 정상조직이 나서는 대신 이들 25개 회원 단체의 대표가 해당 산별 노조의 대표들과 단체협상을 벌이도록 한 것이다. 단지 DA는 산하 회원단체의 활동을 조율하며, 회원 조직이 체결한 단체협약을 승인하거나 거부하는 권한만을 행사하고자 하였다.[13]

사용자 단체의 통합 추진에 상응하여 덴마크 LO 내의 산하 노조단체들도 통폐합을 추진하여 제조업, 건설 목재, 무역운송서비스, 지방공공부문, 중앙정부부문의 5개 단위의 협상카르텔로 재편하였고, 노조단체들은 자발적으로 이 협상 카르텔에 가입하였다.[14] 따라서 덴마크에서 임금과 고용, 근로조건 등에 관한 노·사 간 협상은 통합된 산별 사용자 단체와 노조의 협상카르텔 수준에서 분권화된 형태로 진행된다. 산별 단체협약은 차츰 개괄합의안 (framework agreements) 수준에 그치며, 더욱 구체적 내용은 사실상 개별 기업 수준의 노사협상에서 결정하도록 되어 있다.

---

13) 1980년대 초 DA는 최소한 수준의 중앙협상과 분권화(탈집중화)를 추진했으나, 일부 산하 단체의 반대에 직면하면서, 개별 기업단위의 임금협상에서 타결된 임금인상에 대해 DA가 개입할 수 있는 것으로 중앙협약에 명시하기도 했다.
14) 덴마크 LO의 분권화된 협상카르텔 결성을 주도한 것은 제조업 부문의 협상카르텔 (CO-industri)이었다. 제조업 부문 사용자 단체의 합병추세에 상응하여, 제조업 부문 노조단체들이 제조업노동자 중앙조직(The Central Organizations of Industrial Employees in Denmark: CO-industri)으로 통합 재조직화되는 형태로 협상카르텔을 만들게 되었고, 이후 나머지 LO 산하단체가 4개의 협상카르텔로 재조직화되었다. 그 후 LO 내에는 그래픽산업 및 미디어부문 노조 카르텔(GIMK)이 추가로 결성되어 모두 6개의 카르텔이 결성되어 있다. 1990년 LO의 회원단체가 29개, 총노조원 수가 150만인데 CO-industri 단일 단체가 그 1/5을 차지할 정도로 비중이 크다.

외형적으로 DA와 LO가 단체협상에 관여하지 않는 것 같지만 사용자 단체 총연합은 스웨덴의 경우와는 달리 계속 적극적으로 임금협상에 실질적으로 관여하고 있다는 점에서 덴마크 임금협상제도의 탈집중화는 스웨덴과 구별된다. 초산업별 협상카르텔 수준에서의 협상과 산업별 협상이 이루어지고 있으면서, 비공식적으로 DA가 이들 차원의 협상에 실질적으로 관여하는 '집중화된 분권화(centralized decentralization)'(Due et al., 1994) 혹은 '분권화와 집중화의 상반된 경향이 공존'하는 것이다.

요약하면 단체협상의 분권화로 덴마크 중앙 정상 조직의 영향력이 결정적으로 줄어든 상태는 아니라 할 수 있다. 산별 협상을 조율하고 승인하는 권한은 여전히 행사되고 있기 때문이다. 또한 DA와 LO 등 중앙 정상조직은 단체협상의 탈집중화와는 무관하게 중앙정부 차원의 정책협의 주요 참여 당사자로서 권위와 전국적인 대표성을 여전히 부여받고 있기 때문이다. 이는 1998년 노동 개혁안의 입법조치에서도 잘 드러나고 있다(Mailand, 2002). 정부에 의해 주도로 마련된 노동시장 개혁안은 3자 협의를 거쳐 DA와 LO가 최종 합의함으로써 법제화될 수 있었다. 요컨대, 덴마크에서는 이익조직이 참여하는 정책협의제는 노동정책 영역을 중심으로 분권화된 형태로 여전히 잘 기능하고 있음을 알 수 있다.

4. 정책협의제 변화의 원인: 사용자 단체의 전략적 선택

1980년대 이후 스웨덴과 덴마크에서의 정책협의제는 서로 다른 방향으로 변화를 경험하였다. 스웨덴은 정책협의제는 명백하게 퇴조의 길로 접어들었고, 덴마크에서는 새로운 형태로 바뀌어 여전히 협의제의 강력한 전통이 지켜지고 있다. 스웨덴과 덴마크에서 정책협의제의 변화에 대한 기존 연구들은 다양한 관점을 취하고 있다.

우선 대표적인 하나의 설명은 노조의 이익 분절(interest segmentation) 모델이다. 제조업의 위축과 서비스업 성장, 사무관리직 및 공공부문이 성장한 결과로 형성된 노동시장의 분화가 노조의 이익분절과 함께 상호 이해조정의 한계를 초래하였다는 설명이다(Hernes, 1991; Kjeiiberg, 1998). 스웨덴과 덴마크에서는 전후 산업구조의 변화, 공공부문의 급격한 팽창을 경험하면서 노동시장 및 노조세력의 파편화 현상이 나타났고, 이로써 노사 간의 갈등과 함께, 노노간의 이익갈등 문제가 급부상하였다. 이 설명에 의하면 노노간의 이익갈등이 노사정 간의 정책협의 양식에도 변화를 초래한 것이 된다. 예컨대 SAF의 정책협의제 이탈은 사무관리직 노조, 공공부문 노조의 급격한 성장 결과 노조 세력의 균열이 생기게 되었고, 이로부터 연유한 스웨덴 노조총연맹의 약화를 틈탄 것이라는 설명이다.

이러한 설명 모델로 스웨덴과 덴마크에서의 서로 다른 정책협의제 변화의 방향을 설명하는 데는 한계를 갖는다. 핀란드, 노르웨이, 덴마크 등 모든 스칸디나비아 국가들에서도 동일한 현상이 초래되었지만, 사용자 단체들의 대응이 동일하지 않았다는 점을 생각한다면 그리 설득력이 크지 않은 것이다. 오스트리아 경우는 노조의 균열현상이 전혀 나타나지도 않았고, 정책협의제가 오히려 강화되는 방향으로 나아갔다(Traxler, 1998).

다른 하나의 설명은 포스트 포디즘(post-fordism)적 생산방식의 도래와 중앙단체협상의 쇠퇴를 연계시키고, 그 연장선상에서 정책협의제의 변화를 설명하는 접근법이다. 이 접근법은 포스트 포디즘적 생산방식으로 유연한 임금체계를 요구한 사용자 단체들과 경직된 연대임금정책을 고집하는 노조 간 대결이 협의제 변화의 원천이라는 것이다(Pontusson and Swenson, 1996; Iversen, 1996). 노조의 연대임금정책은 두 단계로 나뉘어 발전한다. 하나는 동일 노동·동일 임금(equal pay for equal work) 원칙이 적용되는 단계이고, 다른 하나는 노동유형과는 무관하게 임금 격차가 최소화되는 무차별 임금압축(wage compression between occupations) 원칙의 적용단계다.

덴마크 노조는 제1단계 연대임금정책에 머물렀던 반면, 스웨덴 노조는 제2단계의 연대임금정책을 고집함으로써 사용자 단체의 극단적 반발을 초래하였다는 설명이다. 일견 스웨덴과 덴마크만을 비교하면, 이러한 설명이 설득력을 가질 수도 있다. 하지만 다른 국가들의 경우까지 고려한다면 설명력이 떨어진다. 스웨덴 노조와 마찬가지로 노르웨이 노조도 제2단계의 연대임금정책을 고집했지만, 스웨덴에서와 같은 변화는 없었기 때문이다.

노동세력 내 이익균열이나 생산방식의 변화와 같은 구조적 설명은 스웨덴과 덴마크에서의 협의제 변화를 가져온 필요조건으로 설명될 수 있지만, 충분조건이라고 보기는 어렵다(Stephen, 2000). 스웨덴이나 덴마크에서 단체협상 및 정책협의제 형성과 변화과정을 주도한 것은 사용자 단체였고, 노조단체는 오히려 새로운 변화에 저항하거나 피동적으로만 대응했음을 알 수 있다. 이 점을 고려할 때 구조적, 상황적 변수와 함께 양국의 사용자 단체 SAF나 DA 등의 단체협상 및 정책협의제에 대한 태도변화, 노조에 대한 인식변화, 노사정 간 힘의 균형 변화 등이 분석에 포함되어야 한다.

정책협의제가 작동되기 위한 필수조건은 사용자 단체와 노조 등 조직화된 이익단체 상호 간에, 그리고 정부와의 협상에 기꺼이 응하고 타협을 통해 합의에 도달하고자 하는 태도라고 할 수 있다. 이러한 태도는 사회적 파트너들 사이의 상호신뢰와 오랜 협력의 전통을 지켜 오고 있는 국가일수록 유리하다. 덴마크는 이러한 의미에서 정책협의제의 문화적 내구성이 강한 국가에 속한다. 하지만 문화적인 요인만으로 스웨덴과 덴마크가 걸어온 '서로 다른 길'에 대하여 모든 것이 설명될 수는 없다.

정책협의제의 변화는 협의에 참여하고 있는 주요 행위자들의 전략적 선택이라는 관점에서 설명될 수 있다. 협상에 참여하고 있는 주요 행위자들은 다음과 같은 계산식이 충족될 수 있을 때 협의제에 잔류하고자 하며, 그렇지 못할 때 정책협의제로부터 이탈하여 전혀 새로운 차원의 해법을 모색한다.

첫째, 정부와 사용자 단체, 노조가 모두 협상이득을 기대할 수 있어야 한다.
둘째, 정책협의제로 기대되는 편익이 이러한 제도를 만들고 유지하는 데 드는 비용을 초과할 수 있어야 한다.

셋째, 정책협의제로 기대되는 편익이 협상 이외의 다른 선택대안으로 기대되는 편익을 능가하여야 한다.

스칸디나비아 국가에서 정책협의제가 형성되는 초기 과정을 보면 정부, 사업자단체, 노조 모두 이와 같은 관점에서 이해관계를 공유하고 있었다고 할 수 있다.

협상 이득의 일치: 스칸디나비아 국가에서는 케인지안 경제정책 기조하에서 완전고용과 통화안정의 경제관리 책임이 정부에 주어져 있다. 정부로서는 이러한 경제관리 책임을 다하기 위해서는 무엇보다도 노사 간 임금억제에 대한 합의가 긴요했다. 따라서 정부는 임금억제 합의에 대한 대가로 세금감면, 복지혜택과 함께, 정책공동결정이라는 정치적 영향력을 양보해야 하는 입장이었다. 사용자 단체의 입장에서는 대외 경쟁압박에서 노조의 임금을 억제할 필요가 있었고, 노조는 임금 자율억제를 대가로 고용안전과 사회보장혜택을 기대할 수 있었다.

낮은 제도유지 비용: 정책협의 제도는 스칸디나비아 국가들의 문화와 정치에 친화적인 제도였기 때문에 유지비용이 그리 높지 않아도 되었다. 우선 문화적으로는 스칸디나비아 국가의 오랜 사회적 협력의 전통과 사회적 파트너들 사이의 신뢰 문화 형성을 들 수 있다. 정치적으로는 정치인들이 협상과 합의를 통해 갈등을 관리해 온 합의주의(Consociationalism) 정치의 전통, 사민당 정부의 노조와의 정치적 제휴, 국가의 중립성 등을 들 수 있다. 사민당과 노조의 정치적 제휴관계는 오히려 사용자 집단의 정부에 의한 노조의 통제가 능성에 대한 기대를 높일 수 있었기 때문에 이 제도를 도입하고, 적어도 1950~1960년에는 이 제도의 유지에 드는 기대비용을 낮출 수 있었다. 국가가 기업이나 노조에게 적이 아니라 중립적이라고 인식되는 나라일수록 정책협의제가 정착되기 쉽다(Hemerijck, 1995).

BATNA(best alternative to a negotiated agreement): 정책협의제는 이익조직 간 대립과 경쟁이 지속되는 상황에서 협상과 합의를 통한 문제해결이 그 외의 다른 대안— 예컨대 다원주의적 경쟁체제나 혹은 산업분규의 지속 등 — 이 가져다 줄 수 있는 편익보다는 큰 것으로 기대되었기 때문에 가능한 것이었다.

1970년대 이후 시작된 스웨덴의 정책협의제의 쇠퇴 그리고 1980년대 이후 덴마크에서의 정책협의제 변모는 이와 같은 변화를 주도한 사용자 단체의 정책협의제에 대한 기대편익 및 비용분석식이 달라졌음을 의미한다. 스웨덴과 덴마크에서의 사용자 단체의 입장 차이는 SAF와 DA의 노조 및 정부에 대한 인식의 변화, 양국에서의 노사정 간의 힘의 균형 변화, 궁극적으로는 SAF와 DA의 위상변화를 반영한다. 이러한 인식의 변화, 힘의 균형 변화, 위상 변화가 주요 참여집단의 정책협의제에 대한 태도변화를 낳는다는 것은 궁극적으로 정책협의제가 각국의 국가적 특수 요인(country-specific factors)에 의해 크게 영향을 받게 된다는 점을 말해 준다(Crouch, 1993: chapters 9-11). 각국에서의 정당정치 및 선거정치 요인, 기업구조 및 기업환경 요인, 사회문화·조직적 요인 등에 따라 정책협의의 주요 참여그룹 사이에 서로에 대한 인식과 관계가 달라진다는 것이다. 세계화·자유화라는 신자유주의 물결이 수용되는 방식이나, 이와 연계된 외생적 변수의 작용이 각국에서 서로 다른 현상과 결과로 나타나는 것도 이러한 국가적 특수요인으로 설명될 수 있다.

(1) 기업구조 및 기업 환경적 요인

스웨덴의 경우: 스웨덴은 대기업과 중소기업 간의 양극화 현상을 특징으로 한다. 스웨덴은 상대적으로 상당수의 대기업이 있고, 이들 대기업에 근무하고 있는 근로자가 전체 노동인구의 1/3 가량이 된다. 주로 금속산업, 전기전자 제조, 의약, 자동차 산업 부문의 상위 20개 대기업은 수출기업이고 스웨덴 전체 수출의 50%를 차지하고 있다.

1980년대 중반 이후 세계금융시장 자유화, 유럽단일시장화와 함께 스웨덴 대기업과 대자본은 주변 EC 국가와 세계 각지로 활발하게 이동해 나갔다. 내수 시장 규모가 작기 때문에 대기업들은 일찍이 해외 시장에 눈을 돌려 해외로 공장 등을 이주시켰고, 1990년대 중반까지 스웨덴에 대한 해외 직접투자도 크게 늘어났다. 스웨덴 기업들이 해외이주라는 옵션을 이용하여 노조 및 정부와의 협상에서 유리한 입장을 가질 수 있게 된 것이다.

산업구조의 양극화 현상이 협의제에 대한 SAF의 결정에 영향을 미쳤음을 알 수 있다. SAF는 양극화된 스위덴의 기업구조를 그대로 반영하고 있다. 스웨덴 기업은 소수의 유력한 대기업과 대다수의 중소기업들로 구성되어 있다. SAF는 48개의 사용자 단체와 협회로 구성된 사용자 총연합회이고, 여기에 소속되어 있는 기업의 수는 총 54,200여 개다. SAF 회원사 가운데 30,000여 소속기업이 10인 이하의 소기업이고, 23,000여 기업이 5인 이하의 영세기업(1997년 기준)이다. SAF 산하 단체 소속 기업들에 고용된 전체 근로자 수는 160만 명인데, 이는 스웨덴 민간부문에 고용된 노동력의 70%를 차지하는 것이다.

SAF는 중소기업이 대다수이지만, 실제 운영과정에서는 대기업들의 영향력에 의해 좌우된다. 이는 회원 단체에 주어지는 투표권이 회언사들이 내는 회비에 비례한다는 내부의 의사결정 규칙 때문이다. SAF는 세계시장에서 두각을 나타내고 있던 금속산업 부문의 영향력이 가장 크다고 할 수 있다. 대외시장의 경쟁압박에 노출되어 있던 수출 금속산업 사용자 단체(VF)가 협의제 작동을 노동비용 증대의 원천으로 간주하여 이미 1983년부터 중앙 단체협상체제에서 탈퇴를 주도한 바 있다. 반면 중소기업은 R&D나 설비투자 증대에 불리하고, 노동력 의존도가 그만큼 높기 때문에 노사분규의 폐해를 피하기 위해서 노조와의 산업평화가 필요한 입장이었다. 따라서 노동력 의존도가 높으면서도, 해외경쟁력 압박에 덜 민감했던 상업부문과 목재, 제지, 펄프 산업의 이익단체들은 새로운 동향에 부정적이었다(Pontusson and Swenson, 1996).

1990년과 1992년 SAF가 노사정 삼자협의회에서 대표를 철수시킴으로써 공공정책 결정과정에의 참여를 스스로 포기하는 결정을 내린 것도 수출 제조업 사업자 단체(VF)의 주도로 이루어졌다. 이들은 정책협의제의 제도적 목표,

즉 노조의 임금자율 억제를 더 이상 기대할 수 없다고 판단한 것이었다(Stephen, 2000: 4-6).

세계시장의 치열한 경쟁상황과 1980년대 이후 실질임금 상승으로 재정압박에 놓이게 된 수출기업 중심의 사용자 단체는 단체협상의 효과가 더 이상 유지될 수 없다고 판단했고, 분권화된 협상체제의 유연성에 대한 관심을 갖기 시작했다. 스웨덴 대기업은 다국적 기업으로 성장함으로써 해외이전 카드를 압력수단으로 사용하면서 노조에 대해 공격적 자세를 취하게 되고 정부에 대해서도 외환통제, 유럽단일시장 가입 등을 촉구하였다.

또한 수출제조 기업들로서는 치열한 국제경쟁 환경과 첨단기술 변화의 시대에 고급인력을 유치할 필요가 있었는데, 이는 노조의 연대임금 정책과 상충하는 것이었다. 이들 기업의 입장을 대변하고 있는 VF는 노조의 집합적 행동을 약화시키고, 중앙 단체교섭의 틀에서 벗어날 때 이것이 가능하다고 판단하였다(Pontusson and Swensen, 1996). 1990~1991년 SAF의 정책협의 대표의 전면 철수, 뒤이은 빌트 정부의 평대표제 폐지 결정도 '조합주의적 이익대표 체계 폐지만이 살 길'이라는 확고한 방침을 굳힌 이들 강경 그룹의 영향력 행사의 결과였다(Pestoff, 1999).

덴마크의 경우: 덴마크 경제는 중소기업 위주로 운영되며, 대기업은 극소수인데 이러한 경향은 1980년대와 1990년대를 거치면서도 여전하였다(Scheuer, 1998). 1990년 현재 민간기업의 80% 이상이 10명 미만의 피고용 인력규모를 유지하고 있으며, 전체 노동력의 1/3 정도만이 100명 이상을 고용하는 중기업 이상의 기업에서 일한다. 덴마크에서는 민간서비스 부문이 급속하게 팽창하고 있는데, 민간서비스부문은 중소기업에 의해 지배되고 있다. 노동력 의존도가 높은 중소기업들이 상위조직의 조정 없이 직접 노조를 상대로 협상하는 일이 어렵기 때문에 이들 중소기업은 상위조직에 의한 중잉단체협상을 선호한다.

덴마크 정부의 전통적인 중소기업육성정책은 — R&D보조금, 금융시장 접근성 개선조치 — 이들 중소기업들의 정치적 영향력 강화와 함께 정부와의 친화적 관계를 유지하는 데 기여하고 있다. 그런가 하면 스웨덴에서와는 달리 덴마크 대기업은 해외이주 인센티브가 크지 않다. 대기업들은 노사관계를 유리하게 조정해 나갈 수 있다고 믿고, 또한 정부의 산업정책이나 사회정책에 대해서도 영향력을 행사할 수 있다고 믿어 오고 있기 때문이다.

1982년 정부의 금융자유화 조치와 크라운화의 마르크화 기준 고정환율제 추진, 완전고용 정책폐기, 임금지표화 정책폐지(wage indexation) 등 새로운 경제자유화 정책으로 덴마크 국내 자본의 해외이전(직접투자)이 활발해 지면서 기업에 유리한 분권화된 협상체계가 좀 더 쉽게 자리 잡을 수도 있었다. 그러나 DA는 스웨덴의 SAF처럼 분권화 추진을 본격화하는 대신에 개별 기업 단위 임금상승 수준에 상한선을 강요하여 이를 이행하지 않은 기업에 대해서는 벌과금을 부과하는 등 중앙조직으로서 회원사와 산하 회원 단체들에 대해 얼마간의 통제권을 그대로 행사하고자 하는 입장을 취하였다.

DA는 수적으로 절대 우세한 DI(덴마크제조업총연맹: 제조업부문 사용자 단체 연합의 성격을 띠고 있음)가 사실상 내부의 의사결정과정을 주도하고 있다. DI는 연합회 총회나 이사회, 집행위원회에서 50% 이상의 투표권을 행사할 수 있는 거대한 영향력을 지니고 있다. DI는 최근 덴마크 단체협상의 탈집중화 과정에서 결정적 역할을 한 바 있다. 그것은 DI가 DA 회원 단체로 그대로 존속하면서 분권화된 단체협상에 임하되, DA의 중앙조정권을 그대로 수용하기로 하는 입장을 견지하였기 때문이다.

정당정치 및 선거정치 요인: 스웨덴 사민당은 오랜 기간 동안 비교적 안정적인 정치적 기반을 유지해 오고 있다. 스웨덴 사민당(SAP)은 1976~1982년, 1991~1993년의 기간을 제외하고, 집권당의 지위를 지켜 오고 있다. SAP에 대한 유권자들의 지지는 대체로 30~40% 수준을 유지하고 있어서, 지배정당의 위치에서 SAP는 단독으로 혹은 정치적으로 큰 어려움 없이 연립정부를 구성해 오고 있다.

스웨덴 사민당은 노조와 오랜 정치적 제휴관계를 유지해 오면서 노조로부터 얼마간의 정책순응을 확보할 수 있었다. 그런가 하면 스웨덴 사민당은 스스로 노동자 계급의 정당이 아니라 국민정당임을 내세우고 기업이나 사용자 단체와도 실용적 관계를 구축해 나갔다. 1970년대 후반 스웨덴 노조는 보수우익 정부하에서 급진화해 갔고, 일부 사민당 정치인들의 적극적인 지지를 받았다. 1083년 사민당은 재집권에 성공하였지만, 스웨덴의 기업과 사용자 단체는 사민당 정부의 중립성을 의심하기 시작하였다. 스웨덴에서 정책협의제에 결정적 변화가 초래된 것은 1990년대 초반 빌트정부하에서였는데, 스웨덴 기업과 사용자 단체는 정치적 중립성을 포기하고 빌트정부 및 보수우익 정당들과 정치적 제휴관계를 추진하였다.

덴마크는 다당제 국가이고, 대부분 소수 연립정부로 구성된다. 사민당 역시 단독 정부 구성보다는 다른 정당과 연립하여 정부를 구성해 오고 있다. 덴마크의 이러한 소수 정부 전통은 정치인들 사이의 반목보다는 상호 타협과 협력의 오랜 전통을 이어 오게 만들고 있다(Green-Pederson, 2001). 또한 연립정부 전통은 이익조직들의 극단적인 정치적 당파성을 완화시킬 수 있는 것이기도 했다. 덴마크의 다당제 체계와 소수정부 전통은 타협과 합의를 거치지 않은 정책프로그램의 집행을 어렵게 만들었다. 1982년부터 11년 동안 보수우익 정부가 집권하면서, 신자유주의 정책 노선을 추진해 나갔지만 극단적인 방향으로 나가지 않은 것도 이로써 설명될 수 있다. 1997년 덴마크 사민당은 덴마크 노조(LO)와의 정치적 제휴의 중단을 공식적으로 선언한 바 있다.

사회·문화·조직적 요인: 스웨덴은 악성 노사분규가 많은 국가로 알려져 있다. 1950~1960년대 정책협의제와 단체교섭제도가 잘 운용되던 시기를 제외하고, 스웨덴 노조는 내부 급진 세력의 주도로 활발한 정치활동과 함께 강경한 노동투쟁을 전개해 왔다. 스웨덴에서의 잦은 노사분규는 노조의 전투적 성향과 사용자 단체의 단호한 대처가 직접적으로 맞부딪히며 충돌을 일으킨 결과였다. 1970년대 후반부터 노조단체의 급진적 입법투쟁에 대해 스웨덴 사용자 단체는 노조를 더 이상 신뢰할 수 없는 사회적 파트너로 간주하기 시작하였다.

덴마크는 사회적 파트너들 사이의 사회적 협력과 자율합의의 오랜 전통을 유지해 오고 있다. 덴마크에서 노사분규는 매우 드문 현상이며, 노사갈등이 매우 낮은 수준을 유지해 오고 있다. 덴마크의 낮은 수준의 노사분규는 단지 문화적 요인 때문만은 아니다. 이는 덴마크 노조에서 조직화된 좌익급진 세력이 소멸되었다는 점과도 밀접한 관계가 있다. 또한 덴마크는 노사자율 협약을 입법화한 많은 강력한 노동법규를 가지고 있다. 덴마크에서는 단체협약 발효기간(2년마다 재협상) 중 파업은 사실상 불법화되어 있으나, 아주 드물게 분규가 생기는 경우 중재자에 의한 화해절차가 시작된다. 공공 중재자(public conciliator)에 의한 조정이 실패로 돌아가는 경우에는 의회가 정치적으로 개입하게 된다.

정책협의제 변화, 그 이후: 스웨덴에서 정책협의제의 쇠퇴는 1980년대 이후 대내외적 경제변화에 대응하는 전략적 선택의 산물로 설명될 수 있다. 스웨덴의 정책협의제 도입은 노조단체들의 반대와 주저에도 불구하고 기업과 사용자 단체의 적극적인 의지에 의해 추진되었다. 이제 스웨덴의 정책협의제는 다시 기업과 사용자 단체의 일방적 결정에 의해 급격한 쇠락의 길로 접어들게 된 것이었다. 스웨덴의 SAF는 정책협의제 유지를 위한 비용이 기대 편익을 능가한다고 판단하여 정책협의제로부터의 이탈을 감행하였다. 반면 덴마크 DA는 정책협의제 및 중앙단체 교섭체제 유지비용이 기대편익을 능가한 것은 아니지만 분권화된 체제로 변모시킴으로써 유지비용을 더욱 감축시키는 절묘한 절충점을 모색하였다.

정책협의제 이탈 이후 스웨덴 사용자 단체연합은 SAF 회원사에게 정보 등 서비스 제공하고 로비활동에 주력하는 단체로 스스로를 탈바꿈시켜 나갔다. SAF는 1992~1994년의 내부 조직개편을 단행하여, 협상담당 부서를 폐지하였으며, 정보생산 및 홍보활동 부서를 크게 확충하는 등 철저한 시장주의 집단으로 변모를 본격화해 나갔다. 1980년대까지만 하더라도 스웨덴 정책협의제의 사용자측 대표로서 정부 및 노조와 함께 공공정책을 입안하고 집행하는 데 참여했던 당사자 집단인 SAF는 이제 예외적으로만 정부나 노조의 간헐적 요구에 부응하여 이들과의 부수적인 협상에 참여할 뿐이다.[15]

덴마크 DA는 회원단체의 단체교섭에 대한 조정·승인권을 유지하면서, 중앙 및 지방 정책협의제의 공식적 대표로서 정상조직으로서의 권위를 여전히 간직하고 있다. 하지만 최근 덴마크의 DA도 스웨덴 SAF와 마찬가지로 새롭게 활동방향을 재정립해 나가고 있음을 알 수 있다. 덴마크 DA는 단체협상의 일선에서 물러나는 대신, 회원 단체들의 활동에 필요한 정보제공 등의 서비스를 해 주는 단체로 전환을 도모하고 있다. SAF와 DA의 이러한 서비스 기구화는 세계화와 탈규제라는 경제적, 정치적 환경변화에 적응하기 위한 전략적 선택으로 볼 수 있다(Gil, Knudsen and Lind, 1998: 34).

5. 정치적 행위자로서 기업:
비제도화된 참여와 정부 — 기업관계의 변화

최근 스웨덴과 덴마크의 산업관계 변화에 관한 연구는 조합주의의 쇠퇴, 즉 단체협상의 탈집중화로 노동자와 사용자를 대표하는 전국 단위 중앙 정상조직의 권위쇠퇴와 정치적 약화(영향력 축소) 현상이 초래된 것으로 분석하고 있다(Swenson & Pontusson, 2000: 78). 하지만 중앙 정상조직이 단체협상의 일선에서 물러나 있다고 하여, 이를 정치적 영향력과 권위의 쇠퇴로 해석하는 것은 성급한 판단일 수 있다. 정상조직의 정치적 후퇴가 곧 조합주의체제하에서 조직화된 이익의 정치적 영향력의 감퇴를 의미하는 것은 아니다. 즉 임금협

---

15) SAF가 협의제를 완전히 포기한 것은 아니다. 연금개혁 및 의료보장제도의 개혁을 위한 정부위원회에는 계속 참여하고 있다. 일자리 안정 입법과 임금결정을 위한 노사정 삼자 이사회 혹은 노사, 사정 양자 이사회에 개인 자격으로 대표를 보내고 있다. 그러나 1970년대에 취한 입장과는 확연한 차이를 보이고 있다.

상체제의 탈집중화와 이익조직의 정치적 영향력 사이에 직접적 연계 고리가 있는 것은 아니다(Öberg & Svensson, 2002). 이와 관련해서는 다음과 같은 이유를 생각해 볼 수 있다.

첫째, 단체협상의 탈중앙화가 중앙 정상조직의 전략적 선택의 산물이라는 점이다. 엄격히 말하면 중앙 정상조직 내에서 특권적 지위를 가지고 있던 그룹이 변화하는 대내외적 환경에 전략적으로 대응하기 위한 정치적 선택의 결과였기 때문이다. 이들은 공공정책 결정과정에서 영향력을 행사할 수 있는 다른 방안을 모색했던 것이라고 할 수 있다.

둘째, 노조와 사용자 단체의 중앙조직이 중앙정부의 정책협의회에 참여하고 있느냐의 여부 그리고 임금결정을 위한 단체협상이 중앙에서 이루어지고 있느냐 아니면 분권화되어 있느냐의 여부와는 무관하게 여전히 의회에서 주로 다루어지는 정책사안 — 교육, 사회보장정책, 주택정책 등 — 에 대해서는 정책결정과정의 핵심적 행위자로 참여하여 큰 영향력을 행사하고 있기 때문이다.

셋째, 중앙조직 단위의 정책참여는 축소되었지만 다양한 다른 경로와 수단을 활용하여 공공정책 과정에 지속적으로 참여하고 있기 때문이다.

정책협의제의 요체는 조직화된 이익의 공공정책결정과정에의 참여가 공식화, 제도화되어 있다는 것이다. 이는 곧 정책결정 기구 '안에' 참여할 수 있는 이익조직의 대표성이 국가 혹은 정부기구로부터 공식적으로 인정되고 있음을 의미한다. 정책협의제는 '조직화된 이익'의 공공정책 형성 및 집행과정에의 제도화된 참여(institutionalized participation)로 특징지어진다. 다원주의적 경쟁체제하에서 '조직화된 이익'의 정치참여는 이와 다르다. 특정의 조직화된 이익에 대해 공공정책결정 기구 안에 들어올 수 있는 특권적 지위를 선별적으로 부여하지 않는다는 점에서 구분된다. 또한 '조직화된 이익'들이 '밖으로부터' 공공정책 결정과정에 영향력을 침투시키기 위해 경쟁적으로 노력한다는 점에서 다르다. 다원주의 경생체세는 조직화된 이익의 '밖으로부터'의 영향력 침투기도라는 '비제도화된 참여(non-institutionalized participations)'를 특징으로 한다. 비제도화된 참여는 정치인이나 행정관리들에 대한 직접적 접촉이나 유리한 여론조성을 위한 미디어 전략 등 로비활동을 통해 이루어진다.

최근 스웨덴이나 덴마크의 공공정책결정과정에 대한 연구는 이들 국가에서 전통적인 조합주의의 제도화된 참여방식이 퇴조하는 추세에 있으며, 대신 다원주의적이고 비제도화된 참여의 정치적 중요성이 점차 증대되고 있음을 보여주고 있다(Lahusen, 2002; Christiansen and Rommetvedt, 1999; Binderkrantz, 2003; Coen, 1997). 이는 곧 이익조직들이 직접 접촉을 통한 로비활동과 같은 비제도화된 참여의 비중을 늘려가고 있고, 이러한 활동에 투입하는 자원을 증대시켜 가고 있음을 의미한다.

스웨덴과 덴마크의 대부분의 정부 조직에서는 적은 수의 관리들만이 일하고 있다. 때문에 자체 역량으로 정책을 구상하고, 이를 구체화할 수 있는 세부계획을 수립하는 일이 어렵다. 따라서 많은 정부조직에서는 정책을 입안하고, 집행까지 도맡을 수 있는 위원회를 두고 있다. 정부위원회는 적게는 1명에서 많게는 10명 이상으로, 다양한 구성을 보여주고 있다. 1인 위원회의 경우 정부는 대개 해당 사안에 대한 전문가를 초빙하고, 복수위원회의 경우에는 전문가뿐 아니라 정당관계자, 이익조직의 대표들로 복합 구성한다. 이익조직의 대표를 초빙하는 경우는 가장 영향력 있는 이익조직, 대부분의 경우는 전국 단위의 중앙 정상조직을 참여시키는 것이 관행으로 되어 있다. 지방정부의 경우에는 그 지역 전체를 총괄 대표하고 있는 단체에 이러한 참여 기회가 주어진다.

최근에는 스웨덴과 덴마크의 정부위원회 제도에 의미 있는 변화가 일어나고 있다. 스웨덴의 경우, 가장 두드러진 변화는 정책입안을 담당하는 정부위원회의 경우, 1인 위원회 수가 크게 늘고 있다는 것이다(Svensson and Öberg, 2002: 301). 이는 노조나 사용자 단체의 대표가 정부위원회의 구성 멤버로서 정책형성과정에 참여할 수 있는 기회가 그만큼 줄어들고 있음을 의미한다. 1960년 노조와 사용자 조직이 정부위원회에서 차지하고 있는 비율이 20% 수준이었던 것에 비해, 1990년대 중반에는 그 수가 13% 수준으로 줄어들었다.

이는 정책집행을 담당하고 있는 정부기구의 경우도 마찬가지다. 스웨덴 이익

<표 3-1> 로비시 접촉대상

			노 조	사용자 단체
접촉대상은 누구인가	의 회	정치인	44%	44%
		행정관료	56%	42%
	집행부(내각)	정치인	66%	66%
		행정관료	62%	35%
	지방정부	정치인	43%	21%
		행정관료	46%	16%
	유럽의회	정치인	19%	33%
		행정관료	12%	22%

자료: Svensson & Öberg(2002), p.307.

조직들은 1990년대 초반까지 정책형성과정뿐 아니라 정책이 집행되는 행정기구에도 참여할 수 있는 제도적 기회가 보장되어 왔다. 조합주의 국가에서의 이익집단의 정책집행 과정에 대한 참여에 대해서는 행정조합주의(administrative corporatism) 개념을 중심으로 분석되기도 한다(Lewin, 1994; Öberg, 2002). 이익조직의 정부 집행이사회의 참여는 1992년 의회의 결정에 의해 공식적으로 폐지되었다. 그러나 주요 이익단체의 대표들은 여전히 개인 자격으로 여기에 참여하고 있다. 하지만 그 비율은 점차 줄어 최근 13%(1997~2000년 자료) 수준으로 떨어졌는데, 노조의 참여비율은 그다지 줄지 않았지만, 사용자 단체의 참여는 급감한 것으로 조사되었다.[16] 또한 노조나 사용자 단체 할 것 없이 집행이사회에 참여하는 대표들의 소속 이익조직과의 긴밀한 연고관계가 갈수록 약화되고 있는 것으로 드러나고 있다.

노동시장 정책 영역 내의 집행이사회의 경우도 마찬가지여서 노조 및 사용자 단체의 이사회 참여비율이 크게 줄어들었다. 예컨대 1969년 노동시장 정책

---

16) 노동시장정책 영역 내 집행이사회의 경우도 노조와 사용 단체의 참여비율이 갈수록 크게 줄어들고 있는 것은 마찬가지다. 예컨대 1969년 노동시장 정책집행에 관여하고 있는 집행이사회의 노조 및 사용자 단체 참여비율은 69%인 데 비해, 2000년에는 그 수치가 23% 수준으로 떨어졌다.

집행에 관여하고 있는 집행이사회 구성 멤버 가운데 노조 및 사용자 단체의 대표가 차지하고 있는 비율은 69%였지만, 2000년에는 그 수치가 23% 수준으로 저하되었다. 조직화된 이익의 참여는 줄어들고 있는 대신에 대기업을 중심으로 한 개별 기업의 참여율은 갈수록 늘어나고 있는 추세여서, 기업의 대표까지를 포함시킨다면 그 수는 42%로 증대된다. 요컨대 LO와 같은 중앙 노조의 참여는 크게 줄지 않고 있으나, 사용자 측의 참여는 사업자 단체 중심에서 개별 기업 단위로 바뀌고 있다.

1999년 스웨덴의 30개의 중앙 사용자 단체와 74개의 중앙 노조단체를 대상으로 한 경험적 조사연구에서는 조직화된 이익의 정책참여 양식에 의미 있는 변화가 일고 있음을 보여주고 있다(Svensson & Öberg, 2002). 의미 있는 변화로는 다음을 들 수 있다.

첫째, 노조와 사용자 단체들도 정부위원회나 집행이사회 등의 정책협의 과정에 참여하는 제도화된 참여 비중을 줄이는 대신, 정치인이나 행정 관료와의 직접 접촉 등과 같은 로비활동의 비중을 높여가고 있다는 점이다. 지난 1980년대 이후, 사용자 단체뿐 아니라 중앙 노조들도 정보활동과 대정부 접촉을 담당하는 내부 조직을 크게 확충해 가고 있다.

둘째, 사용자 단체의 정치활동은 전반적으로 감소 추세지만, 노조의 정치적 활동은 여전히 왕성하게 이루어지고 있다는 점이다. 이는 기업들이 사용자 단체를 중심으로 공공정책결정과정에 참여하는 비중을 줄여가는 대신, 특히 대기업을 중심으로 개별 기업 단위로 독자적인 영향력 행사의 경로와 수단을 다양화해 나가고 있음을 의미한다. 대기업들은 선출직 정치인보다는 중앙정부와 지방정부의 행정 관료를 직접 접촉 대상으로 삼고 있는 것으로 조사되었으며, 때로는 외부의 전문회사에 용역을 주어 대정부 로비활동에 나서고 있는 것으로 밝혀졌다.

셋째, 직접 접촉하는 로비활동의 경우에도 노조와 사용자 단체가 주로 접촉하는 대상에는 차이가 있다는 점이다. 두 이익조직 모두, 의회보다는 집행부(내각)에 대한 로비활동에 역점을 두고 있다는 점에서는 같다. 하지만 <표 3-1>

에 나타나 있는 바와 같이 노조의 경우에는 장관 등 사민당 소속 선출직 공직자들과 행정 관료들을 골고루 접촉하고 있는 반면, 사용자 단체는 선출직 정치인보다는 행정 관료와의 직접 접촉에 역점을 두고 있다는 점에서 미묘한 차이를 발견할 수 있다. 이는 사민당 정부하에서 노조와 사민당과의 정치적 제휴라는 오랜 전통이 여전히 존재하고 있음을 말해준다.

덴마크의 경우도 마찬가지여서 이익조직의 대표성을 인정하고 있는 정부위원회 수가 1980년을 정점으로 줄어든 것으로 조사되었다(Blom-Hansen, 2001). 이는 곧 이익조직의 정부위원회 활동에 공식적으로 참여하는 비율이 전반적으로 줄어들고 있다는 말이 된다. 대신에 이익조직들은 정부관료나 의원들과의 직접 접촉을 늘려가고 있는 것으로 조사되고 있다. 이러한 현상은 조합주의적 대표기구의 역할이 축소되고 있는 반면, 관료기구나 의회의 역할이 그만큼 증대되어 가고 있음을 의미한다(Blom-Hansen, 2001: 399). 특히 덴마크의 경우 공공정책 결정과정에서 의회의 역할이 중요해짐에 따라 상임 입법위원회가 설치되어 있기 때문에 이를 겨냥한 활동이 다양한 방식으로 이루어지고 있음을 알 수 있다(Binderkrantz, 2003).

이익조직의 이러한 행태변화의 배경으로 두 가지를 생각해 볼 수 있다 (Rechtman, 1998).

첫째, 정책과정의 국제화 즉 정책결정과정을 규율하는 제도의 국제적 표준화 동향과 함께 다층적 정책결정체계 속에서 복잡한 정치·행정 구조가 수립되고, 더 많은 행위자들이 여기에 참여하고 있다. 따라서 정책결정과정에 영향을 미칠 수 있는 새로운 경로들이 생겨나게 되었고, 이러한 다단계의 정책결정 기제의 결정에 영향을 받을 수밖에 없는 기업들로서는 전통적인 조합주의 경로를 통하지 않고, 이러한 새로운 다차원의 정책결정과정에 직접적으로 영향력을 행사하려는 경향이 커지고 있다.

둘째, 정보통신 기술의 발달에 따라 공공정책 사안에 대한 정보의 유통이 늘어났고 이러한 정보의 유통기제를 활용하여 낮은 비용으로 공공정책 결정과정에 영향력을 행사할 수 있게 됨으로써 자원 여건이 불리한 조직이나 기업들이 정치게임에 참여할 수 있는 여지가 커지고 있다. 인터넷과 멀티미디어를 활용하여 시민들은 정보를 손쉽게 얻을 수 있고, 의원이나 관료를 겨냥하여 정치적 메시지를 손쉽게 전달할 수 있게 되었다. 정치적 영향력 행사의 자유경쟁이 활발하게 이루어짐에 따라 다원주의 체제에서와 같은 기업단위의 로비활동의 중요성이 더해지게 된 것이다.

6. 결어

1970년대 이후 본격화되기 시작한 세계화와 경제자유화의 흐름은 선진 산업국가들의 정부와 기업, 국가와 시민사회 관계에 새로운 변화의 동인으로 작용하였다. 세계화와 경제자유화가 가져온 가장 두드러진 변화로는 국가의 경제관리 능력 감축 즉 '국가 축소(less state)' 혹은 '경제적 주권의 축소'라고 분석되어 왔다(Ikenberry, 1988; Friedman, 1991; Pierson and Smith, 1993). 이는 공공정책 수단을 동원하여 그 나라 시장과 기업 활동에 영향을 미칠 수 있는 정부의 능력이 더욱 줄어들게 되는 '정부의 경제적 역할 축소' 혹은 '정책자율성'의 감축을 의미한다. 세계화에 대한 전략적 대응으로 각국 정부는 공공부문의 효율성 증대를 위한 정부개혁과 함께, 시장이나 경제문제에서 정부가 '손을 떼는' 시장개혁을 목표로 자국의 정부 제도와 공공정책을 재조정해 나간다는 것이다.

세계화의 영향에 대한 이러한 관점의 분석은 대처리즘이나 레이거노믹스로 상징되는 영국이나 미국 등 다원주의 정치모델을 기반으로 하는 국가에서 그 전형을 찾아볼 수 있다. 스웨덴이나 덴마크와 같이 조합주의 국가모델의 전형을 보여주는 국가에서, 세계화가 국가의 축소나 정부의 경제적 역할 감소를 초래하고 있는가에 대해서는 좀 더 다른 차원에서 분석할 필요가 있다. 스칸디나비아 국가에서의 세계화 경험은 세계화가 국가의 축소나 정부의 역할 감소를 가져오기도 하지만, 다른 한편으로는 역할 축소 없이 국가나 체제의 성격 변화를 가져오기도 한다는 점을 보여주고 있다. 스웨덴과 덴마크에서의 정책협의제 변화 경험은 공공정책결정의 제도화된 장에서 이익조직이 차츰 물러나고 있고, 이 자리를 채울 전문 관료나 정치인의 역할이 더욱 증대되고 있음을 보여주고 있다. 즉 국가기구나 정부의 역할이 그만큼 증대되고 있음을 의미한다.

스웨덴과 덴마크의 정책협의제 변화 과정에서 알 수 있듯이 변화의 필요성에 대한 대응은 국가별로 차이가 있다. 이는 국가별로 구조적, 상황적 요인이 다르고 또한 변화와 개혁을 주도하는 정치적 행위자의 전략적 대응이 다르기 때문이다. 개혁추진세력이 선택할 수 있는 전략은 효율성 증대나 공공부분 축소 등과 같이 바람직한 결과를 직접적으로 얻어내기 위한 기도로 나타날 수도 있지만, 이와 다른 차원에서 게임의 룰을 변화시키는 전략을 선택할 수도 있다. 높은 수준의 정치는 반대자들에게 혜택을 주어온 게임의 룰(제도)을 무력화시키고, 자신의 이해관계에 충실한 새로운 제도로 대치하는 것이다. 자신의 이익을 직접적으로 특정의 결과로 나타나도록 노력하기보다는, 자신의 이익을 제도적 장치들에 심어 놓는 것이다(March and Olson,1984; Moe, 1990). 제도는 개개인들을 집단으로 묶어 집합적 행동의 장애물을 뛰어넘을 수 있게 하기도 하고, 역으로 집단을 파편화하여 집합 행동의 장애를 더욱 높게 만들 수도 있다. 스웨덴과 덴마크에서의 정책협의제 변화 경험은 노사정 간의 '제도 변화의 게임'이라는 관점에서 좀 더 깊이 있는 분석이 필요하다.

참고문헌

Amin, A. and Thomas, D. 1996. "The Negotiated Economy: State and Civic Institutions in Denmark." *Economy and Society* 25(2), pp.255~282.

Binderkrantz, A. 2003. "Strategies of Influence: How Interest Organizations Reacts to Changes in Parliamentary Influence and Activity." *Scandinavian Political Studies*. 26(4), pp.287~306.

Blom-Hansen, J. 2001. "Organized Interests and the State: A Distinguished Relationship? Evidence from Denmark." *European Journal of Political Research*. 39, pp.391~416.

Carsten, S. J. 2002. "Denmark in Historical Perspective: Towards Conflict-based Consensus." Stefen Berger and Hugh Compston(eds). *Policy Concertation and Social partnership in Western Europe: Lesson for the 21st Century*. Oxford: Bergahn Books. 조재희, 강명세, 김성훈, 박동, 오병훈 역. 『유럽의 사회협의제도』. 한국노동연구원.

Christiansen, P. M. and H. Rommetvedt. 1999. "From Corporatism to Lobbyism Parliaments, Executives, and Organized Interests in Denmark and Norway." *Scandinavian Political Studies*. 22(3), pp.195~220

Coen, D. 1997. "The Evolution of Large Firm as a Political Actor in the European Union." *Journal of European Public Policy*. 4(1), pp.91~108.

_____. 1999. "The Impact of U. S. Lobbying Practice on the European Business-Government Relationship." *California Management Review*. 41(4), pp.27~44.

Compston, H. 1998. "The End of National Policy Concertation? Western Europe since the Single European Act." *Journal of European Public Policy*. 5(3), pp.507~526.

Crouch, C. 1993. *Industrial Relations and the European State Tradition*. Oxford: Clarendon Press.

Due, J., J. S. Madsen, L. K. Petersen and C. S. Jensen. 1995. "Adjusting the Danish Model: Towards Centralized Decentralization, in Colin Crouch." Franz Traxler(eds.) *Organized Industrial Relations in Europe: What Future?* Ashgate Publishing Ltd..

Friedman, J. 1991. "Invested Interest: The Politics of National Economic Policies in a World of Global Finance." *International Organization* 45.

Fulcher, J. 2002. "Sweden in Historical Perspective: The Rise and Fall of the Swedish Model." in Stefen Berger and Hugh Compston(eds). *Policy Concertation and Social partnership in Western Europe: Lesson for the 21st Century*. Oxford: Bergahn Books.

Gill, C., Knudsen, H and Jens Lind, "Are there cracks in the Danish model of industrial relations?" *Industrial Relations Journal* 29(1), pp.30~41.

Green-Pedersen, C. 2001. "Minority Governments and Party Politics: The Political and Institutional Background to the 'Danish Miracle'." Max-Plank-Institute for Gesellschaftsforschung, MPIfG Discussion Paper. working paper.

Iversen, T. 1996. Power. "Flexibility, and the Breakdown of Centralized Bargaining."
   Comparative Politics, 28(4), pp.399~436.
Hemerijck, A. 1995. "Corporatist Immobility in the Netherlands. in *Organized Industrial
   Relations in Europe: What Future?* ed. Colin Crouch and Frantz Traxler. Aldershot:
   Avebury.
Ikenberry, G. J. 1988. Ikenberry, G. J. 1988. "Market Solution for State Problems: The
   International and Domestic Politics of American Oil Policy." *International Organization*.
   p.42.
Lahusen, C. 2002. "Commercial Consultancies in the European Union: the shape and
   structure of professional interest intermediation." *Journal of European Public Policy*.
   9(5), pp.695~714.
Lehmbruch, Gerhard. 1979. "Liberal Corporatism and Party Government." in Phillipe C.
   Schmitter and Gerhard Lehmbruch(eds), Trends Towards Corporatist Intermediation,
   London: Sage.
Katzenstein, P. 1985. *Small States in World Market: Industrial Policy in Europe*. Ithaca: Cornell
   University Press.
Lehmbruch, 1984. "Concertation and the Structure of Corporatist Networks." in J.
   Goldthorpe(ed.) *Order and Conflict in Contemporary Capitalism*. Oxford: Oxford
   University Press, pp.60~80.
Lewin, L. 1994. "The Rise and Decline of Corporatism: The Case of Sweden." *European
   Journal of Political Research*. 26, pp.59~79.
Mailand, M. 2002. "Denmark in the 1990s: Status Quo or a More Self-Confident State?"
   Stefen Berger and Hugh Compston (eds). *Policy Concertation and Social partnership
   in Western Europe: Lesson for the 21st Century*. Oxford: Bergahn Books.
March J. and J. Olson. 1984. "The New Institutionalism: Organizational Factors in Political
   life". American Political Science Review 78(3).
Milner, H. 1990. *Sweden: Social Democracy in Practice*. Oxford: Oxford University Press.
Moe, Terry. 1990. "The Politics of Structural Choice: Towards a Theory of Bureaucracy."
   in Oliver Williamson, ed., *Organization Theory*. New York: Oxford University Press.
Pestoff, V. 1999, Globalization, "Business Interest Association and Swedish Exceptionalism
   in the 21st Century." *Paper presented at the European Consortium on Political Research*.
   Mannheim. March, pp.29~31.
_____. 2002. "Sweden in the 1990s: The Demise of Policy Concertation and Social
   Partnership and Its Sudden Reappearance." Stefen Berger and Hugh Compston(eds).
   Policy Concertation and Social partnership in Western Europe: Lesson for the 21st Century.
   Oxford: Bergahn Books.
Pierson, P. and M. Smith. 1993. Pierson, P. and M. Smith. 1993. "Bourgeois Revolutions?
   The Policy Consequences of Resurgent Conservatism." *Comparative Political Studies*. 25.

Pontusson, J. and Peter Swenson. 1996. "Labour Markets, Production Strategies, and Bargaining Institutions: The Swedish Employer Offensive in Comparative Perspective." *Comparative Political Studies*, 29(2), pp.223~250.

Rechtman, Rene E. 1998. "Regulation of Lobbyists in Scandinavia — A Danish Perspective." *Parliamentary Affairs*. 51/4.

Scheuer, S. 1998. "Denmark: A Less Regulated Model?" in A. Ferner and R. Hyman(eds). *Changing Industrial Relations in Europe*, pp.146~170. Oxford: Blackwell.

Schmitter, Philippe C. 1979. "Still the Century of Corporatism?" in Phillipe C. Schmitter and Gerhard Lehmbruch(eds), *Trends Towards Corporatist Intermediation*(London: Sage), pp.7~52.

Slomp, H. 1992. "European industrial relations and the Prospects of Tripartism." in Tiziano Treu(ed.). *Participation in Public Decision—Making: The Role of Trade Unions and Employers' Associations*. Berlin and New York: Walter de Gruyter, pp.159~173.

Stephen, J. D. 2000. "Is Swedish Corporatism Dead? Thoughts on its Supposed Demise in the Light of the Abortive 'Alliance for Growth'" in 1998. *paper presented at the 12th International Conference of Europeanists, Council of European Studies*, Chicago, Marsh 30-April 1, 2000.

Svensson, T. and Perola Öberg. 2002. "Labour Market Organizations' Participation in Swedish Public Policy-Making." *Scandinavian Political Studies*. 25(4), pp.295~315.

Traxler, F. 1993. "Business Associations and Labour Unions in Comparison: Theoretical Perspectives and Empirical Findings on Social Class, Collective Action and Associational Organizability." *British Journal of Sociology*. 44(4), pp.673~691.

_____. 1995. "Two Logic of Collective Action in Industrial Relations?" in C. Crouch and F. Traxler(eds). *Organized Industrial Relations in Europe: What Future?*(Aldetshot: Avebury), pp.23~44.

_____. 1999. "Employers and Employer Organizations: the Case of Governability." *Industrial Relationas Journal*. 30(4), pp.345~354.

Wallerstein, Michael and Miriam Golden. 1997. "The Fragmentation of the Bargaining Society: Wage Setting in the Nordic Countries, 1950 to 1992." *Comparative Political Studies*. 30(6), pp.699~731.

Öberg, P., Svensson, T. 2002. Power, "Trust and Deliberation in Swedish Labour Market Politics." *Economic and Industrial Democracy*. 23(4), pp.451~490.

Öberg, P. O. 2002. Does "Administrative Corporatism promote Trust and Diliberation?" *Governance*. 15(4), pp.455~475.

제 2 부

정부부문의 혁신

제4장

참여형 정부의 구축: 스칸디나비아 및 북미국가의 교훈

가이 피터스(B. Guy Peters)*

1. 서론

아무리 늦게 잡아도 1970년대 말부터 지금까지 거의 모든 나라의 정부가 공공부문의 개혁을 주요 활동으로 추진해 왔다. 정치지도자들과 시민들은 일반적으로는 공공부문, 더 구체적으로는 행정 실패에 대한 여러 가지 진단과 처방을 제시해 왔다. 정부의 문제점으로 간주되어 온 것으로는 시장의 영향력에서 벗어나 있는 정부활동(Niskanen, 1971), 공무원의 영속성, 행정관리에서 개인적인 진취성보다는 공식적 규칙의 우월적 적용 등이 그 일부이다(Peters, 2000 참고).

이러한 요인들도 공공부문의 성과에 실질적인 영향을 미쳤다고 볼 수 있으나, 정부에 대한 가장 중요한 비판은 정부조직의 계층제적 성격과 공식적 권위에 의존한다는 것이다. 이러한 비판은 정부조직과 고객 간의 관계 및 정부조직의 고위층과 그 외 직원들 간의 관계에 모두 적용될 수 있다. 이러한

---

* 미국 피츠버그대학교 정치학과 석좌교수로 2003년 7월 24일 서울산업대학교 IT정책대학원 제2차 세미나 주제발표논문인 "Building a Participatory Public Sector: Lessons from Scandinavia and North America"를 우리말로 옮긴 것이다.

비판의 근거가 되는 가정은 계층제가 조직구성원들로 하여금 정책을 형성하고 기관의 성과를 향상시키기 위하여 그들의 전문성을 활용할 수 있는 역량을 구비하지 못하도록 만든다는 것이다.[1] 관리에 대한 인간관계론적 접근방법은 오래 전부터 모든 조직은 공조직이든 사조직이든지 구성원들이 조직의 현안문제에 좀 더 참여할 수 있도록 허용된다면 더 나은 성과를 가져올 것이라고 주장해 왔다(Walsh and Steward, 1992).

조직상 하위계층의 참여와 마찬가지로, 조직의 현안에 대한 고객(clients)의 참여 또한 조직에 도움이 된다는 주장이다. 고객들은 조직의 업무수행방식에 관하여, 그리고 정책의 결과와 고객의 행동에 대한 상당한 정보를 (보다 분명하게) 보유하고 있는 것으로 가정되고 있다. 이러한 수단적인 주장과 더불어, 기관의 운영에 대한 고객의 참여, 더 나아가 일반 시민의 참여를 옹호하는 규범적 주장이 존재한다. 민주주의적 가정은 시민들이 정당과 선거에 대한 간접적인 영향에 의존하기보다는 자신들에게 영향을 끼치는 정책에 대하여 직접적으로 영향력을 행사할 기회를 가져야만 한다는 것이다(Rose, 1974 참고).

정부기관의 운영에 대한 고객과 시민의 참여는 정부관료제의 성격과 관리형태의 변화를 의미하고 있다. 공공부문의 전통적인 통치 형태는 어떤 정치적 실권자(political master)에게도 효과적·능률적으로 봉사할 수 있는 공무원의 정치적 중립성과 역량을 강조해 왔다. 이러한 중립성은 분명히 관료제의 훌륭한 요소이며, 부패, 정실임용 및 엽관제의 역사를 경험한 경우에는 특히 그러하다. 그러나 이러한 중립성은 정부의 정치지도자 혹은 사회로부터 제기되는 변화된 요구에 대응하는 정부의 능력을 제한한다. 그런데 정부는 정치적 중립성(그리고 이와 관련된 계층제의 가치)뿐만 아니라 대응적인 능력과 정치지도자에게 반응하는 역량도 갖춰야 한다(Aberbach and Rockman, 2000 참조).

이러한 관료제의 형태로 나아감에 따라 정치체제에서의 민주주의를 개념화하는 데도 영향을 미친다는 점을 알아둘 필요가 있다. 고전적 모델에서는

---

1) 이것이 정부조직이나 공식조직에 대한 새로운 비판이라고 보기는 어렵다.

국민들이 정부를 선출하고 정부가 의지와 역량을 가진 관료제를 지도하는 대표민주주의를 가정한다. 오늘날 민주주의는 정부와 관료제에 대한 시민의 보다 직접적인 참여를 의미하며, 참여와 민주적 효능감의(political efficacy) 의미를 강조한다. 따라서 체제가 성공하기 위해서는 관료제뿐만 아니라 시민에 대한 요구조건 또한 필요하다.

시민 개개인의 참여도 좀 더 요구될 뿐만 아니라 공공부문의 변화에 따라 시민사회 또한 더 큰 역량을 갖출 것을 요구받는다. 특히 정부에 대한 투입(요구와 지지)을 지원하고 프로그램의 집행에 참여하는 네트워크의 형성이 개혁에 성공한 대부분의 국가에서 볼 수 있는 중요한 요소다(Torfing, 1997; Kickert, Klijn and Koopenjans, 1997 참고). 네트워크 형태의 거버넌스는 스칸디나비아 국가에서 볼 수 있는 가장 효과적이고 보편적인 것이지만 대부분의 산업화된 민주주의국가들에서도 나타나고 있는 형태이다. 아시아의 경우에는 시민사회 구조가 상대적으로 취약하여 이러한 네트워크 형태의 발전에 장애가 되고 있으나, 아시아 국가들의 경우에도 시민사회가 점점 더 영향력을 발휘하고 있는 것으로 나타나고 있다(Polidano, 2001).

2. 계층제의 문제

앞서 지적한 바와 같이, 계층제는 대규모 조직 특히 공공부문의 대규모 조직에서 주요한 문제 가운데 하나로 간주되고 있다. 계층제적 구조의 공식성은 조직 내 효과적인 의사소통을 방해하고, 조직구성원의 역량을 제대로 발휘하지 못하게 만들며, 변화하는 환경 여건에 대한 반응을 둔화시킨다고 여겨진다. 계층제가 조직 내 통제와 책무성의 가능성을 제공하지만, 비판가들은 더욱 참여적인 구조가 어느 정도 책무성 손실은 가져오지만 그래도 장점이 훨씬 많다고 주장한다. 물론 비판가들도 조금 덜 공식화된 구조에서는 상당한 책무성 문제가 초래될 수 있다고 인식한다.

정부조직의 계층제 문제에 대한 일반적 처방은 참여의 형태를 진작하는 것이지만 어떻게 참여를 진작할 수 있을 것인지 이해하는 데 도움이 되는 일련의 대응방안이 존재한다. 첫째, 구조적으로 공공조직들은 '수평조직화(flattened)' 또는 계층 축소가 필요하다. 이는 하위계층에 대한 감독 정도를 줄이고 하위계층의 의사결정 역량을 더욱 증진시킬 것이다. 하위계층의 재량 범위 증대는 조직의 고객과의 관계에 긍정적인 영향을 초래한다. 기관 운영에 고객을 직접적으로 참여시키는 구조를 형성함으로써 고객의 참여를 더 증진시킬 수 있는 것이다.

공공부문 관리의 측면에서 볼 때 참여의 증진은 정부조직 구성원의 사기를 진작시키고 전반적으로 국민을 위해 더 민주적인 의사결정을 할 수 있는 역량을 제고하는 기술을 개발하도록 만들 것이다. 공·사조직에서 이러한 유형의 의사결정은 북부유럽(독일의 경우 Mitbestimmung)에서 가장 현저하게 나타나고 있으며, 다른 국가들의 경우에도 점점 보편화되고 있다. 예를 들면 미국 클린턴 행정부의 고어위원회(the National Performance Review) 그리고 캐나다의 PS-2000은 공공부문에서의 조직구성원과 시민에 대한 권한위임(empowerment)의 필요성을 강조하고 있다. 이들 북미 국가의 경우 통치과정에서의 시민의 참여와 정부와 정책에서 시민의 이익을 보다 진작시킬 수 있도록 하기 위한 여러 유형의 메커니즘을 개발하고 있다.

아마 정부조직의 경우 시민과 구성원의 참여에서 가장 중요한 단계는 정책 결정 단계일 것이다. 시민과 하위계층 공무원들이 조직이 어떻게 성과를 올리고 어떻게 보다 나은 성과를 올릴 수 있는지에 대하여 충분한 정보를 보유하고 있다고 이미 지적하였다. 따라서 이러한 집단을 의사결정과정에 좀 더 많이 참여시킬 것인지 여부는 조직관리자의 의향에 달려 있다. 이는 대부분의 정부조직에서 계층제적 전통과는 모순되지만 여전히 조직의 성과를 증진하고 조직 내 구성원의 사기를 진작시키는 중요한 단계라고 힐 수 있나.

마지막으로, 규범적인 측면에서 참여의 촉진은 징부에 내한 민주적 참여의식의 증대를 위해서도 중요하다. 계층제는 의사표현을 억제하고 국민들을 활동적인 시민보다는 정부활동의 객체로 만드는 경향이 있다. 참여는 시민들에게 제공받는 서비스에 대한 선택권을 부여하지만, 이는 바우처(voucher)와 같은 시장선택기제와는 달리 개인적 선택이 아닌 집단적 선택 유형이다. 시민들이 항상 정부로부터 그들이 원하는 바를 얻을 수는 없으나 의미 있는 참여의 기회를 가짐으로써 시민의 효능감을 증진시킬 수 있다. 그러므로 수단적·규범적 입장에서 시민과 구성원의 참여 증진은 정부조직에서 상당한 의미를 가진다.

3. 고객과 시민

통치과정에서의 시민참여 증진방안을 모색하는 데에는, 통치과정과 정부성격에 관한 여론형성에서 정부의 최하위계층이 담당하는 역할에 대하여 기억하는 것이 중요하다. 앞서 잠깐 언급한 바와 같이, 시민이 정부에 대해 갖는 가장 즉각적인 이미지는 일선 공무원 즉 순찰중인 경찰관, 사회복지사, 우체국 창구 담당 등과의 관계에서 도출된다. 일반 시민들은 선거로 뽑은 대표자들과 대면하기보다는 이들 공무원들을 자주 대하게 된다. 그러므로 이들 계층을 통해서 정부에 대해 영향력을 발휘하는 것이 시민들에게는 중요하다.

일선관료(street level bureaucrats)의 중요성을 생각하게 하는 또 다른 이유는 정부정책이 실제 무엇을 의미하는가를 결정하는 데 일선관료의 역할을 고려하는 것이다. 국회의원과 정무직 고위공무원들은 공식적인 입장에서 법을 만들지만 종종 시민들에게 문제가 되는 것은 법이 어떻게 적용되는가 하는 것이다. 다시 말하면, 일선관료들의 행동에 대하여 영향력을 행사할 수 있는 능력이 시민들에게는 중요한 것이다. 이처럼 일선관료들이 자신들의 능력을 개발할 수 있도록 하면 그들로 하여금 고객에게 봉사하는 능력을 증진시킬 수 있도록 하며, 정부로부터 원하는 서비스를 얻을 수 있는 고객의 능력을 증진시킬 수 있도록 한다. 물론 고객들이 정부에게 무엇을 바라고 어떤 권리를 갖는가 하는 것은 각각 다르기 때문에 조직의 하위계층에서 이에 대한 대응능력을 증진한다는 것이 책임 있는 통치를 실현하는 데 바람직한 것만은 아니다.

고객과 일선관료 간의 관계는 종종 일반적으로 이해되기보다는 좀 더 통상적인 통치유형인 상호협조(mutual co-optation)의 관계라고 할 수 있다. 단순한 사실은 이 관계에서 쌍방이 모두 상대방에게 효과적이기를 요구한다는 점이다. 한편에서 공무원들은 어느 정도 권력을 가진 지위에 있으면서도 여러 가지 정치적·정책적 목표에 대한 고객의 지원을 필요로 한다. 또한 고객은 정부로부터 원하는 바를 얻기 위해서 일선관료의 도움을 필요로 한다. 이러한 협조적 관계는 일단 서비스 제공의 능률성을 증진시킬 수 있으나, 효과적·대응적 정부의 핵심인 통제와 책무성을 약화시킬 수도 있다. 따라서 이 글에서 여러 번 지적한 바와 같이 행정에서의 참여는 분할되지 않는 재화가 아니며, 정책과 행정과정에서 정말 민주적인 결과를 제공하고자 한다면 참여를 위한 제도들을 세심하게 개발하여야 한다.

4. 행정과 정책에의 참여를 위한 제도

정책 결정과 집행에 국민의 참여를 진작하기 위한 제도를 설계하는 문제를 다룰 것이지만 또한 정부 내의 상충적인 세력 간의 균형도 유지해야 한다. 어떤 의미에서는 책임적인 정부, 즉 법과 선거를 통해 표현된 국민의 뜻에 대하여 책임을 지는 정부도 유지해야 할 필요가 또한 있는 것이다. 이처럼 제도의 설계는 원하는 것처럼 개발하는 것이 용이하지는 않다. 그러나 여러 개의 흥미 있고 검증된 참여모형이 존재하며 이 모형들은 공공부문에 서 최소한 서로 상쇄하는 권력을 형성할 수 있는 역량과 균형에 관하여 어느 정도 희망을 줄 수 있다.

1) 조합적 다원주의(Corporate Pluralism)

스칸디나비아 국가들은 공공부문의 참여를 구조화할 수 있는 가장 분명한 모형을 제공하고 있다. 이들 국가들은 국민 또는 최소한 조직화된 국민에게 정책과정에 참여할 수 있는 광범위한 기회 제공이 필요한 합의적인 정치문화를 발전시켜 왔다. 로칸은 이러한 통치체제의 역동성을 "Votes Count but Resources Devide"라고 묘사하는바(Stein Rokkan, 1967), 이는 노르웨이의 정치체제가 두 가지 참여방안을 제공하고 있다는 의미이다. 한편으로는 전통적인 대의정치체제가 다수결 원칙의 메커니즘을 제공하는 반면, 조합적 다원주의의 구조는 다양한 관계자들 간의 조정을 포함하는 비다수적 의사결정을 허용하고 있다는 점이다. 로칸은 노르웨이의 사례를 주로 논의하고 있으나, 이와 유사한 형태는 다른 스칸디나비아 국가들과 북유럽국가들의 경우에서도 발견할 수 있다.

이러한 시스템에서 개발된 메커니즘은 다양한 모든 견해에 개방적인 정부를 만들 것을 요구한다. 이러한 형태의 가장 중요한 메커니즘 가운데 하나는 정부부처와 기관에 대한 자문위원회의 활용이다. 정부부처에 의하여 직·간접적으로 영향을 받는 모든 범주의 이해관계자들과 함께 관련 있는 다른 부처들도 이에 참여하도록 한다(Kvavik, 1980). 또한 주요 정책에 대한 제안은 왕립위원회(Statens Offtentliga Utredningar in Sweden: SOU)를 통해 이루어지며, 여기에는 사회 각계각층이 참여하고 있다. 마지막으로 이익집단들은 제안단계에서 완성단계에 이르기까지 공식기록을 남기는 방식으로 정책에 대해 의견을 개진하도록 청원할 수 있다. 이러한 모든 방법들은 잘 조직화된 사회 그리고 합의가 사회적 통합을 위해 중요하다는 이해관계자들 사이의 명시적 혹은 묵시적 동의를 기반으로 하고 있다.

미국에서 1946년에 제정된 행정절차법은 스칸디나비아 국가들의 청원과정과 유사한 조항을 규정하고 있다(Freeman, 1980). 정부기관이 새로운 규제(행정입법)를 정하고자 하는 경우, 해당기관은 먼저 주간 연방관보(Federal Register)에 규제 의도를 발표하여야 한다. 국민(통상 조직화된 국민을 의미)은 90일 동안 규제의 소망성에 대한 바람과 견해를 해당기관에 제시할 수 있다. 이 기간이 끝나면, 해당기관은 규제 초안을 만들 수 있으나 다시 규제가 시행되기 전에 국민에게 공지(notice and comment)하는 기간을 거쳐야 한다. 이는 스칸디나비아 국가들처럼 전향적이지는 않으나 국민들에게 행정입법에 대한 견해를 제시할 수 있는 기회를 허용하는 방법 중 하나라고 할 수 있다.

2) 공청회(Open Hearing)

행정 운영에의 국민 참여를 위한 덜 구조화된 형태는 공청회를 활용하여 법률안 또는 계획안에 대해 국민들이 견해를 표출할 수 있도록 하는 방법이다. 이러한 참여형태는 국민 스스로가 공청회 개최 사실을 입수하고 대변자를 선출하며 공청회에 참가해야 하는 부담을 준다. 이는 조직화된 집단에게는 상대적으로 용이하지만 보다 지역적인 정부활동에 의해 영향을 받는 일반 시민들의 경우에는 어려운 일이다. 이 방법은 활발한 언론매체와 함께 활용하면 매우 효과적인 의사 표현 수단이 될 수 있다.

이러한 형태의 좀 더 드라마틱한 사례는 캐나다 정부에서 찾을 수 있는데 캐나다 정부는 공공정책 전반에 걸쳐 '시민 개입(citizen engagement)'을 강조하기 시작하였다. 예를 들면, 지난 수년간 재무부(Minister of Finance)는 정부업무의 우선순위 설정에 대하여 국민의 의견과 개입을 유도하기 위해 여러 지역에서 공개적인 포럼을 개최하는 전국투어를 실시하였다. 일반 시민이 방대하고 복잡한 국가예산을 분석할 수 있는 실제 능력을 가지고 있는지에 의문이 들기도 하지만, 이 사례는 정부업무의 우선순위에 대하여 시민의 의견을 청취하고 대화를 시도했다는 점에 의의가 있다.

숙의 민주주의(deliberative democracy)의 연구자들이 주장하는 바와 같이 참여를 위한 공청회 방법은 토의주제가 정치·행정 지도자에 의해 선정되고 국민은 이러한 주제의 항목에 대해 단지 코멘트만 할 수 있다는 분명한 약점이 있다. 좀 더 진정한 참여란 토의 주제 선정하는 데 국민들이 더 많은 역할을 담당하도록 함으로써 정부의 활동영역을 어느 정도 정의할 수 있게 해야 한다. 많은 경우 이러한 수준의 참여는 관리가 어렵기 때문에 그 자체가 기존 정치체제의 실제 개방성 정도를 비교하는 기준이 되기도 한다.

3) 통치의 네트워크 모형(Network Models of Governing)

스칸디나비아 국가(특히 덴마크)의 경우 네트워크 거버넌스의 형태는 정치과정에의 시민참여를 촉진하는 수단으로 중요하게 대두하고 있다. 위에서 언급한 것처럼 네트워크 거버넌스의 기본적인 주장은 모든 정책영역에서 정책과 실제 이해관계를 가진 정부 관계자들과 여러 관련 집단이 존재한다는 것이다. 이러한 관계자들은 정책과정에 제공할 수 있는 상당한 정보와 전문성을 보유하고 있으며, 따라서 이들의 관여는 의사결정의 실제적인 질을 향상시킬 수 있다고 본다. 정책에 대한 사전 동의는 사후의 정책집행상 어려움을 줄일 수 있는 것이다.

이러한 개입 모형은 위에서 언급한 조합적 다원주의 모형과는 차이가 있는데, 그것은 네트워크 구성원들이 정책에 대하여 더욱 직접적인 통제를 할 수 있도록 허용한다는 점이다. 이러한 네크워크에서는 관련 공무원들도 장관이나 담당자에게 단순히 자문만 제공하는 게 아니라 정책을 만드는 데 일정한 역할을 하여 관계자의 일원이 되는 것이다. 이 모형의 정책결정은 권위적인 법령의 적용을 통해서가 아니라 관련된 집단들 간의 협상에 의해 이루어진다. 이러한 형태의 통치를 주창하는 사람들이(의사결정이 항상 계층제의 그늘에서 이루어진다는 점에서) 계층제 없이 의사결정을 할 수 있는 능력에 대해 지나치게 낙관적이기는 하지만, 이 모형은 전통적인 통치모형에 대한 흥미 있는 대안이라고 할 수 있다.

미국과 캐나다에서 시행되는 협상을 통한 법령제정(negotiated rule-making)은 매우 성공적인 네트워크 거버넌스의 사례다. 미국에서 1991년 통과된 협상을 통한 법령제정법(negotiated rule-making act)은 위에서 말한 바와 같이 법령작성을 통보받은 후 코멘트를 하는 방식(notice and comment)이 아니라 특정 법규에 영향을 받는 당사자가 각 부처에서 산업에 관한 법령을 작성하는 과정에 직접 관여하는 것을 허용한다. 결과적으로 작성된 법령은 입법지침에 따른 것으로 간주하여 해당부처는 그러한 법령을 받아들인다. 현재 캐나다에서도 법령작성 과정에 유사한 절차가 존재한다.

민주주의 성격변화에서 상세하게 설명하겠지만 이러한 거버넌스 모형은 전통적인 민주주의의 개념에 중대한 도전이 되고 있다. 한편 지나치게 참여적인 이 모형은 대중들이 정책에 직접 영향력을 행사할 수 있도록 한다. 대의민주주의는 정책결정에서 모든 범위의 광범위한 행위자와 이해관계를 포괄하지만, 이러한 형태의 정책결정은 정책이 결정됨으로써 가장 영향을 크게 받는 집단과 개인에게 특혜가 될 수 있다. 그렇게 함으로써 '공공이익'의 관념이 사라지거나, 전통적인 대의민주주의보다는 공공 이익의 개념에 오히려 충실하지 못할 수 있다. 그러므로 영향을 받는 당사자들의 충분한 참여를 허용하는 동시에 공공 이익이라는 광범위한 개념을 유지할 수 있는 참여형 모델을 개발하는 것이 과제로 남게 된다.

4) 고객에 의한 관리

마지막으로 시민들은 프로그램의 집행에도 관여할 수 있다. 앞에서 지적한 사례는 프로그램의 형성이나 그 입법화과정에 참여하는 대중의 역할에 초점을 맞춘 것이다. 대중은 집행단계에도 깊이 관여할 수 있으며, 그 단계에서 프로그램의 모습에 영향을 미칠 수 있다. 사실상 위에서 말한 일선관료제의 논리를 받아들인다면, 집행단계에서 미치는 영향은 형성단계에서 미치는 영향보다 더욱 크다. 만약 대중이 누가 무엇을 얻을 것인가에 관한 일상적 결정에 관여할 수 있다면 국가의 정책 및 거버넌스의 실질적인 성격을 규정하는 데 엄청난 영향력을 발휘하는 행위자가 될 것이다.

대중은 자신들에 관한 정책에 관련된 여러 가지 관리프로그램에 참여하고 있다. 가장 분명한 사례가 주택과 교육 분야에서 나타나고 있다. 주택의 경우, 스칸디나비아와 미국에서 그리고 영국에서는 어느 정도까지 공공주택 프로그램의 임차인을 관리구조에 참여시키는 것을 장려하고 있다. 이는 공공 관료조직으로 운영되는 관리구조와 투쟁하기 위하여 임차인 조직이 존재하는 것과는 다르다. 더 나아가서 임차인이 관리구조가 되며 그러한 권한을 위임받아서 스스로의 결정을 내리는데, 그러한 결정은 법률과 정책에 부합되는 범위 내에서 허용된다(Sorenson, 1997). 이러한 주택 단지에 거주하는 임차인의 대다수가 '사회적으로 소외된 계층'으로 분류될 수 있으므로 이와 같은 참여는 정치적 효능감을 높여줄 뿐 아니라 그들의 경제적 역량도 강화시켜 준다.

교육 분야에서는 집권화된 교육위원회가 개별학교를 관리하는 것에서 개별 학교 스스로가 관리하도록 했고, 다시 그 학교를 학부모와 교사들로 구성된 위원회 또는 학부모들만으로 구성된 위원회가 관리하는 방향으로 그 패턴이 변천되어 왔다. 이러한 관리의 분권화는 기본적으로 학부모가 그들 자녀들이 등교하는 학교의 운영에 깊숙하게 관여해야 한다는 이유에서 정당화되었다. 나아가 이러한 '상품'의 소비자로서, 학부모들은 그들의 자녀가 교육이라는 형태로 무엇을 받아야 하는지 어느 정도까지는 결정할 능력을 가져야 한다. 미국의 경우 몇몇 거대도시에서 학교와 학생들이 너무나 오랫동안 방치되어 왔던 경향을 뒤집으려는 시도에서 이와 유사한 프로그램이 제도화되었다.

이같이 교육에서 시민통제를 강화하고자 하는 접근방법은 교환권(vouchers)을 사용하는 방법과는 매우 대조적이다. 교환권(vouchers)은 본질적으로 경제적인 수단으로서 개인들에게 시장선택권을 허용하여 각 학부모로 하여금 자신의 자녀가 어떤 유형의 경험을 선택하게 할지를 결정하도록 하는 것이다. 한편 교육관리의 참여형 모형은 더욱 집합적인 선택을 함축하고 있으며 그들의 자녀가 받기를 원하는 교육성과를 산출하려면 학부모가 다른 학부모들 및 다른 교육기관들과 공동으로 참여하여야만 한다. 이는 시장에 기반을 두는 방법보다는 정책에 관하여 그리 분명하지 않은 통제의 형태이지만, 사회의 여러 구성요소들로 하여금 정치적 참여를 제고하는 수단이 된다.

정책을 집행하는 과정에서 시민관여의 마지막 사례는 지역사회 지향적 치안유지(community-oriented policing: COPS)이다. 이러한 형태의 대중의 관여는 일반적으로 공공서비스의 공동생산(co-production)이라고 기술되고 있는데 대중이 적극적으로 관여함으로써 서비스가 더욱 효과적으로 전달되는 것이다. 이러한 관념은 범죄예방 면에서 오랫동안 널리 알려져 있으나, 진짜 달라진 점은 대중의 참여폭을 더욱 넓혀 지방 실정을 더욱 효과적으로 점검하기 위하여 이용 가능한 경찰병력을 근본적으로 분권화하였다는 것이다. 이러한 노력에 관한 입수 가능한 증거를 살펴보면 매우 긍정적이며, 대중이 더욱 효과적으로 정책과 행정에 관여할 수 있는 방법을 보여준 또 다른 사례로 볼 수 있다.

5. 숙의와 시민참여

앞서 언급한 것처럼 정책결정에 관한 최근 사고방식의 중요한 요소 중 하나는 정책형성에서 대중의 관여와 숙의(deliberation) 기회를 제공할 필요성을 강조하는 것이다. 그 기본적인 아이디어는 민주적인 관여가 의미 있는 것이 되려면 참여기회가 주어져야 하는데, 단순하게 의견을 개진할 기회만 주거나 집단구성원으로 구성된 위원회에 공식 대표로 참여할 권리만을 주어서는 안된다는 것이다. 그러므로 숙의 민주주의(deliberative democracy)는 대중이 정책과 프로그램의 설계에 참여하며, 그러한 참여는 아젠다와 결과가 미리 정해지지 않은 상황에서 이루어져야 한다는 점에서 본질적으로 직접 민주주의의 한 형태다. 더 나아가서 숙의 민주주의의 순수한 모형은 모든 참여자가 동등한 참여자격이 있으며 또한 동등한 영향력을 가져야 한다는 것이다. 비교적 소수의 정책결정과정에서만 국정관리 주창자들이 정한 엄격한 기준을 충족시킬 터지만 이는 중요한 규범적인 모형이다.

숙의 민주주의 모형의 정책결정은 대중이 정부 정책결정의 효과적인 참여사가 될 수 있는 능력에 관하여 몇 가지 긍정적인 가정을 하고 있다. 이 모형은 대중이 참여자가 되어야 할 뿐 아니라, 그들이 또한 지식을 가지고 있어야 하고 그 과정에 헌신하여야 한다고 가정한다. 경험적으로 본다면 동등성의 가정은 각 개인이 대중 앞에서 논거와 증거를 제시할 수 있는 능력에서 분명한 차이를 보인다는 점에서 현실성이 부족하다. 물론 이러한 차이에는 분명한 계급 바이어스가 있으며 실제로 외견상의 동등성은 충족되지 않을 수 있다. 이러한 차이는 다른 수단으로 이미 설정된 아젠다에 대응하는 능력에서보다는 이슈를 확인하고 아젠다를 설정하는 능력에서 더욱 크게 나타날 수 있다. 그러므로 이러한 민주주의 모형이 매우 개방적이며 민주적으로 보이지만, 실제로 효과는 국정관리에 있어서 계급 바이어스를 강화하게 될 가능성도 있다.

6. 참여형 정부의 위험성

이 장에서 전반적으로 함축하고 있는 것처럼, 민주주의와 정책결정의 참여형 모형은 추상적인 수준에서는 추천할 만하다. 이는 대중들이 자신들의 삶에 영향을 미치는 정책의 결정에 직접 영향력을 행사할 수 있는 수단을 제공하는 것처럼 보이며, 또한 일반대중의 정치적 역량을 제고시킬 수 있다. 정책을 결정하고 그러한 정책을 집행하는 데 이러한 접근방법의 분명한 희망에도 불구하고, 더욱 참여적인 국정관리의 모형을 고려하고 집행하는 방향으로 나아가기 위해서는 반드시 이해해야 할 몇 가지 잠재적 난점이 있다.

1) 갈등 - 상호 권한위임

더욱 참여적인 정부를 만들기 위한 노력에서 나타나는 분명한 문제 중 하나는, 그 과정에서 고려되어야 하는 복수 집단과 복수의 이해관계가 있다는 것이다(Peters and Pierre, 1999). 그 과정에 참여하는 집단의 수를 얼마든지 허용할 수 있으며, 그 과정에서 모두가 승자가 되어야 한다고 생각하겠지만, 모두가 승자가 될 수는 없다. 권한을 부여하는 것은 중요하지만, 이해 당사자는 그러한 권한이 승리할 수 있는 권력이 아니라 관여할 수 있는 권한임을 잊지 말아야 한다. 그러므로 정책이슈를 둘러싸고 참여를 진작시키는 것은 동시에 그러한 이슈에 대하여 갈등을 제고하는 일이다.

집단에 대한 권한위임에서 나오는 이러한 수준에서의 갈등은 강력한 정통성의 기초가 있을 경우 상당히 수용될 수 있지만, 민주주의와 그러한 형태의 거버넌스에서 주고받기(give and take)에 대한 훈련이 부족할 경우에는 문제가 더욱 커질 수 있다. 정통성이 약할 경우, 참여를 통하여 승리하는 데 실패하면 참여를 신뢰할 수 없다고 보게 되고 결정된 정책을 비합법적인 것으로 인식할 수 있다. 어느 사회체제에서도 갈등은 순기능적일 수 있지만, 제도적 변동의 정치적 결과가 설계자가 의도했던 바와 같이 긍정적으로 나타나려면, 그 시스템의 성격과 그 갈등의 정치적 의미가 철저하게 이해되어야 한다.

적합한 상황에서는 참여권한을 가지고 있는 복수의 행위자가 존재하는 것이 통제를 위한 메커니즘으로서 서로 상쇄하는 권력(countervailing power)을 창출할 수 있다. 즉 핵심적 문제는 참여적 메커니즘의 성공가능성을 높이는 데 중요한 참여형 문화를 개발하고 제도적 설계를 하는 것이다. 스칸디나비아 체제는 성공적이었으며 높은 수준의 참여와 더불어 효율적으로 통치되어 왔는데 그 이유 중 하나는 합의를 강조하고 과정의 민주주의를 극대화하기 위하여 지연(delay)과 분명한 비능률을 기꺼이 수용하는 문화를 가지고 있었기 때문이다.

2) 누가 고객인가?

참여의 증가로 일어날 수 있는 갈등의 가능성과 관련된 문제가 시민관여 프로그램과 시스템을 설계할 때 대상이 되는 고객이 누구인지를 시변하는 것이다. 대부분의 공공 프로그램은 복수의 고객에 봉사하며, 따라서 다수의 고객들이 효과적으로 참여할 수 있는 메커니즘, 또는 그러한 고객들 중에서 누가 '진정한 고객'인지를 결정할 수 있는 수단이 고안되어야 한다. 이러한 전략이 통치를 용이하게 할 수 있지만 다른 한편 이런 전략은 배제된 집단에 대한 명백한 문제를 야기할 수 있고, 또한 채택된 결정의 정당성이 약화될 수 있다.

이러한 복수 고객의 문제는 몇 가지 정책영역을 검토함으로써 쉽게 알 수 있다. 아마도 교도소 관리가 가장 분명한 사례일 것이다. 그 프로그램의 직접적인 고객인 죄수들은 인간적인 대접을 받아야 하고 재활의 기회가 주어져야 한다. 한편 전체로서의 대중도 이 프로그램의 고객이며 위험할 수 있는 죄수로부터 보호를 받을 가치가 있다. 또한 국민의 이름으로 부과된 형량이 공정하게 집행되어야 한다고 생각할 필요가 있다. 이와 유사하게 과세도 복수의 고객을 가지고 있다. 납세자는 공정하고 정중하게 취급되어야 한다. 그러나 일반대중도 또한 공공부문의 유지를 위해서 필요한 세금이 반드시 징수된다는 확신을 보장받을 필요가 있다. 교육까지도 각각의 자녀와 사회 전체가 서비스를 받는 고객이 된다.

프로그램은 더욱 쉽게 확인될 수 있는 고객에 의해 조금 덜 식별될 수 있는 고객과 일반대중이 손해를 보는 쪽으로 결정될 수 있다. 프로그램에 대한 정치적 지지를 위해서 일반대중을 동원하는 것은 곤란하며, 프로그램의 성공과 실패에 관하여 진정으로 관심을 갖는 이들은 전형적으로 직접적인 고객일 뿐이다. 그러므로 특정 프로그램과 관련하여 참여를 제고시키는 것은 그 프로그램에 대하여 통제와 책임성을 행사하는 것을 의미할 수도 있는데, 이것은 공공부문 프로그램에서 중요한 관심사 중의 하나이기도 하다. 참여가 높아질 경우 프로그램의 정당성이 증가한 것으로 볼 수 있으며, 따라서 외부 통제의 행사가 더욱 어려워질 수도 있다.

3) '시민'에서 '고객'으로의 변화

최근 공공부문에서 나타나는 중요한 변화 중의 하나는 대중을 '시민'으로 간주하던 데서 '고객'으로 고려하게 된 것이다. 이 같은 대중에 대한 개념의 변화는 공공 프로그램과 사회 구성원 간의 관계가 정치적 관계에서 경제적 관계로 변화하는 것을 함축하고 있다. 이러한 경제적인 언어와 개념화는 대중에게 높은 품질의 서비스 제공이 중요함을 강조하는 동시에 통치과정의 정치적 성격을 경시하는 경향이 나타난다. 그러므로 교육에 영향력을 행사하려는 시민의 역할에서 교환권과 다른 정치적인 수단 사이의 차이에 관하여 이미 고찰한 것처럼 국가와 사회를 연관시키는 시장모형은 매우 제한적이고 개별적인 접촉만을 허용할 뿐이다.

4) 요약

더욱 참여적인 공공부문은 매우 바람직하고 대다수의 현대 정치체계에서 사회적 가치의 변화를 반영한다. 이미 살펴본 것처럼 참여의 기회의 증가가 효과적인 민주적 방법의 집행을 전적으로 보장하지는 않는다. 또한 참여가 정부 프로그램의 책임성을 반드시 증가시키지는 않을 것이다. 그리고 이런 정책은 이해관계에 더 관심을 가진 고객에 의해 좌우될 가능성도 있다. 공공이익의 개념은 조작화하기가 매우 어렵고 실제로 확인하기는 어렵지만 여전히 중요한 현실이다. 만약 참여가 조심스럽게 설계되지 못한다면 참여의 예정된 혜택은 상실될 것이고 그 결과는 긍정적이기보다는 부정적일 수도 있다.

7. 민주주의 성격의 변화?

만약 우리가 참여의 형태에 관한 구체적인 토론에서 한 발짝 뒤로 물러선다면 세계의 많은 민주주의 체제에서 민주주의의 성격이 변화되고 있다고 주장할 수 있다. 민주주의에서 이러한 관찰된 변화는 부분적으로는 가치의 변화를 반영하고 이와 더불어 어느 정도까지는 정부에 대한 요구의 변화를 반영한다.

가치의 변화는 어느 정도까지 잉글하트(Inglehart)에 의해서 확인되었는데, 그는 정책과정에서 대중관여의 증가는 지적하지 않았다. 요구의 변화는 부분적으로 공공부문의 활동이 능동적인 '제3섹터' 조직들이 자신들의 정당성을 주장하는 몇 가지 영역을 포함하도록 확장되었기 때문이다.

전통적인 민주주의의 모형은 자유주의적 '투입 민주주의(input democracy)'로서, 민주주의에 대한 정의의 상당 정도가 투표할 수 있는 능력의 부여여부와 관련되어 있었다. 그러한 공공참여의 개념은 일단 선출되면 정당이 선거운동 기간 중 공약한 프로그램을 실천한다는 가정에 기초하고 있는데 이러한 가정은 현실에서는 제대로 실천되지 못했다. 그러므로 이러한 민주주의의 개념에서 대중의 역할은 시간적으로 제약되고 그 영향도 미미하였다. 실제로 이것이 선출된 대표가 정책선택에 주로 책임을 지고 그러한 정책의 집행을 감독하는 대의 민주주의이다. 마지막으로 대중의 역할은 과거 지향적이면서 또한 미래 지향적이다. 대중이 정당의 강령에 대응하여 투표할 수 있지만 미래에 어떤 일이 일어날지는 알지 못하고 이를 알기 위한 최선의 지침이 과거이기 때문에 대중들은 과거를 지향한다.

민주주의 발전의 두 번째 단계는 '산출 민주주의(output democracy)'인데, 이는 정책과 행정을 모니터하고 평가하는 것의 중요성을 강조한다. 여기서의 주장은 정부가 너무 대규모화하고 복잡해졌기 때문에 대중이 영향력을 행사하는 최선의 방법은 공공부문의 산출에 초점을 맞추는 것이라고 보는 입장이다. 민주주의에 대한 이러한 접근은 분명히 과거지향적이며, 문제가 되는 것은 정부가 실제로 하고 있는 일이라고 가정한다. 그러한 관점은 위에서 언급한 거버넌스의 경제적 모델과 연관되고 또한 신공공관리의 몇 가지 요소와 관련되어 있다. 특히 성과관리는 정부활동의 측정에 초점을 맞추고 있는데 이는 공공부문 관리에서 중심적인 요소가 되고 있다.

마지막으로 공공관여의 변화 경향은 정부를 '과정 민주주의(throughput democracy)'의 방향으로 이끌어 가는데, 정책에 대한 대중의 직접적 관여와 서비스 생산에 초점을 맞춘다. 2) 이러한 형태의 민주주의는 앞에서 설명한 두 가지 형태보다 더욱 직접적이며 또한 더욱 미래지향적이다. 대중은 정책이 시작되는 시점부터 관여하려고 시도하고 정책이 형성될 때부터 집행단계까지 영향력을 발휘하려 한다. 이러한 유형의 민주주의에서 통제구조는 서비스의 생산과 직접 관련된다. 이는 일부에 의한 정책의 포획으로 나아갈 수 있고 어떤 측면에서는 민주주의가 악용될 수도 있다. 그러나 이것은 최근 공공부문의 활동에 대한 매우 중요한 형태의 통제로 대두되고 있다.

8. 요약

계층적 모형의 행정과 정부는 다양한 정치체제에서 좋은 정부를 제공하는 강력한 수단이 되어 왔다. 통치에 대한 이러한 접근방법의 공식성과 경직성은 정부를 예측 가능하도록 하였다. 또한 계층적 정부가 그 기능을 수행하면서 대부분의 경우 평등한 결과를 산출할 수 있었다. 통치에서 계층적 스타일은 수많은 장점이 있지만 또한 많은 약점을 안고 있으며 내부적, 외부적인 역기능도 초래하였다. 개혁가들은 계층적 조직의 경직성과 유연성의 결여를 방지하기 위하여 조직 결정에 영향을 미칠 수 있도록 대중과 조직 내 평범한 직원을 위한 능력 배양이 필수적이라고 본다.

그 대안인 통치에서의 참여형 모형도 또한 강점과 약점이 있다. 그 모형이 고객과 직원을 참여시킬 수 있고, 더욱 헌신하게 할 수 있으며, 더욱 직접적인 민주적 통제를 가능하게 하지만, 세심하게 구조화되지 못할 경우 참여형 모형은 포획될 수 있으며 통치에서 더욱 일반적인 공익을 희생시킬 수 있다. 제도적 설계를 해나가는 과정에서 비결은 균형을 찾는 것이다. 예측가능성과 대응성 사이에 균형이 있어야만 하고, 대응성과 책무성 사이에도 균형이 있어야 한다.

---

2) 여기에서 과성(throughput)이라는 용어는 사회과학의 시스템이론에서 빌려온 것으로, 투입 또는 산출이 아니라 정책을 형성하는 과정에 초점이 있음을 의미한다.

그러나 아직까지 어느 한 정부가 선택해야 할 균형의 적절성을 평가하는 분명한 기준은 없으며, 실제로 다양한 정책영역에서 이해관계의 균형을 꾀하는 서로 다른 방식이 있을 수 있다. 통치에서 중요한 대다수의 요소와 마찬가지로 이는 판단의 문제로 남게 된다.

참고문헌

Aberbach, J. D. and B. A. Rockman. 2000. *In the Web of Politics*(Washington, DC: The Brookings Institution).

Freedman, J. O. 1980. *Crisis and Legitimacy*(Cambridge: Cambridge University Press).

Haque, S. 2001. "The Diminishing Publicness of Public Service Under the Current Mode of Governance." *Public Administration Review* 61, pp.65~82.

Kickert, W. J. M., E.-H.Klijn and J. Koopenjan. 1997. *Managing Complex Networks*(London: Sage).

Kvavik, R. 1980. *Committes in Norwegian Government*(Oslo: Universitetsforlaget).

Niskanen, W. 1971. *Bureaucracy and Representative Government*(Chicago: Aldine/Atherton).

Peters, B. G. 2000. *The Future of Governing*, 2nd ed.(Lawrence: University Press of Kansas). (Also published in Korean)

Peters, B. G. and J. Pierre. 1999. "The Problem of Mutual Empowerment." *Journal of Public Administration Research and Theory.*

Rokkan, S. 1967. Votes Count but Resources Decide, in R. A. Dahl, ed., *Political Oppositions in Western Democracies*(New Haven: Yale University Press).

Rose, R. 1974. *The Problem of Party Government*(London: Macmillan).

Sorenson, E. 1997. "Democracy and Empowerment." Public Administration 75, pp.553~567.

Walsh, K. and J. Stewart. 1992. "Change in the Management of Public Services." *Public Administration*, 70, pp.499~518.

'참여형 행정개혁' 어떻게

피터스 교수와 남궁근 교수 대담(≪동아일보≫ 2003년 7월 28일자, 14면)

　노무현(盧武鉉) 대통령은 최근 '참여형 행정개혁'을 제창했다. 이는 전임 김대중(金大中) 정부가 내세웠던 '작고 효율적인 시장지향적 정부'와는 맥을 달리하는 것이다.

　정부개혁 및 관료제도의 권위자로, 참여형 행정개혁의 전도사 역할을 해온 미국 피츠버그대 가이 피터스 석좌교수와 남궁근(南宮槿) 서울산업대 IT 정책대학원장이 24일 오전 본사 회의실에서 대담을 갖고 이에 관한 의견을 교환했다.

　피터스 교수는 이날 서울산업대 IT 정책대학원이 서울 세종문화회관에서 주최한 '선진국 참여형 정부개혁의 사례와 교훈'을 주제로 한 국제세미나에 참석하기 위해 방한했다.

남궁근 김대중 정부의 작고
　효율적이면서도　공공
　서비스 기능을 확충한,
　시장원리에도 맞는 행
　정개혁(NPM·신공공개
　혁) 방향은 대다수 국가
　가 채택하고 있는 것이
　다. 그러나 피터스 교
　수는 참여형 행정개혁
이 시장주의적 행정개혁을 대체할 수 있다고 주장해 왔다. 두 접근법의 차이는 무엇인가.

가이 피터스 정부의 문제점이 어디에 있느냐를 보는 시각이 근본적으로 다르다. 시장모델에서는 행정력을 독점한 정부가 '정부가 원하는 것'만을 밀어붙이는 바람에 효율이 떨어진다고 본다. 반면, 참여형 모델은 정부조직이 너무 수직적, 계층적(hierarchy)이기 때문에 현장에서 일하는 하급 공직자의 참여의식이 떨어지고, 행정수요의 고객인 시민을 행정에서 괴리시킨다고 본다.

남궁 한국에선 노 대통령의 참여형 정책을 사회주의적이라고 비판하는 시각도 있다.

피터스 문제점에 대한 접근법을 놓고 어떤 정부를 '시장주의적이다', '사회주의적이다'라고 구분하기는 어렵다. 행정개혁의 요체는 국민이 원하는 것을 찾자는 것이다. 좌·우가 그렇게 중요하다고는 보지 않는다.

남궁 노 대통령이 최근 부처별 중하위 공직자를 '주니어 보드'로 조직화해 개혁을 주도하도록 하겠다는 구상을 밝히자 야당인 한나라당은 문화혁명을 연상시킨다고 비판했다.

피터스 고어위원회(앨 고어 전 미국 부통령이 주도한 행정개혁 조직)도 조직구성원과 시민에 대한 권한위임을 강조하면서 비슷한 일을 했다. 고어위원회에 참여한 이들은 '특정인'을 지지하는 사람이 아니라 조직의 변화를 갈망하는 그룹이었다. 그들은 자신을 '진주조개의 모래'로 불렀다. 모래는 진주조개에 들어가 상처를 내지만 이는 좋은 결실을 위한 것이다. 고어위원회 구성원들은 수많은 문제 제기를 통해 '진주'를 만들어내고자 했다. 이런 운동은 전통적인 수직적 관료문화에선 어렵지만 행정의 성과를 높이고 구성원의 사기진작을 위해서는 중요하다.

남궁 노 대통령도 최근 민원담당 공직자들에게 행정현장의 변화를 촉구한 바 있다.

피터스 국민은 고위 공직자는 선출할 수 있지만, 정작 얼굴을 맞대는 하위 공직자에 대한 영향력은 갖고 있지 않다. 국민이 하위 공직자를 통해 정부정책에 영향을 미치는 구조가 대단히 중요하다. 그런 구조가 생겨야 하위 공직자가 자율성과 함께 국민을 위해 봉사한다.

남궁 시장형에서 참여형으로 정책을 바꾼 뒤 성공한 경우는……

피터스 미국 인디언이나 알래스카 에스키모를 위한 병원시스템 개혁이 대표적인 사례다. 인디언이나 에스키모는 환자 가족이 함께 아파하고, 고통을 나누는 문화를 갖고 있다. 비용감축만을 우선하는 상황에선 병실 내에 환자가족을 위한 공간을 두는 것은 불가능했다. 그러나 현장공무원이 행정수요자의 문화를 이해하고 병실규모를 늘리자 완치 기간이 단축됐다.

남궁 시장주의적 접근법으론 그 같은 해결은 불가능한가. 또 좋은 서비스의 반대급부로 정부예산이 더 들었을 텐데…

피터스 '가격-성능'의 비율을 따지는 구조였다면 채택될 수 없는 제도였다. 하급 공직자들이 고객(국민)에게 변화의 필요성을 물었고, 그것을 실행에 옮겼다는 데서 의미를 찾아야 한다. 내가 구체적인 숫자를 갖고 있지 않지만, 비용은 많이 늘지 않았던 것으로 안다. 또 시장형이 언제나 비용 절감에 효과적이라고는 말할 수 없다. 영국 의료시스템(NHS)을 보라. 영국 정부가 의욕적으로 시장주의적 개혁을 시도했지만 결과적으로 의료비용은 줄지 않았다. 의사한테 갈 돈이 회계사에게 갔을 뿐이다.

남궁 정보공개법은 참여형 행정개혁을 위한 밑거름이다. 한국 정부도 최근 정보공개법, 기록보존법, 행정절차법 등의 법제화작업을 진행 중이지만 국민이 정부업무를 이는 데는 한계가 있을 수밖에 없다.

피터스 국민에게 정보를 제공하지 않는다면 효율적인 행정참여는 어렵다.

정부가 일손이 부족해 시민에게 업무를 잘못 알린다는 것은 이해할 수 없다. 물론 큰 비용이 드는 경우에는 수요자가 비용의 일부를 부담하면 된다. 실제로 미국의 큰 정부부처는 정보공개업무 담당자만 1970명에 이른다. 물론 국가에 따라 정보공개 정책과 철학이 다르다. 한국과 미국은 공개를 요청받은 자료만 공개하지만 스웨덴에선 총리실을 방문해 총리가 주고받은 편지까지도 열람할 수 있다. 정부의 공식 보존물로 지정됐기 때문이다. 스웨덴은 일찍이 18세기 후반에 이미 정보공개법의 기초를 마련할 정도로 정보공개에 앞선 나라다. 미국에선 40년 전에 법제화됐다. 반면 영국에선 공개가 허용된 정보 이외의 모든 정보를 공개불가로 간주하고 있다. 영국 공직자 출신인 한 대학교수는 내게 "강의실에서 내 경험을 말하면서 매일 불법행위를 저지르고 있다"며 웃기도 했다.

남궁 노 대통령은 최근 행정개혁의 로드맵을 제시했다. 개혁이란 단숨에 해치우는 것인가, 계획을 밝힌 뒤 차근차근 실행해야 옳은 것인가.

피터스 작고 효율적인 정부의 모범사례로 꼽히는 뉴질랜드는 단칼에 개혁을 해치웠다. 하지만 영국의 마거릿 대처 총리는 첫 임기 4년 반 동안 시동을 걸었고, 전체적으론 10년이 걸렸다. 내 생각에 개혁은 지속적이어야 한다. 뉴질랜드는 공공조직을 줄여서 효율이란 목표를 달성했지만, 보건 교육수준은 나빠진 것이 사실이다. 너무 멀리 나갔고 너무 빨랐다는 느낌이다. 두 방식 가운데 어떤 것이든 우월한 것은 없다. 참여형 정책이 단점이 있듯이 시장지향적 개혁은 효율은 얻지만 서비스 질이 떨어질 수 있다. 결국 고객의 문화와 특수한 요구를 염두에 두고 추진하려는 노력이 필요하다.

남궁 피터스 교수는 정책 결정에 문화요소를 많이 강조하고 있다. 에스키모 병원 이외에 다른 사례가 있나.

피터스 얼마 전 나는 덴마크에서 6개월가량 체류한 적이 있다. 그때 아이들이

다닌 학교가 행정당국이나 학교이사회가 아니라 학부모가 운영하고 있는 점을 흥미롭게 지켜봤다. 학부모는 학생과 더불어 교육서비스의 고객이다. 당시 이슬람계 학생에게 학교급식으로 나오는 돼지고기가 문제가 되자 이를 놓고 6개월 동안 진지한 대화를 했다. 덴마크 사람들의 참을성을 높게 평가하고 싶다. 결론은 점심식사 줄을 2개 만든다는 것이었다. 학부모들은 교육청이 개입했다면 분란만 일으켰을 것이라며 구성원들이 참여해 충분한 시간을 들여 내린 결정이 때로는 효율보다 중요하다고 믿는다고 말했다. 나는 참여형 정책의 중요성을 강조하지만, 그것이 만병통치약이라고는 생각하지 않는다. 사람들 생각의 틀을 천천히 바꾸려는 노력이 필요하다.

(김승련 기자 srkim@donga.com)

제5장

정부혁신의 전략과 결과: 북유럽국가와 영연방국가 비교

남궁근 · 김상묵

1. 서론

1) 연구목적

1980년대 이후 선진국들은 광범위한 공공부문 개혁을 추진하였다. 당시 세계를 강타한 경제적 불황에 따른 재정적 위기가 개혁 추진의 계기가 되었다 (남궁근, 1999: 320-321). 선진국들은 정부의 역할과 공공서비스 제공과정을 재검토하였고, 이러한 과정에서 두드러진 정부기관의 능률성 부족과 신뢰감 상실로 인해 공공부문은 많은 비난을 받게 되었다. 이러한 환경 변화와 요구에 대응하기 위하여 공공부문에 관한 강력한 개혁을 추진하였다.

세계 각국의 정부혁신 추진과정에서 나타난 공통적인 방향성을 중시하는 견해도 있지만,[1] 이 장에서는 권역별로 개혁방향과 결과에 뚜렷한 차이가

---

[1] 이러한 정부혁신의 핵심을 '신공공관리(new public management)'라는 어휘로 묶을 수 있다고 보는 견해도 있다(Ferlie et al., 1996 ; Ingraham, 1997). 그 이유는 개혁의 깊이, 범위, 성공 여부는 국가마다 다양하지만, 추구하는 목표와 사용하는 기법은 매우 유사하기 때문이라는 것이다. 이들에 따르면 고객 지향적 서비스, 성과계약, 경쟁, 시장인 센티브 및 규제 완화 등은 각국의 정부혁신에서 관찰할 수 있는 행정기법이며, 이러한

나타남에 주목하고자 한다. 피터스(1996)는 1980년대 이후 선진국의 거버넌스와 공공부문 개혁모형을 시장기제에 의존하려는 시장지향형 모형과 시민사회의 참여와 지방분권화를 강조하는 참여-분권형 모형으로 구분하고 있다. 영국, 뉴질랜드, 호주 등 영연방 국가에서는 시장지향형 모형에 의존하여 공공부문의 개혁을 추진한 반면, 덴마크, 스웨덴, 핀란드 등 북유럽국가들은 참여-분권형 모형에 의존하여 개혁을 추진해 왔다(김상묵·박희봉, 1998; 남궁근, 2002; Peters, 1996).

우리나라에서도 1980년대부터 정부혁신이 중요한 과제로 대두되었다. 1981년 제5공화국의 등장과 함께 정부혁신이 추진되었고, 이러한 노력은 제6공화국의 노태우 정부, 김영삼 정부, 김대중 정부에서도 지속적으로 추진되었다. 이 가운데 김영삼 정부와 김대중 정부에서 추진된 정부혁신은 영·미계 국가의 영향을 받아 민영화와 민간위탁을 통하여 공무원 규모를 감축하고 작지만 효율적인 정부를 만들겠다는 관점을 채택하였다(김태일, 2000: 117). 그러나 2003년 출범한 참여정부에서는 작은 정부를 지향하는 개혁을 공식적으로 포기하는 한편, 개혁방향을 참여-분권형 개혁으로 전환하였다. 하지만 국내 연구자들은 영연방 국가나 미국의 공공부문 개혁에 대한 연구에 치중해왔기 때문에 북유럽국가들의 참여-분권형 개혁에 관한 연구는 매우 드문 실정이다.

이 연구의 목적은 1980년대 이후 서구 선진국에서 추진해 왔던 정부혁신과 정부부문 구조조정 노력에서 영연방 국가의 시장지향적 개혁과 북유럽국가에서 추진된 참여-분권형 정부혁신의 전략을 비교하고, 이러한 전략을 추진한 결과 정부부문의 규모에서 오늘날 어떠한 차이가 나타나게 되었는지 비교하고자 한다. 이어서 북유럽국가에서 추진된 참여-분권형 개혁 추진이 참여정부의 정부혁신 추진에 주는 시사점을 도출하고자 한다.

방법들은 상호 밀접하게 연관되어 있어 서로를 보완·강화시켜 주고 있다는 것이다 (Kaboolian, 1998).

2) 연구의 범위

이 연구의 구체적 범위는 다음과 같다. 첫째, 서구 선진국의 1970년대 재정적자에 대하여 영·미계 국가에서 채택한 신보수주의 이데올로기 및 정부기능 축소조정의 방향과 북유럽국가의 사회민주주의 이데올로기 및 지방분권화의 방향을 비교한다. 둘째, 대조적인 정부혁신의 모형인 시장지향적 개혁과 참여-분권형 개혁의 이론적 기초를 비교한다. 셋째, 이러한 모형을 기초로 영연방 국가와 북유럽국가에서 실제로 채택한 정부혁신전략을 비교한다. 비교대상국가로는 북유럽국가에서는 스웨덴, 덴마크, 핀란드를 선정하였고, 영연방 국가에서는 영국, 호주, 뉴질랜드를 선정하였다. 넷째, 비교대상국가에서 이러한 모형과 전략을 추진하여 나타난 정부부문의 변화를 실증적 자료를 토대로 비교한다. 정부부문은 중앙정부와 지방정부를 포함하며, 이를 일반정부라고 부른다. 일반정부의 규모 변화를 파악하기 위하여 GDP 대비 정부지출의 비중과 공무원 수의 변화를 비교한다. 한편 지방분권화의 정도를 파악하기 위하여 중앙정부와 지방정부에 소속된 공무원 수의 상대적인 비중의 변화를 비교하기로 한다. 비교대상 기간은 공공부문 개혁이 본격적으로 시작되기 시작한 1985년부터 개혁이 어느 정도 마무리된 2000년까지다. 마지막 결론에서는 이러한 결과가 참여정부의 개혁에 주는 시사점을 도출한다.

2. 1970년대 서구 선진국의 재정적자와 대응 이데올로기

1) 재정적자와 국가경쟁력의 위기

서구 선진국에서는 19세기 말부터 20세기 중반까지 자본주의체제의 모순을 시정하기 위한 복지국가화가 진전되면서 복지서비스 제공과 더불어 각종 사회적·경제적 규제가 강화되어 정부영역이 엄청나게 팽창되었다. 정부관료제를 구성하는 공무원 수는 급격하게 증가하였고, 중앙정부와 지방정부를 포함한 예산규모도 팽창하였다. 행정학에서는 이를 행정국가화 현상이라고 부르며, 저명한 행정학자인 왈도는 이 시기의 정부를 '행정국가(Administrative State)'라고 불렀다(Waldo, 1983).

대규모 관료기구로 대변되는 전통적인 행정체제는 1960년대까지 성공적으로 국정을 관리해 왔다. 그러나 선진국에서는 1970년대 이후 복지국가의 비대화에 따른 비능률이 심화되면서 정부실패론이 제기되고 정부부문 구조조정 논의가 본격적으로 이루어졌다. 정부실패론 또는 복지국가위기론을 촉발시킨 계기는 1973년 OPEC가 석유가격을 일시에 인상함에 따라 모든 서구 국가들이 경험했던 심각한 경제적 위기였다. 1973년부터 1975년 사이에 경제성장이 둔화되면서 공공부문 지출이 급격하게 증가하였다(Gough, 1979: 132). OECD 국가에서 1960년부터 1975년까지 GDP 대비 공공지출은 10% 포인트 증가하였는데, 이 중 절반인 5% 포인트가 1974년과 1975년에 증가하였다(OECD, 1981). 그러나 이러한 지출증가에 대응할 재원은 납세자의 감소와 세원 축소에 따른 국가세입의 감소로 인하여 이전보다 오히려 줄었다. 이러한 '지출과 세입의 큰 격차' 때문에 서구 선진국가의 재정적자가 크게 확대되어 심각한 정책문제로 대두되었다. 한 조사에 따르면, 서구 선진국 12개 국가 가운데, 1950년에서 1975년 사이의 기간 동안에는 단 3개국만이 재정적자를 나타냈는데, 1975년 이후에는 10개국에서 재정적자가 나타나게 되었다고 한다(김태성·성경륭, 1993: 251-52; OECD: 1985). 이처럼 1970년대 중반을 기점으로 대두된 서구 선진국 위기의 징후는 재정적자에서 출발하였다. 그러나 그 위기가 일시적인 것인가 아니면 체계적인 것인가, 어떻게 대응해야 할 것인가 등에 관한 인식은 재정위기의 본질과 원인을 보는 관점에 따라 크게 다르게 나타나고 있다.[2]

---

[2] 앞으로 살펴보는 신우파 또는 신보수주의자와 사회민주주의자의 관점 이외에도 J. S. 오코너(O'Conner), 고흐(I. Gough), 오페(C. Offe) 등 신좌파이론가들은 1970년대 초반의 재정위기를 자본주의 내재해 오던 모순이 표출된 것으로 보았고, 이 모순은 사회주의

2) 신우파 또는 신보수주의자의 관점과 정부기능 축소조정

신우파 또는 신보수주의는 하나의 이론체계, 이데올로기임과 동시에 하나의 사회운동이며 또한 정치세력이다(김태성·성경륭, 1993: 256). 이들의 입장에서는 1973년 석유위기 이후의 경제위기가 유가상승이라는 외부적 요인에만 기인한 것이 아니라, 자유시장기제의 작동을 왜곡하는 국가의 경제개입과 복지개입이라는 내적 요인에서 비롯되었다고 주장한다. 이들은 정부의 개입증대로 인한 사회지출(교육, 보건, 소득보장 및 기타 복지서비스에 관한 지출)의 확대가 서구 선진국이 경험하고 있는 재정적자의 근본적인 요인이라고 본다. 그러면 정부는 왜 사회지출을 확대할 수밖에 없는가? 하이에크와 프리드먼 등의 영향을 강하게 받고 있는 신우파의 정부재정지출 증가에 관한 주장은 다음과 같이 요약된다(김태성·성경륭, 1993: 256; 남궁근, 1999: 324; Pierson, 1991: 149-152).

국민과 정치인들이 '정치적 시장'에서 각자 자기 효용을 극대화하는 과정에서는 사회지출은 증가할 수밖에 없다. 제2차 세계대전 이후 지속적 경제성장, 복지국가의 제도화, 그리고 대항적인 민주정치의 과정은 일반 대중에게 '상승하는 기대의 혁명'을 가져오게 하였다. 또한 가족 내에서의 상호책임의 감소는 전통적으로 민간부문 및 가정에서 수행되었던 복지기능을 국가가 수행하도록 요구하게 만들었고, '국가의 수혜'에 의존적인 새로운 인구집단을 창출하였다 (Pierson, 1991: 150).

사회복지 프로그램의 수혜자들은 더 많은 혜택을 얻기 위해 이익집단을 형성하여 정치인들에게 압력을 행사하고, 정치인들은 득표 극대화를 위해 경쟁하게 되므로 이러한 요구를 들어주어야 한다(이른바 Demand Push Model). 한편 사회복지 프로그램을 관리하는 관료들, 사회복지 서비스를 제공하는

사회에서만 해결될 수 있는 것으로 보았다(남궁근, 1999: 322-323 참조). 그러나 동유럽권이 소멸된 현 시점에서 보면 신좌파의 관점은 타당성이 없는 것으로 여겨져 소개하지 않는다.

전문가집단(사회사업가, 의사, 교육자 등)도 이익을 볼 수 있기 때문에 프로그램 확대에 기여한다(이른바 Supply Pull Model). 특히, 임금이 시장에서 결정되는 것이 아니라 정치적으로 결정되는 공공부문 종사자들이 결성한 강력한 노동조합의 제도화된 지위로 인하여 문제는 더욱 심각해졌다(Brittan, 1975; Rose & Peters, 1978).

이와 같이 사회복지 수요자와 공급자의 양 측면에서 모두 사회복지의 확대를 원하기 때문에 정책결정과정의 큰 변화가 없는 한 사회복지 지출의 축소는 어렵다는 것이다. 그러므로 이들은 복지국가체제가 지속되면 민주정치체제에 가장 순응하는 집단에 대한 통치까지도 불확실해지고 문제가 생기게 되는 통치능력의 위기(crisis of governability)를 초래할 수 있다고 본다. 그리하여 이들은 국가경쟁력을 강화하고, 경제성장과 고용증대를 이루기 위해서는 국가의 경제개입을 축소하는 것은 물론 생산비의 경직적 상승을 가져오는 복지지출을 감축 또는 제거해야 한다고 주장한다(Mishra, 1990: 18-20).

이들에 의하면 재정적자 문제의 해결방안은 국가의 개입이 줄어든 자유경쟁 시장체제로 돌아가는 것이다. 즉 정부기능을 대폭 축소하고 시장기능을 활성화시켜야 한다는 것이다. 1980년대에 집권한 영국의 대처수상, 미국의 레이건 대통령은 이러한 신보수주의 이데올로기의 관점에서 국가기능을 축소하여 민영화하고 이를 통하여 재정적자와 경제위기를 타파하고자 하였다. 이러한 관점에서의 민영화(또는 재민영화)는 국가의 활동을 축소하고 민간부문의 활동을 강화하는 것을 의미하며, 사회복지, 보건, 교육 등의 영역에서 공공부문이 담당하는 재원과 서비스의 일부 또는 전부를 감축하고 이를 민간부문으로 이관하는 것이다.

3) 사회민주주의자의 관점과 정부기능 지방이양

신우파 또는 신보수주의자들이 1970년대 서구 선진국의 재정적자를 복지국가의 모순 때문에 나타난 국가경쟁력의 위기로 파악하고 있으나, 사회민주주의의 관점에서는 이러한 재정적자가 국가운영과정에서 나타난 시행착오와 상황의 변화로 인한 일시적인 현상으로 보고 있다. 예를 들어 오옌은 사회 변화와 위기를 구분하여야 한다고 주장하며, 당시 서구 선진국이 겪었던 현상은 위기가 아니라 사회 변화일 뿐이라고 보았다(Oyen, 1986: 2-4). 이들은 서구 선진국가의 재정적자를 복지프로그램의 형태나 운영방법의 비효율성의 문제로 파악하며, 특히 복지국가 프로그램의 중앙집권화와 관료제화가 비효율성을 초래하는 주요 이유라고 본다(Olsson, 1990). 이러한 관점에서 중앙정부의 복지 프로그램 등을 지방정부에 이양하면 국가 운영의 효율성이 회복될 수 있다고 보고 있다.

중앙정부기능의 지방이양은 지방분권화와 같은 의미이며, 재원 부담과 서비스 제공의 측면에서 중앙정부의 활동을 지방정부로 이전하는 것을 의미한다. 민영화가 신우파의 이데올로기와 깊이 관련된 것과 대조적으로, 지방분권화는 사회민주주의 이데올로기와 관련되어 있다. 신우파에서도 기존의 국가복지프로그램의 집권화와 관료제화를 비판하지만 지방정부가 아니라 시장을 분권화의 주체로 생각한다. 그러나 사회민주주의자들은 분권화와 민영화를 구분하고 있다.[3]

이러한 의미에서 사회민주주의자들은 생태론자, 환경론자, 여성론자 등 사회운동세력들과 인식을 함께한다. 그들은 대규모 기업은 국가와 마찬가지로 집권화되어 있다고 인식한다. 환경론자의 관점에서 보면, 국가는 지역 주민들의 필요(needs)를 충족시킬 수 있는 조직으로 보기에는 거리가 있고 부적합하다. 페미니스트의 관점에서 보면, 오늘날 복지국가는 저임금 여성근로자와

---

3) 사회복지 비용부담 및 제공 주체는 순수 공공부문과 순수 민간부문의 양 극단 사이에 다양한 혼합 유형들이 존재하며, 이에 따라 민영화의 형태도 다양하다. 사회복지분야에서 민영화의 대표적인 형태로는 민간부문과의 위탁계약(contracts), 보조금(grants) 지급, 교환증서(voucher) 제공, 세제혜택(tax expenditure) 등이 있다. 세제혜택 또는 조세감면은 사실상 눈에 보이지 않기 때문에 hidden expenditure라고 부른다. 이러한 민영화가 영리를 목적으로 하는 기업에 의하여 진행되게 되면 사회복지는 상업화(commercialize)된다.

여성수혜자들에게 비호의적인 억압적 세력이다.

이들에게 분권화는 상업화되지 않았다는 의미로, 그리고 시민사회가 함축하는 가치인 민주화, 탈관료화, 참여, 자원봉사주의, 자기관리, 상호부조 그리고 지방단위의 의사결정 등과 같은 맥락에서 이해한다. 이 글에서는 분권화를 중앙정부 활동의 지방정부 이전을 뜻하는 것으로 민간부문으로의 이전을 의미하는 민영화와는 분명하게 구분되는 개념으로 사용한다.

3. 분권-참여형 개혁과 시장지향형 개혁 모형

1) 새로운 거버넌스와 정부개혁의 방향

국가경쟁력의 위기에 대응하여 1980년대 이후 서구 선진국에서는 중앙정부를 중심으로 운영되는 국정운영의 개혁이 추진되었으며, 개혁에 따른 새로운 질서와 국정운영의 과정을 나타내기 위하여 거버넌스(governance)라는 용어가 사용되고 있다(Rhodes, 1997: 17). 일반적으로 거버넌스란 정부 중심적 국정운영에서 벗어나 정부, 시민사회, 시장이 상호 협력하는 국정운영 방식을 말한다(Pierre & Peters, 2000). 거버넌스 형성의 세 주체는 정부, 시장, 그리고 시민사회다. 즉 정부를 구성하는 정부부처와 기관들, 시장에서 영리를 추구하는 행위자인 기업체와 자영업자들, 시민사회에서 공공의 이익을 위하여 일하는 비영리기관과 자원봉사단체가 주체가 된다. 거버넌스를 구성하는 이들 세 주체 사이의 상대적 역학관계나 기능을 고려하여, 거버넌스의 유형은 국가 중심 거버넌스, 시민사회 중심 거버넌스, 그리고 시장 중심 거버넌스로 구분할 수 있다.

1970년대에 재정적자로 위기를 경험한 서진국에서는 국가 중심 거버넌스가 비능률적이고 개혁이 불가피하다는 점에 의견일치를 보았다고 볼 수 있다. 그러나 시장 또는 시민사회 중 어느 곳에 국가(또는 정부)를 대체하거나 보완하는 역할을 상대적으로 크게 부여할 것인가에 의견이 모아졌다고 볼 수는 없다. 거버넌스는 국제수준, 국가수준, 지방수준에서 이루어지고 있다. 1970년대와 1980년대 서구 선진국에서의 국가경쟁력의 위기는 국가수준의 거버넌스가 변화하는 환경에 취약하다는 것을 나타낸 것이다. 이에 따라 오늘날 국가수준의 거버넌스가 약화되고, 그 대신 국제수준 및 지방수준의 거버넌스가 강화되고 있다(Nye, 2002: 3-4).[4] 그런데 국가수준의 거버넌스에서 다루어야 할 과제들을 지방수준의 거버넌스에 어느 정도까지 위임할 것인지는 선택의 문제이기도 하다.

새로운 거버넌스와 정부개혁의 방향을 단순화시켜 본다면, 영·미계 국가에서는 국가 중심의 거버넌스를 보완하기 위하여 시장의 기능을 강조하는 시장지향적 정부개혁이 이루어졌다고 할 수 있다. 그러나 북유럽국가들에서는 시장에 의존하기보다는 시민사회에 의존하고, 국가수준의 거버넌스를 지방거버넌스에 위임하는 분권형-참여형 개혁방안을 추진해 왔다고 볼 수 있다. 물론 스칸디나비아 국가에서도 시장의존적인 정부개혁이 전혀 이루어지지 않았다고 보기는 어렵다. 마찬가지로 영·미국가에서도 참여형 개혁이 일한 정도 진행되어 온 것도 사실이다.[5]

2) 시장지향적 거버넌스와 정부혁신 모형

시장지향적 거버넌스 모형의 주요 특징은 '작은 정부론'과 '기업형 정부론'

---

4) 유럽국가의 경우 유럽연합이 초국가적 기구로 성장하면서 국제수준의 거버넌스가 국가 거버넌스에 미치는 영향과 간섭이 강화되어 가고 있는 추세다.

5) 영국의 경우 1997년 집권한 노동당 블레어정부에서 소위 '제3의 길' 정치를 내걸면서 시장지향적 개혁에서 '파트너십'을 강조하는 방향으로 어느 정도 선회하고 있다. 한편 미국의 경우는 1998년 NPR 명칭을 '정부재창조를 위한 파트너십'으로 변경하면서 연방정부, 주정부 및 민간부문과의 파트너십을 강조하는 방향으로 선회하였다. 미국에서는 2001년 9·11 테러사태 이후 공공성의 회복과 공공부문의 가치에 대한 재검토가 이루어지고 있다는 점도 주목하여야 한다(남궁근, 2002: 287-288).

으로 요약될 수 있다.[6] 첫째, 작은 정부는 앞에서 살펴본 신보수주의 이데올로기를 반영하는 것으로 정부의 역할을 축소하고 시장의 영역을 확대하는 것이다. 작은 정부의 실천수단은 민영화(privatization)와 민간위탁(outsourcing)이다. 민영화는 민간부문과 공공부문의 역할분담관계를 재조정(Le Grand & Robinson: 1984)하는 것으로, 국영기업의 민영화는 물론 서비스 제공에 있어서 국가공급이나 국가보조의 감축과 국가규제의 완화까지도 포함한다. 한편 민간위탁이란 공공서비스 제공에 있어서 재원은 공공부문에서 부담하지만 서비스는 민간부분에서 제공하도록 하는 것이다. 로즈는 이 같은 국가기능의 축소에 따라 과거 국가의 고유통치기능으로 간주되었던 분야에서 국가의 직접적 관여가 없는 가운데 국정이 운영되는 '정부 없는 국정 운영(governing without govern-ment)'이 가능하다고 보았다(Rhodes, 1997: 46-60). 로즈는 영국에서 '국가기능의 공동화(hollowing out the state)'가 진행된다고 간주하는데(1997: 53-54), 이는 다음과 같은 변화를 함축하는 용어다. 즉 ① 민영화 및 국가 개입의 범위와 형태의 제한, ② 중앙정부와 지방정부의 기능을 책임운영기관과 같은 대안적 서비스전달시스템으로 이관하여 상실, ③ 영국정부의 기능을 유럽연합의 기관으로 이관하여 상실, ④ 신공공관리론에서 공무원의 관리책임을 강조하고 정치와 행정의 구분을 강화하여 정치적 통제를 분명히 함으로써 야기되는 공무원 재량권의 제약 등을 포함한다.

둘째, 기업형 정부란 정부운영에 민간기업에서 사용하는 기법을 활용하는 것이다. 즉 기업형 정부론에서는 민간기업에서 활용되는 관리기법이 공공부문의 관리기법보다 본질적으로 우월하다는 가정을 수용하고 있다(박희봉·김상묵, 1998). 공공조직에서 좀 더 나은 결과를 얻을 수 있는 거의 유일한 최선의

---

6) 제임스(2001)는 1979년 이후 20년간 지속된 영국의 정부혁신을 포괄적으로 지칭하는 용어로 신공공관리론(New Public Management)이라는 용어를 사용한다. 즉 신공공관리론이라는 용어에 여기에서 제시한 작은 정부론과 기업형 정부론의 내용을 모두 포함하고 있다. 이와 같이 신공공관리론을 넓은 의미로 사용한다면 시장지향적 거버넌스 개혁을 신공공관리 개혁과 교환적으로 사용할 수 있을 것이다.

방법은 시장지향적 메커니즘을 수용하여 전통적인 관료제를 대체하는 것이라고 보는 것이다. 이러한 의미에서 시장지향적 개혁모형은 경쟁, 그리고 교환 및 인센티브 부여가 주는 장점을 인정하는 것인데, 그 이론적 기초는 다음과 같이 세 가지로 나뉜다(Peters, 1996). 첫째, 사회 내 자원배분 메커니즘으로서의 시장에 대한 신뢰를 바탕으로 하고 있으며, 개혁처방으로 계약, 인센티브제도, 감세 및 면세혜택 등 시장지향적인 메커니즘을 선호한다. 둘째, 관료적 독점에 따른 예산극대화 행태 등의 부정적 측면을 비판하고, 개혁처방으로 복수기관 사이의 경쟁 등 경쟁지향적 메커니즘을 선호한다. 셋째, 경영과 행정의 유사성을 강조하는 일반관리론 또는 신공공관리론의 관점에서 공공부문에도 민간부문의 기법과 동기유발적 장치를 활용할 것을 강조하고 있다.

3) 분권-참여형 거버넌스와 정부혁신 모형

분권-참여형 거버넌스 모형에서도 전통적인 관료제가 정부의 효율성을 저해하는 요인이라고 믿고 있으며, 서비스 전달을 위한 새로운 방법이 모색되어야 한다고 본다. 그러나 분권-참여형 모형은 시장지향적 모형과는 이념적으로 거의 반대 입장에 있다. 시장모형의 옹호자들이 독점을 가장 중요한 저해요인으로 보는 반면, 참여모형의 주창자들은 계층제를 최대의 해악으로 지적한다. 즉 전통적인 관료제도의 계층제적이고 하향적인 관리체제가 구성원 스스로가 과업에 참여하는 것을 방해한다고 여긴다. 참여형 개혁모형에서는 폐쇄적인 계층구조에서 배제되었던 하위직 공무원, 그리고 고객집단의 광범위한 참여가 허용되어야 한다고 주장한다. 참여형 정부개혁 모형의 지적 연원은 크게 보아 행정조직 내부에서 하위직급 공무원들의 참여를 강조하는 이론과 공공조직 외부에서 고객 또는 시민사회 구성원의 참여를 강조하는 이론으로 구분할 수 있다. 참여관리론(participatory management)과 일선관료제론(street-level bureaucracy)은 전자에 해당되고, 토론민주주의론(discursive democracy)과 공동체주의(communitarianism)는 후자에 해당된다(Peters, 1996).

참여관리론은 조직구성원들이 권한을 부여받을수록 더 열심히 일하고, 관리에 대하여 더 많은 생각을 공유하게 되며, 자신들이 대우 받을수록 고객을 더욱 인격적으로 대우한다는 것이다. 공무원들에게 권한부여의 개념은 시장지향적 개혁에 대항할 수 있는 수단을 제공한다. 이는 보다 개인적인 방법으로 이루어진 평가와 보상에 의해 위협받아 온 공직 내의 집단적인 정체성을 더욱 강화시켜 주기 때문이다. 이러한 관리방식에서 공무원들은 서로를 경쟁적인 관계 대신에 협력자로 인식하게 된다. 같은 맥락에서 립스키의 연구인 일선관료제론(Street Level Bureaucracy)의 결론은 일선공무원들이 고객과 자신을 동일시하기도 하고, 공식적으로 고객에게 제공할 의무가 없는 서비스를 제공하는 것은 물론이고 부서들을 탈관료제화시키면서, 행정체제 내에 고객이 참여할 수 있는 중요한 장을 마련한다는 것이다(Lipsky, 1983). 이 이론이 개혁추진에 주는 시사점은 이들 관료들이 실제로 고객과의 상호작용을 통하여 주민들의 참여통로가 되고 있으므로 이들에게 많은 관심을 기울여야 한다는 것이다.

　참여형 정부개혁 모형에서는 국가와 시민사회 간의 관계 및 국민들의 참여를 제도화하는 것에도 관심을 갖는다. 정부가 정책을 결정할 때 집단과 개인의 의견 투입을 수용하는 방법인 공청회, 위원회, 주민총회, 그리고 전자민주주의(teledemocracy) 등을 활성화시켜야 한다. 특히 중앙정부와 지방정부의 관계 변화, 즉 과감한 분권화를 통하여 시민의 정책참여와 영향력을 향상시킬 수 있다. 지방정부는 그 규모 때문에 참여가 더욱 의미를 갖는다. 정부기관이 개최하는 공개회의, 지역공청회, 그리고 시민자문단체 등과 같은 모든 절차는 중앙정부 차원에서는 실용적이지 못하지만 지방정부 수준에서는 참여를 조장한다고 볼 수 있다.

　또한 공동체주의는 분권-참여적 정부모형의 등장을 이해하는 데 매우 중요하다. 공동체주의에서는 시장지향적 개혁의 기초인 개인주의는 그 방향이 잘못 설정되어 있다고 본다. 공동체주의는 정부를 좀 더 잘 운영하는 방법으로서 공동생산의 방법 및 주민의 관여를 추구한다. 즉 정책이 공동체에 미치는 영향과 서비스 생산에 공동체를 좀 더 직접적으로 참여시키는 방법을 먼저 생각해야 한다는 것이다. 그러므로 공동체주의는 공공부문 조직도 시장 조직도 아닌 비영리조직의 참여를 강조한다. 이러한 관점에서 보면, NGO 또는 시민사회단체를 포함하는 제3섹터가 참여하는 시민참여 거버넌스가 매우 중요하다고 볼 수 있다.

4. 북유럽국가와 영연방 국가의 정부혁신 전략 비교

1) 정부혁신전략의 비교기준

앞에서 시장 중심적 거버넌스와 분권-참여형 거버넌스의 이데올로기적 배경과 이론적 기초에 관하여 살펴보았는데, 여기에서 개혁전략의 비교기준을 찾을 수 있다.

시장지향적 개혁의 방향은 '작은 정부'와 '기업형 정부'라고 할 수 있다. 작은 정부란 정부규모를 축소하는 것으로, 구체적으로는 민영화, 민간위탁, 재정지출 억제, 인력감축계획 등이 포함된다. 기업형 정부는 민간기업의 경영기법을 도입하자는 것으로, 민간부분에서 활용되는 경쟁과 성과관리 방법의 활용이 중심이 된다. 참여-분권형 개혁방향은 '시민참여'를 강화하고 참여가 용이한 '지방분권화'를 추진하는 것이다. 그런데 이들 국가에서 정보공개, 시민참여절차의 강화, 위원회제도 등과 같은 시민참여 메커니즘은 이미 오래전에 확립된 것으로 1980년대 이후 특별하게 도입된 것을 찾아보기 어렵다. 따라서 여기에서는 지방분권화 전략에 관한 것을 살펴보기로 한다. 집권화·분권화와 관련하여, 분권화(decentralization)와 탈집중화(deconcentration)의 형태는 구분할 필요가 있다(OECD, 1997: 16-17). 분권화는 권한을 민주적으로 독립적인 하위 수준의 정부에 이전함으로써, 하위수준의 정부가 좀 더 많은 관리상의 재량권을 갖기는 하지만 반드시 재정적 독립을 의미하지는 않는다. 탈집중화는 중앙정부의 부처로부터 권한을 일선기관 또는 더욱 독립적인 기관(agencies)

에게 이전함으로써, 중앙정부에 남아 있으면서도 시민에 더욱 가까워지는 것을 말한다. 권한이양(devolution)은 분권화와 탈집중화를 포괄하는 의미로 사용된다.[7]

그러므로 각국의 정부혁신 추진전략을 ① 정부규모 감축, ② 민간경영기법 도입, ③ 지방분권화로 구분하여 살펴보기로 하겠다. 아울러 북유럽국가들의 정부혁신에 대해서는 국내에 잘 알려지지 않았기 때문에 설명을 좀 더 덧붙이고자 한다.

2) 영연방 국가의 정부혁신 전략

(1) 영국의 정부혁신

영국의 공공부분 개혁은 1979년 보수당 대처 수상 취임을 계기로 본격적으로 시도되었고, 이후 보수당 존 메이저(1990~1997), 노동당 토니 블레어정부 (1997~현재)가 추진하고 있다. 토니 블레어정부가 '제3의 길'을 주장하였지만 2000년까지는 정파를 초월하여 신공공관리론의 관점에서 정부혁신의 추구해 왔다고 볼 수 있다(임성일·최영출, 2001).[8] 영국 정부혁신의 특징은 다음과 같다.

　정부의 규모 감축: 정부 규모를 감축하기 위하여 민영화, 민간위탁, 재정지출 억제, 인력감축을 강력하게 추진하였다. 국가차원의 민영화를 강력하게 추진하여 1999 년까지 50개의 주요 국유회사들이 처분되어, 국영기업의 2/3와 그에 종사하던

---

7) 그밖에도 위임(delegation)이라는 용어도 사용되는데, 이는 정부의 권한(competence)을 두 번째 수준의 정부에 부여하는 것을 말한다.

8) 대처 행정부에서는 국영기업 민영화 추진(1979), 민관혼성팀에 의한 능률성 진단 (Efficiency Scrutiny, 1979), 의무경쟁입찰제 도입(Compulsary Competitive Tendering, 1980), 인력규모 목표치 설정(1981), 재무관리개혁(Financial Management Initiative, 1982), 운영경비한도제(1986), Next Steps에 의한 책임운영기관화(1988) 등 경쟁과 성과를 강조하는 개혁조치들이 도입되었다. 존 메이저 정부에서는 시민헌장(Citizen's Charter)제도 도입(1992), 공무원제도 개혁과 고위공무원단 (Senior Civil Service) 도입 (1996) 등이 이루어졌다.

100만 명의 고용인이 민간인 신분으로 전환되었다(임성일·최영출, 2001: 484-494). 아울러 민간위탁 등 공공서비스 제공에도 시장기구 활용이 크게 증가하였다. 예를 들면, 의무적 경쟁입찰제도(Compulsory Competitive Tendering)와 바우처제도(voucher scheme)가 도입되면서 쓰레기 수거, 급식서비스(교육, 복지시설 등), 토지관리, 건물청소, 스포츠·여가시설관리, 차량정비 및 관리 등 분야에서 광범위한 민간위탁이 이루어졌다. 재정지출과 인력감축을 위하여 1979년 대처집권 직후 5년 동안 14% 감축계획, 1988년 이후 추가 6% 감축계획을 지속적으로 추진하였다. 1980년부터 매년 각 부처의 정원 상한 목표설정(manpower targets)과 결원 충원을 동결하였고, 1986년부터 인건비를 포함한 운영비상한제도(running costs ceilings)로 전환하여 인력규모에 대한 중앙통제를 강화한 결과, 대처 수상 취임 이래 1989년까지 전체 공무원의 22%가 감소하여 당초 목표를 상회하였다(총무처 직무분석기획단, 2001: 62-63).

민간경영기법 도입: 정부기관운영에 시장원리를 도입하여 경쟁을 유도하고, 성과관리 행정체제로 전환을 시도했다. 1988년에는 정부운영에서 정책결정기능과 집행기능을 분리하여 집행기능만을 담당하는 책임운영기관제도(Executive Agency)를 도입하여 민간경영방식을 적용하고 있다. 1998년 현재 책임운영기관의 수는 138개이며, 소속 공무원 수는 38만 명으로 전체 중앙정부 공무원의 77%에 해당한다(임성일·최영출, 2001: 597). 일부 정부기능은 내부시장화를 도모하여 민·관 간 또는 관·관 간 경쟁 메커니즘을 도입하였다. 1995년에는 학부모가 학교를 선택할 권리를 갖는 서비스 구매권제도(voucher)가 도입하였고, 기관 간 제공되는 서비스에도 사용자비용부담(user charge)제도를 도입하였다. 인사관리에도 성과계약과 성과급 등 경쟁 메커니즘이 도입되었다.

중앙-지방정부 관계와 지방분권화: 1979년 대처 보수당 집권 이후 지방정부의 자치권이 상당히 약화되었다(임성일·최영출, 2001: 122-136; OECD, 1997). 지방정부의 공익사업 즉 전기, 가스, 상하수도와 같은 사업이 중앙정부 및 중앙정부 관련 특별기관에 이양되거나 민영화되었다. 또한 신공공관리론이 일반화되면서 획일적인 자치권의 배분 대신에 자치단체의 역량과 능력 등에 기초하여 차별적으로 배분되는 방식으로 변경되고 있다. 1997년 블레어 노동당 정부에서는 이러한 현상이 심화되어 자치단체의 성과평가에 기초하여 자치권을 차등 부여하고 있다. 그러므로 지방정부에 대한 자치 정책의 특징은 선택성(selectivity)과 차등대우 (differential treatment)로 요약할 수 있다(Byrne, 2000: 578). 한편 지방정부에서의 의무경쟁입찰제도(CCT) 도입과 쓰레기수거 사업, 주택부문, 교육부분에의 민영화가 추진되어, 1980년 이후 1990년대까지 지방정부 공무원 수가 지속적으로 감축되었다(임성일·최영출, 2001: 494-521).

(2) 뉴질랜드의 정부혁신

뉴질랜드는 1984년 국민당 집권이 끝나고 랭(Lange) 수상의 노동당이 집권하면서 개혁을 추진하기 시작하였다. 뉴질랜드의 정부개혁은 1984년부터 시작하여 약 20년간 지속된 가장 급진적인 개혁모델로 알려져 있다(김광주, 2005; 김근세, 2004; Boston et al., 1996). 뉴질랜드의 정부개혁은 영국보다 늦게 시작되었지만 가장 빠른 시일 내에 다양한 개혁방안이 도입되어 가장 급진적인 개혁모델로 알려져 있으며, 이를 뉴질랜드 모델이라고 부르기도 한다.

정부의 규모 감축: 1984년 이후 1986년 공기업법(State Owned Enterprises Act)에 따라 뉴질랜드 중앙정부는 정책결정기능과 정책집행기능을 분리하여 상업적 기능은 공기업에 이관 또는 민영화하였으며, 나머지 정부활동 중 공공성을 유지하면서 집행의 능률성을 기하기 위한 활동은 책임운영기관으로 분화시키는 등 기능적 다원화전략을 채택하였다(김근세, 2005: 47). 본격적으로 정부개혁을 추진하기 전인 1983년 중앙정부 공무원 수는 66,102명이었으나 1994년 공무원 수는 34,505명으로, 47%가 감축되었다(Boston, et al, 1997: 50). 이와 같은 인력감축은 중앙행정기관 공무원의 감소이며, 그 인원은 책임운영기관과 공기업으로 분산되었으므로 공공부문 전체의 인력감축으로 보기는 어렵다고 하겠다.

민간경영기법 도입: 1988년 공무원법(State Sector Act), 1989년 공공재정법(Public Finance Act), 1994년 재정책임법(Fiscal Responsibility Act)을 제정하여, 조직 및 인사관리, 재무관리 분야에서 경쟁과 성과를 지향하는 관리기법을 도입하였다. 사무차관과 고위공무원의 공개모집 및 계약직 임용, 성과계약 체결 및 성과급 지급, 책임운영기관 도입, 발생주의 회계 도입 등이 뉴질랜드에서 강도 높게 추진된 개혁조치다.

중앙—지방정부 관계와 지방분권화: 뉴질랜드는 인구가 적은 국가로 대부분의 국가기능을 중앙정부가 행사하며 지방정부가 행사하는 기능은 매우 적은 편이다(Boston, et al. 1997: 183-202). 1989년 이후 대대적인 지방정부 개혁이 이루어졌는데, 지방행정기관의 개편과 통합으로 700개 이상이던 지방행정기관이 100개 이내로 줄었고, 지방공항, 항만청, 전력회사 등이 매각되었으며, 많은 지방정부 서비스의 민간 위탁이 이루어졌다. 또한 인력관리와 재무관리 분야에서 중앙정부와 유사하게 경쟁과 성과관리를 강화하는 개혁이 이루어졌다.

(3) 호주의 정부혁신

호주 정부의 개혁은 1983년 집권한 호크(Hawke) 노동당 정부가 추진하였는데, 기본적으로 시장지향적인 공공정책과 민간기업 방식의 공공관리를 추구하였다. 정부혁신을 급진적으로 추진한 뉴질랜드와는 달리, 호주는 토론과정을 거치면서 점진적으로 혁신을 추구하였다고 볼 수 있다(총무처 직무분석기획단, 1997: 417).

정부의 규모 감축: 호주 정부는 1987년 26개 중앙부처를 16개 부처로 통폐합하면서, 1986년부터 1996년까지 연방공무원이 약 20% 정도 감축되었다. 또한, 호주 정부는 1987년 이후 공기업민영화정책을 추진하여 약 20여 개 공기업을 매각하였으나, 그 범위와 추진강도는 영국과 뉴질랜드보다는 약한

편이다.

민간경영기법 도입: 호주 정부에서도 책임운영기관으로의 전환, 운영경비예산제도, 발생주의 회계방식, 사업평가제도 등을 도입하였다. 정부부분에 경쟁을 도입하기 위한 상업화 전략에 따라 1987년 행정서비스부(Department of Administrative Services: DAS)를 설치하고, 정부건물, 자산, 출판, 조달, 차량서비스 등 7개 기관에서 수행하여 온 행정지원서비스 기능을 행정서비스부 산하 책임운영기관으로 전환함과 동시에 그 서비스에 대하여 민간부분과 경쟁하도록 하고 있다.

중앙-지방정부 관계와 지방분권화: 호주는 연방국가로서 지역단위에 주정부와 지방정부가 있다. 주정부에는 보건, 교육, 농업 등 대부분의 기능이 집중되어 있으며, 지방정부의 권한은 매우 취약한 편이다. 1980년대 이후 개혁추진과정에서 연방정부의 개입이 강화되는 추세이며, 지방자치단체로의 권한위임 시도는 없었다(OECD, 1997: 27). 다른 영연방 국가들과 마찬가지로 지방정부의 개혁에서도 능률성, 효과성, 비용에 대한 가치가 특히 강조되었다. 업무수행 과정에서 시장 메커니즘과 경쟁 개념이 도입되어, 자원이 부족한 지방자치단체는 매우 불리한 상황에 처하게 되었으며, 일부 지역에서는 자치단체의 업무가 주정부로 집권화되기도 하였다.

(4) 요약

영연방국가들은 정부혁신에서 공공부문 규모를 감축하고, 경쟁과 성과관리 메커니즘을 도입하였지만, 지방분권화와 탈집중화 등 지방으로의 권한위임에는 진전이 없었다고 볼 수 있다. 지방정부도 중앙정부와 같이 능률성, 효과성과 비용의 가치를 강조하는 방향으로 개혁이 진행되었다. 이러한 방향의 정부혁신은 영국의 대처정부에서 1979년부터 시작되어 뉴질랜드와 호주의 노동당 정부에서 1984년 이후 유사한 방향의 개혁이 추진되었는데, 뉴질랜드는 급진적인 개혁모델을 채택한 반면 호주에서는 점진적인 개혁모델을 채택하였다는 특징이 있다.

3) 북유럽국가의 정부혁신

(1) 덴마크의 정부혁신

① 기본방향

덴마크의 행정개혁은 세 가지 경로를 따라 추진되어 왔다. 하나는 공공부문의 학습과 실험을 가능하도록 하는 정책 환경 및 여건을 조성하는 것이며, 둘째는 다양한 성과지향적 관리와 조정수단을 도입함으로써 행정서비스의 능률성과 품질을 개선하려는 것이며, 셋째는 행정서비스의 공급자에 대하여 서비스 이용자와 시민의 권한을 강화시키는 것이다.

1980년대 이후 1990년대 초반까지 덴마크 공공부문 개혁의 교훈은 모든 정부계층에서 헌신성(commitment)이 성공적인 개혁의 열쇠라는 점이다. 이 교훈은 더 나아가 중앙정부의 평가, 분석과 아울러 분권화된 책임성이 이러한 헌신성을 증진시킨다는 점을 깨닫도록 하였다. 이러한 교훈을 바탕으로 최근 공공부문 개혁의 일반적인 접근방법은 중앙정부의 자문기능, 성과평가를 위한 방법과 수단의 개발과 아울러 공공관리 영역의 책임성을 더욱 분권화하려는 것이다.

덴마크 정부혁신의 가장 중요한 측면은 고도로 분권화된 정부 간 관계다. 대부분의 사회복지 서비스가 지방정부에 의해 제공되며, 재원도 중앙정부와 지방자치단체연합체(National Association of Local Authorities, Association of County Councils) 간 협상에 의해 결정되는 구조이며 재원은 소득, 재산, 토지에 대한 지방세로 충당된다. 지방정부는 업무수행방식 결정에서 매우 큰 자율권을 갖고 있다. 물론 이와 유사하게 중앙부처들도 업무수행에서 상당한 자율권을 행사한다. 이러한 개혁의 중요한 전제조건은 좀 더 비용-효과적인 방법으로 행정서비스를 제공하려는 공무원들의 노력을 지원할 수 있도록 수단을 개발하는 것이다. 조직 내 업무수행과정과 절차를 개선하여 더욱 체계적으로 업무를 수행하도록 하는 것도 이러한 수단 가운데 하나로 간주된다.

② 정부혁신의 특징

덴마크의 정부혁신은 1980년대 초반 보수연립정부에 의해 주창되었으며, 1990년대 초반 사회민주당 주도의 연립정부가 집권한 후에도 비록 정치적 색채는 변화하였으나 개혁의 기본방향은 변함없이 지속되었다(Jensen, 2000). 덴마크 정부혁신의 특징은 다음과 같이 정리할 수 있다(Rhodes, 1997).

정부의 규모 감축: 덴마크에서는 국유화의 전통이 없어서 민영화를 할 만한 대상이 별로 없었으며, 그 대신 정부가 제공하던 서비스에 대하여 국영기업 (state-owned enterprises)의 설립을 통한 기업화가 주요 개혁수단이 되었다. 국영 기업 설립의 주된 이유는 시장경쟁이 성과와 능률성 증진에 기여한다는 점, 정치적 관여로부터 자유롭도록 정부가 자율권을 부여하고자 한다는 점, 민간 부문과 전략적 제휴 기회를 부여한다는 점, 정부가 예산협상에서 더 전략적일 수 있다는 점을 들고 있다(Jensen, 1998: 57). 한편 민간위탁을 강력히 추진했음 에도 중앙정부가 제공하는 서비스 영역의 민간위탁 비율이 17%에서 20%로 약간 증가하였을 뿐이다.

민간경영기법 도입: 관리방식에서는 목표관리(MBO)와 성과급제가 도입되 었다. 목표관리는 중앙부처와 산하기관 간의 계약을 통해 이루어지며, 정해진 예산범위 내에서 상호 합의한 목표를 달성하도록 산하기관의 내부운영에 대해 서는 좀 더 많은 자율권을 부여하고 정기적으로 목표달성 여부를 평가한다. 성과급제 도입은 덴마크 정부의 전통과 문화를 고려할 때 가히 '혁명적'이라고 덴마크 정부는 묘사하고 있다. 성과급은 주로 정부 고위관료에 대한 성과급계 약의 형태로 도입되고 있다.

중앙-지방정부 관계와 지방분권화: 덴마크의 경우 지방정부는 중앙정부의 규제로부터 상당한 자율성을 지닐 뿐만 아니라 지방정부연합에 의해서 보호받고 있기 때문에 중앙정부와 지방정부 간의 관계는 제도화된 협상에 의해서 규제될 뿐이다. 덴마크에서는 1970년대와 1980년대에 중앙정부의 일부 업무를 지방으로 분권화시켰다(OECD, 1997: 18). 사회보장 업무가 중앙정부에서 지방자치단체로 이관되었고 지역계획, 1차 보건서비스, 장애인 보호, 중등교육, 환경의 질, 공공교통 업무가 중앙정부에서 지방정부(county)로 이관되었다. 또한 지방정부에 대한 규제 간소화를 통해 지방정부의 권한이 증진되었다. 아울러 서비스에 대한 시민의 선택권이 좀 더 확대되고, 이미 분권화된 시스템 속에서 더욱 정책결정과 집행에서의 시민참여가 강조되었다(Rhodes, 1997). 이와 함께 중앙부처의 일선기관(agency)으로의 업무이관도 이루어졌는데 1991~1992년에 상당수의 집행기관에 관리 자율성이 부여되면서 동시에 성과관리가 강화되었다(OECD, 1997: 29). 한편 중앙정부가 민간위탁을 장려함에도 불구하고 지방정부는 단지 쓰레기 수거와 같은 제한된 영역에서 민간위탁을 도입하였을 뿐이다. 지방정부에서 제공하는 복지서비스의 민간위탁은 거의 이루어지지 않았다.

덴마크의 정부혁신은 높은 수준의 조합주의적 전통, 복지국가에 대한 상대적으로 높은 국민들의 지지, 여러 이해당사자 사이의 합의를 존중하는 정치적 전통 및 낮은 수준의 국유화라는 맥락 속에서 추진되었으며(Jensen, 1998), 지난 20여 년간의 정부혁신은 주로 국정수행의 복잡성 증대에 대응하는 정부역량 증진을 위한 꾸준한 노력이라고 볼 수 있다. 성과계약, 아웃소싱, 기업회계, 성과급, 벤치마킹, 리더십개발 등의 방안이 도입되었으나 여전히 조합주의적 전통과 분권화 또한 지속적으로 강조되고 있다.

(2) 스웨덴의 정부혁신

① 기본방향

스웨덴 정부는 재정위기를 탈피하고 결과 지향적 관리체계를 구축하기 위하여 개혁을 추진하였다. 정부혁신을 통하여 정부 재정형편은 호전되었으나 자원을 보다 효율적으로 관리해야 할 필요성은 여전히 남아 있다. 아울러 국제화와 사회문제의 복잡화로 인해 시민들은 더 양질의 신축적인 행정서비스를 요구하고 있다.

이러한 환경변화에 대응하여 스웨덴은 시민의 서비스 요구에 부응하는 중앙 정부 행정을 구현하고자 1998년 관련 법령(Central Government Administration at the Citizens' Service)을 제정하고 법에 의한 지배, 능률성과 민주성에 대한 더욱 엄격한 요구조건을 정부가 준수하도록 요구하였다.

스웨덴 정부혁신의 주요 내용은, ㉠ 시민에게 보다 근접하고 친절한 행정, ㉡ 시민의 신뢰를 받는 행정, ㉢ 기업 활동에 유리한 조건의 조성, ㉣ 성공적이고 존중받는 국제 협력 등으로 요약할 수 있다. 지속적인 행정의 개선과 발전을 도모하기 위하여 다음 4가지 기준을 설정하여 이행하고 있다. 첫째, 집중화 기준으로, 중앙정부가 보다 핵심적인 활동에 집중할 수 있도록 하고, 비효과적인 부분은 감축한다. 능률성을 제고하기 위하여 다른 영역에 대한 공공부문의 관여를 보다 체계적으로 재평가한다. 둘째, 품질과 기술 개발 기준으로, 시민들은 좀 더 양질의 행정서비스를 받을 권리를 갖고 있다. 정부기관은 더욱 양질의 시민지향적 서비스를 제공하고 공무원들의 능력을 증진시켜야 한다. 셋째, 성과 중심 기준으로, 성과관리가 더 증진되어야 하며, 성과에 대한 초점이 유럽연합(EU)에 스웨덴이 참여하는 지도원리로서 간주되어야 한다. 넷째, 정보와 서비스의 효과적 제공 기준으로, 전자적 정보와 서비스(electronic information and services)를 제공하는 데 공공부문은 선구자적인 역할을 담당하여야 한다는 것이다.

② 정부혁신의 특징

스웨덴에서는 1982년 사민당이 재집권하면서 좀 더 발 빠르게 대응하고 시민들이 더욱 쉽게 접근할 수 있는 정부를 만들기 위하여 정부혁신을 추진하였다(Pollitt & Bouckaert, 2004: 285-291; Pollitt and Summa, 1997: 18). 먼저 개혁에 대한 상징적인 의미를 부각시키기 위하여 행정부(Ministry of Public Administration)를 설치하고, 1985년에는 지방정부로의 분권화를 강조하는 정부개혁프로그램, 1980년대 후반에는 능률성 중심의 정부혁신이 이루어졌다.

정부의 규모 감축: 1985년 지방분권화 개혁에 이어 1980년대 후반 이후 두 번째 단계의 정부혁신이 단행되었는데 능률성 증진이 핵심 쟁점으로 부각되었다. 1990년 스웨덴 정부는 공공부문 규모를 10% 감축하기로 하고, 정부기관 간 통·폐합, 권한위임 증대 및 생산성 증진을 추진하였다. 이후 민영화에 대한 논의가 이루어지고 선별적이고 실용적인 차원에서 민영화를 추진하게 되었다.

민간경영기법 도입: 1980년대 후반 능률성 중심의 정부혁신과 함께 일련의 강력한 재정관리 개혁이 이루어졌다. 1988년부터 모든 정부기관에서는 공식적으로 결과 지향적 관리방식이 채택되었으며, 1993년 이후 모든 정부기관은 성과와 실적을 반영한 연례보고서를 발행하고 있다. 1996년에는 예산과정에 대한 개혁이 이루어지게 되었다. 한편 1980년대 중반 이후부터 행정서비스의 질적 개선을 위한 노력이 지속적으로 이루어져서 TQM 또는 ISO 9000의 핵심내용이 반영되었다.

중앙-지방정부 관계와 지방분권화: 1960년대 이후 학교, 노인 및 아동보호, 보건의료 서비스 등이 지방자치단체로 이관되었다(OECD, 1997: 19). 1985년에는 지방성부로의 분권화를 강조하는 정부개혁프로그램이 추진되었다. 이를 통해 시민의 선택기회 확대 및 수요자에의 대응성이 아울러 강조되고, 규제완화 및 탈관료제화가 주창되었다(Pollitt & Bouckaert, 2004: 285-291; Pollitt and Summa, 1997: 18). 1992년에 지방자치단체가 노인과 장애인의 장기 의료서비스 업무를 이관받고, 카운티 정부가 공공교통 업무를 담당하게 되었다(OECD, 1997: 19). 1993년 지방정부에 대한 중앙정부의 교부금제도 개선을 통하여 지방정부의 자율권을 강화하였으며, 이를 통해 중앙정부가 예산한도를 설정하던 것을 지방정부가 자율적으로 예산을 배분·사용할 수 있게 하였다. 한편 스웨덴에서는 중앙부처의 지역행정을 담당하는 집행기구(agency) 모형이 오래된 전통인데, 1986~1989년, 그리고 1991년에 집행기구의 독립적인 정책결정권한이 크게 강화되었다. 신축성이 강화된 집행기구로 인하여 공공서비스에 대한 접근성이 개선되었다. 이들 기구는 독립적으로 직원을 선발하고 훈련도 한 수 있는 기능도 가지게 되었다(OECD, 1997: 29).

전통적으로 스웨덴의 의사결정은 행동을 하기 전에 먼저 주요 이해당사자 간의 진지한 조합주의적인 토론이 이루어진다. 비공식적인 토론이 중요하게 고려되며, 개혁프로그램도 먼저 시범적용을 통한 검증이 이루어진 후에 정부 전반에 도입되는 절차를 거친다.

(3) 핀란드의 정부혁신

① 기본방향

1980년대 이후 공공부문 개혁의 기본 신조는 고객지향성(customer orientation)이다. 1990년 의회에 제출한 행정부의 보고서에서, 핀란드 정부는 공공서비스의 품질 증진을 우선적으로 강조하였으며, 이후 핀란드 행정개혁의 핵심적 주제로 작용하였다.

1998년 4월 핀란드 정부는 행정혁신을 주요 내용으로 하는 "Good Governance, High Quality Services and a Responsible Civic Society"를 발표하였다. 현 정부도 이 기조 아래 행정개혁을 실행하고 있다. 개혁의 주요 영역은 ①

중앙정부에 대한 지속적 개혁, ② 공공서비스 품질의 개선, ③ 정보관리 및 정보사회 문제에 대응하는 것이다.

1999년 정권이 바뀌었음에도 불구하고 여전히 행정개혁은 동일한 기조 아래 지속되고 있으며, 단지 재무부(Ministry of Finance)가 인적자원관리를 포함한 공공부문 개혁을 담당하고, 내무부(Ministry of Interior)가 지방정부 개혁을 책임지는 역할 분담 조정이 있었다. 2000년 3월 핀란드는 새로운 헌법을 채택하여 의회의 지위와 역할을 강화했는데, 행정부로 하여금 의회에 대하여 책임을 지도록 하였다. 또한 정부활동공개법(Act on the Openness of Government Activities)을 통해 시민들로 하여금 정부 공식문서에 접근할 수 있도록 하였다. 정보에의 접근권은 모든 정부기관에 적용되며, 정부기관은 업무수행과 관련된 정보를 제공하고 관련 자료를 발간하여 개방성을 증진해야 할 의무를 지닌다.

핀란드에서는 지방정부가 모든 행정서비스의 대부분을 제공한다. 기본적인 행정서비스 제공은 지방정부의 책임과 자율성에 기반을 두고 있다. 지방정부는 헌법적 자율권을 보유하며, 지역여건에 적합한 행정체제 구축과 서비스 제공방식을 설계할 수 있는 권한을 보유하고 있다. 동시에 지방정부는 주민에 대한 보건의료, 사회복지 및 교육서비스를 제공할 법적인 의무를 지닌다. 오랫동안 지방정부는 서비스 제공에서 상당한 자율권을 행사하여 왔다.

② 정부혁신의 특징

핀란드에서는 1980년대 초·중반에 개혁에 대한 많은 내부적인 논의가 있었으나 실제 개혁이 추진된 것은 1987년부터다. 이후 여러 형태의 개혁이 동시적으로 또는 순차적으로 이루어지게 되는데, 정권의 변화에도 불구하고 개혁의 일반적인 방향성에는 큰 변화가 없었다. 개혁의 주요 특징은 다음과 같다 (Pollitt & Bouckaert, 2004: 239-246: Pollitt and Summa, 1997: 17-18).

정부의 규모 감축: 상업적 기능을 가진 정부기관은 공기업으로 전환되고 그 외 정부기관들은 통·폐합 또는 축소되거나 기능이 규제 중심에서 연구개발

및 평가기능으로 전환되었다. 상업적 기능을 수행하는 일련의 정부기관이 처음에는 공기업으로 전환되었다가 나중에 정부투자기관으로 전환하게 되는데, 대표적인 경우가 우정사업, 통신 및 철도사업이다.

민간경영기법 도입: 첫째, 1987년 결과 지향적 예산제도(results-oriented budgeting)가 시범적으로 도입된 후, 1994년부터 정부 전반에 걸쳐 적용되었다. 이 예산제도의 도입으로 각 정부기관별 결과지표의 설계와 단일화된 운영비 예산 편성 등 일련의 중요한 변화가 이루어지게 되었다. 둘째, 1987년 행정개발청(Administrative Development Agency)이 설치되어 개혁을 지원하기 위한 교육훈련과 자문기능을 제공하게 되었다. 셋째, 중앙부처 조직구조도 좀 더 관리 지향적이거나 단순한 구조로 변화되었다. 넷째, 정부의 자료수집이 보다 간편화되고 정부조직 간 자료이동이 더욱 용이하도록 개선되었다. 다섯째, 성과급의 도입 및 보다 분권화된 인력관리를 포함하여 인적자원관리개혁이 이루어졌다. 여섯째, 1998년 핀란드 정부는 고객지향적·시민지향적인 양질의 서비스를 제공할 것을 주창하였으며, 1990년대 후반 이후 행정서비스의 질적 개선과 시민참여 촉진을 더욱 강조하고 있다.

중앙-지방정부 관계와 지방분권화: 1993년 지방정부에 대한 중앙정부의 통제와 관련하여 새로운 예산체계(framework-budgeting system)가 도입되었는데, 이는 지방정부 의사결정에 대한 중앙정부의 세밀한 개입은 축소하는 분권화 수단이지만 한편으로는 지방정부의 전체 세출규모에 대해서는 엄격하게 통제하고 지출의 우선순위 결정은 지방정부에 위임하는 방편이 되었다. 1994년 이후 지역계획과 개발정책 및 환경정책의 영역에서 중앙정부의 일선기관에서 담당하였던 업무가 지방자치단체가 통제하는 신설된 지역합동기구(regional joint authorities)로 이관되었다(OECD, 1997: 18). 이에 따라 지방행정조직이 통폐합되고 간소화되었다.

핀란드 정부혁신은 분권화, 간소화 및 지출에 대한 더 엄격한 통제 간의 균형을 추구하고 있으며, 민영화가 광범위하게 이루어진다거나 급격한 성과지향적 관리방식의 도입은 이루어지지 않고 있다. 전반적으로 개혁의 추진과정은 점진적으로, 점차적으로 이루어져 왔다. 먼저 시범적 도입이 이루어지고 광범한 교육훈련의 실시를 통해 개혁프로그램이 보다 유연하게 실행되도록 하고 있으며, 개혁프로그램의 조정을 위하여 최고위 차원에서 주요 정당의 대표자들로 구성된 위원회를 창설·운영하고 재무부 등 관련 부처 고위공무원들이 지속적으로 개혁과정에 참여하도록 하고 있다.

(4) 요약

북유럽국가들은 영연방 국가와는 달리 정부규모 축소전략은 크게 활용되지 않았다. 그러나 경쟁과 성과를 강조하는 민간관리기법은 정도의 차이는 있지만 활용하는 것으로 나타났다. 정부혁신과정에서 특징적인 것은 중앙정부 권한과 책임의 분권화가 상당히 진전되었다는 것이다. 북유럽국가에서는 1980년대의 개혁을 통하여 중앙정부의 업무가 지방자치단체로 이관되는 분권화가 추진되었고, 중앙부처 일선기관의 자율성이 증가하는 탈집중화도 추진되어 왔다. 북유럽국가들은 전통적으로 시민의 필요를 충족시키는 데 더 큰 관심을 가지고 있다. 중앙정부의 규제는 전반적으로 완화되어 지방정부 수준에서 지방의 우선순위에 따른 서비스 제공이 가능하도록 하였다. 지방정부가 상당한 권한을 행사하지만, 시민들도 지방정부의 의사결정에서 중요한 역할을 담당하게 되었다(OECD, 1997: 29).

4) 영연방 국가와 북유럽국가의 정부혁신 전략 비교

북유럽국가와 영연방국가들이 지난 20여 년 동안 실제로 채택하여 활용한 개혁전략을 상호 비교하여 살펴보기로 한다. 1980년부터 20년 동안 영연방국가와 북유럽국가들이 활용한 개혁전략의 범주는 기존문헌의 연구(Leogird,

<표 5-1> 정부혁신 전략 비교

정부혁신 전략	영연방국가			북유럽국가		
	뉴질랜드	호주	영국	덴마크	스웨덴	핀란드
민영화	고	고	고	저	저	저
시장기제의 사용	고	고	고	저	중	중
결과지향성	고	고	고	중	중	고
성과관리	고	고	중-고	중	중	저
지방분권화	저	저	저	고	고	중-고
전통적인 관리 개선	저	저	저	중	고	고

자료: Halligan(2003: 207)과 Kettl(2000: 34)의 자료를 기초로, 박희봉·김상묵(1998) 및 Alam(1998)의 연구결과를 보완하여 작성.

2001; Lane, 1997; Halligan, 2003; Kettl, 2000; Alam, 1998; Peters, 1996; 박희봉·김 상묵, 1998)를 종합하여 민영화, 시장기제의 사용, 결과지향성, 성과관리, 지방 분권화, 전통적 관리개선으로 구분하였다. 여기에서 전통적인 관리개선이란 의사소통 증진, 참여 확대, 권한위임, 공무원의 몰입도 증진, 조직의 역량 강화 등과 같이 전통적인 계층제적 정부의 문제점을 개선하려는 노력을 말한 다. 이러한 6가지 전략 중 민영화, 시장기제의 사용, 결과 지향성은 시장 중심적 거버넌스 모형에서 사용된 전형적인 개혁정책이다. 한편 지방분권화와 전통적 관리개선은 참여형 거버넌스에서 강조하는 전략이다. 성과관리는 두 가지 모형에서 모두 강조하는 전략으로 볼 수 있는데, 정부혁신의 궁극적인 목적은 성과를 극대화하는 것이기 때문이다.

<표 5-1>에 요약된 바와 같이, 뉴질랜드를 비롯한 영연방 국가들은 민영 화, 시장기제(market-type mechanism)의 활용, 결과지향성(output orientation), 성과관리(performance management) 등의 개혁전략을 강력하게 추진하였다. 반 면에 지방분권화전략과 전통적인 관리개선 전략은 거의 활용하지 않은 것으로 나타났다. 이러한 전략들의 활용 결과를 요약하면, 영연방 국가들은 주로 시장 중심적 거버넌스 모형에 기초한 개혁전략을 활용하여 왔다고 볼 수 있다.

한편 덴마크, 스웨덴, 핀란드와 같은 북유럽국가들은 민영화 전략을 거의

사용하지 않은 것으로 나타났다. 시장기제의 도입 노력 또한 낮거나(덴마크), 보통 정도(스웨덴, 핀란드)에 그치고 있다. 결과 지향적 개혁 노력 역시 핀란드만 높은 것으로 평가될 뿐, 덴마크와 스웨덴은 보통 정도로 평가되었다. 성과관리 전략의 활용에서도 그 강도는 낮거나(핀란드), 보통(덴마크와 스웨덴)으로 평가되었다. 그러므로 북유럽국가들이 시장 중심적 거버넌스 모형에 따른 개혁을 강력하게 추진하였다고 볼 수는 없다. 반면, 북유럽국가들은 공통적으로 지방 분권화 전략을 강력하게 추진하여 정책결정 권한을 지방자치단체와 일선 집행 기관에 위임하였다. 북유럽국가들은 의사소통 증진, 참여 확대, 권한위임, 공무원의 몰입도 증진, 조직의 역량 강화 등 전통적인 계층제적 정부의 문제점을 개선하는 데 더욱 큰 관심을 기울여왔다. 따라서 북유럽국가들은 영연방국가들에 비하여 분권-참여형 정부모형(Peters, 1996)에 좀 더 근접한 개혁전략을 활용하였다고 볼 수 있다.

5. 정부혁신에 따른 정부부문의 변화 비교

1980년 이후 정부혁신을 추진한 결과 공공부문에 나타난 변화를, 일반 정부지출과 공무원 규모의 변화를 통하여 살펴보고자 한다. 개혁이 본격적으로 추진되기 시작한 시점인 1985년부터 개혁이 정착되었다고 판단되는 2000 년까지를 5년 단위로 구분하여 시계열 자료를 비교하고 논의하기로 한다.

1) 일반 정부지출의 규모 변화

시장정부모형에 입각한 개혁을 추진해 온 국가에서는 정부지출의 규모를 축소시키고자 노력해 왔다. 1985년부터 2000년까지 영연방 국가와 북유럽국가의 중앙정부와 지방정부를 포함한 정부 총 지출이 GDP에서 차지하는 비율을 살펴보면 <표 5-2>와 같다. 영연방 국가 중 뉴질랜드는 1986년 GDP대비

<표 5-2> 정부 총지출이 GDP에서 차지하는 비율 비교

구분		1985(A)	1990	1995	2000(B)	변화	
						(B-A)	(B-A)/A
영연방	뉴질랜드	57.4*	53.3	41.9	39.8	-17.6	-30.7
	호주	36.5	36.2	39.1	35.7	- 0.8	- 2.2
	영국	44.0	42.2	45.0	37.5	- 6.5	-14.8
북유럽	덴마크	59.3	57.0	60.3	54.9	- 4.4	- 7.4
	스웨덴	63.3	63.5	67.6	57.3	- 6.0	- 9.5
	핀란드	43.8	48.7	59.5	49.1	+ 5.8	+ 13.2

자료: 1985년 자료는 OECD(1996), OECD Economic Outlook, 60, Annex Table 28. 뉴질랜드 (*)는 1986년 자료. 각국의 1990. 1995, 2000년 자료는 OECD(2004), OECD Economic Outlook, Annex Table 25.

정부지출 비중이 57.4%이었으나 2000년도에는 39.8%로 무려 17.6% 포인트가 감소하였다. 호주는 1985년 36.5%에서 2000년에는 0.8% 포인트 감소한 35.7%이고, 영국은 6.5% 포인트 감소하여 정부지출을 상당히 감축하는 데 성공하였다.

북유럽국가들을 살펴보면, 핀란드는 1985년 43.8%에서 2000년 49.1%로 5.8% 포인트 증가하였고, 덴마크는 동 기간 중 4.4% 포인트 감소하였으며, 스웨덴은 6.0% 포인트 감소하였다. 그러므로 핀란드는 정부지출의 상대적 규모가 오히려 증가하였고, 스웨덴과 덴마크에서는 소폭 감소하였다. 또한 2000년 기준으로 영연방 국가들의 GDP 대비 정부지출 비중은 모두 40% 이하인 반면, 북유럽국가들의 경우에는 모두 50% 이상을 차지하여 그 격차가 심화되었다. 이러한 결과를 볼 때, 북유럽국가들의 경우에는 지난 1980년대와 1990년대의 개혁에도 불구하고 여전히 정부부문이 국민경제에서 차지하는 비중은 매우 높은 편이라고 볼 수 있다.

2) 일반정부 공무원 규모의 변화

공무원의 규모는 정부지출 규모와 함께 공공부문이 변화를 니다내는 대표적인 지표다. 그러므로 1980년대 이후 중앙정부와 지방정부로부터 보수를 받는 공무원집단 규모의 추이에 관한 자료를 토대로 정부혁신의 결과를 확인할 수 있다고 본다.[9] <표 5-3>은 각 국가별로 중앙정부와 지방정부에 소속된 공무원의 총수와 공무원 1인당 주민 수에 관한 자료를 1985년부터 2000년까지 5년 단위로 제시하고 있다.

첫째, 공무원 수의 변화는 공공부문 구조조정의 강도를 나타내는 지표가 될 수 있다. 북유럽국가 가운데 덴마크의 경우 1985년과 2000년을 비교하면 공무원 수는 6.75% 포인트 증가하였다. 같은 기간 핀란드는 상당히 감소(-12.6%)하였으며, 스웨덴은 소폭 감소(-2.7%)하였다. 그러므로 핀란드를 제외하고는 강도 높은 구조조정이 이루어지지 않았음을 알 수 있다. 한편, 영국의 경우 1985년과 1997년을 비교하면 공무원 수가 대폭 감소(-15.1%)하였다. 호주는 1990년과 1998년 사이에 소폭 감소(-2.89%)하였고, 뉴질랜드는 1990년과 2000년 사이에 상당히 감소(-6.22%)하였다. 전반적으로 북유럽국가보다는 영연방 국가들의 구조조정의 강도가 높은 가운데, 영국에서 가장 큰 폭의 감소가 이루어졌다.

둘째, 공무원 1인당 인구수는 공공서비스의 양과 질을 나타낼 수 있다. 북유럽국가 중 덴마크의 공무원 1인당 인구수는 1985년 7.49명에서 2000년 7.32명으로 약간 감소하였다. 같은 기간 중 핀란드는 1.65명, 스웨덴은 0.54명 증가하였다. 따라서 북유럽국가에서는 그 변화가 크지 않은 것을 알 수 있다.

---

9) 민간부문과 공기업을 제외한 중앙정부와 지방정부 공무원 집단의 규모를 확인하여 비교하는 것은 쉬운 일이 아니다. 그 이유는 각 나라마다 공무원의 범주에 어떤 집단을 포함시킬 것인지 통일된 명확한 정의가 이루어져 있지 않기 때문이다. 세계은행은 교육, 의료, 경찰, 군인을 제외한 중앙정부와 지방정부 소속 공무원 수를 사용한다(http://www1.worldbank.org/publicsector/index.cfm). OECD(1997)는 Annual National Accounts, OECD Analytical Database(ADB), PSPE/PUMA Database를 제공하고 있는데, PSPE/PUMA 자료는 민간기업과 공기업 직원을 제외한 중앙정부와 지방자치단체로부터 보수를 받는 공무원 수를 제시하고 있다. 이 글에서는 OECD의 PSPE/PUMA 자료를 주로 활용하였다. 공무원 규모 비교기준의 타당성에 관해서는 김태일(2000)의 논의 참조.

<표 5-3> 공무원 규모 비교

(단위: 천 명, %)

구분			1985(A)	1990	1995	2000(B)	변화(B-A)
북유럽국가	덴마크	인구	5,111	5,135	5,215	5,330	219(4.28%)
		공무원 수	682	692	699	728	46(6.75%)
		공무원 1인당 인구	7.49	7.42	7.46	7.32	-0.17
	핀란드	인구	4,910	4,998	5,116	5,176	266(5.42)
		공무원 수	617	580	518	539	-78(-12.6%)
		공무원 1인당 인구	7.95	8.62	9.88	9.60	1.65
	스웨덴	인구	8,454	8,559	8,837	8,872	418(4.9%)
		공무원 수	1,210	1,275	1,044	1,177	-33(-2.7%)
		공무원 1인당 인구	6.99	6.71	8.46	7.53	0.54
영연방국가	영국	인구	56,684	57,237	58,025	58,314*	1,630(2.88%)
		공무원 수	4,469	4,354	3,947	3,793*	-676(-15.1%)
		공무원 1인당 인구	12.68	13.15	14.70	15.37*	2.69
	호주	인구	-	17,065	18,311	18,711*	1,646**
		공무원 수	-	1,279	1,208	1,242*	-37(-2.89%)**
		공무원 1인당 인구	-	13.40	15.16	15.00*	1.60**
	뉴질랜드	인구	-	3,363	3,407	3,858	495(14.7%)**
		공무원 수	-	209	207	196	-13(-6.22%)**
		공무원 1인당 인구	-	16.01	16.46	19.68	3.67**

자료: 공무원 수에 관한 자료는 각국별로 비교 가능하도록 규정한 OECD 기준을 적용함.
덴마크 1985, 1990, 1995년 자료는 OECD(2000: 34, 39)와 OECD(1992: 75), 2000년 자료는 http://www.statbank.dk/statbank5a에서 검색. part-time, social security fund 소속 및 public corporations 소속 제외. 핀란드 1985, 1990, 1995년 자료는 OECD(2000: 34, 39), 200년 자료는 OECD(2002c: 9). 스웨덴 1895, 1990, 1995년 자료는 OECD (2000: 34, 39), 2000년 자료는 Statistical Yearbook of Sweden(2005)의 p.311, Table 340, 국가 및 지방공기업 소속 직원 제외. 영국 1985, 1990, 1995, 1997년 자료는 OECD (2000: 34, 39). 호주 1990, 1995년, 1998년 자료는 OECD(2000: 34, 39). 뉴질랜드 1990, 1995년 자료는 OECD(2000: 34, 39), 2000년 자료는 OECD(2002c: 12). 인구 자료는 OECD(2004c: 200)를 기준으로 하고, 각국 통계청 자료를 보완적으로 사용함.
주: *는 2000년 자료의 경우 영국 1997년, 호주 1998년 자료.
**는 호주와 뉴질랜드는 1985년 자료가 없으므로 1990년 대비한 수치.
***는 공무원수는 전임(full-time equivalent) 기준, 국영 및 지방공기업 근무자는 제외.

반면, 영국에서는 1985년 12.68명에서 1997년 15.37명으로 2.69명이 증가하였고, 호주는 1998년에 1990년과 비교하여 1.6명 증가, 뉴질랜드는 1990년부터 10년간 3.67명이 증가하여, 전반적으로 공무원 1인당 주민수가 상당히 증가한 것을 알 수 있다.

2000년 현재 시점에서 비교하면, 북유럽 3국의 공무원 1인당 인구수는 평균 8.15명이며, 영연방 3국은 16.68명으로 북유럽국가에 비하여 대략 2배 정도이다. 다른 조건이 같다고 가정할 경우, 북유럽국가에 비하여 영연방 국가들의 공공서비스의 양과 질은 1980년대 이후 훨씬 약화되었다고 추론할 수 있다.[10)]

3) 중앙정부-지방정부 공무원 비중 변화

중앙정부 공무원과 지방정부 공무원의 비율 변화는 중앙정부가 지방분권화를 통하여 자신의 업무를 어느 정도 지방에 위임하였는지를 나타내는 지표가 된다.

<표 5-4>에 제시된 바와 같이 북유럽국가 중 덴마크 지방정부 공무원 비율은 1985년 68.7%에서 2000년 78.5%로 9.8% 포인트 증가하였다. 같은 기간 중 핀란드의 지방정부 공무원의 비율은 11.7% 포인트 증가하였고, 스웨덴의 경우에는 10.1% 포인트 증가하였다. 그러므로 이들 북유럽국가에서는 지방정부 공무원 규모가 평균 10.5% 포인트 증가하였으며, 결과적으로 지방정부 공무원 규모가 전체 공무원에서 차지하는 비율은 평균 79.5%이다. 이는 1980년대 이후 개혁 추진과정에서 중앙정부의 권한과 책임을 지방정부로 대폭 이양했다는 것을 의미한다. 지방정부가 보다 주민참여가 용이한 정부계층이라는 관점에서 보면, 북유럽국가의 정부개혁은 주민참여를 활성화시키는

---

10) 참고로 우리나라의 경우 OECD 자료에 의하면 2000년 현재 공무원 1인당 주민의 수는 54.1명이다. 한국의 2000년 인구 47,008,000명(OECD, 2004c) 및 공무원 수 868,753명(OECD, 2001d).

<표 5-4> 중앙정부-지방정부의 공무원 비중 변화

(단위: %)

구 분			1985(A)	1990	1995	2000(B)	변화(B-A)
북유럽	덴마크	중앙(%)	31.3	29.2	27.0	21.5	-9.8
		지방(%)	68.7	70.3	73.0	78.5	+9.8
	핀란드	중앙(%)	34.5	25.3	24.1	22.8	-11.7
		지방(%)	65.5	74.7	75.9	77.2	11.7
	스웨덴	중앙(%)	27.2	26.7	20.3	17.1	-10.1
		지방(%)	65.5	74.7	75.9	76.6	10.1
영연방	영 국	중앙(%)	48.0	47.7	47.8	47.6*	-0.4
		지방(%)	52.0	52.3	52.2	52.4*	0.4
	호 주	중앙(%)	-	15.0	14.4	12.1*	-2.9**
		지방(%)	-	85.5	85.6	87.9*	2.9**
	뉴질랜드	중앙(%)	-	90.1	91.1	90.0	0.8**
		지방(%)	-	9.9	8.9	9.1	-0.8**

자료: <표 5-3>과 같음.
주: *는 2000년 자료의 경우 영국 1997년, 호주 1998년 자료.
　　**는 호주와 뉴질랜드는 1985년 자료가 없으므로 1990년 대비한 수치.

방향에서 진행된 것을 확인할 수 있다.

　한편 영연방 국가 중에서, 영국의 지방 공무원 비율은 1985년 52.0%에서 2000년 52.4%로 큰 변화가 없었으며(+0.4%), 호주는 1990년 85.5%에서 1998년까지 2.9% 포인트 증가, 뉴질랜드는 1990년 9.9%에서 2000년 9.1%로 소폭 감소(-0.8%)하였다. 그러므로 전반적으로 영연방 국가에서는 지방정부 인력규모 변화가 거의 이루어지지 않은 반면, 북유럽국가에서는 지방정부의 인력 비중이 대폭 증가하였다.

4) 비교결과 논의

　1985년부터 2000년까지 정부부문의 변화를 비교한 결과를 요약하면 다음과 같다. 정부 총 지출이 GDP에서 차지하는 비율과 공무원 수의 변화 추이를 볼 때, 영연방 국가들의 경우에는 북유럽국가들에 비하여 정부부문의 축소조정에 더 많은 노력을 기울였고, 그 가시적 성과가 나타났다. 즉 시장지향적 개혁에 상당한 정도 성공한 것으로 평가할 수 있다. 그러나 중앙정부와 지방정부의 비중에는 큰 변화가 없었다. 한편 북유럽국가들의 경우 정부지출과 공무원 규모의 축소 정도는 미미한 것으로 나타났다. 반면에 지방정부의 규모가 상대적으로 증가하였고 중앙정부의 규모는 상당히 축소되어 지방분권화의 성과가 매우 큰 것으로 확인되었다. 결과적으로 영연방 국가와 북유럽국가들은 지난 20여 년간의 개혁과정에서 상당히 다른 경로를 걸어왔고, 그 결과 정부부문의 규모와 중앙정부와 지방정부의 비중은 더욱 차이가 커진 것을 알 수 있다.

그렇다면 이 연구에서 논의의 출발점이 되었던 복지국가의 위기, 국가경쟁력의 위기는 영연방국가와 북유럽국가에서 극복되었는가? 스위스 제네바 소재 비영리연구기관인 세계경제포럼(WEF)이 발표한 2005년 국가별 경쟁력 평가보고서에 따르면 117개 조사대상국 가운데 본 연구에 포함된 6개국은 모두 경쟁력 순위에서 상위권을 지키고 있다.[11] 북유럽국가의 경우 핀란드는 3년 연속 1위를 차지했고,[12] 스웨덴은 3위(2년 연속), 덴마크는 전년도 5위에서 4위로 순위가 상승하였다. 한편 영연방국가들은 호주 10위(지난해 14위), 영국 13위(지난해 11위), 뉴질랜드 16위(지난해 18위)를 기록하였다.

국가경쟁력의 순위에서 북유럽국가들이 영연방국가들보다 순위가 높지만 본 연구의 대상이 되고 있는 영연방국가들도 모두 16위 내의 상위권에 위치하고 있다. 이러한 결과를 보면 1970년대와 1980년대의 국가경쟁력 위기는 존재하기는 했었지만 북유럽국가와 영연방국가에서 모두 효율적으로 극복되었다고 보아야 할 것이다. 그러나 위기극복을 위하여 채택한 개혁방향과 전략은 상당히 다른 것이었다.

---

11) ≪연합뉴스≫, 2005년 9월 28일자 보도.
12) 2위는 지난해부터 미국이 차지하고 있다.

6. 요약 및 시사점

1) 요약

이 연구에서는 먼저 1970년대 서구 선진국의 재정정자와 국가경쟁력의 위기에 대응하여 1980년대에 본격적으로 추진된 정부혁신의 이데올로기와 이론적 기초를 살펴보았다. 신보수주의 이데올로기에 따르면 정부기능을 축소 조정하는 방향으로 나아가지만, 사회민주주의 이데올로기에 따르면 국가기능의 지방이양이 추진되게 된다. 새로운 거버넌스와 정부개혁의 방향으로 시장지향적 거버넌스 모형과 참여-분권형 모형이 구분되며, 이러한 모형은 각각 다른 이론적 기반에 기초하고 있다. 이어서 스웨덴, 핀란드, 덴마크 등 북유럽 국가와 영국, 호주, 뉴질랜드 등 영연방국가에서의 1980년대 이후 추진해 온 정부혁신의 전략을 비교하였는데 이는 다음과 같이 요약된다. 영연방 국가들은 민영화, 시장기제의 활용, 결과지향성과 성과관리 등 시장지향적 거버넌스 모형의 관점에서 강력한 개혁을 추진한 반면, 북유럽국가들은 지방분권화 전략과 전통적인 관리개선에 치중하는 분권-참여형 정부모형의 관점에서 개혁을 추진하였다.

1980년대와 1990년대에 추진한 정부혁신의 결과 GDP 대비 일반 정부지출의 비율이 영연방 국가들은 모두 40% 이하로 축소된 반면 북유럽국가들은 50% 내외를 유지하였다. 공무원 규모에서도 북유럽국가들은 큰 변화가 없는 반면, 영연방 국가들은 상당한 감축이 이루어진 가운데 영국에서 가장 큰 폭의 감소가 이루어졌다. 중앙정부와 지방정부의 공무원 비율을 보면, 북유럽 3국에서는 지방공무원 규모가 지난 15년간 평균 10.5% 포인트 증가하여, 결과적으로 지방정부 공무원 규모는 평균 79.5%에 이른다. 한편, 영연방 국가에서는 그 비율의 변화가 거의 없었다.

영연방 국가와 북유럽국가들은 지난 20여 년간의 개혁 과성에서 상당히 다른 경로를 걸어왔고, 그 결과 정부부문의 규모와 중앙정부와 지방정부의 비중에서 더욱 차이가 커진 것을 알 수 있다. 그러나 개혁의 출발점이 되었던 1970년대의 재정위기, 국가경쟁력의 위기는 북유럽국가와 영연방국가에서 모두 효율적으로 극복되었다고 평가된다.

2) 시사점

나스콜드는 공공부문 개혁의 성공적 이행은 경로의존성(path-dependency)에 달려 있다고 주장한다(Naschold, 1995). 한 국가의 역사적 전통, 문화적 규범 및 확립된 관행 등이 영향을 미친다는 것이다. 폴릿과 서마는 경제적 압력, 정치체제의 특징, 행정구조 및 정당의 정치적 성향에 따라 개혁의 목적, 수단 및 결과가 달라진다고 하며, 한 나라의 정치·행정체제의 특성이 개혁의 범위, 과정 및 속도에 영향을 미친다고 보고 있다(Pollitt & Summa, 1997). 정부개혁에 대한 정치적·경제적 설명도 어느 정도 타당하지만 그보다는 제도적 설명이 좀 더 설득력이 있다고 한다. 로즈 또한 정부의 전통이 개혁의 목적, 수단 및 결과에 영향을 미치는 중요한 변수라고 보고 있다(Rhodes, 1999).

영연방국가들의 경우, 국가의 기반을 자연법(natural law)이 아닌 계약으로 보고 국가와 시민사회 간의 더욱 분명한 경계를 강조하는 다원주의적 전통을 지니고 있다. 하지만 북유럽국가들은 강한 참여윤리를 바탕으로 긴밀한 조정과 합의, 신뢰와 상호조정에 기반을 두는 합의민주주의적 전통이 강하다(Christensen, 1995). 국가와 시민사회와의 관계에서도, 영연방국가들은 폐쇄적인 네트워크와 소비자로서의 시민이라는 믿음이 강한 반면, 북유럽국가들은 포용적인 네트워크와 능동적인 시민의 정책과정에의 참여를 중시하는 경향을 지니고 있다(Rhodes, 1999). 재정위기 해결을 위한 핵심 과제도 영연방국가들은 중앙정부의 국정추진역량(steering capacity) 증진을, 북유럽국가들은 민주적 책무성(democratic accountability)의 확보라고 판단하였다. 따라서 영연방국가들은 정부개혁의 대안으로 시장지향적 모형을, 북유럽국가들은 참여-분권형 모형을 선택한 것으로 이해할 수 있다.

이 연구가 우리나라 참여정부 개혁추진에 주는 시사점은 다음과 같다. 첫째, 우리나라의 역사적 전통과 문화적 토양을 감안할 때 어떤 개혁모형이 우리 실정에 좀 더 적합할 것인지 여부를 판단하여야 한다. 개혁의 성공 여부는 개혁의 목표와 수단이 상황적 특성과 얼마나 부합되는지에 달려 있다. 우리나라가 정부개혁을 통해 해결하고자 하는 핵심 과제는 무엇인지, 우리의 정치·행정체제와 시민사회의 특성은 어떤 개혁모형과 더 부합하는지에 대하여 충분한 검토와 논의를 통하여 판단하여야 할 필요가 있다고 본다.

둘째, 북유럽국가의 경험은 참여정부가 지향하는 분권-참여형 개혁으로 국가경쟁력을 확보할 수 있음을 보여주고 있다. 북유럽국가의 참여-분권형 개혁과 영연방 국가의 시장지향적 개혁은 그 이념적 기초와 전략이 상이하지만 모두 국가위기를 극복하고 국가경쟁력을 회복하는 데 성공하였다. 단 하나의 정부혁신의 방법이 존재하는 것은 아니며, 영·미식의 작은 정부를 만드는 개혁만이 성공할 수 있다고 볼 수는 없다.

셋째, 시장지향적 접근방법과 참여형 접근방법의 이념적·철학적 기초가 다르다는 점을 감안할 때 다른 이론에 근거를 둔 구체적인 개혁프로그램들이 동일한 정부에서 동시에 시행될 경우에는 모순에 빠질 수 있다(Peters, 1996). 참여정부에서는 과거 김대중 정부에서 추진되어 온 시장지향적 개혁모형에 기초한 개혁프로그램과 분권-참여형 개혁프로그램이 혼재되어 추진되고 있다. 이같이 양립 불가능한 개혁프로그램들이 동시에 집행되면 긍정적 복합 상승효과보다는 부정적 복합 상승효과를 초래할 수 있고, 따라서 개혁의 성과가 실질적으로 감소된다는 점을 유의하여야 한다.

넷째, 참여-분권형 개혁프로그램은 그 형성과정이 장기적이고 집행에 상당한 시일을 필요로 한다. 이러한 특성을 고려하지 않고, 단시일 내에 많은 프로그램들을 동시에 집행하려고 할 때 문제가 발생할 수 있다는 점을 유의하여야 한다.

참고문헌

김광주. 2005. 「한국과 뉴질랜드의 정부혁신비교연구」. 한국행정학회 2005년 하계학술대회 발표논문.

김근세. 2004. 「국가구조의 재형성: 미국과 뉴질랜드를 중심으로」. 한국행정학회 2004년 하계학술대회 발표논문.

김태성·성경륭. 1993. 『복지국가론』. 서울: 나남.

김태일. 2000. 「우리나라와 OECD 국가의 공무원 규모분석」. ≪한국행정학회보≫, 34(1), 117~135쪽.

남궁근. 1999. 『비교정책연구』(증보판). 서울: 법문사.

남궁근. 2002. 경쟁과 파트너십: 토론문. 『한국정책학회보』, 11(3), 285~289쪽.

박희봉·김상묵. 1998. 「외국 행정개혁과 김대중정부의 행정개혁 비교연구」. 『한국행정학보』, 32(4), 9~35쪽.

총무처 직무분석기획단. 1997. 『신정부혁신론: OECD 국가를 중심으로』. 서울: 동명사.

Alam, M. M. 1998. *Public Personnel Policy in Europe*. Helsinki: Ministry of Finance, Finland.

Boston, J. et al. 1996. *Public Management: The New Zealand Model*. London: Oxford University Press.

Brittan, S. 1975. The Economic Contradictions of Democracy. *British Journal of Political Science*, 5(2), pp.129~159.

Byrne, T. 2000. *Local Government in Britain*. London: Penguin Books.

Christensen, T. 1995. The Scandinavian State Tradition and Public Administration. Paper presented at *American Political Science Association*, Chicago, August 31-September 3.

Ferlie, E., Ashburner, L., Fitzgerald, L., and Pettigrew, A. 1996. *The New Public Management in Action*. Oxford: Oxford University Press.

Gough, I. 1979. *The Political Economy of Welfare State*, London: Macmillan

Halligan, J. 2003. "Anglo-American Civil Service Systems." In J. Halligan ed., *Civil Service Systems in Anglo-American Countries*, pp.195~216. Cheltenham, UK: Edward Elgar.

Ingraham, P. W. 1997. "Play It Again, Sam: It's Still Not Right." *Public Administration Review*, 57(4), pp.325~331.

James, O. 2001. "New Public management in the UK: Enduring Legacy or Fatal Remedy?" 한국행정학회 2001년 추계학술대회 발표논문.

Jensen, L. 1998. "Interpreting New Public Management: The Case of Denmark." *Australian Journal of Public Administration*, 57(4), pp.54~65.

Jensen, L. 2000. "Images of accountability in Danish public sector reform." Discussion paper for IPMN Conference 2000 at Macquarie School of Management.

Kaboolian, L. 1998. "The New Public Management." *Public Administration Review*, 58(3), pp.189~193.

Kettl, D. F. 2000. *The Global Public Management Revolution*. Washington, D.C.: Brookings Institution Press.

Lane, J. 1997. "Public Sector Reform in the Nordic Countries." in J. Lane Ed., *Public Sector Reform: Rationale, Trends and Problems*, London: Sage, pp.188~208.

Le Grand, J. & R. Robinson. 1984. "Privitasation and the Welfare State: An Introduction." In Le Grand & R. Robinson(eds.), *Privatisation and the Welfare State*. London: George Allen & Unwin.

Lipsky, M. 1983. *Street Level Bureaucracy: Dilemmas of the Individual in Public Services*. Thousand Oaks: Sage.

Loegreid, P. 2001. "Administrative Reforms in Scandinavia." in B. C. Nolan Ed., *Public Sector Reform*. New York: Palgrave, pp.66~81.

Ministry of Finance, Denmark. 1996. Employment in the Danish State.

_____. 2002. State Sector Personnel in Denmark 2002.

Mishra, R. 1990. *The Welfare State in Capitalist Society: Policies of Retrenchment and Maintenance in Europe, North America and Australia*. New York: Harvest Wheatsheaf.

Naschold, F. 1995. *The Modernization of the Public Sector in Europe: A comparative perspective on the Scandinavian experience*. Helsinki: Ministry of Labor, Finland.

Nye, J. S., Jr. 2002. "Information Technology and Democratic Governance". in E. C. Kamarck & J. S. Nye Jr. (eds). *Governance.com: Democracy in the Information Age*, Washington DC: Brookings, pp.1~16.

OECD. 1981. The Welfare State in Crisis. Paris: OECD.

_____. 1985. Social Expenditure 1960~1980: *Problems of Growth and Control*. Paris: OECD.

_____. 1992. *Public Management: Profiles 1992 —Denmark*.

_____. 1996. *OECD Economic Outlook*, 60.

_____. 1997. *Managing Across Levels of Government*.

_____. 1999a. *From Uniform Administration to Governance and Management of Diversity: Reforming state functions and public administration in Finland*.

_____. 1999b. *Trends in Human Resource Management in the Public Sector*.

_____. 2000. *Summary of the PSPE Data Analysis and Future Direction for HRM Data Collection*.

_____. 2001a. *Issues and Developments in Public Management: Denmark-2000*.

_____. 2001b. *Issues and Developments in Public Management: Finland-2000*.

_____. 2001c. *Issues and Developments in Public Management: Sweden-2000*.

_____. 2001d. *Highlights of Public Sector Pay and Employment Trends*.

_____. 2002a. *Public Service as an Employer of Choice. Policy Brief*.

_____. 2002b. *Summary Record: 2002 Human Resources Management Working Party Meeting*.

_____. 2002c. *Highlights of Public Sector Pay and Employment Trends: 2002 Update*.

_____. 2004a. *Trends in Human Resources Management Policies in OECD Countries as Analysis of the Result of the OECD Survey on Strategic Human Resources Management.*

_____. 2004b. *OECD Economic Outlook*, No.76.

_____. 2004c. Quarterly Labour Force Statistics, No.4.

Olsson, S. E. 1990. *Social Welfare and Welfare State in Sweden*. Lund, Sweden: Arkiv Forlag.

Oyen, E.(ed.). 1986. *Comparing Welfare States and Their Futures*. Aldershot: Gower.

Peters, B. G. 1996. *The Future of Governing*. Kansas: University of Kansas Press.

Pierre, J., and Peters, B. G. 2000. *Governance, Politics and the State*. London: Macmillan Press.

Pierson, C. 1991. *Beyond the Welfare State? The New Political Economy of Welfare*, Oxford: Blackwell Publishers.

Pollitt, C., and Summa, H. 1997. Trajectories of Reform: Public management Change in Four Countries. *Public Money and Management*, 17(1), pp.7~18.

Pollitt & Bouckaert, 2004. *Public Management Reform, 2nd ed*. Oxford: Oxford University Press.

Rhodes, R. A. W. 1997. *Understanding Governance: Policy Networks, Governance, Reflexivity and Accountability*. Maidenhead: Open University press.

_____. 1999. Traditions and Public Sector Reform: Comparing Britain and Denmark. *Scandinavian Political Studies*, 22(4), pp.341~370.

Rose, R. and Peters, G. 1978. *Can Governments Go Bankrupt?* New York: Basic Books.

Waldo, D. 1983. *Administrative State, 2nd edition*. New York: Holmes & Meier.

제6장

인사개혁전략의 특징과 결과: 스웨덴, 핀란드, 덴마크 사례분석

김상묵 · 남궁근

1. 서론

1) 연구목적

1980년대 이후 선진국들은 광범위한 공공부문 개혁을 추진하였다. 이러한 개혁추진의 근본적인 배경은 1980년대와 1990년대 초 세계를 강타한 경제적 불황에 따른 재정위기였다. 선진국들은 정부의 역할과 공공서비스 제공과정을 재검토하기 시작하였고, 이러한 과정에서 공공부문은 능률성 부족과 신뢰감 상실로 인해 많은 비난을 받게 되었다. 이러한 환경 변화와 요구에 대응하여 공공부문의 가장 중요한 전략적 관리수단의 하나인 인적자원관리(human resource management)가 개혁의 핵심영역으로 등장하게 되었다. OECD 국가들은 공무원의 생산성을 제고하고 더욱 고객지향적인 자세를 갖추도록 하는 데 우선순위를 두고 기존체제를 변화시키는 데 새로운 방법을 다양하게 도입하였다(Shim, 2001).

이러한 추세에도 불구하고 인적자원관리 개혁의 방향, 범위와 속도는 각 국가의 전반적인 개혁전략, 문화적·역사적 배경, 경제적 불황의 정도 등에 따라 문화권과 국가별로 편차가 나타나고 있다. 피터스(Peters, 1996)는 선진국의 공공부문 개혁과 거버넌스 모형을 시장기제에 의존하려 하는 시장형 모형과 직장민주주의(workplace democracy)와 민관공동결정(co-determination)의 원칙을 강조하는 참여형 모형으로 구분하고 있다(Hancock, Logue & Schiller, 1991). 영국, 뉴질랜드, 호주 등 영연방 국가에서는 시장형 모형에 의존하여 공공부문의 개혁을 추진하였다면, 북유럽국가들은 참여형 모형에 의존하여 개혁을 추진하여 왔다(Peters, 1996). 그런데 영연방 국가나 미국의 공공부문 개혁에 관한 국내 연구는 상당히 많지만 북유럽국가들에 관한 연구는 매우 드문 실정이다.

이 연구의 목적은 1980년대 이후 덴마크, 핀란드, 스웨덴 등 북유럽국가의 인적자원관리 개혁 경험을 비교하여, 공통적인 특징을 분석하고, 개혁 추진의 결과를 살펴보는 것이다. 이를 토대로 참여정부의 인적자원관리 개혁 추진에 주는 시사점을 도출하고자 한다.

2) 연구범위와 방법

이 장에서는 역사적 경험이나 개혁방향의 유사성을 중시하여 스웨덴, 덴마크와 핀란드를 대상으로 하였다. 북유럽국가의 개별 사례를 고찰한 후, 주제별로 북유럽국가의 특징을 살펴본 뒤에 이들 국가의 공통적 특징을 도출하고, 북유럽국가의 공통적인 개혁 방향과 추세가 우리에게 주는 시사점을 논의한다. 이 연구의 범위는 다음 세 가지로 구분된다.

첫째, 스웨덴, 덴마크, 핀란드에서 1980년대 이후 추진한 주요한 인적자원관리 개혁정책을 고찰한다. 개혁의 비전과 목표, 전반적인 방향과 특징을 개괄적으로 고찰하면서 이들 국가들의 인적자원관리 개혁이 어떤 경향을 갖고 있는지를 파악하고자 한다.

둘째, 이들 국가의 인적자원관리 정책의 특징을 영역별로 살펴보기 위하여, ① 분권화와 중앙인사기관의 역할, ② 공무원의 지위 및 직업 안정성, ③

공무원제도와 인사관리의 신축성, ④ 평가와 보상, ⑤ 노사관계와 파업권 등 다섯 가지 비교범주를 설정하였다. 이러한 다섯 가지 영역을 주된 분석대상으로 선정한 이유는 우리나라 인적자원관리 개혁과의 연관성을 고려했기 때문이다. 1999년 중앙인사위원회의 출범과 2004년 중앙인사기능의 일원화 이후, 중앙정부 차원의 인적자원관리에 관하여 중앙인사위원회와 중앙부처 간의 역할·책임 분담 문제가 중요한 과제로 남아 있는 상황에서 첫 번째 영역에 대한 분석은 상당한 시의성이 있다. 두 번째 영역과 세 번째 영역에서 다루는 공무원의 법적 지위, 공직체제, 인사교류에 대한 비교분석은 계약직 공무원제도 및 개방형임용제도의 도입·운영, 고위공무원단제도의 도입 등과 같은 최근 우리나라 공무원제도의 변화와 관련하여 고찰해 볼 필요성이 크다. 네 번째 영역인 평가와 보상 역시 우리나라의 직무성과평가, 성과급, 다면평가 등 성과평가제도와 관련하여 논의해 볼 만한 주제다. 다섯 번째 영역은 우리나라의 공무원노동조합 출범과 관련하여 반드시 살펴봐야 할 중요한 주제라고 할 수 있다. 따라서 이들 다섯 가지 영역은 우리나라가 당면한 인적자원관리 개혁과 밀접한 관련이 있기 때문에 외국의 사례연구를 통하여 신중히 고찰해야 할 매우 중요한 주제로 볼 수 있다.

셋째, 이들 북유럽국가들의 인적자원관리 개혁전략과 개혁 결과 나타난 공공부문의 변화가 우리에게 어떤 시사점을 주는지를 논의한다.

이 연구에 필요한 자료는 문헌연구를 통해 수집하였다. 사실에 관한 자료는 OECD와 각국 정부에서 발간한 자료, 그리고 홈페이지에 기재된 자료를 토대로 하였으며, 부족한 부분은 현지조사 및 문헌연구를 통해 확인하였다.[1]

2. 북유럽국가 정부 인사개혁의 특징

북유럽국가들은 동질적이며 평화공존을 중시하는 의회중심적 정치 지도력,

---

1) 연구진은 2004년 7월 자료 수집과 확인을 위해 이들 국가를 방문하였다.

정치 지도자와 고위직 직업공무원 간의 긴밀한 연계, 강한 상호 신뢰, 점진적인 변화와 개혁지향성이라는 오랜 전통을 갖고 있다(Loegreid, 2001). 북유럽국가들이 복지국가로 발전하는 데 중추적 역할을 담당해 온 두 가지 신조는 바로 민간부문과 대비되는 공공부문에 대한 특별한 중요성 부여와 공무원의 재량권을 제약하는 법령의 규정이다. 정부 운영에서는 공무원노동조합과의 단체교섭시스템이 특징적이다.

1970년대까지 북유럽국가들은 정부와 강력한 이익집단 간의 긴밀한 상호협력을 통해 대규모의 공공부문을 유지해 왔다. 그러나 1980년대 중반부터 영연방 국가의 행정개혁 조류인 신공공관리론의 영향을 받아 정부개입 범위 축소와 효과성 제고, 공무원노동조합의 역할 축소 등이 논의되기 시작하였다. 신공공관리론(new public management)은 공공서비스의 성과, 능률성 및 효과성을 증진하기 위하여 경영관리 및 다른 학문분야에서 축적된 지식과 경험을 행정에 도입하려는 접근방법을 의미한다(Vigoda, 2003: 812). 신공공관리적 개혁의 영향으로 그동안 북유럽국가들이 지켜온 두 가지 신조가 흔들리기 시작했고, 정부가 민간부문과 경쟁하며 재량권 행사와 신축성 확대를 통해 공무원들이 좀 더 효율적으로 정부를 운영할 것을 요청받게 되었다.

그럼에도 불구하고, 스칸디나비아 국가들의 행정개혁은 영·미 국가들과는 구별되는 독자적인 경향을 갖고 있다.[2] 민영화 등 시장주의적 개혁요소보다는 자율-분권적 개혁요소가 더욱 강하게 나타나고 있다. 즉 목표에 의한 관리(MBO), 분권화, 권한위임 등에 중요성이 부여되고 있다. 아울러 정부와 공무원 노동조합 간의 새로운 관계 형성을 통해 전통적인 정부 내 조합주의(corporatism)가 변화하였다. 공무원 임금정책이 과거 중앙정부 차원의 표준화된 집권적 결정에서 탈피하여 신축성이 증대되고 분권화된 방향으로 전환되었으며, 인력관리정책도 분권화되었다.

---

2) 로즈(1999)는 영국과 덴마크의 역사적 전통과 이에 따른 행정개혁의 차이를 비교하고 있는데, 스칸디나비아 국가를 이해하는 데 좋은 참고가 될 수 있다.

1) 덴마크의 인사개혁

덴마크[3]의 최근 인적자원관리 개혁은 세 가지 경향을 중심으로 이루어지고 있다(OECD, 2001a).[4] ① 공공부문에서의 학습과 실험을 위한 호의적인 여건의 조성, ② 다양한 형태의 성과관리제 도입을 통한 서비스 질 개선 등 능률성 제고, ③ 학교, 병원 등에서 공공서비스 공급자보다 사용자와 국민의 권한을 증진하는 것 등이다. 덴마크에서는 1980년대와 1990년대 개혁을 통해 모든 정부수준에서 공직자의 헌신과 몰입이 개혁 성공을 위한 핵심적인 요소라는 교훈을 얻었으며, 더 나아가 중앙정부의 평가·조사와 연계된 분권화된 책임성이 이러한 헌신과 몰입을 증진한다는 교훈을 제시하고 있다.

1990년 덴마크 정부는 의회에 공공부문 현대화프로그램에 대한 평가를 제출하였다. 주된 요지는 현대화프로그램의 목표인 행정의 능률성 제고, 질 향상, 공공서비스 전달체계의 개선, 조직의 신축성 제고 등이 성과를 거두고 있다는 점이다. 이러한 움직임에는 분권화 과정도 포함된다.

덴마크의 경우 정부 전반에 걸쳐 광범위하게 적용되는 인사정책은 존재하지 않는다. 그러나 그동안 재무부(Ministry of Finance)가 인사기능의 주무부처로서, 여러 부처에 적용되는 인적자원관리와 정책에 대한 지침을 정하고 개선방안을 만들어 왔다. 또한 다른 부처와 정부기관을 대신하여 고용자대표로서의 역할을 수행하며, 단체협상을 통해 중앙정부 모든 기관에 적용되는 규칙과 규정을

---

3) 덴마크는 입헌군주제 국가로, 1953년 이후 헌법상 입법권은 국왕과 의회(단원제)에 있으며, 행정권은 의회에 대하여 책임을 지는 내각이 행사한다. 단일국가이며, 행정계층에 따라 중앙정부와 14개의 광역자치단체(county)와 275개의 지방정부(municipality)가 있다. 중앙정부는 21개 부처로 구성되며, 각 부처 장관은 내각의 구성원이다. 일반적으로 각 부처는 통상 소규모인 한 개의 국(department)과 여러 개의 집행기관(executive agency) 및 산하기관으로 구성된다.

4) 덴마크 정부의 인적자원관리에 대한 설명은 덴미그 정부 홈페이지에 게시된 내용과 Alam(1998), Bossaert et al.(2001), Ministry of Finance(1996, 2002), OECD(1999b, 2001a, 2002b) 등의 내용에 기초하고 있다.

재정하는 역할을 담당한다.

중앙정부 인사정책은 '업무의 개선과 공무원의 발전'이라는 두 가지 비전에 기초하고 있다. 첫째는 높은 수준의 능력을 보유하면서 신축적·효과적으로 문제를 해결할 수 있는 정부의 역량을 확충하는 것이며, 둘째는 직무만족과 자기계발에 대한 공무원의 욕구를 충족시킬 수 있는 근무여건을 만드는 것이다. 하지만 각 부처와 집행기관은 채용, 교육훈련, 협력, 인사교류, 경력관리, 면직 등에 대하여 독자적인 인사정책을 자율적으로 수립하고 있다.

인사정책은 공무원 개개인의 직업적·개인적 발전과 직업 안정성을 위한 기회를 제공하기 위해 추진된다. 관리자와 공무원 간의 긴밀한 협력을 토대로 행동의 자유를 보장하는 덴마크 인사정책에서는 다음과 같이 책임을 분담한다. 즉, 시민과 이용자와의 관계에서는 관리자와 공무원의 공동책임, 의사결정 영역에서는 관리자의 책임, 능력개발과 자기계발에 대하여는 공무원 개인의 책임을 원칙으로 한다.[5] 따라서 덴마크 정부에서의 조직과 공무원 간의 상호작용은 이러한 세 가지 책임성 차원에서 이루어진다고 볼 수 있다. 각 차원에 대한 전략들이 종합되어 덴마크 인사정책의 틀을 형성한다. 이러한 책임성을 증진하기 위한 다음 사항들이 중요한 요소로 강조되고 있다.

① 직무 상황, 공무원의 욕구, 상호 협력에 대한 기대, 교육수요 등을 평가하기 위한 공무원과 관리자 간의 정기적·체계적인 대화

---

5) 덴마크에서는 2000년에 동기부여 요인을 파악하기 위하여 중앙정부 공무원 14,000명, 민간기업 종사자 및 자영업자 1,250명, 청년층(17~27세) 약 1,000명을 대상으로 한 설문조사를 실시하였다(OECD, 2002a). 조사 결과, 중요한 동기부여 요인은, ① 직무만족, 특히 의사결정 권한과 업무에 대한 관심, ② 자율성, 특히 자신의 업무수행 시간계획(특히 근무시간 조절)을 수립할 수 있는 권한, ③ 보수, 특히 보수와 자격 및 역량 간의 연계 가능성, ④ 근무여건 등이다. 또한 현 직장에 계속 근무하려는 주된 이유로는, ⓐ 업무내용에 대한 만족, ⓑ 동료와의 긍정적·협력적 관계, ⓒ 계획수립에 대한 영향력 행사 등이다. 그리고 직장을 옮기려는 응답자들의 경우, ㉠ 높은 보수에 대한 필요, ㉡ 불만족스러운 리더십, ㉢ 낮은 발전가능성 등을 지적하고 있다.

② 개인적·직업적 발전과 인적자원의 신축적인 활용을 위한 경력경로의 개발

③ 승진뿐만 아니라 지식과 경험 획득을 위한 새로운 업무와 환경으로의 인사교류
촉진

관리자와 공무원 간의 협력 증진을 위한 보다 체계적인 접근은 협력위원회
(Co-operation Committee)의 구성에서 찾아볼 수 있다. 전통적으로 협력위원회
는 정보를 교환하고 갈등을 해결하는 포럼으로서의 기능을 담당해 왔다. 하지
만 덴마크 정부는 공무원이 좀 더 협력적일수록 성과 향상과 근무환경 개선을
불러올 수 있다는 입장을 취하고 있다. 정부는 협력위원회가 관리자와 공무원
간의 연결핀으로서의 기능을 수행하고, 조직의 전략과 공무원 능력개발계획을
긴밀하게 연계하는 활동을 수행하도록 요구하고 있다. 아울러 관리자와 공무
원 간의 상호협력 증진을 위한 성과면담(performance interview)이 인사정책의
핵심적 요소로 강조되고 있다.[6]

덴마크 정부의 인적자원관리 개혁의 또 다른 중요한 특징은 인사정책, 보수
정책 및 조직의 전반적 목표 간의 긴밀한 연계를 도모하는 것이다. 이러한
연계는 보수를 조직목표 달성을 위한 실제적인 수단으로 활용할 수 있는 새로
운 가능성을 보여준다. 1990년대 중반부터 도입된 덴마크 정부의 성과계약을
통한 성과관리는 성공적이라고 평가받고 있다. 이러한 계약관리는 계속 보완
되고 있으며, 원칙적으로 계약의 연계(chain of contracts)가 적용되고 있다. 즉
첫 번째 계약은 전반적인 임무와 목표를 설정하는 정부기관과 기관장에 대한
계약이다. 두 번째 계약은 정부기관 내 부서에 대한 계약이다. 세 번째 계약은
개별 공무원에 대한 계약이며, 이는 성과 관련 보수체계로 연결된다. 이러한

---

6) 성과면담은 조직의 관리자와 공무원 상호 간의 요구와 기대를 대화로 풀어나가는 수단으
로, 모든 중앙부처에서 시행되고 있다. 모든 중앙부처 공무원은 직속상관과 일상적인
문제를 검토하는 연례면담을 갖는다. 이를 통해 과거를 분석하고 미래를 계획하는 기회
를 제공하며, 관리자와 공무원 간의 의견을 교환하는 기회도 아울러 제공한다. 근무여건,
직업적·개인적 발전 등 모든 문제에 대하여 체계적인 대화가 가능하며, 공무원 개개인을
위한 발전프로그램을 함께 구상한다.

계약의 연계는 실제로 다양하게 이루어지고 있다(Alam, 1998; Ministry of Finance, 2002).[7]

2) 핀란드의 인사개혁

핀란드정부의 인적자원관리 개혁은 정부의 관리역량 강화를 목적으로 하고 있다.[8][9] 공공부문의 생산성에 대한 관심 증대, 보다 양질의 행정서비스, 신축성·효율성 증진을 위한 정부의 노력과 연계되어 있으며, 정부 각 계층에 있어서의 '결과에 의한 관리(management by results)'를 주창한 정부 방침에 의해 크게 영향을 받았다. 결과 지향적 관리는 중앙정부의 지침 및 통제체제, 정부조직의 관리, 행정문화, 공무원의 능력과 지식수준의 변화를 요구하였다. 그 결과 1990년 보다 신축적인 인적자원관리체계 확립을 위한 방안이 제시되었으며, 주요 내용은 인사문제에 있어서 정부기관(agency) 관리자의 권한 확대, 정부 부처와 정부기관의 능률성과 효과성 증진을 위한 지속적인 협상체제 구축 등이다.

1991년에는 보다 나은 성과를 위하여 공무원을 격려하는 중앙정부 인사개혁이 추진되었으며, 공무원의 법적 지위체계의 개혁과 보다 단일한 고용체계로의 전환이 시도되었다. 1993년부터 인력관리에 대한 개별 정부기관의 권한과 책무성이 강조되고, 정부기관 관리자들의 역량 증진을 위한 특별교육프로

---

7) 우리나라 중앙인사위원회에서는 2004년부터 직무성과계약제를 시범 도입하였는데, 덴마크와 같은 나라의 사례를 벤치마킹한 것으로 볼 수 있다.

8) 핀란드는 1917년 독립하여 1919년 공화국체제를 확립하였다. 의회와 강한 대통령제를 지닌 이원집정부제 구조다. 대통령은 국가의 수장으로서 외교문제에 대하여 직접적인 책임을 지며, 국내 문제에 대해서는 수상 및 내각과 책임을 분담한다. 대통령이 내각을 임명하며, 내각의 수장은 수상이다. 내각의 구성원은 의회의 신임을 얻어야 하며, 의회에 대하여 연대책임을 진다. 행정적으로 핀란드는 6개의 도(province)와 올랜드자치주, 그리고 452개의 지방자치단체로 구성되어 있다. 각 도는 임명직 도지사가 행정을 담당한다.

9) 핀란드정부의 인적자원관리에 대한 설명은 핀란드 정부 홈페이지에 게시된 내용과 Alam(1998), Bossaert(2001), OECD(1999a, 1999b, 2001b, 2002b)에 기초하고 있다.

그램이 시행되었다. 1994년에 새로운 국가공무원법(State Civil Servant Act) 시행을 통해, 공무원의 채용, 보수 및 퇴직에 대한 개별 정부기관의 관리자적 자율성이 신장되었다. 1997년 정부 인사정책을 담당하는 재무부는 장기계획을 수립하였는데, 그 주요 내용은 다음과 같다.

① **정부의 경쟁력 강화:** 정부는 정부기관의 평생학습, 적절한 보수, 연령구조의 개선, 공무원의 업무수행능력, 직장분위기, 기능적 책임성과 노동의 분화 등 다양한 역량에 집중해야 한다. 또한 모든 정부 계층에서 협력과 기능적 협상체제에 더욱 관심을 기울여야 한다.

② **인사정책의 지속적 평가:** 정부 인사체제는 중앙정부와 정부기관 모두 지속적으로 평가되어야 한다. 최대 산출을 달성하는지 여부는 결과에 의한 관리시스템에 달려 있다.

③ **적정한 규모와 인력 유지:** 정부기관의 업무와 재정적 자원 간의 관련성이 증진되어야 한다. 공무원에게 동기를 부여하고 업무수행능력을 증진하기 위하여 인센티브보수체제를 강화하여야 한다.

④ **미래에 대한 준비:** 모든 정부부처와 정부기관은 정보화시대에 대비하여야 한다. 인력기획에서 더 발전된 커뮤니케이션시스템과 정보기술을 염두에 두어야 한다. 국제화와 그 영향력에 대한 고려가 인적자원개발계획에 반영되어야 한다.

⑤ **연장자에 대한 정책:** 21세기에 들어서면서 핀란드의 경우 45세 이상 노동자의 수는 전체 인구의 반수 이상을 차지하게 되었다. 따라서 각 기관이 연장자에 대한 인사정책을 수립하도록 권장해야 한다.

⑥ **관리자의 성과평가:** 정책지침을 통해 인적자원관리와 정부기관 관리자에 대한 성과평가의 중요성을 지적한다. 리더십 기술 평가를 관리자 능력개발의 중요한 평가기준으로 강조하고 있다.

⑦ **인사교류 활성화:** 다양한 형태의 인사교류를 권장한다. 정부부처, 지방정부, 민간부문 및 국제기구와의 인사교류를 장려하고, 공공부문의 인사교류 증진을 위하여 특정 공무원집단에 대해서는 계약직(fixed-term appointment)으로의 전환을 권고하고 있다.

핀란드 정부의 인적자원관리 개혁의 또 다른 중요한 특징은 인적자원관리의 분권화다. 중앙정부는 집권적인 방향설정 방식을 포기했으며, 경쟁력, 공정성, 높은 수준의 공직자 윤리, 공유된 가치와 책임성의 유지 등을 특히 강조하고 있다. 중앙정부의 각 부처와 정부기관들은 자체적으로 공무원을 충원할 책임을 지고 있다. 하지만 중앙부처 고위공무원은 대통령이 임명한다. 중앙정부 차원에서 인사정책에 대한 평가는 다음과 같이 이루어진다.

① 1997년부터 5년마다 전략적 평가를 실시한다.
② 2000년부터 인사행정 실태와 전략적 개발활동의 영향을 측정하기 위한 인사정책 평가지표를 적용한다.
③ 중앙정부 차원에서는 인적자원에 대한 연례 보고시스템을 통해 인력규모, 인적구조, 공무원의 자질 및 직무만족 등 주요 지표와 비교 가능한 정보를 제공한다.

2002년 말 새로운 보수체계가 도입되었다. 새로운 보수체계는 직무수요에 기반한 기본급에 역량과 성과에 기초한 개인별 요소를 합하여 결정된다. 직무수요와 성과는 매년 성과와 직업능력개발에 대한 개별 토론을 통해 검토된다. 이와는 별개로, 매년 성과상여금(results-based rewards)이 중앙정부 공무원의 약 1/5에게 지급되고 있다. 성과에 기초한 보상은 일반적으로 정부기관이나 부서 차원의 성과목표를 초과달성한 경우에 지급된다. 공무원의 개인별 업무성과 평가를 위하여 네 가지 주요 평가기준, 즉 ① 업무 결과와 책임성, ② 직업 기술, ③ 상호작용 능력, ④ 잠재력 개발 등이 사용되고 있으며, 이러한 평가기준은 필요한 경우 다시 몇 개의 하위기준으로 구분된다(Dente, 2003).

3) 스웨덴의 인사개혁

스웨덴에서는 1990년대 초에 닥쳐온 재정적 압박이 공공부문의 범위와 비용을 재평가하는 계기가 되었다.[10][11] 이에 따라 정부의 능률성과 효과성을 제고하기 위하여 대대적인 구조조정이 이루어졌다. 중앙정부에서 지방정부로의 기능 이양, 지방정부의 서비스 제공에 대한 중앙정부의 통제 축소, 불필요하거나 민간부문의 공급이 더 바람직하다고 평가되는 공공서비스의 폐지 등이 추진되었다. 또한 인력과 자원의 운용에 대한 책임을 중앙 인사부서에서 일선기관 관리자에게 위임했으며, 이로 인해 중앙부처와 집행기관의 관리자들은 인력과 자원 운영에 대한 전적인 책임을 지게 되었다. 노동시장에서 경쟁력을 갖기 위해 정부기관들은 독자적으로 경쟁력 있는 보수체계를 개발하게 되었다.

인적자원개혁의 저변에 있는 스웨덴의 철학은 단순하다. 중앙정부와 국회는 업무수행과정의 세부적인 관리가 아니라 목표관리, 서비스의 질과 생산, 성과와 전체 비용에 관심을 가지며, 지방정부는 반대로 제시된 목표를 달성하기 위한 방법과 일상적인 운영에 대하여 책임을 진다. 3년 주기로 관리자들은 조직운영에 대하여 재량권을 행사하지만 이 기간이 완료되면 중앙정부와 국회는 자원의 관리와 목표달성의 성공여부에 대하여 세밀한 조사를 실시한다.

1990년대 이후 지난 10여 년간 스웨덴의 인사정책은 예산과정을 통해 정부의 집행기관으로 점차 분권화되고 있다. 중앙정부 공무원 가운데 약 99%가 집행기관 소속이다. 그러나 정부는 이들 기관의 기관장을 임명하거나 면직하는 권한은 위임하지 않고 있다. 이와 관련한 스웨덴 인적자원관리의 가장 중요한 변화는 정부고용청(SAGE: National Agency for Government Employers)의 위상 변화이다. 정부고용청(SAGE)은 1965년 이래 정부가 고용주로서의 책임을 위임한 정부기관이었다. 그런데 1994년 정부가 고용의 책임성을 집행기관에 넘긴 이후로 고용정책에 대한 완전한 자율권이 집행기관의 장에게 이양되

---

10) 스웨덴은 단일국가로 입헌군주제이다. 정부는 중앙정부, 21개 광역자치단체(landsting) 및 289개 기초자치단체(kommun)로 구성되어 있으며, 중앙정부는 13개 부처와 약 230개의 집행기관(independent agency)으로 이루어져 있다.

11) 스웨덴의 인적자원관리에 대한 설명은 스웨덴 정부 홈페이지, Alam(1998), Bossaert (2001), OECD(1999b, 2001c, 2002b), Regeringskansliet(2000), Rexed(2000), Statskontoret(1999)의 내용에 기초하고 있다.

었다. 1997년 인사정책평가위원회의 보고서는 정부의 고용자측 책임성을 집행기관으로 이양한 것은 성공적이었다는 결론을 내리고, 집행기관들이 새로운 자율권을 활용하여 인사관리의 신축성과 직원의 역량을 증진시켰음을 밝히고 있다.

1980년대부터 중앙정부기관들은 역량개발(competence development) 전략들을 적용하기 시작하였다. 1990년대 중반에는 역량개발을 위한 중앙정부의 조사와 정책개발이 이루어졌으며, 1990년대 말에는 '지식증진(Knowledge Lift)' 프로그램이 추진되었다. 1999년에 공무원의 능력 향상과 인적자원관리 증진을 위한 기구(Office of Quality and Competence Development)가 설치되었다 (Wise, 2002: 561).

또 다른 특징은 공무원 충원방식의 변화다. 헌법과 정부고용법(Public Employment Act)은 일반적인 공무원 선발기준을 제시하고 있다. 이 틀 안에서 공무원은 민간부문에서와 동일한 방식으로 충원된다. 정부기관과 부서는 필요에 따라 공무원을 충원할 수 있다. 1990년 단체협약에서 공무원 감축에 대한 조항을 신설하여, 정부기관은 여유 인력을 감축할 수 있는 권한을 갖게 되었다. 1996년 정부 공무원들은 다른 근로자에게 적용되는 동일한 규정에 따라 협상할 수 있는 권한을 부여받았다. 보수와 기타 고용조건은 단체협약에 의해 결정된다. 직장폐쇄와 파업은 정부와 공무원 노동조합 간의 분쟁에서 사용할 수 있는 합법적인 수단이 되었다.

공무원 보수는 개별적으로 결정되어야 하고 차별적이어야 한다는 일반원칙 하에, 보수체계의 기본원칙은 ① 임금은 노동조합과의 협상을 통해 결정되며, ② 임금은 개인별로 정해지고, ③ 임금 결정은 각 정부기관으로 분권화되어 있으며, ④ 각 정부기관의 관리자들은 임금 결정에서 중요한 지위를 갖는다는 것이다.

4) 인적자원관리 개혁의 방향과 특징

덴마크, 핀란드 및 스웨덴과 같은 북유럽국가가 1980년대 이후 추진해
온 인적자원관리 개혁의 전반적인 경향은 상당한 유사성을 지니고 있다. <표
6-1>에서 정리하고 있는 바와 같이, 북유럽국가의 인적자원관리 개혁의 공통
적인 방향은 ① 인적자원관리의 권한과 책임을 각 부처, 집행기관 및 정부기관
의 관리자에게로 위임하는 분권화 경향, ② 관리자와 공무원의 능력개발을
통하여 정부의 경쟁력을 강화하려는 역량개발 경향, ③ 성과계약, 성과에 대한
평가와 보상을 중시하는 성과관리 경향이라고 볼 수 있다.

톰킨스에 따르면, 정부의 인적자원전략(human resource strategies)은 크게 비용
억제(cost containment), 성과관리(performance management), 참여(involvement), 보
유(retention), 투자(investment), 응집(cohesion) 등 6가지 전략으로 구분할 수 있다
(Tompkins, 2002). 각 전략별로 추구하는 가치와 소망하는 결과는 상이하다.
첫째, 비용억제전략은 시간제, 임시직, 계약직 활용, 비용편익 중심관리를 통

<표 6-1> 북유럽국가 인적자원관리 개혁의 특징

	덴마크	핀란드	스웨덴
비전· 목표	○정부의 역량 확충 ○공무원의 발전	○정부의 관리역량 강화 ○신축적 관리체계 확립	○정부의 능률성과 효과 성 제고
개혁 방향	○인사정책, 보수정책 및 조 직목표간 연계 강화 ○성과계약을 통한 성과관리 ○계약의 연계 ○성과면담 ○공무원의 능력개발	○결과에 의한 관리 ○인사행정의 분권화 ○관리자 역량 증진 ○성과평가 ○새로운 보수체계 도입	○인사정책의 분권화 ○관리자의 권한과 책임 강화 ○역량개발 ○성과평가 ○공무원 충원방식 변화
주요 특징	○관리자와 공무원간 책임 분담 및 상호작용 증진	○관리자의 권한 확대 ○인사정책에 대한 정기 적 평가	○민간과 동일한 인력관리 ○개별적, 차별적인 개인 별 보수체계
비고	○헌신과 몰입 중요시 ○분권화된 책임성 강조	○신축적인 인력 운용 ○개인 업무성과 평가기준	○정부기관의 독자성 강조

하여 노동시장 임금 수준 이하로 고용비용을 억제하려는 전략으로, 추구가치
는 경제성이다. 둘째, 성과관리전략은 측정 가능한 목표를 설정하고 성과에
대한 보상을 추구하는 전략으로, 추구가치는 생산성이다. 셋째, 참여전략은
개인과 팀에게 자기완결적인 업무를 수행하도록 하여 의사결정권과 책임성
을 동시에 부여하는 전략으로, 추구가치는 권한위임이다. 넷째, 보유전략은
후한 수당 제공, 민간보다 높은 임금수준 유지, 긍정적인 업무환경 제공, 신축
근무제 및 탁아 등 가정 친화적 정책을 추진하여 유능한 인력 확보에 필요한
여건을 조성하는 전략으로, 추구가치는 직원의 욕구만족이다. 다섯째, 투자
전략은 공무원의 능력개발에 대한 집중 투자를 통하여 개인과 조직의 역량을
증진하는 전략으로, 추구가치는 인력개발이다. 여섯째, 응집전략은 상·하 간
개방적 신뢰관계 형성, 야유회, 여가활동 등을 통하여 공동체의식을 강화하
고 강한 사회적 연대를 형성하려는 전략으로, 추구가치는 동지애, 개방성과
신뢰다.

　　이러한 톰킨스(2002)의 인적자원전략 유형 중에서 북유럽국가가 공통적으
로 중요하게 추진하고 있는 전략은 참여전략을 중심으로 하여 투자전략과
성과관리전략을 함께 활용한다고 볼 수 있다.

3. 북유럽국가 인적자원관리의 영역별 비교

1980년대 이후 개혁과정을 통하여 북유럽국가의 인적자원관리는 상당한
변화를 겪었다. 이러한 변화의 결과 나타나게 된 북유럽국가들의 인적자원관
리의 특징을 영역별로 살펴보면 다음과 같다.

1) 분권화와 중앙인사기관의 역할

중앙인사기관의 인적자원관리 책임을 각 중앙부처나 기관으로 이양하고,

또한 각 부처와 기관에서는 기관장의 인사권한을 각 부서장에게 위임하는 분권화 현상은 최근 인사개혁의 중요한 특징 중 하나다. 이러한 경향의 기본가정은 관리자에게 권한을 부여하고 인센티브를 주는 것이 관리자로 하여금 실질적인 관리를 할 수 있게 하므로 성과 향상에 필수적이라는 것이다.

중앙인사 관장기관은 덴마크와 핀란드의 경우에는 재무부에 속해 있으며, 스웨덴의 경우에는 재무부와 정부고용청(SAGE)이 인적자원관리와 관련하여 역할을 분담하고 있으나 중앙정부 전체의 인적자원관리 책임을 지는 중앙인사기관은 존재하지 않는다(OECD, 2004a).

덴마크의 경우 중앙정부 차원에서 공무원 인력관리를 담당하는 부서는 재무부 산하기관인 정부고용국(State Employer's Authority)이다. 정부고용국의 주요업무는 ① 약 16만 명의 공무원을 대표하는 노동조합과의 단체협약 체결 및 노동법의 적용과 해석 등에 대하여 각 부처와 정부기관에 대한 자문, ② 공무원의 보수시스템 개발·보급 및 유능한 인력의 공직 유치를 위한 노동시장 정책 개발, ③ 공무원 인적자원관리정책 개발, ④ 공무원연금 업무 등이다. 정부고용국의 비전은 정부 인적자원관리의 발전을 위한 의제설정 역할 수행과 효율적인 서비스를 제공하는 것이다. 각 정부부처와 정부기관들은 공무원의 채용, 교육훈련, 협력, 이동성, 경력유형, 면직 등에 대하여 독자적으로 자율적인 인사정책을 수립하고 있다. 지방자치단체는 중앙정부와 독립적으로 인사문제에 대한 결정을 내린다.

핀란드에서 중앙인사기관의 역할은 재무부 인사국(Personnel Department)이 담당하고 있다. 인사국의 주요 역할은, ① 고용자로서의 정부가 추진하는 정책의 기획과 집행, ② 중앙정부 차원의 노사협상에서 사용자로서의 정부를 대표하며, ③ 정부의 사용자적인 활동과 인사정책 관련 서비스 제공, ④ 국영기업과 공기업을 대표하는 사용자연합체(Employer's Association for Public Enterprises)와 협력하여, 서비스 제공, ⑤ 정부의 일반직인 인사정책 남낭, ⑥ 정부의 임금정책 집행, 정부예산의 인건비 부분 입안, ⑦ 성부 인력에 대한 교육훈련 계획 수립 등이다. 전통적으로 핀란드 재무부 인사국은 공무원 정원에 대한 전반적인 통제권을 행사해 왔다. 그러나 이러한 책임은 이제 정부부처에서 일반적인 지침만 받는 정부기관(agency)에 위임되어 있다. 1990년 이후 추진된 인사정책 개혁은 신축성·경쟁력·활동성·분권화·능률성 제고에 초점을 두었다. 개혁의 목표는 인력과 자원의 활용 극대화이며, 일반적인 경향은 인사정책기능을 각 정부기관으로 위임하는 분권화. 중앙정부의 각 부처와 정부기관들은 자체적으로 공무원을 충원할 책임을 지고 있다.

스웨덴 중앙정부 차원에서 공무원의 인적자원관리와 관련 있는 기관은 재무부와 정부고용청(SAGE)이다. 재무부는 고위공무원에 대한 인사정책, 그리고 예산과 공공관리 개혁을 담당한다. 재무부의 주요 인사정책기능은 전문가주의(professionalism)를 지향하고 집행기관 기관장의 보수수준을 결정하는 것이다. 재무부는 또한 각 부처의 공직자 충원에 대한 자문역할을 수행한다. SAGE는 1994년 재무부 산하에서 독립기관으로 변모하였으며, 정부기관을 대표하고 각 정부기관으로부터의 갹출에 의해 재정을 조달한다. SAGE는 공무원의 고용조건과 임금에 대한 노사협상에서 정부 고용주를 대표한다. 스웨덴에서는 인적자원관리에 대한 완전한 자율권이 집행기관의 장에게 이양되어 있다. 따라서 중앙정부 차원의 인적자원관리의 핵심 역할을 담당하는 중앙인사기관은 없다고 할 수 있다.

인적자원관리의 분권화 여부를 가름하는 가장 좋은 척도는 총액인건비제도의 도입이다. 총액인건비제도는 각 부처가 정해진 인건비 한도 내에서 인력의 수와 직급, 기구의 설치뿐만 아니라 인건비 배분까지 자율적으로 정해 인력운영의 유동성을 극대화하는 제도다. 핀란드와 스웨덴은 정부의 모든 부처와 집행기관에 대하여 총액인건비제도를 도입하여 각 정부조직에 인사운영에 대한 포괄적인 재량권을 부여하고 있으며, 덴마크의 경우는 제한된 수의 중앙부처에 대해서만 총액인건비제도를 도입하고 있다(OECD, 2004a).

2) 공무원의 지위 및 직업 안정성

북유럽국가들의 경우 정부부문의 고용관계는 민간부문과 매우 유사하다. 즉 특정 여건하에서 공무원을 해고하는 것이 가능하며, 특정 조건하에 근무기간을 정해 공무원을 채용하는 것이 가능하다. 스웨덴과 핀란드의 경우, 정부부문에서의 계약직 공무원의 비율이 민간부문에 비해 오히려 높은 수준이다 (Aijala, 2001: 21). 정년보장(life-long employment)이 공무원들에게 안정성을 부여하지만 조직의 관점에서 구조조정이 요구될 때에는 문제를 야기할 수 있다. 또한 공무원이 만족할 만한 수준의 성과를 달성하지 못하는 경우에도 정년보장은 문제가 될 수 있다. 반면, 대규모 정부조직의 정년보장은 인력 채용시 중요한 유인장치가 될 수 있다(OECD, 2002a).

공무원의 법적 지위에 대하여 덴마크는 직업공무원법(Civil Servants' Act)에서, 그리고 핀란드는 국가공무원법(State Civil Servants Act)을 통해 직업공무원의 법적 지위를 규정하고 있으나, 스웨덴의 경우에는 민간부문과 구별하여 공무원의 법적 지위를 규정한 법률이 존재하지 않는다. 따라서 스웨덴에서는 정부부문과 민간부문의 고용관계에서는 어떠한 차이도 없다(Demmke, 2004: 108).[12] 공무원의 직업 안정성을 보면, 핀란드와 덴마크의 경우에는 특정 조건하에서 해고가 가능하도록 되어 있으며, 스웨덴의 경우에는 민간부문과 유사하게 해고와 구조조정이 보다 용이하다.

공무원은 각 정부부처와 정부기관이 개별적으로 필요에 따라 충원할 수 있다. 덴마크와 핀란드에는 정규직 공무원(permanent contract)과 재임기간이

---

12) "With the exception of very few positions(such as judges), all life-long employment in the Swedish Government administration has been replaced by employment on a permanent contract basis. This means that government employees are under the same legislation for employment protection as any employee in Sweden. Today, more than 95% of government staff are employed under a permanent contract basis "(OECD, 2004a: 7).

정해진 계약직 공무원(fixed-term contract)의 고용형태가 함께 존재한다. 핀란드 중앙정부의 경우 2002년 현재 정규직이 69.7%, 계약직이 30.3%다. 덴마크 중앙정부의 경우, 2002년 현재 직업공무원은 전체의 약 36%이고, 계약직 공무원은 64%다(Ministry of Finance, 2002: 37). 덴마크에서는 관리직에 대한 임기제 고용이 보다 보편화되고 있으며, 부서장의 19% 정도가 임기제 고용계약의 적용을 받고 있다. 스웨덴은 공무원의 95% 이상이 신분보장이 되는 직업공무원이 아니라 민간부문과 동일하게 정규직 계약으로 고용된 인력이다(OECD, 2004a: 7).

특히 스웨덴의 경우, 정부기관은 민간기업과 동일한 노동법과 노동시장조건하에서 운영되고 있다. 모든 공무원은 정부기관에 의해 자체적으로 채용되며, 다른 정부기관으로 전근할 수 있는 권리는 없다. 소속 정부기관이 인력을 감축하거나 구조조정을 하고자 하는 경우, 고용계약은 해지될 수 있다. 따라서 공무원은 정년이 보장된다는 의미에서의 정규직은 아니라고 할 수 있다. 각 정부기관은 필요한 인력규모가 어느 정도인지, 누구를 채용하고 승진시킬 것인지를 스스로 결정한다. 보수는 개인별로 다르게 책정되며 정부기관과 노동조합 간의 협상을 토대로 결정된다. 이 경우 각 정부기관은 정부로부터 민간부문의 평균 임금인상에 근거하여 계산된 임금인상에 대해 표준화된 지원금을 받는다. 만약 정부기관이 이보다 높은 임금인상을 한다면 그 대신에 다른 지출을 축소하여야 한다(Rexed, 2000).

3) 공무원제도 및 인사관리의 신축성

북유럽국가들의 경우 공무원제도와 인사관리 과정에서 다음과 같은 특징이 나타나고 있다. 첫째, 전통적인 직업공무원제와는 확연히 구분되는 공무원제도를 가지고 있다. 대부분의 유럽국가들은 계급제에 기초한 직업공무원제(career system)를 채택하여 왔다. 직업공무원제는 승진이 제대로 이루어지지 못하는 경우 조직이 침체되고 사기가 저하될 수 있다는 문제점과 민간부문과

<표 6-2> 북유럽국가의 공직체제 특징

직업공무원제(C)	직위 중심 공직체제(P)	덴마크	핀란드	스웨덴
입직계급으로만 충원 가능	모든 계급/직위로 충원 가능	P	P	P
특정 계급에 대한 법적 요건 (학력/자격) 명시	특정 직위에 대한 요건으로 직무수행능력 명시	P	P	P
채용시 상한 연령 제한 있음	채용시 상한 연령 제한 없음	P	P	P
공직 외 직업경험 인정 않음	이전 직업경험 인정	P	P	P
법적으로 정한 보수체계	차별적 개인별 보수수준	P	P	P
연공에 의한 자동적 보수 인상	보수의 자동적 인상 없음	P	P	P
법적으로 정한 승진체제	승진체제에 대한 규정 없음	P	P	P
정년 보장	정년 보장 없음	P	P	P
공무원 연금체계	일반 연금체계 적용	C	C	P
공무원 징계에 대한 법적 규정	다른 유형의 징계 규정	C	C	P
C로 표시된 수		2	2	0
P로 표시된 수		8	8	10
평가		직위 중심	직위 중심	직위 중심

자료: Bossaert(2001), pp.242~243.

의 교류가 어렵다는 문제점을 안고 있다. 북유럽국가들은 1980년대 후반 이후부터 직위 중심의 공직체제(position-focused system)로 전환하고 있다.

<표 6-2>는 직업공무원제의 특징과 직위 중심 공직체제의 특징을 비교하면서, 덴마크, 핀란드 및 스웨덴의 공무원제도는 어디에 해당하는지를 보여주고 있다. 이들 국가들의 공무원제도가 직업공무원제의 성격을 보여주고 있으면 'C'로, 직위 중심 공직체제의 특성을 보여주고 있으면 'P'로 표시하였다. 그 결과, 스웨덴은 10개 항목 모두 직위 중심 공직체제의 특징을 보여주고 있으며, 덴마크와 핀란드는 10개 항목 가운데 8개 항목에 대하여 직위 중심 공직체제의 특징을 보여주고 있다. 따라서 이들 북유럽국가들의 공무원제도는 모두 직위 중심 공직체제로 분류할 수 있다.[13]

---

13) OECD(2003, 7; 2004a) 자료에 따르면 스웨덴, 덴마크, 핀란드는 영국, 네덜란드

둘째, 이들 나라는 개방형 임용제도를 채택하고 있다. 개방형 임용제도는 노동시장에서 특정 직위나 직무를 담당하기에 적합한 인재를 바로 충원하는 방식이다. 지원자는 모집공고를 낸 부서 혹은 기관이 설정한 직무수행요건을 구비해야 한다. 즉 특정 직위의 직무를 수행하는 데 요구되는 역량이 학력보다 더욱 중요하게 고려된다. 공무원 임용에서 학력요건에 대해 설정한 기준이 없기 때문에 전문직업적 경험이 더 중요하게 작용한다. 선발방식은 민간부문의 경우와 유사하며, 각 정부 부처나 정부기관이 직접 공무원을 채용할 수 있도록 분권화되어 있다.

셋째, 기관 간 인사교류(mobility)는 모든 나라에서 장려되고 있다. 그 이유는 정부 입장에서는 정부기관이나 부처의 업무수행에서 신축성과 효과성을 증진시킬 수 있는 수단이 되며, 공무원의 관점에서는 타 분야의 업무를 배우고 새로운 기술을 습득하며 경력개발에 도움이 되기 때문이다. 하지만 실제 인사교류는 용이하지 않다. 정서적·심리적 요인(변화에 대한 저항, 담당업무를 빼앗길지 모른다는 두려움 등)과 특정 기술이 요구되는 업무 성격상의 차이 등 장애요인이 많기 때문이다. 심리적 장애요인을 극복하기 위하여 덴마크와 핀란드에서는 인사교류를 인력개발 수단으로 삼아 적극적으로 활용하기 시작했다. 핀란드의 경우 인사교류는 일반적으로 제약되어 있으며, 전보(transfer)도 통상 단기간인 경우에만 가능하다. 인사교류 활성화를 위하여 인사순환시스템(staff rotation system)이 활용되고 있으며, 이 경우 원래 소속기관은 그대로 두고 공무원들은 6개월이나 1년간 다른 직위로 이동하여 근무할 수 있다. 덴마크나 스웨덴에서는 원래 소속기관의 변경 혹은 유지와 함께 지역 간·직종 간 인사교류가 보다 용이하게 이루어지고 있다. 특히 부처 간·부서 간에는 상당한 정도의 인사이동과 교류가 이루어지며, 덴마크에서는 정부부처 간, 기관 간, 때로는 민·관 간에 이중 혹은 삼중 인사교류가 이루어지고 있다.[14] 스웨덴에서는

등과 함께 직위 중심 공직체제로 변화된 반면, 프랑스, 이탈리아, 스페인과 함께 한국은 여전히 직업공무원제로 분류되고 있다.

14) 관리자가 조직 내 다른 보직으로 이동하는 경우 5% 봉급인상 요인이 발생하며, 다른

인사교류에 관한 공식적인 규정은 없으나 일반적으로 정부기관들에 의해 설정된 인사교류시스템이 광범위하게 활용되고 있다. 직종 간 인사교류는 스웨덴 정부의 보수체계에 의해 장려되고 있는데, 그것은 개인별 보수체계가 적용되고 있기 때문으로 볼 수 있다. 노동시장 부문 간 인사교류를 희망하는 경우도 많은데, 그것은 민간부문에서의 경험이 정부에서도 인사기록에 실적으로 그대로 반영되기 때문이다.

넷째, 이들 국가들은 인사관리의 신축성을 제고하기 위하여 노력하고 있다. 즉 중앙정부 차원에서 결정된 사항의 보편적 적용을 줄이고, 개별 정부조직의 자율성을 강화한다. 고용주로서의 정부 부처와 기관은 급변하는 조직 환경에 대응하여 인력관리업무를 수행하여야 한다. 인력규모의 신축성에서는 덴마크와 스웨덴이 앞서가고 있고, 보수의 신축성은 핀란드와 스웨덴이 앞장서고 있으며, 모든 국가가 계약의 신축성을 추구하고 있다. 또한 핀란드는 근무시간의 신축성을 더욱 강화하여, 공무원의 60%가 신축근무시간제를 활용하고 있다. 스웨덴에서는 중앙정부 차원의 노사협약을 통해 근무시간을 규정하고 있으나 각 정부기관은 자체적으로 노사합의를 통해 근무시간을 설정할 수 있는 권한을 갖고 있다. 핀란드에서는 초과근무시간을 반기별로 78시간까지 저축해 두었다가 휴가기간으로 활용할 수 있도록 하고 있다. 시간제 근무(part-time work) 비율을 보면, 1997년의 경우 핀란드는 전체 공무원의 약 11.6%가 시간제 근무이며, 덴마크의 경우는 22.2%, 스웨덴은 23.9%를 차지하고 있다(Bossaert et al., 2001: 156).[15]

기관으로 이동하는 경우에는 20% 봉급 인상이 이루어진다(Alam, 1998: 21).
15) 핀란드정부는 실업문제 해소를 위하여 시간제 근무형태(주당 20시간 근무가 가장 보편적임)를 활용하고 있다. 특히 직무공유(job-sharing)를 권장하고자, 하나의 선임 근무 직위를 두 개의 시간제 근무 직위로 전환할 경우 재정지원을 하며, 이러한 지원은 정부뿐만 아니라 민간기업에도 적용되고 있다.

4) 평가와 보상

공무원 평가와 보수에 대한 이들 국가들의 전반적인 추세는 공무원에 대한 평가체제가 점차 분권화되고 있으며, 성과평가 또한 보다 중요하게 간주되고 있다는 점이다. 성과급(performance-related pay)이 점차 중요하게 고려되고 있으며, 평가에 있어서 면담방식의 활용이 중요한 요소로 부각되고 있다. 아울러 성과 보너스를 개인 단위가 아닌 팀 단위로 지급하기도 한다. 팀별 성과가 기관별 보너스 및 집단별 보너스의 형태로도 보상되는데, 덴마크와 핀란드에서 시행하고 있다(Bossaert et al., 2001: 136). 성과급은 정부조직의 목표에 대한 공무원의 몰입(commitment)과 이러한 몰입에 대한 보수 혹은 보너스 형태의 금전적 보상 간의 연계 확립을 요구한다. 이러한 연계는 성과평가시스템에 의해서 확립될 수 있다. 이러한 시스템은 해당 기간 동안 달성해야 할 개인별 목표를 설정하고 평가를 통해 목표달성 여부를 측정하는 것이다. 이들 국가는 이미 많은 부분에서 이러한 성과급체계를 도입하고 있다. 아울러 이들 국가들은 또한 보수 결정에 신축성을 부여하여, 연공서열에 기초한 전통적인 보수체계를 개인적 자질(기술, 자격요건, 시장가치 등)이 주로 반영되는 상황적응적 보수체계(contingent pay system)로 전환하였다.

덴마크는 1994년 성과면담제도를 도입하였다. 공무원과 직속상사 간의 면담을 통하여, ① 해당 직위에서의 전문직업적 자격요건의 활용, ② 담당업무와 공무원의 지식 및 노하우 간의 균형, ③ 교육훈련, 인사교류, 배치전환 및 장기적인 경력계획에 대한 요구 등을 함께 분석한다. 각 정부기관은 적절한 평가를 위한 전략을 구비하도록 평가지침에서 요구하고 있다. 1995년부터 성과면담이 역량과 개인적 발전의 역동적 관리를 위하여 활용되고, 공무원의 개인적 이익과 조직의 이익이 건설적인 대화를 통하여 조화를 이루어야 한다고 강조하고 있다. 핀란드에서는 1990년대에 인력관리의 분권화, 개인별 평가면담의 도입 등 덴마크와 유사한 평가시스템을 도입하였다. 하지만 일부 관리자들은 실제적 적용은 여전히 의문스럽다는 반응을 보이고 있다. 스웨덴의 성과급체계는 '개별적·차별적'인 보수체계로 통합되어 있다. 거의 모든 공무원은 성과가 반영된 개별적인 보수체계에 따라 보상을 받는다. 일반적으로 전통적인 보수체계에 비해 정부기관의 사명과 과업에 대한 공무원 개개인의 기여도를 평가하고 보상하는 데 역점을 두는 시스템이다. 공무원의 성과 평가라는 핵심적인 요소를 포함하고 있을 뿐 아니라, 고용여건과 시장 상황을 보수에 반영할 만큼 신축적이다. 공무원의 개인별 보수는 ① 직위에 부여된 난이도와 책임성, ② 공무원의 성과(기관의 목표와 관련된 기술과 결과), ③ 시장 상황을 기초로 하여 결정된다.

5) 노사관계와 파업권

이들 국가의 경우 일반직 공무원에 대한 단체교섭과 계약직 공무원에 대한 단체교섭이 모두 법적 구속력을 갖는다. 또한 노사관계는 상당 수준 분권화되어 있다. 주요 현안은 중앙정부 차원보다는 각 정부기관과 부처 차원에서 노동조합과의 협상을 통해 논의되는 경향이 강하다.

덴마크의 경우 개인별·집단별 공무원의 보수에 대한 단체교섭이 중앙정부 차원에서는 재무부와 노동조합 간에 이루어진다. 간혹 재무부가 협상권한을 개발 부처에 위임하기도 한다. 여러 공무원집단에 공통적으로 적용되는 보수 인상은 중앙정부 차원에서 결정하지만, 공무원 개인별 수당은 개별 정부기관과 지방정부 차원에서 협상이 이루어진다. 민간부문과 공공부문을 막론하고 노·사 간의 협상과 합의는 종종 국가 전체적 차원에서 법적 구속력을 갖는 단체협약으로 나타난다. 단체협약은 통상 2년 정도 효력을 갖는다. 중앙정부 공무원을 대변하는 대부분의 노동조합은 4개 상급단체에 소속되어 있으며,[16]

---

16) 4개 노동단체는 the Association of Danish State Employee Organizations(STK), the State Public Servant Trade Unions(CO11), the Confederation of Civil Servant and Public Employee Unions(TOK), the Confederation of Professional Associations(AC)이다.

이들 조직들은 통합조직인 CFU(Danish Central Federation of State Employees' Organization)을 형성하여, 일반적인 보수와 근로조건에 대해 재무부와 교섭을 벌여 단체협약을 체결한다. 아울러 CFU와 재무부는 지방정부 차원에 적용되는 단체협약의 틀을 만든다.

핀란드에서는 공무원의 법적 지위와 연금문제와 같은 일반적 현안을 다루는 중앙정부 차원의 사용자측 의무는 재무부가 담당하고, 다른 고용조건에 대한 사항은 재무부 산하 정부고용국(State Employer's Office)이 담당한다. 지방정부의 경우는 지방정부고용자협의회(Commission for Local Authority Employers, KT)가 지방정부 및 지방정부연합회를 대표한다. 이들 대표자들은 지방정부의 규모, 지역적·언어적 대표성 및 지방정부의 정당별 분포 등을 고려하여 결정한다. 핀란드의 경우 중앙정부 공무원들에 대한 기준 보수 인상율은 중앙정부 차원의 협상을 통해 이루어지지만, 각 정부기관에서도 성과에 기초한 추가적인 보수인상이 이루어진다. 중앙정부 소속 182개 정부기관 중 60개는 자체적으로 고용조건에 대한 규정을 마련하고 있다. 지방정부의 경우 노사협상은 중앙 차원에서 지방정부고용자협의회가 담당하지만, 또한 각 지방정부도 공무원노동조합의 각 지부와 협상을 한다. 지방정부 공무원 모두에게 적용되는 일반협약과 아울러 특정 직렬(교사, 의사, 수의사, 기술직, 시간제 공무원 등)별로 특성화된 협약이 존재한다. 1993년부터 개별 지방정부들은 지방정부에 대한 중앙정부 차원의 노사협상에서 합의한 사항에서 이탈할 수 있는 권한을 갖게 되었다.

스웨덴에서는 정부부문의 노사관계를 담당하는 별도의 기구인 정부고용청(SAGE)을 두고 있다. 정부고용청은 1994년부터 정부가 고용자측 책임성을 위임한 기관으로, 회원으로 참여한 정부기관들의 갹출금으로 운영된다. 최고 집행기관인 이사회(SAGE Board)가 노동조합과의 임금협상을 담당한다. 주요 행정기능을 담당하는 중앙정부기관들은 모두 SAGE의 회원조직이 되도록 규정되어 있다. 스웨덴에는 노·사 간에 세 가지 협약 즉 기본협약, 일반협약 및 지역협약의 형태가 존재하며, 이 중 기본협약과 일반협약은 정부고용청과 중앙 차원의 노동조합 간에 협상을 통해 이루어지며, 지역협약에서는 개별적인 보수와 기타 고용조건을 결정하며 각 정부기관 차원에서 관리자측과 노동조합 대표 간의 협상을 통해 이루어진다. 조직단위 차원의 노사합의를 공동결정(co-determination)이라고도 하며, 일반적으로 관리자와 공무원노동조합 대표 사이에 체결된다. 스웨덴의 경우 1976년 제정된 공동결정법(Co-determination Act)이 공공부문을 포함한 전체 노동시장에 적용되고 있다.

파업권은 원칙적으로 일반직 공무원과 계약직 공무원 모두에게 부여된다. 스웨덴의 경우, 국방과 경찰을 포함한 모든 정부 공무원들은 법적으로 파업권을 부여받고 있다. 하지만 국가의 정치적 상황에 영향을 미치려는 파업은 허용되지 않는다. 핀란드의 경우 파업이 사회의 중요한 이익에 영향을 미친다고 판단되면, 상당기간 연기되기도 한다. 일반적으로 파업은 단체협상이 성공적으로 이루어지지 않은 경우 발생하며, 통상 5일에서 2주일 전에 공지되고, 정확한 장소, 일자 및 시간을 명시하여야 한다. 파업을 하더라도 지속적인 행정기능 수행을 위하여 최소한의 인력은 업무를 수행하도록 하고 있다. 핀란드의 경우에는 노동조합 스스로가 파업에 참가할 수 있는 공무원의 수를 제한한다. 스웨덴에서는 공익이 훼손당하는 경우, 파업을 제한할 수 있다. 사회의 주요 이익을 보호하기 위하여 파업권을 제한할 수 있다는 규정이 기본협약에 포함되어 있다. 파업이 발생하게 되면 노사 양측이 참여하는 공동협의회(joint consultation board)가 특정 파업이 사회 안전에 위협이 되는지 여부를 검토한다. 노사 양측은 이 협의회의 결정을 존중해야 한다.

요약해 보면 스웨덴, 덴마크, 핀란드 모두 공무원의 보수 결정 등 의사결정에서 노동조합의 참여와 영향력이 매우 크다고 볼 수 있으며, 이들 국가들의 경우 단체교섭은 모두 두 개 계층(덴마크는 중앙정부 차원 및 직능집단별 교섭, 핀란드와 스웨덴은 중앙정부 차원 및 개별 정부기관에서의 교섭)에서 이루어진다 (OECD, 2004a).

<表 6-3> 북유럽국가 인적자원관리의 특징 요약

영역		덴마크	핀란드	스웨덴
분권화와 중앙인사 기관	중앙인사기관	재무부	재무부	없음
	총액인건비제도	일부 부처	모든 부처/기관	모든 부처/기관
공무원의 지위 및 직업 안정성	법적 지위 규정	직업공무원법	국가공무원법	없음
	직업 안정성	특정 조건하에서 해고 가능	특정 조건하에서 해고 가능	민간부문과 유사 해고, 구조조정 용이
	충원방식	기관별 충원	기관별 충원	기관별 충원
공무원제도 및 인사관리 의 신축성	공직체제	직위 중심	직위 중심	직위 중심
	개방형 임용제도	채택	채택	채택
	인사교류	장려/용이	장려/제약	장려/용이
	신축성	높음	높음	높음
평가와 보상	평가체제	분권적	분권적	분권적
	성과평가	실시	실시	실시
	성과급	실시	실시	실시
	특징적 제도	성과면담 팀 단위 성과보상	덴마크와 유사 팀 단위 성과보상	성과가 반영된 개별 적 보수체계
노사관계와 파업권	정부측 대표	재무부	재무부/정부고용국	정부고용청(SAGE)
	단체교섭 계층	중앙 차원, 직능별	중앙 차원, 각 기관	중앙 차원, 각 기관
	노조의 영향	크다	크다	크다
	공무원 파업권	부여	부여	부여

6) 요약

지금까지 설명한 덴마크 등 북유럽국가들의 인적자원관리 특징을 정리하면 <표 6-3>과 같다. 앞의 <표 6-1>에서도 알 수 있는 바와 같이, 이들 북유럽 국가들은 국가마다 약간씩의 차이는 있으나 정부부문의 인적자원관리에서 상당한 유사성을 지니고 있다고 할 수 있다. 첫째, 인적자원관리의 책임이 개별 부처와 집행기관으로 위임되고 중앙인사기관의 역할과 권한이 축소되고 있으며, 총액인건비제도를 도입하고 있다. 둘째, 공무원의 법적 지위와 신분보 장은 점차 약화되어 민간부문과 유사해지고 있다. 셋째, 각 정부기관은 직위에 필요한 인력을 적시에 충원할 수 있으며 공직체제도 전통적인 직업공무원제에서 탈피하여 직위 중심의 공직체제로 전환하고 있으며, 인사관리의 신축성을 제고하고 있다. 넷째, 공무원에 대한 평가체제가 점차 분권화되고 있으며, 성과평가 또한 더욱 중요하게 간주되고 있는데, 평가시에 면담방식의 활용이 중요한 요소로 부각되고 있고, 평가 결과는 금전적인 보상과 직접적으로 연계되고 있다. 다섯째, 보수수준 결정 등 공무원에게 영향을 미치는 사안에 대하여 노동조합의 참여와 영향력이 크며, 정부측과 공무원노동조합과의 단체교섭은 중앙 차원과 개별 기관 또는 직능별 차원의 두 개 계층에서 이루어지며 공무원에게도 파업권을 부여하고 있다.

5. 시사점과 결론

1) 시사점

북유럽국가들의 정부 인사개혁은 우리나라가 추진하고 있는 인사개혁을 위한 좋은 참고가 될 수 있다. 참여정부 인사개혁은 '공정성과 전문성에 기초한 참여형 인사시스템'을 구축하는 것을 비전으로 하여, 자율과 책임에 기초한 인사시스템, 공정하고 투명한 인사운영, 전문성과 역량을 강화하는 인사제도, 공무원과 함께하는 인사관리를 목표로 하는 로드맵을 설정하여 추진하고 있다 (정부혁신지방분권위, 2003). 로드맵의 인적자원관리 개혁과제는 영연방의 시장 정부모형에 따른 것보다는 북유럽국가의 자율적, 분권적, 참여형 정부모형에 입각한 과제가 많다. 참여정부 출범 후 2년 동안 추진되어 온 인사개혁과제 중에는 각 부처 인사자율권 확대(2단계에 걸쳐 시행)와 인사역량 강화, 총액인건비 제도 도입(2005. ?. ?? 국정과제회의에서 확정), 교육훈련을 통한 공무원 역량상화 방안(2004. 10. 22 국정과제회의에서 확정), 인사교류 활성화, 개방형 식위제도 활성화 등이 포함되어 있다(서원석, 2005 ; 정부혁신지방분권위, 2005). 따라서 북유럽국가들의 경험은 우리나라 인사개혁 추진에 상당한 시사점을 주고 있다.

또한 북유럽국가들의 인적자원관리 개혁전략들은 상호 보완적 특성을 가진다는 점을 유념할 필요가 있다. 첫째, 북유럽국가들이 추진한 공무원의 직업 안정성 약화, 인사관리의 신축성 제고, 개방형 충원방식은 북유럽국가의 오랜 조합주의적 문화를 바탕으로 한 상호 협력적 노사관계와 상호 보완적이라고 할 수 있다. 둘째, 공무원에 대한 성과평가, 성과급제의 도입, 책무성 강화 등의 개혁전략은 관리자와 공무원 간의 쌍방향적 의사소통과 면담의 중시, 공무원의 역량 강화와 자기계발 강조 등과 상호 보완적이다. 셋째, 인사행정기능의 분권화 및 중앙인사기관의 역할 축소는 성과 중심적 관리 및 성과에 기반한 보상과 상호 보완적 관계를 형성한다. 넷째, 개방형 임용제도, 직위 중심의 공직체제, 인사교류 활성화 등의 전략은 공무원의 자기계발과 능력향상, 헌신과 몰입에 대한 강조와 상호 보완적이다. 다섯째, 행정서비스의 질 향상 및 성과관리의 강조는 지방정부로의 권한과 책임 이양, 지방정부의 인력 비율 증가와 상호 보완적이다. 참여정부가 추진하고 있는 인사개혁이 성공하기 위해서는 여러 개혁전략이 상호 보완적 관계를 형성하면서 전반적인 변화의 흐름을 만들어갈 수 있도록 개혁전략 상호 간의 관계 및 영향을 주기적으로 점검하고 좀 더 장기적인 관점에서 인적자원관리 개혁을 꾸준히 추진해야 한다.

그리고 북유럽국가의 인적자원관리 개혁의 중심에는 공무원이 있다는 점을 유념해야 한다. 북유럽국가들이 인적자원관리 개혁을 통하여 달성하고자 한 비전은 바로 공무원의 발전을 통한 정부의 역량 강화인 것이다. 공무원에게 뚜렷한 목표의식을 심어주고 목표-활동-성과-보상의 연계를 통하여 업무수행 결과에 대한 예측가능성을 제고하며, 정기적인 상담과 평가를 통해 환류를 제공할 뿐만 아니라 분권화를 통하여 업무수행에 대한 권한과 책임의 일치를 도모하며, 역량개발을 강조함으로써 공무원의 '자기계발 → 업무수행역량 증진 → 성과 향상 → 좀 더 많은 보상'의 선순환을 유도하고 있다. 참여정부가 추진하고 있는 성과관리예산제도, 직무성과계약제도 등의 시행에서도 공무원의 입장에서 예측가능한 선순환이 이루어질 수 있도록 다음과 같은 점을 고려해야 할 것이다. 먼저 목표를 명확히 설정하도록 해야 한다. 개인별 직무목표의 설정은 공무원이 담당하는 업무를 수행함으로써 어떤 성과를 달성해야 하는가를 제시해 주는 것으로, 조직 전체의 비전과 목표, 조직단위의 목표와 계층적으로 연계되도록 해야 하며, 아울러 목표 달성 여부에 대한 평가 및 평가 결과에 따른 보상과 연계되도록 하여야 한다. 둘째, 분권화를 통하여 공무원에게 업무수행에 적합한 권한과 책임을 부여해야 한다. 권한이 부여되면 공무원은 행동의 자율성이 있으므로 상황이 변화되거나 더 좋은 방안이 생각나면 그 즉시 조정하고 조치를 취할 수 있다. 새로운 일의 시작, 혁신과 창의성, 그리고 이전에 없었던 실험적 시도 등을 유발할 수 있다. 셋째, 공무원의 능력개발이 공무원 스스로의 필요와 요구에 의하여 자발적으로 이루어질 수 있도록 유도하여야 한다. 공무원 자신의 능력개발이 자신의 성과 향상에 도움이 될 뿐만 아니라 조직의 역량 강화와 목표 달성에 기여하고, 이는 결국 정부의 역량 강화와 연결된다는 점을 인식하도록 하여야 한다. 정부활동의 성패는 공무원에게 달려 있다. 아무리 시스템이 잘 구축되어 있고 필요한 예산과 자원이 풍부하게 제공된다고 해도 결국에는 공무원이 일을 하는 것이다. 특히 공무원의 헌신과 몰입이 매우 중요하다는 점을 인식하고 공무원의 동기부여 증진을 위해 노력하는 덴마크의 사례는 우리에게 많은 시사점을 주고 있다.

마지막으로 이들 북유럽국가들의 인적자원관리 개혁에서 뚜렷하게 보여주고 있는 방향성은 우리나라 인사개혁 추진에서도 도움이 될 수 있다. 어떠한 인재를 선발할 것인지, 어떻게 필요한 인재를 적시에 적소에 배치할 것인지, 어떠한 방법으로 공무원의 발전과 정부 전체의 역량 증진을 함께 추구할 것인지, 어떠한 방법으로 공무원의 동기를 유발하고 헌신과 몰입을 유도할 것인지, 어떤 방법으로 정부 성과를 제고할 것인지 등에 대하여 우리나라 정부가 인적자원관리의 방향을 설정하고 인사개혁을 추진하는 데 많은 참고사항을 제시해 주고 있다.

2) 결론

우리나라는 그동안 정부 인사개혁을 위하여 주로 뉴질랜드, 영국, 미국 등의 영·미계 국가들을 벤치마킹하여 왔다. 그러나 영·미계 국가들의 개혁방향이 우리나라에 적실한지 여부에 대한 고민은 부족하다고 할 수 있다. 이와는 다른 북유럽국가들의 인사개혁 사례를 검토하는 것은 좀 더 균형적인 시각을 갖기 위해서도 필요한 작업이라고 할 수 있다.

이 연구를 통하여 덴마크, 핀란드, 스웨덴과 같은 북유럽국가들은 1980년대 이후 상당히 유사한 개혁전략을 추진하고 있다는 점을 발견하였다. 이들 국가의 인사개혁은 공통적으로 분권화, 역량개발, 성과관리를 강조하고 있다. 우리에게도 이러한 경향은 충분히 고려할 만한 가치가 있다고 보인다.

북유럽국가들이 1980년대 이후 추진해 온 분권형-참여형 개혁방안들은 집행을 통해 성과를 나타내는 데 상당한 시일이 소요되었다. 앞으로 우리나라에서도 단기간에 성과를 보려고 하기보다는 장기간에 걸쳐서 집행과정을 면밀하게 파악해야 할 것이다. 그 과정에서 북유럽국가들의 사례를 더욱 심층적으로 연구하고 참고할 필요가 충분히 있다.

참고문헌

서원석. 2005. 참여정부의 인사개혁에 대한 중간평가. 행정개혁시민연합 제46차 정책토론회 "노무현 정부 2년 평가". 2005. 2. 23 발표문.
정부혁신지방분권위원회. 2003. 인사개혁 로드맵, 2003년 4월 9일 발표.
_____. 2005. 인사개혁 주요과제 추진실적, 2005년 4월 발표자료.

Aijala, K. 2001. Public Sector — An Employer of Choice? OECD report.
Alam, M. M. 1998. *Public Personnel Policy in Europe*. Helsinki: Ministry of Finance, Finland.
Bossaert, D., et al. 2001. *Civil Services in the Europe of Fifteen: Trends and New Developments*. Maastricht, Netherlands: EIPA.

Demmke, C. 2004. *European Civil Services between Tradition and Reform*. Maastricht, Netherlands: EIPA.

Dente, B. 2003. European Best Practices in Performance Related Pay for Public Service Managers. Paper presented at the 41st Meeting of the European Directors — General Responsible for Public Administration(Rome, December, 2-3, 2003).

Hancock, M. D., Logue, J., and Schiller, B. 1991. *Managing Modern Capitalism*, NY: Greenwood Press.

Lane, J. 1997. "Public Sector Reform in the Nordic Countries." in J. Lane Ed., *Public Sector Reform: Rationale, Trends and Problems*, London: Sage, pp.188~208.

Loegreid, P. 2001. "Administrative Reforms in Scandinavia." in B. C. Nolan Ed., *Public Sector Reform*, New York: Palgrave, pp.66~81.

Ministry of Finance, Denmark. 1996. *Employment in the Danish State*.

Ministry of Finance, Denmark. 2002. *State Sector Personnel in Denmark 2002*.

OECD. 1992. *Public Management: Profiles 1992 —Denmark*.

_____. 1999a. *From Uniform Administration to Governance and Management of Diversity: Reforming state functions and public administration in Finland*.

_____. 1999b. *Trends in Human Resource Management in the Public Sector*.

_____. 2000. *Summary of the PSPE Data Analysis and Future Direction for HRM Data Collection*.

_____. 2001a. *Issues and Developments in Public Management: Denmark — 2000*.

_____. 2001b. *Issues and Developments in Public Management: Finland — 2000*.

_____. 2001c. *Issues and Developments in Public Management: Sweden — 2000*.

_____. 2001d. *Highlights of Public Sector Pay and Employment Trends*.

_____. 2002a. *Public Service as an Employer of Choice. Policy Brief*.

_____. 2002b. *Summary Record: 2002 Human Resources Management Working Party Meeting*.

_____. 2002c. *Highlights of Public Sector Pay and Employment Trends: 2002 Update*.

_____. 2003. *Managing Senior Management: Senior Civil Service Reform in OECD Member Countries*.

_____. 2004a. *Trends in Human Resources Management Policies in OECD Countries as Analysis of the Result of the OECD Survey on Strategic Human Resources Management*.

_____. 2004b. *OECD Economic Outlook*, No.76.

_____. 2004c. *Quarterly Labour Force Statistics*, No.4.

Peters, B. G. 1996. *The Future of Governing*. Kansas: University of Kansas Press.

Regeringskansliet. 2000. *The Swedish Government at Work*.

Rexed, K. 2000. Public Sector Reform: Lessons from the Nordic region. The Swedish Experience. Paper presented at the Korea/OECD Forum on Public Sector Reform: Challenges and Vision for the 21st Century(Seoul, Korea, June 22-23).

Rhodes, R. A. W. 1999. "Traditions and Public Sector Reform: Comparing Britain and

Denmark." *Scandinavian Political Studies*, 22(4), pp.341~370.

Shim, D. 2001. "Recent Human Resources Developments in OECD Member Countries." *Public Personnel Management*, 30(3), pp.323~347.

State Employer's Office, Finland. 2003. Pocket *Statistics, Personnel within the State Budget*.

Statskontoret(Swedish Agency for Administrative Development). 1999. *The Swedish Central Government in Transition*.

Tompkins, J. 2002. "Strategic Human Resources Management in Government: Unsolved Issues." *Public Personnel Management*, 31(1), pp.95~110.

Vigoda, E. 2003. "New Public Management." in J. Rabin Ed., *Encyclopedia of Public Administration and Public Policy*, New York: Marcel Dekker, pp.812~816.

Wise, L. R. 2002. "Public Management Reform: Competing Drivers of Change." *Public Administration Review*, 62(5), pp.555~567.

제7장

전자정부 개혁: 스웨덴, 노르웨이, 핀란드, 덴마크 사례 비교분석

정익재

1. 서론

정보통신기술은 21세기를 맞이한 인류에게는 신앙이며, 미국에서 시작된 '정보고속도로(Information Superhighway)' 구축사업은 세계 각국에 복음으로 전파되었다. 정부의 다양한 정책구호가 정보통신과 관련된 말잔치로 인해 퇴색될 정도로 정보통신기술의 급속한 발달과 광범위한 활용은 새로운 사회 환경과 정책수단을 가져왔으며, 동시에 새로운 문제인식과 풀이과정을 요구하고 있다. 정보화는 국가 발전의 전략적 수단으로 그리고 국가경쟁력 향상을 위한 필요조건으로서 인식되고 있으며, 이를 추진하기 위한 총괄책임자 내지는 적극적 지원자로서 정부의 역할이 부각되고 있다. 정보화의 진전과 함께 대부분의 국가는 전자정부 구축이 필요하다는 점을 강조하고, 각국이 처한 상황에 따라 다양한 정책이 추진되고 있다. 비록 개별 국가에서 사용되는 명칭은 다를지라도 소위 전자정부를 구현하는 데 제시하고 있는 비전과 목표에서는 공통점을 발견할 수 있다. 전자정부는 국가경쟁력과 행정서비스를 향상시키기 위한 필수 불가결한 수단으로 받아들여지고 있다. 이러한 전자정부는 정보사회의 출현에 따른 21세기 환경변화와 정책수요에 적극적으로 대응하기 위한 전략적 선택이라고 할 수 있다. 특히 정보화를 선도하는 국가가 앞으로 세계를 지배하고 국제사회의 질서를 주도하게 될 것이라는 주장이 광범위하게 받아들여지고 있는 점을 고려할 때, 전자정부의 구현은 궁극적으로 국가의 생존과 발전에 직결된다.

전자정부는 정부가 국민을 고객으로 이해하여 편리한 행정서비스를 제공해야 한다는 원칙하에 성과 지향적이며 고객지향적인 정부, 반응적이고 효율적인 정부의 실현을 목표로 한다. 이제는 단순한 비용절감이나 정부규모 축소와 같은 외형적 변화에 그치지 않고 국민의 만족도를 높이고 민주주의의 심화라는 좀 더 상위의 목표를 추구하는 정부개혁으로 개념이 확대된 것이다. 따라서 전자정부의 핵심은 정부혁신이라는 단어로 함축될 수 있으며, 단순한 통신망의 구축이나 정보기술의 도입이 아니라 공공부문의 리엔지니어링을 통한 행정개혁의 일환으로 추진되고 있다. 개혁, 혁신, 변혁 등 다양한 말로 표현되는 급격한 변화는 대부분의 나라가 경험하고 있다. 우리의 경우도 예외는 아니다. 새로운 정권이 들어서면 표현과 강도의 차이는 있을지라도 변화의 필요성이 강조되어 왔다. 1990년대 중반 이후 이러한 변화에 대한 관심과 노력은 정보화로 표현되는 정책 환경의 변화와 맞물려 정부개혁의 새로운 방향과 수단을 제공하게 되었다.

스칸디나비아 국가들도 지난 십여 년 동안 엄청난 변화를 경험하였으며, 대체로 긍정적인 평가를 받았다. 이러한 변화와 함께 스칸디나비아 국가들이 세계인의 주목을 받는 점은 수준 높은 정보사회의 구축이라고 할 수 있다. 정보통신산업, 국가정보화, 정보통신 인프라, 컴퓨터 보급 및 활용도, 그리고 인터넷 접속률 등 대부분 정보화 지표에서 세계 최고 수준을 보이고 있다. 스칸디나비아 국가의 행정개혁과 높은 정보화 수준은 전혀 연관관계가 없이 우연히 동시에 발생한 현상이라고 설명할 수 있다. 하지만 미국뿐 아니라 호주나 뉴질랜드의 경험에서 알 수 있듯이 정보화와 개혁은 불가분의 관계 속에 현재의 변화를 가속화시키고 있다. 정보통신기술은 개혁을 실현하는 데 전략적 수단으로 인식되고 있다. 환언하면 전자정부는 행정혁신을 위한 중요 수단이며, 행정혁신은 전자정부를 구축하는 핵심과정이라는 표현이 결코 낯설지 않다. 전자정부가 없는 행정혁신은 힘들고 비효율적인 과정이고, 행정혁신을 동반하지 않는 전자정부는 목표를 상실한 공허한 기술 적용에 불과하다고 설명될 정도로 전자정부와 행정혁신의 연계성이 강조되고 있다.

　공공부문의 개혁과 관련하여 개혁 담당자들이 직면하는 현실적인 문제는 개혁을 해야 한다는 당위적인 결정보다 생존과 발전을 위하여 국가사회는 어떻게 변해야 하는가에 대한 바람직하며 실현 가능한 구체적인 개혁전략을 마련하는 것이다. 정부 기능 및 구조 개혁과 관련하여 Benvensite(1994)가 제시한 미래조직의 모델에 영향을 미치는 요인을 보면 세계화에 따른 국제적인 경쟁, 교육과 전문화, 조직문화의 여성화, 새로운 정보통신기술, 급격한 사회변화 및 조직의 새로운 이해 등 6가지로 앞으로 등장할 조직구조와 기능에 영향을 미친다고 한다. 이 가운데 새로운 정보통신기술의 영향이 강조되고 있다. 현재 진행되고 있는 정부개혁의 핵심이 바로 정부의 조직, 운영과정, 그리고 행정서비스 제공 방식의 변화에 있으며, 이는 정보통신기술을 활용함으로써 가능하다는 점을 시사한다. 소위 지식정보사회에 적합한 정부의 역할, 기능 및 형태를 재설계하려는 노력은 적어도 급변하는 정보통신기술에 대한 이해 및 적절한 활용 없이는 불가능하며, 이러한 개혁 노력은 전자정부를 구축하려는 노력으로 귀착된다.

　이 장에서는 스칸디나비아 국가에서 발견할 수 있는 전자정부의 내용과 특성을 정리한다. 지금까지의 연구는 대체로 미국이나 서유럽을 대상으로 이루어졌다. 성공적인 정책경험을 효과적으로 학습하기 위해서 특정 국가를 대상으로 심층 분석하는 것이 물론 필요하다. 하지만 학습의 편향성을 줄이고 전자정부를 추진·관리하는 데 폭넓은 경험과 자료를 축적하기 위해서 분석대상과 방법을 다양화하는 것도 요구된다(정익재, 2002). 스칸디나비아 국가는 기존의 분석대상과는 정치, 경제, 사회, 지리적 배경이 상이하며 차별화된 과정을 통해서 괄목할 정책성과를 보이고 있다는 점에서 새로운 교훈과 시사점을 발견할 수 있을 것으로 기대한다. 이 장에서 논의되는 내용이 갖는 의미를 분명히 하기 위해서 개별 국가의 전자정부에 대한 미시적 접근보다는 공통된 특성을 파악하고 이를 한국의 경험과 비교 논의하여 정책적 함의를 도출한다. 비교분석의 주요 대상 국가는 스웨덴, 덴마크, 핀란드, 그리고 노르웨이이며 관련 정보의 접근 여부에 따라 분석대상 범위를 조정한다.

2. 스칸디나비아 국가의 전자정부

다양한 조사에서 스칸디나비아 국가의 정보화와 전자정부 수준은 매우 앞서 가는 것으로 나타나고 있다. 시장조사기관인 IDC가 2005년에 발표한 정보화 지수(ISI: Information Society Index)에 따르면 덴마크(1위), 스웨덴(2위), 노르웨이 (5위), 네덜란드(6위), 핀란드(9위) 등 역내 국가 모두 우수한 평가를 받았다.[1] 그리고 2004년 12월 유엔이 발표한 '세계 전자정부 준비도 보고서(UN Global E-government Readiness Report)'에 의하면, 190개 UN회원국 중에서 미국이 전자정부 준비지수에서 0.913으로 1위, 덴마크(0.905) 2위, 스웨덴(0.874) 3위, 핀란드(0.824) 8위, 노르웨이(0.828) 9위 등 스칸디나비아 4개 국가는 전자정부 의 발전가능성에서도 높은 평가를 받았다.[2]

전자정부는 정부를 비롯한 공공부문의 정보화를 의미하며, 이것의 목표는 첫째, 열린 정부로서 국민에게 행정정보를 공개하거나 정보에 접근하기 위한 다양한 서비스를 제공함으로써 정보 민주주의를 구현하는 데 있다. 둘째, 업무 를 전산화하고 네트워크를 구성함으로써 각종 민원업무의 원스톱(One-stop) 또는 논스톱(Non-stop) 서비스를 제공하여 국민의 편의를 극대화한다. 셋째, 각종 행정정보를 데이터베이스화하고 관련 기관 간에 정보를 공동 이용하여 국내외의 정보를 온라인을 통해 제공받아 신속하고 정확한 정보를 바탕으로

1) 2003년에도 덴마크(1위), 스웨덴(2위), 네덜란드(3위), 핀란드(4위), 노르웨이(6위)가 매우 우수한 평가를 받았다. http://worldpaper.com 참조.
2) http://www.unpan.org/egovernment4.asp를 참조하였다.

정책을 결정함으로써 정책의 합리성을 높인다. 위와 같은 목표를 성공적으로 달성하기 위해서는 행정부문에 구축되어 있는 정보시스템을 대국민서비스 측면에서 효과적으로 운용할 수 있도록 전환시켜 행정부문의 정보화가 국민지향적 관점에서 추진되도록 하여야 한다. 이를 위해서는 24시간 내내 언제 어디서나 서비스가 제공될 수 있는 인터넷을 활용한 민원시스템 체제의 도입이 요구된다. 또한 정부가 보유하고 있는 정보의 전자적 공개를 확대함으로써 국민의 알권리를 적극 보장하고, 국민의 의견을 전자적 공간을 통해 능동적으로 수렴하는 참여 민주주의를 구현해야 한다. 미국 등 선진국에서는 짧은 기간 빠른 속도로 발전을 거듭해 온 인터넷 기술이 행정서비스를 더욱 신속하고 편하게 제공할 수 있는 강력한 수단으로 자리 잡았다.

1) 전자정부 추진배경

스웨덴은 2000년 IDC/World Times가 발표한 '정보화지수(Information Society Index)'에서 1위를 차지한 이후 4년간 연속 1위를 차지하여 세계 최고의 정보선진국으로 평가받고 있다. 2003년 스웨덴의 인터넷 보급률은 1998년 68%에서 41% 증가한 79%를 기록하여 세계 최고의 기록을 나타냈고, 이 중 68%가 적극적인 인터넷 이용자로 분석되고 있다. 더욱이 대도시 농촌지역의 인터넷 보급률도 각각 76%와 60%로 타 국가에 비하여 격차가 크지 않아 균형있게 정보화가 균형있게 확산되고 있는 것으로 나타났다. 지식기반경제의 주요 지표 중 하나로 GDP 대비 R&D 지출 규모도 OECD 자료에 따르면, 미국의 3.1%와 비교해도 높은 3.7%를 보이고 있으며, IT와 통신부문에 대한 투자규모 역시 GDP 대비 7.72%에 이르는 등 지식기반경제로의 전환이 가속화되고 있는 상황이다. 1997년 Government eLink 사업을 추진하여 공공기관의 정보교환을 위한 기반을 마련하였으며, 2000년 'An Information Society for All'라는 전자정부 비전을 제시하고 보편적 접근(universal access), IT에 대한 신뢰구축, 정보활용 능력 등 3대 정보화 정책을 우선 과제로 제시하였다.

이와 더불어 소위 '24/7 Agency'를 표방하며 시민 위주의 공공서비스 개념을 현실화하고, 이를 매개로 궁극적인 정보화를 통한 민주주의 실현을 강조하였다. 2002년에는 공공관리국(Agency for Public Management)을 중심으로 전자서명제도를 도입하였으며, 2003년 7월에는 기존의 공공서비스를 인터넷을 통해서 제공할 수 있도록 전자전부의 기능을 보강하여 2004년 전자정부 포털사이트인 www.Sverige.se로 발전하였다.3)

정보화에 대한 덴마크의 관심은 1972년 지방자치단체가 전자서비스를 제공하기 위한 KommuneData로부터 시작되며, 1983년 '현대화 계획'(modernisation programme)을 발표하면서 공공기관의 정보화를 시작하였다. 1994년 정보사회위원회(Committee on the Information Society)가 마련한 'Infor- mation Society 2000'을 기반으로 과학기술혁신부(Ministry of Science, Tech- nology and Innovation)와 정보통신청(National IT and Telecom Agency)가 신설되어 국가정보화의 제도적 기반을 마련하였다. 1999년 디지털 덴마크위원회(Digital Denmark Committee)의 보고서 'Digital Denmark: Conversion to the Network Society'를 통해서 전자정부의 비전과 목표가 구체적으로 제시되었다. 'Digital Denmark'에 따르면, 덴마크는 전자정부의 추진목표를 크게 5대 목표와 이를 달성하기 위해 추진해야 할 구체적인 권고안을 제시하고 있다. 이 정책의 5대 주요 목표는 ① 모든 이를 위한 평생학습(Life-long Learning for All), ② 전자상거래 활성화(E-Commerce Nation), ③ 전자정부, ④ 인터넷 확산 정책, ⑤ IT Lighthouse 구축 등이며 전자정부 구현을 위해 2003년까지 정보기술을 활용하여 북유럽국가 중 가장 효율적인 대민서비스를 제공하고자 했다. 또한 2003년까지 모든 시민에게 인터넷서비스를 제공함으로써 민주주의, 개방적 의사결정, 덴마크 문화 조성 등을 달성하기 위한 인터넷 확산정책을 추진하고 있으며, IT 개발과 활용을 촉진하기 위해 2개의 Lighthouse를 구축하였다. 2003년 전자서명제 도입과

---

3) 유럽연합(EU)의 공식 포털사이트(www.europa.eu.int)에서 제공하는 각국 전자정부에 대한 소개와 자료를 참고했다. http://europa.eu.int/idabe/en/chapter/414.

함께 보건의료서비스 포털사이트를 구축하였으며, 2005년 온라인 자동차등록을 실행하는 등 다양한 온라인 서비스를 제공하고 있다.[4)

핀란드는 1990년대 초반부터 농업경제에서 디지털 경제로 급속하게 전환한 성공적인 사례로 평가받는다. 핀란드의 정보화에 대한 관심은 1994년 공공기관의 정보관리와 정보교환을 위한 정책을 마련하면서부터 시작되었으며, 1996년 '정보사회 자문위원회(Information Society Advisory Board)'가 탄생하면서 국가정보화에 대한 체계적인 추진 활동이 이루어졌다. 1998년 국립연구개발재단(National Fund for Research and Development)이 발표한 '삶의 질, 지식, 그리고 국가경쟁력'이라는 보고서를 통해서 핀란드의 정보화 내지는 전자정부의 구체적인 비전이 제시되었으며, 1999년부터 내무부(Ministry of the Interior)는 'Development Project for e-Government JUNA'를 추진하여 전자정부의 기틀을 마련하였다. 1999년 전자주민카드 도입, 2000년 '전자서비스에 관한 법(Act on Electronic Service in the Administration)' 시행, 2001년 '새천년을 대비한 공공서비스' 보고서(Public Services in the New Millenium) 작성, 2002년 전자정부 포털사이트인 www.Suomi.fi 구축, 2003년 전자서명법 시행, 2004년 전자주민카드와 의료보험카드 통합 등 정보화 추진을 거듭하면서 오늘에 이르고 있다. 2001년 현재 핀란드인의 70% 이상이 이동전화에 가입해 있고, 인터넷 보급률도 50%를 상회한다. 인터넷 뱅킹 이용자는 인구대비 세계 최고를 기록하여 현재 150만 명이 이용하고 있으며, 온라인 주식거래도 급속히 증가하는 추세에 있다.[5)

노르웨이는 1990년대 초반 인프라, 표준화, 전자상거래 기반, EDI 등 지식정보사회의 인프라 구축에 주력하는 정책을 추진하였으며, 1990년대 중반에는 공공부문의 IT활용에 초점을 둔 국가정보화 정책을 추진하였다. 이어 1996년에는 "The Norwegian Way to the Information Society: Bit by Bit"라는

---

4) http://europa.eu.int/idabc/en/chapter/390.

5) http://europa.eu.int/idabc/en/chapter/392.

국가정보화 정책보고서를 발표하면서 종합적인 정보화 정책을 시작하였다. 최근 노르웨이 정부는 유럽의 eEurope 행동계획 수립과 더불어 자국 내 정보사회 구축을 가속화하기 위해 2000년 6월 eNorway Action Plan(eNorge Plannen)을 수립하고, 12월에는 행동계획 버전 2.0을 발표하였다. eNorway 1.0에서는 업계와 단체의 협력에 초점을 두었고, 2.0에서는 총 16개 부처가 이 계획에 참여하여 49개의 행동계획을 제시하였다. 특히 버전 2.0은 접근(access), 지식 (knowledge), 신뢰(confidence) 등 3개의 기본 전제조건과 개인의 문화환경, 평생학습, 산업, 인력, 공공부문 등 5개 주요 영역으로 구성되어 있다.[6]

2) 전자정부의 목표와 추진체계

스웨덴 전자정부의 목표는 24시간 공공서비스를 제공하는 것이라고 강조하고 있다. 24시간 서비스 개념은 공공서비스의 시간적 한계를 극복한다는 평면적인 의미뿐 아니라 개방된 서비스 환경을 마련하여 정부활동의 투명성을 제고하고 정책결정에 시민참여를 높임으로써 민주주의를 강화하려는 적극적인 의미를 내포하고 있다. 특히 2006년 1월에 설치된 공공개발국(Agency for Public Development)은 스웨덴의 행정 현대화를 목표로 전자정부, 조직개발 및 서비스 관리, 기업의 지능화, 시민과 공공기관의 전략적 연계, 공공개혁의 시스템과 수단개발, 정책집행기능 강화, 시민의 수요파악, 행정지식관리, 훈련과 교육 강화 등을 중점적으로 추구하고 있다는 점에서 전자정부의 전략적 중요성이 부각되고 있다. 전자정부 구축 및 추진과 관련된 정책과 전략은 재무부(Ministry of Finance)에 의해서 결정되고, 24/7 Agency Delegation(2003년 구성)과 정부공동사업위원회(Government Interoperability Board: 2004년 설립)가 협력한다. 전자정부의 구체적인 사업은 공공관리국(Swedish Agency for Public Management)에 의해서 집행되며, 우편통신국(National Post and Telecom

---

6) OECD E-government studies: Norway Assessment. www.olis.OECD.org

Agency)이 정책집행을 지원한다.

2004년에 발표된 덴마크 전자정부전략(Danish e-Government Strategy)에 따르면, "전자정부를 통해서 시민과 기업에게 양질의 서비스를 제공할 수 있도록 공공기관의 효율성과 체계성을 높이는 것"이라고 전자정부의 목표를 제시하고 있다. 이를 구체화하여 2006년까지 최소한 60%의 시민과 95%의 기업이 전자정부를 활용할 수 있어야 하며, 공공기관의 80% 이상이 관리하는 모든 서류의 25% 이상을 전산화할 것을 규정하고 있다. 또한 2006년까지 시민과 기업을 대상으로 최소한 110만 개의 전자서명을 인증하여 전자정부의 활용도를 높일 것을 권고하고 있다. 전자정부 구축 및 추진과 관련된 정책과 전략은 재무부(Ministry of Finance)의 주도하에 전자정부합동위원회(Joint Board of the e-Government Project)가 담당하며, 동 위원회의 활동을 지원하기 위하여 20명의 전문가로 구성된 Digital Task Force가 구성되어 있다. 전자정부의 구체적인 사업은 과학기술혁신부(Ministry of Science, Technology, and Innovation)에 의해서 집행되며 정보통신국(National IT and Telecom Agency)과 행정관리국(Agency for Government Management)이 정책집행을 지원한다.

핀란드 전자정부의 목표와 전략은 2001년 12월에 발표된 '새 천년을 위한 공공서비스(Public Services in the New Millenium)'에서 제시되어 있다. 이에 따르면, 시민의 불편과 비용을 줄여 시민들의 사회 활동을 지원하고 기업의 경쟁력을 촉진하기 위해서 안전하면서 사용자 중심인 온라인 서비스를 제공하는 것이라고 전자정부의 목표를 설정하고 있다. 이를 달성하기 위해서 지역 형평성, 경제활동의 경쟁력, 행정의 투명성, 양질의 서비스에 대한 접근성, 소외계층의 해소 등과 같은 사회경제적 한계점뿐 아니라 정보통신기기의 호환성, 정보보안, 사용자 신분확인의 용이성, 하드웨어의 표준화 등과 같은 기술적 요소도 종합적으로 고려하여 전자정부를 구축할 것을 촉구하고 있다. 전자정부는 다음과 같은 일련의 추진과정을 통해서 이루어져야 한다고 명시하고 있다. 첫째, 행정업무와 과정을 재구성한다. 둘째, 온라인 서비스의 공급뿐 아니라 수요를 촉진한다. 셋째, 사용자의 접근성, 활용가능성 그리고 활용능력을 향상시킨다. 넷째, 전자정부 추진조직과 정책결정 기관의 협력관계를 공고히 한다. 전자정부 구축과 추진에 관련된 정책과 전략은 재무부(Ministry of Finance) 공공관리국(Public Management Department)의 정보기술관리과(State IT Management Unit)에 의해서 이루어지고, 정보사회위원회(Information Society Council)가 행정기관들의 협력과 공동노력을 지원한다. 수상이 동 위원회의 위원장이며 지방자치단체의 대표와 정보기술 관련 기업인 대표들이 위원으로 활동한다. 전자정부의 구체적인 사업은 재무부의 행정정보관리과(Government Information Management Unit)와 정부 중앙부처가 집행한다. 1971년 설립된 행정연구원(HAUS: Institute of Public Administration)이 정책집행을 지원한다.

노르웨이 전자정부의 비전은 신설 전담부처인 Ministry of Modernisation (MOM)의 이름이 의미하는 바와 같이 공공분야의 현대화에서 초점을 두고 있다[7]. MOM은 2005년 6월에 제시한 'eNorway 2009'에서 시민 중심의 서비스를 제공하고 기업의 혁신과 성장을 지원하여 사용자에 편리한 공공영역을 구축하는 데 전자정부의 목표가 있다고 설명한다. 이를 위해서 2005년까지 전자정부 포털사이트, Norge.no를 완성하여 모든 시민이 활용할 수 있도록 하고, 2009년까지 개인의 사생활을 침해하지 않는 모든 정보는 행정부처 간에 공유하여 사용한다는 계획을 세웠다. 또한 조직의 현대화는 24시간 공공서비스 제공에서 시작한다는 구체적인 목표를 설정하고 있다. 전자정부의 실현은 IT가 단지 문제해결의 수단으로서만 이용되는 것이 아니라 개혁과 변화를 위한 강력한 힘이 될 수 있음을 인식한 결과이다. 이러한 면을 고려하여 노르웨이 정부는 이러한 면을 고려하여 전자정부 추진을 위한 우선과제를

---

7) 2006년 1월부터 Ministry of Modernization은 행정개혁부(Ministry of Government Administration and Reform)로 변경되었다. 행정개혁부는 Department of Employer's Affairs, Department of Competition Policy, Department of Government Services, Department of IT Policy, Department of Internal Administration, 그리고 Economic Analysis Unit 등 6개 조직으로 구성된다. 이 가운데 IT정책국(Department of IT Policy)이 전자정부 구축사업을 담당한다.

선정하였다. 즉 1999년부터 2001년까지의 중앙정부 행정에서의 IT 개발 전략의 8가지 우선과제를 선정하고 전자정부 추진을 위해 이를 단계별로 진행할 계획을 세웠다. 즉 Y2K 문제, 정보 인프라, IT 안전성, 인터넷을 통한 정보서비스, 전자적 행정처리, 전자적 데이터교환(Electronic data interchange), 공공조달에서의 전자상거래(Electronic commerce for public procurement), IT 관리 및 조직운영 등이 포함되어 있다. 이러한 전자정부의 비전과 목표는 중앙정부가 제시하는 통일된 전략에 의해서 가능하다기보다는 개별 지방자치단체나 행정부서가 각자의 업무 특성과 분권적인 정책환경을 고려하여 행정서비스를 제공하는 데서 실현될 수 있다. 노르웨이의 전자정부 구축과 관련된 주요 활동은 2004년 6월에 노동행정부(Ministry of Labor and Government Administration)에서 독립해서 신설된 Ministry of Modernization(MOM)에 의해서 이루어지고 있다. ICT 위원회(Committee on ICT)는 전자정부 구축사업을 정치적으로 지원하고 중앙정부 부처 간의 조정역할을 담당한다. 또한 정부부처의 고위 공직자들로 구성된 eContact group과 MOM의 전자정부 협력체(Coordinating Body for E-government)도 전자정부 구축사업을 지원하고 있다.

3) 전자정부의 기능적 기반

스웨덴 전자정부의 포털사이트인 www.Sverige.se는 기존의 SverigeDirect를 확대하여 2004년 10월부터 운영되고 있다. SverigeDirect는 공공기관의 홈페이지에 손쉽게 접근할 수 있도록 관련 정보를 정리한 것이라면 새 포털사이트는 접속 대상을 중앙정부와 지방정부, 정부산하기관, 대학교 그리고 유럽연합과 관련된 공공기관을 포함할 뿐 아니라 시민들이 찾고자 하는 정보나 공공서비스에 직접 접근하여 서비스를 받을 수 있도록 기능을 강화하였다. 다양한 기능을 제공하고 있지만 아직까지 모든 공공서비스를 완벽하게 통합 제공하지는 못하고 있다. 이는 모든 정부기관을 연결, 통합한 네트워크가 아직 구축되지 않았다는 점을 반영한다. 스웨덴 정부는 안전한 정부통합 인트라넷의 개발을 추진하고 있다.

생체 데이터를 포함한 전자주민카드는 2005년 10월부터 시행되고 있다. 하지만 기존의 주민카드를 전면 대체한 것이 아니라 시민들이 선택적으로 사용하도록 했다. 전자주민카드와 더불어 전자 여권도 함께 발행하여 활용하고 있으며, 이를 통해서 다양한 공공서비스를 온라인으로 받을 수 있다. 전자주민카드가 공식화되기 이전에는 1998년 우정국(Swedish Post)이 발행한 비공식 전자주민카드가 활용되었으며 제한된 범위의 공공서비스와 은행관련 업무가 온라인을 통해서 이루어지고 있었다. 전자조달은 정부차원에서 통합시키지 않고 사기업의 개별적인 참여에 의해서 이루어지는 혼합된 형태를 취하고 있다. 행정관리국(Agency for Public Management)에서 운영하는 정부조달정보 포털사이트(Public Procurement Information Portal)는 물품제조사, 조달조건 및 계약 등, 전자조달에 대한 다양한 정보를 제공하고 있다.

덴마크 전자정부의 포털사이트, www.Danmark.dk는 정부 홈페이지를 겸하고 있으며, 기업을 대상으로 제공되는 온라인 서비스는 www.Virk.dk에서 분리 운영하고 있다. 스웨덴과 유사하게 모든 정부기관을 연결, 통합한 네트워크가 아직 구축되어 있지 않다. 전자주민카드는 도입하지 않았지만 2003년부터 전자서명(OCES: Public Certificate for Electronic Services)을 전 국민을 대상으로 실시하여 시민들이 다양한 온라인 서비스를 안전하게 활용할 수 있도록 하였다. 2002년 유럽에서 처음으로 도입된 덴마크 정부의 전자조달 포털사이트, www.doip.dk는 정부기관뿐 아니라 개인들도 참여할 수 있는 넓은 의미의 전자시장이라고 할 수 있다. 이 사업에 정부가 직접 투자한 것이 아니라 사기업의 참여를 유도하여 공사협력사업을 한 결과이며 그 기능이 계속 확대되어 현재는 전자입찰도 가능하다. 2005년 2월부터는 전자송장(e-invoice)이 포함되어 공공기관의 모든 구매는 이를 통해서 이루어지고 있다. 특기할 사항은 2004년부터 지방정부를 포함한 모든 공공기관의 문서는 종합전자문서관리시스템(Joint Electronic Document Management System)에 의해서 작성, 전달하여 문서관리의 안전성, 편의성, 호환성을 높였다.

핀란드 전자정부 포털사이트인 www.suomi.fi는 2002년 4월부터 시행되었으며, 1997년부터 사용되던 기존의 정부 홈페이지, Citizen Guide를 대체하여 다양한 공공정보와 쌍방향의 온라인 서비스를 제공하고 있다. 은행업무와 기타 주요 서비스에 대해서는 전자공인제도를 도입하였다. 기업을 대상으로 제공되는 온라인 서비스는 www.YritysSuomi.fi롤 분리 운영하고 있다. 핀란드는 행정부서와 입법부를 포함하는 인트라넷을 1998년에 구축하여 활용하고 있다. 전자주민카드(Smart card)는 1999년에 도입된 이후 기능과 활용범위를 계속 확대하였으며, 특히 전자인증제도와 연계하여 온라인 서비스의 안전성을 보강하였다. 2003년에는 기존의 전자카드에 의료보험과 관련된 기능을 포함시켜 시민의 사용 편의성을 높였고, 온라인 신원확인시스템(online identification system)과 휴대전화와 연계된 이동식 신원확인시스템(mobile identification scheme)과 연결하여 전자 서비스를 더욱 확대시키고 있다. 전자조달을 총괄하는 포털사이트는 현재 없다. 2000년 초반까지 정부가 운영하는 조달기관, Hansel을 통해서 전자조달이 일부 이루어졌지만 현재는 개별기관의 결정에 따라 구매가 진행된다. 무역산업부(Ministry of Trade and Industry)의 JULMA (www.ktm.fi/JULMA)는 공공조달과 관련된 정보를 제공하고 있다.

4) 전자정부의 주요 서비스

스칸디나비아 국가는 기존의 행정 업무나 서비스의 전산화 수준을 넘어 다양한 전자정부 서비스를 제공할 뿐 아니라 인터넷을 통한 시민참여를 지원하고 있다. 예를 들면, 유럽연합과 협의하여 스웨덴 민주행정부(Ministry of Democracy and Pulbic Administration)는 정책결정과정에 주민의 의사를 반영하고, 직접 선거에 의한 민주주의를 실현한다는 취지에서 전자투표(e-Voting)를 도입하기 위한 기반 연구를 이미 마무리하여 실행에 앞서 부분적인 실험을 하고 있다. 핀란드는 지역 주민의 의견을 수집하기 위해서 c-Poll 제도를 도입할 계획에 있다.8) 덴마크는 사회 이슈에 대해서 정치인, 관련 공무원, 시민, 그리고

<표 7-1> 유럽연합 전자정부의 온라인 서비스

시민을 위한 서비스	기업을 위한 서비스
Income Taxes	Social Contribution for Employees
Job Search	Corporate Tax
Social Security Benefits	VAT
Personal Documents	Registration of a New Company
Car Registration	Data Submission to Statistical Office
Application for Building Permission	Custom Declaration
Declaration to the Police	Environment-related Permits
Public Libraries	Public Procurement
Birth and Marriage Certificates	
Enrollment in Higher Education	
Announcement of Moving	
Health-related Services	

사회단체가 공개적으로 토론할 수 있는 소위 사이버 토론장, Danmars-Debatten을 활용하고 있다.[9) 노르웨이는 국제해양기구(IMO: International Maritime Organization)와 협력하여 전자해양지도(ENC: Electronic Navigation Chart)를 구축함으로써 자국의 수산업 발전과 어업인의 안전을 도모했다. 이처럼 스칸디나비아의 개별 국가는 자국의 사회문화적 환경과 정치경제적 특성을 고려하고 시민들의 수요를 충족시켜 생활의 편의성, 국가 경쟁력, 그리고 민주적인 국가운영을 극대화하기 위해서 전자정부의 기능과 활용가치를 확대하고 있다.

본 연구에서는 다양한 전자정부 서비스에 개별적으로 접근하기보다 유럽연합(EU)이 추진하고 있는 eEurope 프로그램에서 분석되고 있는 20가지 전자정부 서비스를 중심으로 스칸디나비아 국가의 현황을 정리한다(European Commission, 2005: 6).

---

8) www.eucybervote.org 전자투표 사업에 스웨덴 이외에 독일과 프랑스도 참여하고 있다. 이탈리아와 프랑스도 e-poll 사업을 시험 중에 있다.

9) www.danmarksdebatten.dk

<표 7-2> 전자정부 서비스 평가기준

0단계	No website	서비스를 제공하는 기관에서 운영하는 공식적인 웹사이트가 없다.
1단계	Information	서비스에 대한 설명과 서비스 신청하는 데 필요한 정보만 제공한다.
2단계	One-way Interaction	서비스 신청서류를 출력할 수 있거나 서류를 보내줄 것을 웹사이트를 통해서 요구할 수 있다.
3단계	Two-way Interaction	온라인을 통해서 서류를 수신하고 이를 완성, 접수하는 서비스 신청이 이루어진다. 담당자의 결정이 필요하다.
4단계	Full electronic case handling	모든 절차가 온라인을 통해서 이루어지고 문서가 사용되지 않으며 서비스 제공 여부도 온라인에서 결정된다.

유럽연합이 조사한 20가지 온라인 서비스(실제 조사된 서비스는 24개)는 시민을 대상으로 하는 12가지와 기업을 대상으로 하는 8가지 서비스로 구분된다. 개별 서비스는 온라인을 통해 이용할 수 있는 정도(availability of public services online)에 따라 4단계로 평가된다. 운전면허증이나 직장알선과 같이 당사자가 직접 방문하거나 서비스를 완료하기 위해서 문서작성이 불가피한 대상은 3단계로 평가한다(European Commission, 2005: 47).

스칸디나비아 4개국은 총 24개 전자정부 서비스 가운데 20개 이상을 온라인을 통해서 시민 또는 기업에게 제공하고 있는 것으로 나타났다(<표 7-3>). 스웨덴, 덴마크, 노르웨이는 21개, 핀란드는 20개 서비스를 제공하고 있다. 조사에서 제외된 서비스는 개별 국가의 특수성에 따라 시민이 직접 서비스를 요구할 필요가 없기 때문이다. 예를 들면, 육아보조금은 출생과 동시에 병원에서 주민등록이 이루어지므로 자동으로 지급된다. 의료보험이나 병원예약도 시민 개개인에 의해서 이루어지지 않고 1차 의료기관에서 직접 보험회사나 2차 의료기관에 연결하고 있다.

스웨덴은 21개 서비스 가운데 15개(71.4%), 핀란드는 20개 가운데 13개(65.0%), 덴마크와 노르웨이는 21개 가운데 13개(61.9%)가 온라인을 통해서 문서 없이 처리되는 4단계에 해당하는 서비스로 나타났다. 2005년 유럽연합

<표 7-3> 스칸디나비아 국가의 온라인 서비스

전자정부 서비스			스웨덴	핀란드	덴마크	노르웨이
시민	소득세관련 업무		4/4	4/4	4/4	4/4
	구직지원 및 알선		3/3	3/3	3/3	3/3
	사 회 보 험 및 보장	실업보험 및 수당	4/4	4/4	3/4	4/4
		가족(육아)보조금	-	-	-	2/4
		의료보험	-	-	-	-
		학자금보조금	2/4	3/4	4/4	4/4
	개인서류	여권	1/3	1/3	2/3	2/3
		운전면허증	2/3	1/3	2/3	3/3
	자동차등록		4/4	-	1/4	2/4
	건축허가		2/4	2/4	2/4	3/4
	범죄신고		2/3	3/3	2/3	1/3
	공공도서관 이용		3/3	3/3	3/3	3/3
	출생/결혼증명서		3/3	-	2/3	-
	대학교 입학 및 등록		4/4	4/4	4/4	4/4
	주소변경		3/3	3/3	3/3	2/3
	병원예약 및 진료안내		-	1/3	1/4	-
기업	근로자 임금 및 세금보고		4/4	4/4	-	4/4
	기업관련 세금보고		4/4	4/4	4/4	4/4
	부가가치세 관련 업무		4/4	4/4	4/4	4/4
	회사설립 업무		4/4	2/4	4/4	2/4
	기업관련 통계보고		4/4	3/3	3/3	4/4
	관세관련 업무		4/4	4/4	4/4	4/4
	환경관련 허가 및 보고		2/4	2/4	4/4	2/4
	정부조달		4/4	4/4	4/4	4/4

출처:European Commission 보고서 (2005)의 자료 수정. 평가 대상으로 적절하지 않은 일부 서비스는 평가에서 제외(-)하였다. 예를 들면, 스웨덴, 덴마크, 핀란드의 육아보조금은 출생과 동시에 주민등록이 이루지고 이에 따라 사회보장 서비스가 자동적으로 제공된다.

<표 7-4> 유럽연합국가 온라인 서비스 성과 비교

국가	2004년 10월		2003년 10월		2002년 10월		2001년 10월	
Sweden	89%	(1)	87%	(1)	87%	(1)	61%	(4)
Austria	87%	(2)	83%	(4)	56%	(11)	40%	(10)
Ireland	84%	(4)	86%	(2)	85%	(2)	68%	(1)
UK	84%	(3)	71%	(8)	62%	(8)	50%	(8)
Finland	83%	(5)	80%	(5)	76%	(4)	66%	(2)
Norway	82%	(6)	75%	(6)	66%	(5)	63%	(3)
Denmark	81%	(7)	86%	(3)	82%	(3)	59%	(5)
Iceland	76%	(8)	56%	(14)	53%	(13)	38%	(14)
France	74%	(9)	73%	(7)	63%	(7)	49%	(9)
Spain	73%	(10)	68%	(9)	64%	(6)	50%	(7)
Italy	72%	(11)	59%	(12)	57%	(10)	39%	(12)
Netherlands	70%	(12)	65%	(10)	54%	(12)	37%	(15)
Portugal	68%	(13)	65%	(11)	58%	(9)	51%	(6)
Belgium	67%	(14)	58%	(13)	47%	(17)	23%	(16)
Germany	66%	(15)	52%	(17)	48%	(16)	40%	(11)
Greece	61%	(16)	54%	(16)	52%	(14)	39%	(13)
Switzerland	60%	(17)	55%	(15)	49%	(15)	-	(18)
Luxembourg	53%	(18)	47%	(18)	32%	(18)	15%	(17)

자료: European Commission 보고서(2005:35)의 자료 수정. ( )는 순위

의 평가결과에 따르면 28개 조사대상 국가의 14,000개 공공기관 가운데 90%
이상이 온라인 서비스를 제공하고 있으며, 서비스를 제공하는 모든 과정이
온라인에서 이루어져 문서가 필요치 않는 4단계 수준에 해당하는 서비스가
전체 평균 48%에 이르고 있다(European Commission, 2005: 5). 스칸디나비아
국가의 전자정부 온라인 서비스는 다른 유럽국가에 비해서 매우 앞서가는
것으로 평가된다. <표 7-4>는 온라인 서비스의 성과를 4단계 측정과 함께
서비스 제공과 관련된 자세한 내용과 지역적 접근성(중앙정부, 주정부, 지방정부)
을 포괄적으로 고려하여 상위 18개 유럽국가의 전자정부 서비스 성과를 비교
분석한 결과를 보여주고 있다.[10]
  평가대상인 18개 유럽국가 가운데 스칸디나비아 4개국의 평가는 81% 이상

으로 평가되어 상당히 높은 수준의 온라인 서비스가 제공되는 것으로 나타났다. 대부분의 전자정부 서비스가 온라인을 통해서 이루어진다고 해석할 수 있다. 이 가운데 스웨덴의 전자정부 활동이 가장 앞서가고 있다. 스웨덴은 2001년 61%에 불가한 서비스 성과가 지속적으로 향상되어 2004년에는 89%에 이르고 있다. 덴마크, 핀란드, 그리고 노르웨이도 같은 기간 동안 서비스 성과가 지속적으로 높아졌다. 특히 오스트리아와 영국의 전자정부 서비스는 최근 급속히 증가하였다.

3. 전자정부의 성과요인분석

스칸디나비아 국가들이 전자정부를 구축하여 국가 경쟁력과 공공서비스의 성공적인 변화를 가져올 수 있었던 배경은 무엇일까? 전자정부에 대한 논의는 기본적으로 정보통신기술과 관련된 하드웨어 차원에서 출발한다. 국가사회를 연결할 수 있는 네트워크 기반이 없거나 사회구성원들이 정보자원을 활용하는 데 요구되는 기본적인 수단에 접근할 수 없다면 전자정부는 비현실적인 담론에 불과하다는 것은 너무나 당연하다. 더 빠르고 안전하며 저렴한 서비스를 제공하기 위해서는 이를 현실화할 수 있는 첨단기술에 의해서 가능하다는 것 또한 주지의 사실이다. 하지만 기술적 우월성이 정보사회의 경쟁력을 반드시 보장하지 않는다는 점도 여러 사례를 통해서 지적되었다(정익재, 2002). 칼도우(Caldow, 1999)와 힉스(Heeks, 2001)는 전자정부가 제대로 기능하기 위해서는 기술 기반 위에 적극적인 시민참여와 건강한 공동체가 형성되어야 한다

---

10) 단계 0은 0~24%, 단계 1은 25~49%, 단계 2는 50~74%, 단계 3은 75~99%, 그리고 단계 4는 100%에 해당하며, 여기에 중앙정부, 주정부, 지방정부 차원에서 서비스가 제공되는지 여부에 따라 기중치를 부여하여 총점을 계산한다. 약 14,000개 서비스 제공기관의 웹사이트를 대상으로 평가가 실시되었다. 자세한 내용은 European Commission 보고서 (2005: 13) 참고.

고 주장한다. 또한 라일리은 민주적 절차와 과정이 제도화되었을 때 전자정부의 유용성이 부각될 수 있다고 설명한다(Riley, 2001).

스칸디나비아 4개국은 전자정부 성과뿐 아니라 기술경쟁력, 사회성숙도, 시민참여 등 다양한 측면에서 앞서가는 국가라고 할 수 있다. 그럼에도 불구하고 이들 국가와 주변 유럽 국가를 비교분석하여 전자정부의 배경요인에 대한 이해를 높이고자 한다.

1) 정보사회지표와 전자정부 성과

IDC가 발표한 정보사회지표(ISI: Information Society Index)는 52개 국가를 대상으로 컴퓨터, 통신, 인터넷, 그리고 사회영역 등 4개 분야를 고려하여 정보화 수준을 평가하고 있다.[11] 유럽연합의 보고서(European Commission, 2005)에서 분석된 전자정부 대상 국가 가운데 본 연구에 포함된 15개 국가의 정보사회지표와 전자정부 성과의 상관관계를 분석한 결과는 <그림 7-1>과 같다.

정보사회지표와 전자정부 성과는 높은 상관관계(r=.58)를 갖는다. 각 변수의 내용과 배경요인을 고려하면, 전자정부 구축 여부와 온라인 서비스 수준이 정보사회지표를 결정했다고 해석하기보다는 사회 전반적인 정보화 성숙수준을 나타내는 정보사회지표가 전자정부의 활동과 성과에 긍정적으로 반영된다고 설명할 수 있다. 요컨대, 정보사회지표가 높을수록 전자정부의 성과가 높다는 의미다. 분석대상 15개국의 평균 성적을 기준(정보사회지표: 900; 전자정부

---

11) 정보사회지표(ISI)dml 4개 구성분야에 포함된 변수를 나열하면 다음과 같다.
   컴퓨터 영역: 가구당 PC 수, GDP 대비 IT 지출액, GDP 대비 IT 서비스비용, 소프트웨어 구입비.
   통신 영여: 광대역망 접속 가구 수, 이동동신 이용자 수.
   인터넷 영역: 인터넷 사용자 수, 인터넷 사용 가구 수, 이동 인디넷 가입자 수, 선사 구매.
   사회영역: 중고등학교 재학 인구, 사회적 자유.

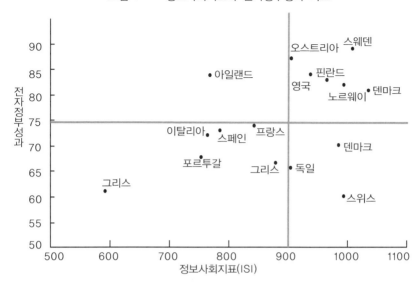

<그림 7-1> 정보사회지표와 전자정부성과 비교

성과지표: 75%)으로 대상 국가를 분류하면 4개 집단의 유형화가 가능하다. 스칸디나비아 4개국, 영국 그리고 오스트리아는 높은 정보사회지표와 더불어 높은 전자정부 성과를 나타내고 있다는 점에서 전자정부 리더국가라고 할 수 있다. 유럽지역은 기타 지역에 비해서 정보화 수준이 높으며, 더구나 본 연구의 분석대상인 15개국은 유럽국가 가운데 전자정부 성과가 상위 집단에 속한다는 점을 고려한다면 전자정부 리더국가에 대한 유럽뿐 아니라 세계적인 관심이 집중되는 것은 너무나 당연하다. 전자정부 리더국가에 대한 평가는 다른 지표에서도 유사하게 나타나고 있다. EIU[12]와 IBM이 공동으로 개발한 e-Readiness Ranking과 한국전산원이 발표한 국가정보화지수에서도 스칸디나비아 국가를 포함한 전자정부 리더국가는 예외 없이 높은 수준이라고 평가되고 있다.

정보사회지표는 높지만 전자정부 성과는 상대적으로 낮게 평가되는 네덜란

---

12) The Economist의 산하기관인 The Economist Intelligence Unit.

드, 독일, 그리고 스위스는 전자정부 진입국가라고 칭할 수 있다. 전자정부 리더국가로서 발전할 사회경제적 잠재력과 정보통신기술 능력을 갖춘 대상이다. 2004년 UN이 발표한 전자정부 준비지수(E-Government Readiness Index)가 시사하는 것처럼 네덜란드 0.80(11위), 독일 0.79(12위), 스위스 0.75(15위)로 평가되어 준비지수 10위권 안에 포함되는 전자정부 리더국가에 근접하고 있다 (UN, 2004: 23).

정보사회지표와 전자정부 성과 모두 상대적으로 낮게 평가되는 프랑스, 벨기에, 스페인, 이탈리아, 포르투갈, 그리스는 정보사회 구축과 전자정부 실현을 위해서 지속적인 노력이 요구된다는 점에서 전자정부 추진국가에 해당한다. 이들 국가의 전자정부 준비지수가 모두 0.75 이하로 16위 밖에 분포한다. 이 가운데 벨기에와 프랑스의 순위가 각각 16위 24위로 전자정부 구축을 적극적으로 추진해야 할 위치에 있다고 평가된다. 아일랜드는 정보사회지표가 낮음에도 불구하고 높은 전자정부 성과를 보인 독특한 경우라고 할 수 있다. 비록 정보사회지표에 반영된 사회적 기반은 상대적으로 미흡할지라도 아일랜드는 다른 유럽국가에 비해 일찍 전자정부 구축사업에 관심을 보였다. 1990년대 후반부터 유럽연합이 제시하고 있는 전자정부 성과지표를 고려하여 사업을 추진하였으며, 1999년 공공기관의 웹사이트를 표준화하였다. 이를 기반으로 2000년에는 OASIS(Online Access to State Information and Services)와 BASIS (Business Access to State Information and Services)라는 일종의 포털사이트를 구축하여 일반 시민과 사기업을 대상으로 공공서비스를 제공하고 있다. 이와 같이 아일랜드가 일찍부터 전자정부 구축에 노력을 집중한 결과는 <표 7-4>에서도 발견할 수 있다. 유럽연합 회원국 가운데 아일랜드 전자정부의 성과는 2001년에 1위에 이어 2002년, 2003년에는 2위를 차지하였다. 아일랜드 전자정부의 발전과정에 대한 추가적인 심층 분석이 필요하다고 판단된다.

2) 전자정부성과와 배경변수

전자정부성과와 정보사회지표(ISI)의 연관성에 대해서 보다 구체적으로 살펴보기 위해서 정보사회지표의 4가지 구성요소와 전자정부성과 지수를 분석하였다(<표 7-5>). 앞에서 논의한 바와 같이 전자정부성과지수와 정보사회지수의 상관관계는 0.58인데, 정보사회지표에 포함되어 있는 4가지 영역(컴퓨터, 통신, 인터넷, 사회)에 대한 개별 분석 결과 각 영역과 전자정부상과지수와의 상관관계는 0.45, 0.41, 0.61, 0.71로 나타났다. 전체적으로 정보사회배경변수와 전자정부 성과는 의미 있는 관계를 갖고 있다. 이 가운데 특히 사회영역과 인터넷 영역이 상대적으로 높은 관계를 보이고 있다.

컴퓨터 영역에 포함된 변수는 가구당 PC 수, GDP 대비 IT 지출액, GDP 대비 IT 서비스 비용, 소프트웨어 구입비, 통신 영역은 광대역망 접속 가구수, 이동통신 이용자 수, 인터넷 영역은 인터넷 사용자 수, 인터넷 사용 가구수, 이동 인터넷 가입자 수, 전자 구매, 그리고 사회 영역은 중·고등학교 재학인구 및 정보통신교육, 사회적 자유 등 이라는 점을 고려한다면 정보통신기술과 관련된 하드웨어 차원의 기반과 네트워크 접근성 및 투자비보다는 인터넷사용, 정보화교육 수준, 그리고 사회문화적 성숙도가 전자정부 성과에 보다많은 영향력을 갖는다고 해석할 수 있다.

전자정부 성과에 대해서 사회문화적 변수가 갖는 중요성을 확인하기 위해서 국제투명성기구(Transparency International)의 부패인지지수(CPI: Corruption Perception Index)와 상관관계분석 결과, 상당히 높은 연계성(r=.67)이 있다고 나타났다. 본 연구의 주요 대상인 스칸디나비아 4개국은 모두 투명성에서 10위 안에 분포할 정도로 높은 수준이라고 평가되고 있다(핀란드 2위, 덴마크 4위, 스웨덴 6위, 노르웨이 8위). 즉, 공공분야의 투명성이 높을수록 그리고 부패수준이 낮을수록 전자정부 성과가 높다는 의미다. 이에 대해서 전자정부가 성공석으로 구축되어 시민위주의 공공서비스 제공과 더불어 정부 활동이 공개되었기 때문에 부패수준이 낮을 것이라고 해석할 수 있고, 역으로 투명성이

<표 7-5> 전자정부성과와 배경변수

	전자정부 성과지수	ISI (정보사회지표)				부패지수
		Computer	Telecom	Internet	Social	CPI
Sweden	89	194	167	285	364	9.2
Austria	87	168	140	241	337	8.4
Ireland	84	127	107	211	324	7.5
UK	84	198	141	253	347	8.6
Finland	83	173	160	261	373	9.7
Norway	82	225	141	266	359	8.9
Denmark	81	249	161	271	355	9.5
France	74	168	113	237	323	7.1
Spain	73	113	138	204	329	7.1
Italy	72	112	133	219	299	4.8
Netherlands	70	243	145	251	345	8.7
Portugal	68	98	138	196	318	6.3
Belgium	67	167	154	222	335	7.5
Germany	66	185	132	263	323	8.2
Greece	61	62	102	172	255	4.3
상관관계 계수		0.45	0.41	0.61	0.71	0.67

자료: European Commission 보고서. www.europa.eu.int.
　　　IDC 정보사회지표(ISI). www.IDC.com
　　　국제투명성기구의 부패인 지지수(CPI). www.transparency.org

높은 정치행정문화와 사회경제적 환경이 전자정부의 기능성을 높였다고 설명
할 수 있다. 후자의 논리에 따르면 첨단정보통신기술은 전자정부 구축을 위한
충분조건이 아닌 필요조건이며, 성공적인 전자정부는 사회문화적 성숙도와
행정의 선진화를 통해서 완성된다고 추론할 수 있다. 한편 전자의 논리는
정부혁신과 사회변화를 위한 수단으로서 전자정부가 갖는 전략적 의미를 재확
인시킨다.

사회의 부패정도 즉 투명성으로 설명되는 전자정부의 성과를 유사한 시각에
서 음미하기 위해서 부패인지지수(CPI)와 정보사회지수(ISI)를 비교분석한 결
과 매우 높은 상관관계가 있음(r=.92)을 확인할 수 있었다 <그림 7-2> 정보사

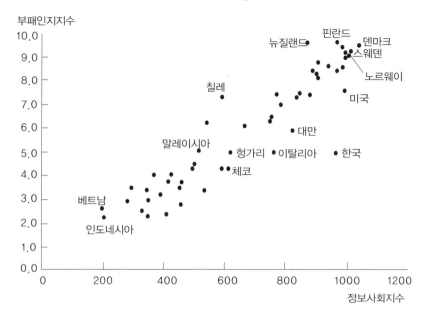

<그림 7-2> 부패인지지수와 정보사회지수의 비교

회지수로 표현되는 한국의 정보화 수준은 매우 높은 데 비해서 부패지수는 상대적으로 낮게 평가되고 있다. 전자정부 선도국인 스칸디나비아 국가에 대한 분석 결과는 전자정부를 성공적으로 구축하기 위해 정책의 우선순위를 어디에 두어야 하고 정책자원 분배를 어떻게 할 것인가에 대한 시사점을 제공한다.

4. 결론

전자정부를 성공적으로 구축하려는 열정과 이를 통해서 국가사회 혁신을 이루려는 노력은 대부분의 국가에서 발견할 수 있다. 시민 위주의 정보사회와 서비스 중심의 전자정부가 갖는 당위성은 거역할 수 없는 21세기 국가생존전략이라는 사실에 많은 사람들이 공감하고 있다. 즉 무엇을 할 것인가에 대한 정책적 합의는 형성되었다고 판단된다. 결국 이를 어떻게 만들어 갈 것인가에 대한 수단과 과정에 대한 관심이 집중되고 있다.

　본 연구에서는 전자정부의 선도국가라고 할 수 있는 스칸디나비아 4개국의 정책경험과 배경요소를 전자정부 성과지표와 정보사회지표 등 관련 자료를 통해서 살펴보았다. 스칸디나비아 국가의 성공적인 전자정부 성과는 앞서가는 정보통신기술의 활용과 함께 적극적인 시민참여 그리고 투명한 정치행정 환경이 잉태한 결과라고 설명할 수 있다. 특히, 부패인식지수로 대변되는 사회적 성숙도와 인터넷 활용도로 표현되는 시민참여가 정보사회의 완성도를 설명하는 핵심변수임을 확인하였다. 이러한 분석이 지향하는 궁극적인 목적은 전자정부 선진국에 대한 이해를 통해서 우리나라의 발전방향과 과정을 가늠하는 정책교훈을 탐구하는 데 있다고 할 수 있다. 지금까지 우리의 정보화 성과는 괄목할 만하다. 하지만 전자정부를 구축하는 과정에서 정보통신기술이 갖는 표피적 화려함을 정치적으로 이용하여 시민의 호기심을 자극하는 수준으로 전자정부의 진정한 의미가 왜곡되어 전달된 경우가 없지 않다. 본 연구에서 정리된 내용은 전자정부를 구축하고 행정을 혁신하는데 투입될 수 있는 획기적인 전략을 제시하기에는 미흡하다. 하지만 스칸디나비아 국가의 전자정부 성과를 가능하게 한 정책적 필요충분조건이 무엇인가에 대한 정책 상식을 재확인하였다.

참고문헌

정익재. 2002. 「정보화정책 실패사례분석과 정책교훈: 반면교사(反面教師)의 6가지 이야기」.
≪한국정책학회보≫, 11권, 4호, 273~302쪽.

황성돈, 정충식. 2002. 『전자정부의 이해』. 다산출판사.

Benvensite, Guy. 1994. *The Twenty-First Century Organization*. San Francisco: Jossey-Bass.

Caldow, Janet. 1999. *The Quest for Electronic Government*. IBM Corporation.

CITU. 2000. *Information Age Government : Benchmarking Electronic Service Delivery*.

Davidson, Roger. 1989. *Information and Government: Studies in The Dynamics of Policy-Making*, Edinburgh University Press.

European Commission. 2005. eEurope: Online Availability of Public Services: How is Europe Progressing?

Everard, Jerry. 2000. *Virtual States: The Internet and the Boundaries of the Nation-state*, Routledge.

Fountain, Jane E. 2001. *Building The Virtual State: Information Technology and Institutional Change*. Brookings Institute.

Garson, G. David. 1999. *Information Technology and Computer Applications in Public Administration: Issues and Trends*, IDEA Group Publishing.

Garson, G. David, ed. 2000. *Handbook of Public Information Systems*, Marcel Dekker.

Hague, Barry N. and Brian D. Loadger. 1999. *Digital Democracy*, Routledge

Heeks, Richard. 2001. *Reinventing Government in The Information Age: International Practice in IT-enabled Public Sector Reform*. Routledge.

Jordan, Tim. 1999. *Cyberpower: The Culture and Politics of Cyberspace and the Internet*. Routledge.

Levy, David A. L. 2001. *Europe's Digital Revolution: EU and The Nation State*. Routledge.

Loader, Brian. 1997. *The Governance of Cyberspace: Politics, Technology and Global Restructuring*. Routledge.

Martin, Bill and J. Byrne. 2003. Implementing e-Government: widening the lens. Electronic Journal of e-Government, Vol.1, No.1, pp.11~22.

OECD. 1997. *Electronic Commerce: Opportunities and Challenges for Government*.

Poindexter, Carl J. and David L. Baumer. 2001. *Cyberlaw and E-Commerce*. McGraw Hill Higher Education.

Riley, Thomas B. 2001. *Electronic Governance: Living and Working in The Wired World — The Lessons of Experience*. Commonwealth Publications.

United Nations. 2004. Global E-Government Readiness Report 2004: Towards Access for Opportunity.

제 3 부

복지제도의 개혁

제8장

사회서비스 부문 개혁: 덴마크, 핀란드, 노르웨이, 스웨덴 사례 비교분석

김승현

1. 서론

다양한 방법으로 복지서비스를 제공하고 있는 모든 서구국가는 공공서비스의 역할과 내용을 바꾸려고 노력하였다. 특히 국내 자원의 대부분이 공공영역에서 처리됨으로써 국가적 복지가 사회구조의 가장 중요한 부분이 되어 버린 스칸디나비아 국가에서 이러한 시도는 중요한 의미를 갖는다. 왜냐하면 근본적으로 신자유주의적이며 효율성을 지향하거나 새로운 거버넌스를 추구하여 소비자 참여를 강조하는 개혁의 물결이 사회 민주적이며 협동적인 스칸디나비아 복지국가에 미치는 효과가 흥미롭기 때문이다. 더구나 지방정부 중심의 서비스 전달체계에 미친 영향으로 훨씬 복잡한 전개양상을 띨 것이라는 점은 의심의 여지가 없다.

아울러 이러한 관심의 배경에는 기존 복지국가에 관한 대부분의 연구가 사회보험과 같은 소득이전에 대한 것이며, 이 분야의 연구결과를 복지서비스 영역에 무비판적으로 수용하는 데 문제가 있음을 인식한 데 있다. 스칸디나비아 국가의 복지제도를 사회민주적 제도로 유형화하여 보편주의와 평등주의를 지향하는 복지모형으로 보는 관점에서 복지서비스[1]의 영역을 이해하려는 시도는 적절치 못한 것으로 보인다(Esping-Andersen, 1990). 복지서비스는 소득재분배가 목적이 아니라 욕구와 필요에 따라 배분하는 게 목적이다. 남성 위주의 노동시장을 근간으로 하는 사회보험과는 달리 여성의 사회적, 생산적 활동을 돕는 양성 간의 역할 배분에 대한 사회적 합의를 근간으로 하는 것이다(Rauhala, 1997: 132-4). 또 소득이전 영역은 일원적으로 정해진 규칙에 의해 집행되는 반면에 복지서비스는 개인, 지역, 국가의 수준에서 상당한 변이의 폭을 보일 수 있다. 이런 이유에서 1990년대 복지국가들이 당면한 경제적 문제로 인한 재정축소의 영향이 복지서비스의 영역에서 훨씬 클 수밖에 없었고, 효율성과 참여를 지향하는 서비스 전달체계의 개혁이 시작되면서 변이의 폭은 더 커졌다고 예상할 수 있다(Clayton & Pontusson, 1998).

변화와 개혁의 방향은 주로 신공공관리론(New Public Management)이나 신거버넌스의 관점에서 이해할 수 있다(Peter & Pierre, 1998). 종종 이론이기보다는 실제적인 측면에서 이해되는 이러한 개혁방향은 세 가지 주장과 인과적 사고로 요약할 수 있다. 먼저 시장이론에 기반을 둔 경제적 주장에 의하면 조직들은 고객으로부터의 압력, 경쟁, 결과를 중시하는 관리를 통해서만 그 역동성을 유지할 수 있다. 또 환경에 적응하고 분권화, 연계망 및 학습이 가능한 조직의 형태가 강조된다. 여기서 고객의 역할은 소비자의 역할이면서도 필요한 정보를 제공하는 환원기제의 일부다. 즉 소비자로서의 시민은 서비스의 내용을 바꾸기 위해 적극적으로 영향을 미칠 수 있게끔 주력하는 것이다. 가능한 경우 소비자가 다른 생산자를 택하는 것도 고려된다(Lane, 2000).

이런 개혁방향을 다시 양분하자면, 신공공관리개혁은 정부실패에 대한 시장적 기제를 도입하고 소비자의 선택을 중요시하지만 신거버넌스 또는 참여형 개혁은 연계망 및 학습을 강조하고 서비스 소비자의 고객으로서의 권리와

---

1) 스칸디나비아로 통칭되는 국가들은 스웨덴, 노르웨이, 덴마크이며 핀란드는 포함되지 않는다. 보통 핀란드를 포함하여 Nordic countries로 표현하는데 본 연구에서는 역사적 경험이나 개혁방향의 유사성을 중시하여 대상국가에 핀란드를 포함한다. 여기서 복지서비스라는 용어는 의료, 교육, 사회적 서비스의 3대 영역을 포괄하는 것으로 사용된다.

영향력을 강조한다(앞의 2, 3장 참조). 이러한 개혁방향이 지방정부의 서비스생산과 전달체계를 개혁하는 밑거름이 되었다. 본 연구에서는 이러한 개혁 프로그램들이 현실적으로 어떻게 집행되었는지를 비교하는 데 그 목적이 있다. 그리고 개혁요소의 서로 상이한 도입 정도를 결정하는 요인이 무엇인지를 알아보고 개혁프로그램들의 효과에 대한 우려를 적어도 규범적 차원에서 살펴보고자 한다.

즉 이론적 논의가 활발히 진행되고 있는 결정요인에 대한 검증을 주목적으로 하는데, 이를 위해서 연구의 범위와 방법을 먼저 밝힐 필요가 있다. 연구의 대상이 되는 복지서비스의 영역은 사회적 서비스의 대표적인 두 가지 하위부문인 탁아와 노인서비스에 국한시킨다. 물론 탁아와 교육서비스, 노인과 의료서비스 등에서 보듯이 복지서비스의 영역들이 밀접하게 연계되어 있는 것은 사실이지만 분석대상이 너무 광범위해져 분석의 초점을 흐릴 수 있기 때문이며, 이 두 분야의 사회적 서비스에 대한 기존연구가 가장 많은 것도 하나의 이유이다.

여기서는 북구 4개 국가의 비교사례연구방법에 의해 이러한 분석대상의 변화를 알아본다. 물론 사례연구는 전통적으로 귀납적 접근방법으로 인식되지만 질적 연구에서도 연역적 사유의 과정이 자주 사용되고, 좋은 질적 연구방법은 귀납적 과정과 연역적 과정을 반복적으로 사용한다. 사례연구방법에 관한 한 가장 많이 인용되는 인도 사례연구에서의 연역적 접근방법의 중요성을 강조하고 있다(Yin, 2003: 116-120). 이 경우 캠벨이 설명한 패턴매칭(pattern matching)에 의한 이론 검증이 이루어진다(Campbell, 1975). 구체적으로는 자료 수집 이전에 검증되는 이론과 적어도 하나 이상의 대립되는 이론이 서술된다. 여기서 각 이론에 의해 예견되는 독특한 독립적인 결과로 표현되어 나중에 수집된 자료와 비교되고, 궁극적으로 사례들이 어느 이론이 예측한 결과에 가장 일치하는지를 알아보고자 하는 것이다. 이런 연역적 이론검증을 합치검사법(congruence procedure)으로 간주하고 사례 내(within-case) 분석으로만 한정하는 주장도 있지만(George & McKeown, 1985), 좀 더 최근의 해석에 의하면 사례 간 분석으로서 통제된 비교(controlled comparison)에 의한 이론검증을 제시하고 있다(Van Evera 1997, chap. 2). 본 연구의 방법은 후자의 해석에 더 가까운 것으로 차이법에 의한 설계에 기반을 두고 있다. 즉 연구대상 이외에는 다양한 특징과 역사적 맥락을 공유하는 스칸디나비아 국가들을 비교 분석한다고 볼 수 있다. 이 방법은 때로는 부정적 비교방법이라고 불리기도 하는데 두 개 이상의 사례에서 서로 다른 결과를 야기한 독립변수를 밝히고자 한다.[2]

이러한 검증을 위해서 먼저 서비스 전달주체인 지방정부의 성격과 변화과정 및 사회적 서비스전달체계 내에서 강조되는 공공개혁의 내용을 설명한다. 이는 개혁 프로그램이 국가별로 어느 정도 집행되었는가를 비교하는 근거가 된다. 다음 공공개혁의 결정요인에 관한 네 가지 설명과 이에 상응하여 기대되는 결과를 논의한 다음, 국가별로 두 가지 서비스 영역에서 1990년대 이후를 중심으로 나타난 변화를 개괄적으로 논의한다. 여기서는 주로 어떤 상황과 시기에 개혁이 도입되었는가를 알아보고 어느 개혁프로그램이 어느 정도 집행되었는지를 비교한다. 이들 국가들의 경험을 이론적 기대에 대비하여 논의함으로써 검증을 시도한다. 나아가 이러한 검증의 결과가 의미하는 바를 복지국가에 관한 이론적 전개과정과 연계하여 해석하고자 한다.

2. 지방정부와 신공공관리개혁

1) 지방정부의 성격과 공공개혁의 내용

북유럽국가에서 공공개혁의 원동력이 된 것은 북유럽적 복지국가에 대한 세 가지 비판이나 문제점이다(Rothstein 1996). 첫째, 복지국가가 너무 비효율적

---

2) 차이법은 유사체제비교(most similar case comparison)이며, 이에 비해 일치법은 긍성석 비교방법이라고도 불리는데 두 개 이상의 사례에서 공통된 결과를 야기한 독립변수들의 유사성을 밝히는 방법이다.

이며 고비용 구조를 갖게 되었다. 이는 덴마크와 노르웨이의 조세저항에서 보듯이 너무 높은 세금, 그리고 공공채무의 문제점으로 드러났다. 둘째, 사회민주적인 복지정책들이 정치적 변화에도 불구하고 크게 변화하지 않는다는 점이다. 변화에는 많은 걸림돌이 있는데 관료나 전문가 집단이 대표적이다. 따라서 좀 더 나은 모형으로 전환하기는 어려워 보인다. 또 하나의 문제는 표준화된 공공서비스가 제공되었지만 개인적인 선호도를 만족시키지 못한다. 모든 서비스가 보편적으로 요구되는 것이 아니어도 표준화된 틀 속에서 제공되고 있다. 탁아나 약물중독 등의 서비스는 일반적으로 요구되는 서비스가 아니다. 개인들의 수준에서 비용과 효과를 계산할 수도 없을 것이며 한 번 제공되기 시작하면 서비스의 중단을 어렵게끔 하는 이를 둘러싼 이익집단들이 출현하게 되어 궁극적으로는 국가예산의 부담으로 남는다. 또 소득이 향상되면 더욱 높은 서비스를 요구하고 더 많이 지불하려는 의도를 갖는 계층이 많아지게 된다.

이러한 문제점들이 가장 극명하게 나타나는 분야가 사회적 서비스부문이다. 따라서 사회적 서비스의 제공 주체인 스칸디나비아 지방정부[3])의 근본적 성격을 먼저 이해할 필요가 있다. 이 행정단위는 19세기 중반 이후 민주적 자치기구의 성격을 띠고, 다른 국가들의 지방정부와는 달리 중앙정부와 시민사회의 중재자의 역할을 해왔다. 그러므로 지극히 자연스럽게 스칸디나비아 국가에서 복지서비스를 제공하는 것은 거의 전적으로 지방정부의 책임일 뿐 아니라 광범위한 조세권도 갖고 있다(Lehto 1999; Sipila 1997; Fargion 2000). 노르웨이와 핀란드에서는 의료, 교육 및 사회적 서비스의 3대 복지서비스는 지방정부의 책임하에 제공된다. 이에 비해 스웨덴과 덴마크에서는 대부분의 의료서비스가 지역정부(regional government)에 의해 제공되지만 사회적 서비스와 교육은 지방정부(municipality)의 책임이며 효율성 제고를 위해 몇 번의 지방정부통합과정을 통해 그 규모가 확대되어 왔다. 결과적으로 노르웨이와 핀란드의 지방정

---

3) 모든 스칸디나비아 국가들에서는 세 가지 수준의 정부가 존재한다. 중앙정부, 지역정부 (Counties 나 regional government) 및 지방정부(municipalities나 local government)인데 중앙정부는 주로 고등교육, 실업정책, 소득보장정책 등을 수립, 시행한다.

부는 규모가 작고 수가 많은 반면에 다른 두 국가에서는 몇 차례의 통합과정을 거치면서 상대적으로 규모가 커졌다고 할 수 있다(Albaeck et al. 1996). 핀란드의 경우 지방정부의 규모가 너무 작고(평균 주민수 11,000명) 비효율적이라는 논쟁이 계속되어 왔지만 이런 규모에도 불구하고 비교적 강력한 서비스 제공기관의 역할을 수행하고 있다. 더구나 최근의 개혁과정을 거치면서 지방정부들은 복지서비스를 기획, 생산, 평가하는 데 더 많은 재량을 갖게 되었다.

이와 같이 스칸디나비아 국가들은 복지서비스를 제공하는 데 다양한 방법을 실험적으로 시행한다고 볼 수 있다(Baldersheim and Stahlberg, 1994). 지방정부들은 조직구조의 측면에서나 서비스전달방법의 측면에서 점점 더 많은 재량을 갖게 되면서 지방별 실험이 계속되고 있다. 특히 노르웨이를 제외한 나머지 세 국가의 지방정부는 부분적으로 개혁을 수용하였고 중앙정부 역시 지방정부가 시장적 수단을 도입하고 내부구조를 분권화하며, 지방의 거주민들이 더 많은 참여를 하도록 유도하고 있다. 역설적이긴 하지만 지방정부의 자율권이 확대되면서 중앙정부의 이러한 정책방향을 강요할 수단도 사라지고 있다(Sipila, 1997).

더 구체적으로 지방정부들의 개혁프로그램은 서비스의 생산과 전달에 어떤 영향을 미치고자 하는가에 의해 다음과 같이 세 가지로 분류할 수 있다(Pollitt & Bouckaert, 2004).[4) 첫째, 분권화 및 결과를 강조한다. 지방정부는 그 어느 때보다도 서비스 생산에 많은 재량을 갖고 있다. 분권화는 중앙정부와 지방정부의 관계에서 진행되었을 뿐 아니라 지방정부의 내부구조에서도 나타났다. 결과를 강조한다는 것은 의사결정권이 정치가로부터 행정관료에게로 넘어가고 관료 중에서도 중·하위 관료에게 이전된다는 것을 의미한다. 이러한 분권화

---

4) 연구목적에 따라 공공개혁의 내용을 조금씩 다르게 분류한다. 연구대상이 사회적 서비스일 때는 다양한 정책도구 중에서 여기서 언급하는 세 가지기 특히 중요한 의미를 갖는다 (Kettunen, 1999b: 10-12). 즉 사영화와 효율성을 높이기 위한 구조조정 등두 포함되지만 여기서는 사회서비스의 영역에서 시도되는 수단들로 한정하였고, 다음에 설명될 이론적 설명 특히 행정문화에 의한 설명을 염두에 두고 분류하였다.

의 목적은 정치가와 고위관료는 목적을 세우고 조직의 전반적 발전에 전념하고, 실무적인 관리자급들이 좀 더 자율적으로 업무수행을 하도록 보장하기 위한 것이다.

둘째, 외부계약에 의해 서비스를 공급하거나 소비자에게 선택권을 부여하는 방법이 있다. 지방정부는 필요한 서비스의 생산방법을 비교적 자유롭게 결정할 수 있다. 그렇지만 상당부분의 서비스들은 지방정부에 의해 직접적으로 생산된다. 그렇지 않은 경우에는 제도화되었기보다는 일시적 조치로서 여러 가지 형태로 제공된다. 특정서비스가 비영리조직에서 구입되거나 인근 지방정부에서 구매되는데, 간혹 지방정부가 공개입찰과정에 참여하기도 한다. 이러한 외부계약은 지방에 따라 그 확산의 정도가 다른데, 규모가 크고 도시화된 지방들에서는 수송, 청소, 학교급식 등 비교적 기술적 서비스뿐 아니라, 사회·의료 서비스의 상당부분도 비영리조직이나 영리조직에서 구매되지만, 농촌지방에서는 공개경쟁입찰이 가능하지 않은 경우가 많아서 거의 모든 서비스가 지방정부에 의해 제공된다. 또 소비자의 영향력을 증대시키는 방법으로서 바로 여러 대안적 서비스 제공자로부터 선택할 수 있게 한다(Kettunen, 1999a). 여러 서비스 중에서 어느 것을 선택해도 공적 보조를 받을 수 있게 하거나 여러 가지 지방정부서비스 중 하나 — 예를 들어 특정 학군의 제한을 받지 않고 교육서비스를 선택하는 등 — 를 선택할 수 있게 하는 것이다.

셋째, 위의 준시장적 방법과는 다르게 소비자들의 참여를 유도하는 방법이 있다. 이는 서비스의 소비자인 지방민들의 전통적 역할을 변화시켜 발언권을 강화하는 방법이다. 서비스 생산자와 소비자 간에 직접적인 관계를 확립하기 위하여 많은 사항에 대해 서비스 소비자의 견해를 청취한다든가, 생산자와 함께 사용자위원회를 구성하는 방법이 있다. 이러한 절차는 국가마다 상당히 차이를 보이는데 덴마크의 중앙정부는 노인, 교육, 탁아의 영역에서 지방정부로 하여금 사용자위원회를 구성하게 하였다. 그러나 사용자위원회를 구성한다고 해도 생산자와 소비자 간의 불평등관계가 해소되기는 어렵다. 이 관계를 변화시키기 위해서는 사용자위원회가 명실상부하게 서비스생산의 조건과 내용을 결정할 수 있어야 하지만 이렇게 운영되기는 힘든 게 현실이다.

사회서비스의 영역에서는 주로 이상의 세 가지 수단이 집행된다고 할 수 있다. 다시 말해서 분권화, 준시장기제의 도입, 소비자 참여라는 세 가지 기준에 의해 개혁의 도입과 집행의 정도를 비교할 수 있다.[5]

2) 공공개혁의 원인과 효과를 보는 시각

지난 20여 년간 엄청나게 많은 공공개혁의 비교연구가 진행되어 왔다. 처음에는 주로 영국, 뉴질랜드, 호주, 미국 등 앵글로 색슨국가들을 대상으로 한 시장적 기제의 도입에 관한 연구가 대부분이라고 해도 과언이 아니었으나 차츰 다른 유럽국가들도 비교의 대상이 되었고 다양한 정책도구들을 포함시켰다(예 Kickert, 1996; Pollitt & Bouckeart, 2000). 개혁의 과정과 결과에 대한 연구에서 지적된 다양한 개혁도구들만 해도 상당히 광범위해서 민영화, 준시장적 방법의 도입, 효율성을 높이기 위한 구조조정, 분권화, 시민과 공동체의 참여, 전자정부와 같은 신기술의 도입 등을 포함한다. 개혁의 도입과 추진에 대해서도 전통적 행정에서 새로운 행정으로 변화되는 세계적 추세로 보는 시각이 있는가 하면 개혁에 대한 태도, 전략, 결과 등의 측면에서 각 국가별로 상당한 변이를 보인다는 '구조적 다원주의'의 입장에서 설명하는 시각도 있다 (Premfors, 1998). 이런 다양한 노력에도 불구하고 사회적 서비스를 대상으로 하거나 앵글로 색슨 국가를 기준으로 하지 않은 연구는 비교적 제한되어 있다.[6] 스칸디나비아 국가에 관한 단일사례 연구나 비교사례 연구의 경우에도 예산, 재정, 정부구조 등의 영역에서 시장적 기제의 도입에 관한 연구가 대부분이다.

---

5) 물론 예상되는 결과와 강조점은 다르지만 분권화는 신공공관리개혁에서나 참여형 개혁에서 모두 예상되는 결과이다.
6) 바즐리는 신공공관리개혁의 정책설계, 결정 및 논쟁의 관점에서 기존 연구를 정리하였다 (Barzelay, 2001).

본 연구는 구조적 다원주의의 입장에서, 주류의 연구관심에서 비교적 벗어나 있는 스칸디나비아 국가의 사회적 서비스를 비교 분석한다. 이미 언급한 대로 개혁의 결정요인에 대한 검증을 위해서는 이에 대한 가설과 이로 인해 예견되는 구체적인 결과를 미리 설명할 필요가 있다. 공공개혁 특히 신공공관리론(이하 NPM)에 관한 학문적 논의는 국가별 비교의 수준에서 공공개혁의 서로 다른 도입의 정도를 설명하는 데 많은 관심을 기울여왔다(Hood, 1996). 이러한 설명을 두 가지로 분류하여 정치경제적 설명과 역사적, 제도적 설명으로 구분한다. 전자의 경우 복지국가의 정치경제가 구조적으로 변모하였고 이념적 정향도 변했음을 강조하지만, 후자의 경우에는 각 국가별 정치행정적 제도, 이해관계 등의 차이에서 그 원인을 찾는다(Clark, 2000: 27). 이들은 대체적으로 다음과 같은 네 가지 요인으로 간추릴 수 있다.

무엇보다도 갑작스러운 불황과 같은 거시 경제적 요인이 중요한 이유로 생각된다. 그러므로 경제적 문제의 심각성이나 위기시기에 따라 개혁의 도입 정도나 시기가 다를 것으로 가정할 수 있다. 덴마크는 다른 북유럽국가보다 훨씬 먼저 경제적 위기를 경험했고 스웨덴과 핀란드는 1990년대 초에 심각한 경제적 위기를 경험하였다. 노르웨이의 경우에는 유전개발에 힘입어 경제적 문제를 경험하지 않은 유일한 국가다. 따라서 노르웨이를 제외한 국가에서만 개혁이 활발하게 논의되고 도입되었을 것이고 시기적으로 덴마크는 1980년대 초, 나머지 두 국가에서는 1990년대 초에 도입되었으리라 기대할 수 있다.

둘째, 복지국가 확대의 중요 요인으로 생각되는 정치적 요인을 신자유주의적 관리론과 대비시키는 시각에서, 집권정당의 이념이 중시된다. 즉 사회민주주의정당은 효율성을 강조하는 이러한 변화를 반대할 것이므로 우익정당이 집권한 시기와 기간에 따라 관리개혁의 도입에 차이가 있다고 볼 수 있다. 비슷한 맥락에서 공공부문 노동조합의 결속력과 저항과 같은 하위제도적 요인을 꼽기도 한다(Christiansen, 1998). 즉 우익정당이 집권한 시기에야 NPM이 적극적으로 논의되고 도입되리라는 것을 기대할 수 있다.

셋째, 역사적 요인으로서 서로 다른 행정문화를 들 수 있다. 초월적 존재로서의 국가를 상정하고 국가와 시민사회가 유기적 관계를 갖는 게르만적 전통보다는 영·미의 다원적 행정문화가 신자유주의적 개혁의 도입을 용이하게 한다는 시각이다. 북구국가들의 경우 이 양자의 중간에 위치한 것으로 이해된다(Laughlin & Peters, 1997: 46). 이들 국가는 강력한 참여적 경향이 있고 분권적이지만 일원적인 국가의 성향을 갖고 있으며 국가와 시민사회의 관계는 유기적이다. 그렇다면 이러한 전통에서 개혁의 도입을 이해하는 시각은 단순히 그 정도만을 파악하는 것으로는 불충분하다. 즉 개인적 선택을 강조하는 사용권이나 경쟁을 기반으로 하는 준시장적 기제의 도입은 어려울 것이나, 소비자나 생산자의 참여를 강조하는 방법의 도입에는 적극적일 것이라고 가정할 수 있다. 그러므로 이들 국가에서 참여형 개혁이 얼마나 성공적이었는가가 검증의 관건이 된다.

끝으로 개혁의 추진 주체와 추진력을 고려하여, 집권적 국가일수록 개혁을 원활하게 추진할 수 있다고 본다. 예를 들어 영국에 비해 스웨덴이나 핀란드는 지방정부에 대한 중앙정부의 개입이 제한적이고 합의를 기반으로 하는 것이어서 이러한 변화의 추진이 어렵다고 지적된다(Pollitt & Summa, 1997: 15). 그러므로 지방정부의 자율성이 크면 클수록 변화나 개혁의 도입은 더딜 수밖에 없을 것이다. 이미 언급한 대로 분권적 전통을 가지고 있는 북유럽국가들이지만 자율성의 정도는 서로 상당한 차이를 보인다. 전통적으로 스웨덴과 핀란드는 좀 더 집권적이고 덴마크와 노르웨이의 지방정부들은 훨씬 자율적이다(Gidlund & Jerneck, 2000: 1장). 이러한 동·서의 구분에 따른 전통적 차이도 있을 뿐 아니라, 그 구분 내에서 양 국가 간에도 자율성의 차이가 있음이 사회적 서비스의 발달과정에 반영되었다. 노르웨이의 경우 역사적으로 중앙정부의 개입이 가장 적었고 자발적 조직에 의한 서비스 전달이 가장 발달되어 있었다. 이에 비해 덴마크는 발달과정에서 집중적으로 개입하였지만, 가장 먼저 전통적으로 강력한 지방정부에게 재징의 자율성을 보장하였고[7) 서비스

---

7) 덴마크는 1987년에, 다른 세 국가는 1993년에 실시하였다(Sipila, 1997: 32).

전달체계에서 발생하는 자발적 조직들의 역할도 상대적으로 높은 편이었다. 이에 비해 스웨덴과 핀란드는 집권적이었고 서비스 전달도 거의 공공부문에서 담당하였다(Sipila, 1997: 38-9). 이 두 국가의 외형적 정부구조는 유사하지만 핀란드가 스웨덴보다 구조적 균열이 더 크다고 간주된다(Pollitt & Bouckaert, 2000: 42). 따라서 노르웨이, 덴마크, 핀란드, 스웨덴의 순으로 구별되는 제도적 균열의 정도를 기반으로 개혁 정도의 차이를 예측할 수 있다.

북유럽국가들의 두 가지 사회서비스 영역에서의 경험에 비추어 이러한 다양한 설명의 타당성을 알아볼 수 있을 것이다. 그러나 이 분석에는 자료와 기존연구의 한계에서 비롯된 상당한 제약이 있다. 무엇보다도 지방정부들을 분석수준으로 하는 연구나 자료가 지극히 적다. 따라서 다음의 분석은 주로 네 국가의 비교를 위주로 하고 지방정부의 수준에서 이용 가능한 자료나 연구를 덧붙이는 방식으로 진행된다. 그러나 지방정부들의 서비스 구성이 어느 정도 중앙정부의 법적인 틀 내에서 진행된다는 점과 공공개혁을 둘러싼 정치적 논의가 국가수준에서 이루어진다는 점을 감안하면 이러한 분석이 타당할 뿐만 아니라 필요하다는 점을 간과할 수 없다(Green-Pedersen, 2002: 276).

3. 탁아와 노인서비스에서의 개혁

북유럽국가들은 1960년대와 1970년대에 지방정부의 복지서비스에 대한 재정 지원을 대폭 확대하였다. 중앙정부는 국가수준에서 정한 우선순위에 따라 서비스 영역별로 차등 지원하였으나, 1990년을 전후하여 이렇게 지방정부의 정책방향을 지도하던 관행을 포기하였다. 뿐만 아니라 <표 8-1>에서 알 수 있는 것처럼 1990년 이후 사회적 지출이 GDP에서 차지하는 비율이나, 사회적 지출 중 사회적 서비스와 이전소득(cash transfer)의 비율은 전반적으로 상당히 안정적인 국면에 들어섰다. 즉 복지의 성장 추세는 멈추고 안정 추세로 들어섰다고 할 수 있다. 약간 예외적인 부분은 덴마크의 경우 서비스 부분의

<표 8-1> 사회복지지출: GDP의 백분율 및 사회적 서비스와 소득이전의 상대적 비용

	사회복지비용 GDP의 %		사회복지지출 중 서비스 (노인, 어린이와 가정) %*			소득이전(%)
덴마크	1990	29.7	34			66
	1995	32.2	35	(6.7	6.3)**	65
	2000	29.2	38	(6.0	7.6)	62
	2002	30.0	39	(6.1	7.8)	61
핀란드	1990	25.7	37			63
	1995	31.7	30	(2.9	4.3)	70
	2000	25.4	34	(3.2	5.0)	66
	2002	26.4	35	(3.3	4.9)	65
노르웨이	1990	26.4	35	(9.9	5.0)	65
	1995	27.3	42	(8.3	4.9)	58
	2000	25.3	43	(7.6	4.5)	57
	2002	26.3	40			60
스웨덴	1990	34.8	41			59
	1995	34.6	39	(6.4	5.2)	61
	2000	30.7	42	(8.6	5.6)	58
	2002	32.5	42	(8.6	4.4)	58

자료: Social Protection in the Nordic Countries 2002. Scope, expenditure and financing. Nordic Social-Statistical Committee Copenhagen 2004.
http://www.nom-nos.dk/NOSOSCO.HTM; Social Protect 1995. Scope, expenditure and financing 1997.
주: *는 전체 사회복지비용 중 노인 및 어린이와 가정에 대한 서비스비용이 차지하는 부분(%)
**는 괄호 안의 두 가지 %는 http://nom-nos-indicators.lf.se/sif/에서 구한 표를 기반으로 계산된 것임. 1995년 이전에는 이런 분류의 자료가 없음.

지출이 상대적으로 늘어났다는 점이다. 하지만 이 글의 분석대상인 노인, 어린이와 가정에 대한 지출의 상대적 비중은 안정적이다. 그러나 노르웨이에서는 노인 서비스의 비중이 줄어드는 반면에, 스웨덴에서는 이 부문의 상대적 비중이 높아지고 있는 것처럼 보이는데 이는 의료서비스의 포함 여부에 따라 야기된 결과일 뿐이다(Lehto et al, 1999). 따라서 이런 안정된 지출추세 속에 수혜대상이 확대되어 온 탁아와 노인서비스의 변화추이를 알아본다.

　　북유럽국가들의 복지서비스 중에서 가장 대표적인 보편적 성격의 서비스는 탁아서비스다. 특히 여성의 노동활동을 보장하기 위한 방편으로서 모든 계층의 국민에게 보편적으로 제공되어야 할 서비스로 규정되고 있다. 서비스 확대와 보편화의 과정을 밟아온 탁아서비스에 비해 노인서비스의 영역은 약간 다른 양상을 보인다. 아울러 노르웨이는 다른 3개 국가와는 상당히 다른 발전 과정을 보임으로써 이들의 비교를 통한 일반화가 복지국가의 유형별 논의와는 다르게 쉽지 않은 작업임을 알 수 있다(Liera, 1993).

1) 노르웨이: 자율적 지방정부와 서비스의 확대노력

역사적으로 노르웨이는 노동당과 우파연합정권이 교대로 정권을 담당하여 왔다. 1980년대 초의 우익 연합정권 이후 1986년에서 1997년에 이르기까지 좌파정당인 노동당이 집권하였으나 이후 거의 우파연합이 정권을 담당하였다. 다른 세 국가에 비해 특징적인 것은 비교적 탄탄한 경제적 안정으로 인해 사회적 서비스에 대한 재정은 주어진 틀 안에서 지속적으로 확대되고 있다는 점이다(Kroger, 1997). 그렇지만 <표 8-1>에서 보듯 전체 사회복지지출에서 차지하는 상대적 비율은 점진적으로 줄어들고 있음을 알 수 있다.

노르웨이의 탁아서비스는 다른 북유럽국가들에 비해 항상 뒤쳐져왔다. 1970년대 이후 이 서비스를 부단히 확대하고 있지만 그 속도가 상대적으로 더딘 편이다. 노르웨이 탁아서비스의 특징은 3세 이상의 취학 전 아동에 대한 서비스를 강조하고 이들에 대한 교육서비스를 탁아소에서 함께 제공한다는 점이다. 따라서 3세 이하의 어린이에 대한 서비스는 상대적으로 취약하다고 할 수 있으므로 양부모가 함께 전일제 노동을 할 충분한 여건을 제공하지 못하고 있다. 뿐만 아니라 이런 서비스의 영역에서 교회의 지원을 받는 비영리 조직이 서비스의 반 이상을 제공하고 있는데 지방정부의 재정적 지원을 받는 동시에 통제와 조정의 대상이 된다(Leira, 1993; Kroger, 1997: 491-3).

다른 3개 국가에서 탁아가 하나의 권리로 인정되는 추세임에도 불구하고 노르웨이는 오직 장애아에게만 이런 권리를 부여하고 있다. 비록 1990년대 들어서 중앙정부 차원에서 탁아서비스가 보편적인 서비스로 제공되어야 한다고 주장하고, 재정지원도 확대하고 있으나 여전히 법적인 권리로 인정받지는 못하고 있다. 이에 비해 노인서비스는 다른 국가에 비해 공적 지출수준이 상당히 높은 편이다. 다른 국가에서 노인서비스가 권리로 인정되지는 못하고 필요조사나 소득과 연계된 사용료를 부과한다는 점을 감안하면 노르웨이는 덴마크에 버금가는 선두주자라고 할 수 있다(Rostgaard & Lehto, 2001; Anttonen & Sipila, 1996). 또 전통적으로 비영리 또는 영리의 서비스 제공자들이 있다.

이런 특징을 갖게 된 중요한 이유는 강력한 자율성을 가진 지방정부에게 중앙정부가 특정서비스를 강제할 수 없었기 때문이다. 마찬가지 이유로 서비스 수준도 각 지방별로 큰 차이를 보이게 된다. 그러나 역설적으로 서비스 제공자의 다양성과 분권화의 측면에서 노르웨이가 상당히 앞서 있다고 할 수 있다. 다시 말해서 노르웨이는 다른 3개 국가에 영향을 미친 개혁의 흐름에서 동떨어져 있다.

2) 스웨덴: 광범위한 공공개혁

1980년대부터 지방정부의 재정이 악화되기 시작하자 복지서비스의 조직에 대해서도 활발히 논의하게 되었다. 특히 사회적 서비스를 재정에 맞추어 할당하려는 노력의 결과 서비스를 받으려는 대기자들이 증가하고, 집권적 규제하에서 융통성 없이 제공되는 서비스에 대한 불만도 높아지게 되었다. 따라서 집권당이던 사회민주당 내에서 서비스 영역의 크기와 생산성에 대한 비판이 고조되었고, 재무성을 중심으로 공공부문에서는 서비스 생산보다는 구매가 낫고 소비자에게 선택의 여지를 부여해야 한다는 개혁방법 중 준시장적 기제의 도입을 주장하기 시작하였다(Blomqvist, 2004: 145).

1990년대 초반에 경험하게 된 고실업률과 마이너스 성장이라는 심각한 경제문제에 당면하면서, 집권한 우익성권의 수도하에 중앙정부의 재정적 지원은 크게 줄어들고 개혁프로그램은 활발하게 도입되기 시작하였다. 비교적인 시각에서 볼 때 스웨덴의 탁아서비스는 그 포괄성과 질적인 측면에서 여타 북유럽국가들보다 앞선 것이었지만, 1980년대 중반의 평가에 의하면 그 비용은 다른 국가들의 2배에 이르렀다(Kroger, 1997: 495). 또 본격적인 개혁이전에 이미 탈규제와 분권화를 통해서 지방정부의 재량의 폭은 상당히 큰 편이었는데, 우익정권은 이 폭을 더 확대하였고, 1992년에는 적극적으로 영리적인 탁아소를 서비스 제공자에 포함시켰다. 이 변화는 지방정부에 따라 크게 다른데 영리적 서비스 제공자의 비율이 1%에서 47%까지 차이가 나며, 주로 소득이 높은 도시지역에서 높은 비율을 보이는 것을 알 수 있다(Blomqvist, 2004: 150에서 재인용). 아울러 부모들로 구성된 모임이 서비스 제공자를 선정하거나 서비스를 직접 제공하기도 한다. 뿐만 아니라 불리한 경제적 상황과 지방정부의 자율성에도 불구하고 탁아서비스는 사회적 권리로 법적 인정을 받게 되었다. 이에 따른 재정적 부담은 주로 지방정부가 세금을 높이고(Fargion, 2000: 84), 사용료도 높임으로써 가능하였다.[8]

노인서비스는 1990년대에 많은 변화를 보인다. 서비스 제공을 받을 수 있는 자격을 지방정부가 규제할 뿐만 아니라 계약에 의해 서비스를 제공받을 수 있도록 하여, 2002년에는 288개의 지방정부 중 92곳이 사적 서비스 제공자와 계약에 의해 서비스를 제공하고 있다. 특히 대규모의 영리기관들이 등장하면서 1990년대 전반에만 이들이 차지하는 재정비율이 4배나 증가하고, 2001년에는 노인의 12%가 사적 시설보호를 받고 8%는 사적 재가보호를 받고 있다(Swedish Association for Local Authorities, 2003). 전반적으로 노인서비스에 대한 공적 지출은 덴마크 다음으로 높은 편이나 대부분 1990년대에 들어 급격히 늘어난 양상을 보이고 있다. 하지만 이는 순수한 지출증가라기보다는 의료서비스를 노인서비스로 전환한 데 더 큰 이유가 있다는 점을 간과해서는 안 된다(Lehto et al., 1999: 107).

---

8) 사용료가 차지하는 비율이 1990년 10%에서 2000년에는 18%로 증가하였다.

3) 핀란드: 확대되는 탁아서비스와 축소된 노인서비스

핀란드는 정치적으로 여타 북유럽국가들과는 다르게 사회민주주의 정당이 독자적으로 집권한 적이 없었으며 대부분이 중도정당과의 연합에 의해 집권이 가능하였다. 그러나 탁아서비스에 관한 한 핀란드는 스웨덴의 경험을 가장 충실히 모방하였다고 할 수 있으며, 지방정부의 정책은 중앙의 집권적인 통제와 계획에 따르는 특징이 있었다(Kroger, 1997: 496). 이런 집권적 성향을 지닌 반면, 1960년대 말과 1970년대 초에 걸쳐서 시도된 지방정부들을 통합하려는 중앙정부의 노력은 권고 수준에 머물렀다. 그럼에도 불구하고 여타 북구국가들처럼 분권화는 강도 높게 진행되었다.

제2차 세계대전 이후 각 지방정부는 노인서비스에 대한 역할과 의무를 가지고 있었으나 탁아서비스에 대한 역할은 거의 없었다. 그러나 1960년대와 1970년대의 급격한 경제성장과 사회적 변화를 거치면서, 부모가 모두 일하는 게 보편적 현상이 되었고 탁아서비스는 사회서비스의 불가결한 요소가 되었다. 노동시장에서도 여성의 노동력이 필요하였지만 여성들 또한 노동시장에 적극적으로 참여하기를 원하였고, 활발한 여성운동은 탁아서비스를 강력히 요구하였다. 이런 변화 속에서 노인에 대한 서비스는 도움이 필요한 노인 중 상당수가 여성이라는 사실에도 불구하고 상대적으로 무시되었다. 무엇보다도 주도적인 두 정당이 노인에 관한 이슈에는 큰 갈등이 없었으므로 정치적 쟁점이 되지 못하였다. 이에 비해 탁아서비스는 양당 간에 해결해야 할 정치적 갈등의 주요요인이었다.

시작은 더뎠지만 1980년대를 지나면서 복지서비스는 급격히 확대되었고, 탁아서비스가 법적으로 개인적 권리가 된 최초의 국가가 되었다(Hilamo, 2004: 35). 1990년부터 지방정부들은 3세 이하의 자녀를 가진 모든 가정에 탁아서비스를 제공할 의무를 지게 되었고, 1996년부터는 이러한 권리가 취하 전 아동을 가진 모든 가정으로 확대되었다. 놀라운 것은 1990과 1994년 사이의 핀란드의 경제적 문제는 스웨덴보다 훨씬 심각했는데도 탁아서비스를 확대하였다는 점이다(Rostgaard & Lehto, 2001). 이런 변화는 1987년 이래로 계속된 공공개혁의 시도와 더불어 진행되었다. 특히 1990년대 초반의 경제적 위기는 개혁프로그램의 도입을 촉진시켜 사적 서비스 제공자의 비율을 높이고 사용료도 높였다. 뿐만 아니라 계약 공급의 형태도 출현하였다.

아이를 가진 부모들은 두 가지 방식으로 혜택을 받을 수 있다. 지방정부의 탁아서비스를 이용할 수도 있고, 대신 양육보조금을 받기도 한다. 1990년대 초반 실업률이 높을 때는 보조금을 받는 부모들이 상당히 많았으나 경제회복과 더불어 보조금을 받는 비율은 축소되었다. 더구나 1996년에는 사회민주당 주도하에서 이 보조금의 수준을 20% 가량 축소하였다. 그럼에도 불구하고 3세 이하 아동의 반 수 가량이 이 보조금을 받았고 25% 정도가 탁아서비스를 받고 있었다. 이렇게 탁아서비스는 보편주의적 성격을 갖지만 완전한 무료 서비스가 아니라 소득과 연하여 어느 정도의 사용료를 납부해야 한다.

스웨덴과 핀란드의 중요한 차이점은 취학 후 아동에 대한 서비스다. 핀란드에서는 7세 이상의 아동에 대한 서비스는 제한적이어서 방과 후 서비스 시설에 등록한 아동이 3% 정도에 머물고 있으나 스웨덴에서는 51%에 다다른다. 스웨덴은 2002년에 지방정부에서 부과하는 이용료에 상한선을 설정함으로써 핀란드의 수준보다 낮게 하였다. 이런 점을 제외하고는 1990년대를 거치면서 양국 간의 탁아서비스 정책은 상당히 근접하게 되었다(Hilamo, 2004).

노인서비스의 경우 전통적으로 시설보호 중심이었지만 1990년대에 65세 이상의 노인 중에서 이러한 보호를 받는 비율은 7%로 줄었고, 시설보호를 축소하려는 노력에 의해 5% 이하로 줄어들었다. 대신 재가보호의 비율이 높은 편으로 20%에 이르는 노인이 이 서비스를 받게 되었다. 그러나 이 역시 자격요건과 필요조사를 강화함으로써 15% 이하로 줄어들고 비영리 및 영리 서비스 제공자들이 이러한 서비스의 20% 이상을 제공하고 있다. 이 때문에 대다수의 노인들은 가족이나 친척에 의한 비공식적인 보호에 의존하고 있는 형편이다. 1990년대의 재정적 위기가 불러온 중앙정부의 분권화, 결정권 이양 등의 영향이 노년층에 대한 서비스의 축소로 나타난 것이다. 공공서비스 이용에 많은 조건이 생겨나면서 이들을 대상으로 하는 영리목적의 시설들이 확대되었고, 가족이나 친척에 의한 비공식적인 보호의 폭도 커지고 있다(Kroger et al., 2003).

이와 같이 1990년대에 사회적 서비스 전반에 큰 변화가 있었는데 영역별로 많은 차이를 보이고 있다. 사적 서비스 제공자들이 늘어나고, 공식적 서비스보다는 비공식적 서비스가 늘어났으며, 지방정부는 재정과 조정에서 전략적 역할을 하고 있다. 경제적 불황에도 불구하고 탁아서비스는 확대되었으나 노인서비스는 1990년의 수준에도 미치지 못하고 있다. 그 주된 이유는 노인서비스가 빈민구호의 전통에서 벗어난 적이 없었기 때문이다(Kroger et al., 2003: 45).

4) 덴마크: 지방정부의 저항

비교적인 시각에서 봤을 때 덴마크는 정부재정에 의한 탁아서비스에서 북구국가 중 항상 선두주자였다. 1960년대 중반에 이미 보편적 서비스로 확대시키기 시작하였다. 전일제 탁아와 더불어 가족단위의 탁아, 즉 지방정부가 승인하고 보조하는 보모가 여러 아동들을 가정 내에서 돌보는 탁아제도의 도입과 확산에도 선두적이었다. 이런 연유로 탁아서비스의 영역에서 상당수의 비영리, 영리조직들이 존재해 왔다(Leira, 1992). 현재 비영리조직에 의한 서비스가 거의 40%에 이른다(Rostgaard & Lehto, 2001: 155).

이런 과정에서 1970년대 초반부터 지방정부의 광역화 노력으로 1,100개에 달하던 숫자를 275개로 줄였다. 이는 복지국가의 확대과정에서 행정적, 경제적으로 보다 효율적인 집행단위를 만들기 위한 것이었다. 광역화 이후 지방정부는 서비스제공에 더 많은 재량을 갖고 서비스 확대공급에 주된 역할을 하게 되었다. 중앙정부의 항목별 보조금도 일반 보조금으로 바뀌었다. 즉 이 과정에서 지방정부들의 자율성이 더욱 확대되었다고 할 수 있다.

그러나 다른 북구국가보다 일찍 경험하게 되는 경제적 문제로 인해 중앙정부 차원에서의 NPM에 관한 논의도 가장 빨리 시작되었다. 1970년대 중반의

<표 8-2> 덴마크의 사용자위원회

	1980년대			1990년대			
	존재	권위	규제	존재	권위	규제	대표
탁 아	임의적	조언	지역적	강제적	집행권	지역적	제한적
노 인	없음	없음	지역적	강제적	조언	지역적	제한적

자료: Christensen & Pallesen(2001: 186)의 재구성.

석유위기 이후[9] 흔들리기 시작한 덴마크 경제는 1980년대 초반에 가장 심각한 위기를 맞으면서 북유럽국가 중에서 경제적 문제를 가장 먼저 경험한 국가가 되었다. NPM 개혁을 포함하는 복지국가의 개혁에 관한 논의는 1982년의 우파정권하에서 시작되었다. 이미 시작된 분권화와 더불어 특히 계약 공급의 방법을 가장 적극적으로 도입하려고 하였다(Greve, 2000). 그러나 이런 시도들은 사회민주주의자들과 노동조합의 강력한 반대에 부딪히게 되어 큰 성과를 갖기 어려웠다. 사회민주당이 1993년에 재집권하면서 비사회주의 정권하에서는 어려웠던 여러 가지 개혁을 단행하였으나 복지서비스의 영역에서는 성공적이었다고 보기 어렵다.

1990년에 통과된 사회적 서비스에 관한 법률(Social Service Act)은 지방정부 조직 바깥의 개인이나 사적 조직들도 재정적 지원을 받을 수 있게 함으로써 공급자 간의 경쟁을 도입하여 공급자 풀을 만들려는 시도였지만 성공하지 못했다. 1999년의 통계에 의하면 단지 대상 아동의 2%만이 이들의 서비스를 받고 있을 뿐이다. 또 1997년의 새로운 사회적 서비스에 관한 법률에서 계약 공급을 가능하게 하였으나 이런 유형의 서비스 공급을 찾아보기 힘들다. 마찬가지로 노인과 탁아 부문에서 사용자위원회를 구성하도록 강제하였으나 지방정부는 이를 효과적으로 봉쇄하였다(Christensen & Pallesen, 2001: 185).[10]

---

9) 실업률의 변화를 보면 1973년의 0.9%였던 것이 1975년에는 5.1%로 늘어났고 1983년에 최고치인 11.4%에 이르렀다.

10) 특히 Christensen & Pallesen(2001) 186쪽의 <표 2> 참조할 것.

덴마크의 노인서비스는 아주 보편적이어서 노인들의 사적인 부담의 비율이나 비공식적 재가보호도 가장 낮은 편이며 시설보호의 수준도 아주 낮다 (Rostgaard & Lehto, 2001). 대부분의 평가에 의하면 노인서비스는 북유럽국가 중 가장 보편적이라고 할 수 있다. 그럼에도 불구하고 서비스를 제공하고 전달하는 방법은 거의 바뀌지 않았다. 지극히 한정된 경우 시설보호나 재가보호가 계약공급에 의해 제공된다. 노인들이 공적인 서비스 제공자나 사적 제공자를 선택할 수 있는 경우도 지극히 적다. 다시 말해서 중앙정부 차원에서 활발히 논의되는 많은 개혁의 방법들이 지방정부 수준에서는 잘 받아들여지지 않는다고 할 수 있다.

4. 공공개혁의 원인과 효과: 스칸디나비아 모형

두 가지 사회서비스 영역의 변화 발전과정에 대한 이상의 논의에서 알 수 있는 것은, 사회적 서비스부문에서는 사회보험을 중심으로 한 비교연구에서 말하는 보편적이고 재분배 지향적인 스칸디나비아 모형을 찾기 어렵다는 사실이다. 비록 급격한 재정확충이 이루어지고 있지만 노르웨이의 서비스는 덴마크, 스웨덴에 비해 상대적으로 낙후되어 있다. 아울러 모든 서비스 영역이 보편성을 지향하는 것도 아니다. 핀란드의 경우 보편적인 탁아서비스에 비해 노인서비스는 여전히 구빈법적 자산조사의 틀에서 제공되고 있다. 따라서 소득이전에 관한 연구의 결과를 복지서비스에 대한 연구에 적용하는 것은 상당히 위험하다고 할 수 있다

마찬가지로 공공개혁의 도입노력과 적용의 측면에서도 상당한 차이를 보이고 있다. 앞의 국가별 논의를 요약한 <표 8-3>에서 보듯, 이러한 개혁노력과 동떨어져 있는 노르웨이를 제외하고 비교해 보아도 정도의 차이를 보이고 있다. 3개 국가에서 공통적으로 진행되는 것은 강도 높은 분권화 경향이지만, 나머지 수단의 적용에서 차이를 보인다. 먼저 참여적 수단의 도입은 어느

<표 8-3> 탁아와 노인서비스 영역에서의 공공개혁 도입비교*

	스웨덴	핀란드	덴마크	노르웨이
탁아	보편적 권리	보편적 권리	보편적 권리	제한적 권리
탁아	계약 공급 및 소비자선택(강)	계약 공급 및 소비자선택(중)	계약 공급 및 소비자 선택(약) 소비자참여(실패)	공공개혁시도약
노인	보편적 권리	부조적 성격	보편적 권리	보편적 권리
노인	계약 공급 및 소비자선택(강)	계약 공급 및 소비자선택(중)	계약 공급 및 소비자선택(약) (서비스 축소)	공공개혁시도약 소비자참여 (실패)

주: *는 스웨덴, 핀란드 및 덴마크에서는 분권화가 크게 진전되었으나 노르웨이는 이런 노력이
　　미약하다. 그러나 노르웨이는 전통적으로 가장 분권적이며 서비스 제공자도 가장 다양한
　　것으로 알려져 있다. 아울러 여기서 (강)·(중)·(약)은 세 국가 간의 상대적 평가일 뿐이다.

국가에서나 적극적으로 집행되지 못하고 있다. 덴마크의 중앙정부의 입법화
노력에도 불구하고 지방정부들은 이를 성공적으로 거부하고 있다. 가장 차이
를 보이는 수단은 준시장기제의 도입과 집행의 정도다. 가장 강도 높게 계약
공급과 소비자선택의 수단을 도입하는 국가는 역시 스웨덴이다. 이에 미치지
는 못하지만 핀란드도 탁아의 영역에서는 계약 공급과 소비자선택을 보장하려
는 노력을 계속하고 있다. 낙후된 노인서비스의 영역에서도 소비자선택의
여지를 확대시키고 있는 것을 알 수 있다. 이에 비해 덴마크는 개혁에 대한
논의와 도입노력이 가장 오래되었음에도 불구하고 집행의 측면에서는 이들
두 국가에 미치지 못하고 있다. 탁아와 노인서비스에서 계약 공급을 확대하고
사용자위원회를 구성하려는 노력이 성공적이지 못했다.

　　앞에서 열거한 여러 가지 설명의 타당성을 위의 논의를 중심으로 살펴볼
수 있다. 먼저 경제적 요인이 중요한 동인이 되는 것을 부인할 수는 없다.
재정적 어려움은 지출을 줄이거나 증가추세를 막는 중요한 요인이며, 수혜자
의 권리로 인식될 뿐만 아니라 집권적으로 운영되어서 정치적 부담이 큰 사회
보험보다는 복지서비스가 그 대상이 되기 쉽다(Timonen, 2001). 그러나 경제적

위기를 경험한 3개 북유럽국가들의 경우 경제적 요인이 재정축소와 공공개혁 도입에 결정적 요인이 되었다고 보기 어렵다. 분권화 경향을 포함하는 대부분 개혁에 관한 논의는 경제위기 이전부터 활발히 논의되어 도입되기 시작하였다. 덴마크도 그러하지만 핀란드, 스웨덴의 경우도 그렇다. 핀란드는 1991년의 경제위기 이전인 1987년부터 시작되었고, 스웨덴도 1980년대 사회민주당 정권에서부터 이에 대한 논의와 도입이 시작되었다(Pollitt & Summa, 1997). 물론 경제위기는 개혁의 도입을 더욱 활발하게 하는 요인이었지만 나라별로 지방정부의 도입의지와 시행은 크게 차이가 나는 것을 알 수 있다.

또 하나의 요인으로 간주되는 집권정당의 이념적 성향도 타당한 설명으로 보기 어렵다. 덴마크와 스웨덴의 경우 공공개혁에 대한 관심과 도입은 사회민주당 정권에서 시작되었다. 스웨덴의 경우 경제적 위기와 우익정당의 집권이 도입의 속도를 가속화시켰으나, 이전 사회민주당 정권하에서 이에 대한 논의와 도입이 시작되지 않았더라면 광범위한 도입은 어려웠을 것이다. 덴마크에서는 우익정당이 이에 관한 논의를 시작하였으나 1993년에 재집권한 사회민주당이 2001년까지 집권하면서 가장 적극적으로 개혁방안을 도입하였다는 점을 간과해서는 안 된다(Christensen & Pallesen, 2001b). 따라서 집권정당의 이념적 성향이 중요한 결정요인이라고 보기는 힘들다. 마찬가지로 공공부문의 노동조합이 중요한 장애요인이 될 수 있다는 주장도 별 타당성이 없어 보인다. 우선 제도적으로 독립적인 공공부문의 노동조합이 존재하는 것이 아니다. 가장 높은 가입률을 보이는 핀란드의 경우, 임금노동자(SAK: blue-collar), 봉급생활자(STTK: white-collar) 그리고 고학력 봉급생활자(STTK) 등의 세 가지 유형의 노동조합이 있다. 따라서 공공부문 노조원들의 집단적 저항이 제도적으로 어려울 뿐만 아니라 이들의 태도에 대한 조사연구에서도 이 주장을 뒷받침할 근거가 없음을 알 수 있다(Timonen, 2001).

셋째, 행정문화를 공공개혁의 주요요인으로 들기 위해서는 앞에서도 언급한 것처럼 구체적으로 어떤 유형의 개혁이 가장 활발히 도입되었는가를 살펴볼 필요가 있다. 북유럽국가들에서는 참여적 전통이 강하므로 소비자와 생산자들의 적극적 참여를 유도하는 사용자위원회와 같은 제도적 장치에 보다 적극적일 것이라는 예측이 가능하다. 실제로 이런 유형의 개혁방안을 도입하려는 적극적인 시도가 덴마크에서 있었다. 이론적으로는 자율적 지방정부가 대의제를 통해 가장 민주적인 협의체제를 갖추었다고 생각할 수 있으므로 이런 방식을 도입하는 것이 가장 손쉬울 것처럼 보이고, 실제로 1970년대부터 교육 분야에서 소비자의 참여와 선택을 강조하였다. 그러나 중앙정부차원의 입법에 의해 실시된 탁아와 노인 서비스의 영역에서의 사용자위원회의 설치와 소비자의 선택권 보장은 지방정부의 저항으로 성공할 수 없었다(Christensen & Pallesen, 2001a). 지방정부들은 단순히 입법화된 최소의 조건에 형식적으로 따르면서 중앙정부의 시도를 무력화하였다. 스웨덴이나 핀란드에서도 협력적 서비스 생산을 지향하지 못하고 여전히 일방적 관계에 머물러 있다. 여기서 지적될 수 있는 점은 그 규범적 설득력에도 불구하고 참여형 개혁이 얼마나 어려운가를 알 수 있다.

마지막으로 자율적 지방정부가 중요한 저해요인이라는 주장을 북유럽국가들의 자율성의 정도를 통해 살펴볼 필요가 있다. 대체로 중앙정부와 지방정부 간의 관계와 역할에 대해서 두 가지 유형으로 분류한다. 주로 지방정부의 자율성을 강조하는 서부의 북유럽국가(West Nordic Model: 노르웨이와 덴마크)와 중앙통제의 전통을 갖는 동부 북유럽국가(East Nordic Model: 핀란드와 스웨덴)로 구분한다. 역사적으로 노르웨이는 오랫동안 덴마크의 지배하에 있었고 핀란드와 스웨덴도 한 국가체제로 존재했었다. 이런 동서의 구분은 행정제도에서도 나타난다. 서부국가들의 부처는 지극히 독립적이며 자율적으로 소관업무를 처리하는 데 비해 동부국가들은 모든 부처들이 집합적으로 정부에 종속되어 통합적인 업무처리가 이루어진다(Gidlund & Jerneck, 2000). 4개 국가 중 노르웨이가 가장 순수한 형태의 분권적 국가라고 할 수 있는데 지방정부들은 거의 독립적인 행정단위로 간주된다(Sipila, 1997). 각 지방정부는 고유한 특색을 유지하면서 중앙정부에서 부여하는 여러 가지 책임의 확대에 성공적으로 저항해 오고 있다. 동질적으로 분류되는 덴마크에서는 1970년에 효율성의 확보를

<표 8-4> 지방자치의 전통과 지방 조직개혁의 유형

	지방자치 강조	중앙규제적 성향
점진적 지방정부의 통합	노르웨이 (746 → 448)*	핀란드 (527 → 460)
개혁적 지방정부의 통합	덴마크 (1389 → 276)	스웨덴 (2499 → 286)

자료: Kroger(1997: 503)의 재구성.
주: *는 1950년 이후의 지방정부의 수적변화(Sundberg, 2003: 71)

위해서 지장정부의 단위를 줄이고 광역화한 데 비해 노르웨이에서는 이런 시도가 실패하였다. 성공적인 지방정부의 광역화에도 불구하고 덴마크는 지방정부의 자율성을 기반으로 하는 분권화의 노력도 중요한 정책이었다(Kroger, 1997). 이에 비해 핀란드와 스웨덴은 적어도 복지의 영역에서는 상당히 중앙통제적이며 집권적인 성향을 보인다. 복지정책의 보편적 원리를 성취하기 위해서 각 지방정부들은 자신들의 자율성을 상당부분 포기하면서 중앙정부의 지침을 따르고는 하였다. 정도의 면에서 보면 스웨덴이 조금 더 집권적이라고 알려져 있는데 이는 중앙정부가 지방정부를 통합하려는 노력의 성공여하에 의해서도 판단할 수 있다. 스웨덴은 1960년대에 2,499개의 지방정부를 1026개로 통합하였고 다시 1971년에 850개에 달하던 지방정부를 286개의 행정단위로 축소하였다(Sunberg, 2003: 71). 이에 비해 핀란드에서는 중앙정부의 권고사항으로 점진적인 통합이 부분적으로 이루어졌을 뿐이다(<표 8-4> 참조).

따라서 지방정부의 자율성으로 개혁방안의 도입 정도를 설명하는 것이 가장 적절해 보인다. 뿐만 아니라 이러한 지방정부의 자율성 정도에 따라 사회적 서비스의 전달체계도 달라지는 것을 알 수 있다. 즉 노르웨이의 경우 다양한 자발적 조직이 오랫동안 주요한 서비스 제공자였으며 덴마크에서도 자발적 조직의 역할은 전통적으로 상당하다고 알려져 있다. 이에 비해 스웨덴과 핀란드에서는 공공조직이 주된 서비스 제공자였다. 4개 국가에서 개혁의 정도를 서열화한다면 스웨덴, 핀란드, 덴마크, 노르웨이의 순이 될 것이고, 이는 서비스전달체계를 포함하는 제도적 분화의 정도에 대한 위 설명과 일치하는 것이다. 즉 지방정부의 자율성 또는 제도적 분화의 정도도 이러한 순서로 커지고 있다. 이런 이해는 국가 간의 차이에 대한 기존 연구 중 역사적, 제도적 설명을 뒷받침하는 결과다.

5. 결론과 함의

이 글에서는 북유럽국가에서 지방정부들 간에 개혁방법의 도입과 시행의 정도가 상당한 차이를 보인다는 사실에 관심을 갖고 이에 대한 다양한 설명을 검증하였다. 그 중에서 지방정부의 자율성에 초점을 맞춘 설명이 가장 타당성이 있어 보인다. 비록 중앙정부 차원에서 개혁에 관한 논의와 도입이 활발하게 이루어졌지만 지방정부 차원에서 이를 시행하기 위해서는 또 다른 논의와 설득이 필요할 것이다. 특히 자율적인 지방정부의 전통이 강한 나라일수록 이런 과정은 필수적이다. 아울러 자율적인 지방정부의 전통이 강할수록 서비스 제공자도 다양하다는 점에서 알 수 있듯이, 제도적 분화의 정도는 서비스 전달체계 전반에 반영되고 있다는 사실이 개혁의 진전을 어렵게 하는 요인이 될 수 있다. 더군다나 개혁은 과거의 서비스 전달체제를 더욱 다양하고 복잡한 제도로 변화시키고, 이런 경우 기존의 제도적 틀을 바꾸기보다는 그 틀의 주변부만을 바꾸려 할 것이다. 즉 문제의 복잡성을 완화하기 위해서 기존의 서비스 제공자들과 지방정부들은 지금까지의 경험, 관행, 또는 이념 등에 집착하게 하여(North, 1990) 제도 개혁의 폭은 자율성의 폭에 반비례할 가능성이 높다. 이는 제도변화의 경로의존성(path dependence)을 잘 보여주는 것이다.

나아가 본 연구주제를 복지국가의 개혁과 재조정(또는 축소)에 관한 논의의 관점에서 보면 피어슨(Pierson, 1993)의 주장에 가까운 결론에 도달하고 있음을 알 수 있다. 즉 확대발전과정의 설명을 주도하던 정치적, 경제적 요인 — 경제성장, 민주화, 계급 간의 권력관계 등 — 으로 개혁이나 재조정을 설명하기는 어렵다.

마찬가지로 에스핑 안데르센(Esping-Andersen, 1996)처럼 성장과정을 기반으로 하는 복지국가의 분류에 따라 재조정 과정도 설명하려는 노력도 큰 설득력을 갖지 못한다. 적어도 북유럽국가들에서는 확대과정을 제도적으로 설명하는 논리가 재조정과정에도 작용하고 있는 것으로 볼 수 있다. 피어슨의 주장(1993)처럼 기존의 정책구조가 개혁과정을 결정하는 경로의존성을 지적할 수 있다. 즉 제도적 분권화(지방정부의 자율성과 기존의 서비스 전달체계)[11]는 많은 비토점(veto points)을 의미하므로 복지의 성장과 재조정에서 중요한 억제요인으로 작용한다는 점이다(Castles, 1999).[12]

아울러 이러한 연구결과는 개혁을 둘러싼 제도론자와 문화론자 간의 논쟁의 관점에서도 시사하는 바가 크다. 개혁의 가능성을 믿는 제도론자들에 비해 문화적 제약을 주장하는 문화론자들은 지극히 제한된 개혁만이 가능하다고 생각한다(Uslaner, 1998). 문화론자의 입장에서는 문화는 몸과 같고 제도는 옷과 같아서 문화에 맞지 않는 제도적 개혁은 성공할 수 없다고 주장한다. 부분적이기는 하지만 이 연구결과, 특히 참여형 개혁의 실패에서 보듯이 설령 문화적 전통에 가까워 보이는 제도적 개혁 역시 성공하기 어렵다는 점을 보여 준다. 즉 문화적 제약도 부정하기 어렵지만 과거의 제도도 중요한 제약요인임을 알 수 있다. 그렇지만 본 연구는 지방정부들을 분석단위로 했다고 보기는 어렵기 때문에 이 결과는 잠정적 결론으로 받아들여야 할 것이다. 지방정부의

---

11) 기존의 정책구조는 이외에도 사회적 서비스의 발달수준, 수혜대상, 재원조달방식 등도 고려되어야 하나, 여기서는 정치경제적 요인과 대비하여 주로 외형적 제도의 측면만을 고려하고 있다. 그러나 개혁의 정도가 서비스발달수준이나 수혜대상의 범위에 따라 달라지지 않는 것으로 보인다. 스웨덴이나 덴마크의 서비스수준과 수혜대상이 훨씬 높고 광범위했던 점을 고려하면, 이들 국가가 핀란드나 노르웨이보다 개혁방안의 도입과정이 더딜 것으로 예상된다. 그러나 스웨덴이 다른 국가보다 빠르게 이를 도입, 집행하였다는 점을 감안하면 설득력 있는 설명이 되지 못한다.

12) 그러나 피어슨은 제도저 분권화가 비토점으로 작용한다는 점을 인정하면서노 분권화가 책임을 회피하거나 비난을 모면(blame avoidance)하는 수단으로 작용하여 개혁을 용이하게 할 수 있다고 주장하였다(Pierson, 1994).

구체적인 결정은 정치적 상황, 반대세력의 힘, 경제적 여건 및 물리적 환경 등의 다양한 요소가 작용한다는 점을 부인하기 어렵기 때문이다. 그러나 각 지방정부들을 여러 변수들의 측면에서 비교할 만한 자료가 없으므로 이는 상당히 어려운 일이다.

공공개혁의 원인에 관한 다양한 시각에 비해 그 효과에 대한 대부분의 평가는 부정적이다. 이념적인 측면에서 보면 신자유주의적 개혁이 계층 간 재분배에 좋지 않은 영향을 미칠 것이라는 관점이 지배적이다(Blomquivist, 2004). 현실적으로 개혁의 한 방향은 경비를 줄이는 것이고 또 한 방향은 서비스의 영역을 넓히는 것이다. 이러한 양립하기 어려운 목표들이 추구되다 보면 종종 이원적 서비스체계가 만들어지기도 하여 소비자의 지불능력에 의해 서비스의 질이 결정될 수 있다. 그렇지만 좀 더 객관적인 평가를 하기 위해서는 서비스 영역에서의 목적이 소득의 재분배가 아닌 차별적 서비스의 접근성이라는 점을 인식해야 하고, 이런 기준에 의해 개혁과 변화를 평가해야 한다(Ringen, 1987). 탁아를 예로 들면 지방정부가 탁아시설을 경영할 수도 있고 가족의 보호를 보조할 수도 있으며 사적인 시설에 맡길 수도 있다. 또 지방정부가 가족적 탁아를 조직할 수도 있고 자격을 갖춘 보모들이 가정 내에서 돌보도록 조정할 수도 있다. 지방정부는 이런 여러 대안적 방법이 질적인 측면에서 어떤 기준을 만족시키도록 보상할 의무도 갖고 있다. 그러나 어떤 방법으로 자신들의 필요를 충족시킬 것인가를 결정하는 것은 부모들이다. 비록 사적 서비스 제공자들이 제공하는 서비스의 질에 의문을 품거나, 궁극적으로 이들 간의 협력적 관계가 적대적 관계로 발전하여 소비자들이 가격전쟁의 희생자가 될 수 있다는 점도 지적하고 있지만 북유럽의 전통에서 이런 부정적 결과는 예방될 수 있을 것으로 생각된다(Walsh, 1995). 다시 말해서 수많은 이익집단과 적극적인 조직들이 존재하고 이들을 통한 참여적 성향이 높은 북유럽적 상황에서 NPM은 긍정적 효과로 나타날 수 있다. 과거 복지국가 모형이 정치적 계도와 위계질서를 강조하는 것이었다면 이제는 시민들의 다양한 욕구와 차별적 필요를 인정하고 이에 반응하는 더욱 개방된 거버넌스 체제가 복지서비스의 영역에서도 필요하다.

참고문헌

Albaek, Erik, Lawrence Rose, Lars Stromberg & Krister Stahlberg. 1996. *Nordic Local Government: Developmental Trends and Reform Activities in the Post-War Period*. Helsinki: The Association of Finnish Local Authorities, Acta 71.

Attonen, Anneli & Siplia, Jorma. 1996. "European Social Care Services: Is it Possible to Identify Model?" *Journal of European Social Policy*. 6(2), pp.87~100.

Baldersheim, Harald & Stahlberg, Krister. eds. 1994. Towards the Self-Regulating Municipality: Free Communes and Administrative Modernization in Scandinavia. Aldershot: Dartmouth.

Barzelay, Michael. 2001. *The New Public Management: Improving Research and Policy Dialogue*. Berkeley: University of California Press.

Blomqvist, Paula. 2004. "The Choice Revolution: Privatization of Swedish Welfare Services in the 1990s." *Social Policy and Administration*. 38(2), pp.139~155.

Campbell, Donald T. 1975. "Degrees of Freedom and the Case Study." *Comparative Political Studies*. 8(2), pp.178~193.

Castles, Francis G. 1999. "Decentralization and the Post-war Political Economy." *European Journal of Political Research*. 36(5), pp.27~53.

Christiansen, Peter M. 1998. "A Prescription Rejected: Market Solutions to Problems of Public Sector Governance." *Governance*. 11(3), pp.273~295.

Christensen, Jorgen G. & Pallesen, Thomas(2001a). "Institutions, Distributional Concerns and Public Sector Reform." *European Journal of Poltical Research*. 39, pp.179~202.

_____. 2001b. "The Political Benefits of Corporation and Privatization." *Journal of Public Policy*. 21(3), pp.283~309.

Clark, David. 2000. "Public Service Reform: A Comparative West European Perspective." *West European Politics*. 23(3), pp.25~44.

Clayton, Richard & Pontusson, Jonas. 1998. "Welfare-State Retrenchment Revisited: Entitlement Cuts, Public Sector Restructuring, and Inegalitarian Trends in Advanced Capitalist Societies." *World Politics*. 51(1), pp.67~98.

Esping-Andersen, Gosta. 1990. *Three Worlds of Welfare Capitalism*. Cambridge: Polity Press.

_____(ed.). 1996. *Welfare States in Transition: National Adaptations in Global Economies*. London: Sage.

Fargion, Valeria. 2000. "Timing and the Development of Social Care Services in Europe." *West European Politics*, 23(2), pp.59~73.

George, Alexander L. & McKeowon, Timothy L. 1985. "Case Studies and Theories of Organizational Decision Making." *Advances in Information Processing in Organizations*. 2, pp.21~58.

Gidlund, Janeril & Jerneck, Magnus. 2000. *Local and Regional Governance in Europe: Evidence from Nordic Regions*. Cheltenham: Edward Elgar.

Green-Pedersen, Christoffer. 2002. "New Public Management Reforms of the Danish and Swedish Welfare States: The Role of Different Social Democratic Response." *Governance*. 15(2), pp.271~294.

Greve, Carsten. 2000. "Exploring Contracts as Reinvented Institutions in the Danish Public Sector." *Public Administration*. 78(1), pp.153~164.

Hilamo, Heikki. 2004. "Changing Family Policy in Sweden and Finland during the 1990s." *Social Policy and Administration*. 38(1), pp.21~40.

Hood, Christopher. 1996. "Exploring Variations in Public Management Reforms of the 1980s." Hans A.G.M. Bekke. eds. *Civil Service Systems in Comparative Perspective*. Bloomington: Indiana Univ. Press.

Kettunen, Pekka. 1999a. "Promoting Consumer Choice: Child Day-Care Vouchers in Finland." in Usman Khan, ed. 1999. *Participation beyond the Ballot Box: European Case Studies in State-Citizen Political Dialogue*. London: UCL-Publishers.

_____. (1999b). The New Public Management: The Scandinavian Experience. Paper presented at American Political Science Association Annual Conference, Atlanata, Georgia.

Kickert, Walter J.M.(ed.). 1997. *Public Management and Administrative Reform in Western Europe*. Cheltenham: Edward Elgar.

Kroger, Teppo. 1997. "The Dilemma of Municipalities: Scandinavian Approaches to Child Day-Care Provision." *Journal of Social Policy*. 26(4), pp.485~507.

_____. et al. 2003. "Social Care in Finland: Stronger and Weaker Forms of Universalism." in Anneli Attonen et al. *The Young, the Old and the State*. Cheltenham: Edward Elgar.

Lane, Jan-Erik. 1997. "Public Sector Reform in the Nordic Countries." in Lane(ed.) *Public Sector Reform*. London: Sage.

_____. 2000. *New Public Management*. London: Routledge.

Laughlin, John & Peters, Guy B. 1997. "State Traditions, Administrative Reforms, and Regionalization." in Michael Keating & John Loughlin(eds.). *The Political Economy of Regionalism*. London: Frank Cass.

Lehto, Juhani. et al. 1999. "Universal Public Social Care and Health Sevices?" in Mikko Kautto. (ed.) *Nordic Social Policy*. London: Routledge.

Leira, Arnlaug. 1992. *Welfare States and Working Mothers: The Scandinavian Experience*. Cambridge: Cambridge Univ. Press.

_____. 1993. "Mothers, Markets and the State: A Scandinavian 'Model'?" *Journal of Social Policy*. 22(3), pp.329~347.

North, Douglass C. 1990. *Institutions, Institutional Change, and Economic Performance.* Cambridge: Cambridge University Press.

Peters, B. Guy & Pierre, John. 1998. "Governance Without Government? Rethinking Public Administration." *Journal of Public Administration Research and Theory.* 8(2), pp.223~243.

Peters, B. Guy. 2000. *The Future of Governing.* Lawrence: University Press of Kansas.

Pierson, Paul. 1993. "When Effect Becomes Cause: Policy Feedback and Political Change." *World Politics.* 45(4), pp.595~628.

_____. 1994. *Dismantling the Welfare State: Reagan, Thatcher, and the Politics of Retrenchment in Britain and the United States.* Cambridge: Cambridge University Press.

Pollitt, Christopher & Summa, Hilka. 1997. "Trajectories of Reform: Public Management Change in Four Countries." *Public Money and Management.* 17, pp.7~18.

Pollitt, Christopher & Bouckaert, Geert. 2000. *Public Management Reform: A Comparative Analysis.* Oxford: Oxford University Press.

Premfors, Rune. 1998. "Reshaping the Democratic State: Swedish Experiences in a Comparative Perspective." *Public Administration.* 76(1), pp.141~149.

Rauhala, Pirkko-Lisa. 1977. Why Social Care Services a Gender Issue? In Sipila, Jorma(ed.), pp.131~155.

Ringen, Stein. 1987. *The Possibility of Politics: A Study in the Political Economy of the Welfare State.* Oxford: Clarendon Press.

Rostgaard, Tine & Lehto, Juhani. 2001. "Health and Social Care Systems: How Different is the Nordic Model?" Mikko Kautto et al. *Nordic Welfare States in the European Context.* London: Routledge.

Rothstein, Bo. (1996). *The Social Democratic State: The Swedish Model and the Bureaucratic Problems of Social Reforms.* Pittsburgh: University of Pittsburgh Press.

Sipila, Jorma. (1997). "A Multitude of Universal, Public Services — How and Why did Four Scandinavian Countires get their Social Care Service Model?" In Sipila, Jorma. (ed.), pp.27~50.

Sipila, Jorma(ed.). 1997. *Social Care Services: The Key to the Scandinavian Welfare Model.* Aldershot: Ashgate.

Sundberg, Jan. 2003. *Parties as Organized Actors.* Helsinki: The Finnish Society of Sciences and Letters.

Timonen, Virpi. 2001. "What Explains Public Service Restructuring? Evaluating Contending Explanations." *Journal of European Public Policy.* 8(1), pp.43~59.

Uslaner, Eric M. 1998. "Field of Dreams: The Weak Reeds of Institutional Design." in Karol Soltan, Eric M. Uslander, & Virginia Haufler. eds. *Institutions and Social Order.* Ann Arbor: The University of Michigan Press, pp.101~127.

Van Evera, Stephen. 1997. *Guide to Methods for Students of Political Science.* Ithaca: Cornell

Univ. Press.

Walsh, Kieron. 1995. *Public Services and Market Mechanisms: Competition, Contracting and the New Public Management*. London: MacMillan.

Yin, Robert K. 2003. *Case Study Research: Design and Research*. 3rd. ed. Thousand Oaks: Sage.

제9장

사회보장제도 개혁: 스웨덴과 영국 및 미국 사례 비교분석

남궁근

1. 서론

1) 문제의 제기

1960년대에 황금기(Esping-Andersen, 1990; Pierson, 1998 등 참조)를 구가하였던 서구 복지국가는 1970년대 초반 석유가격 파동을 분기점으로 위기 또는 전환기를 맞이하였고(OECD, 1981; Mishra, 1984; Offe, 1984), 1980년대에는 이에 대응하여 본격적인 국가복지의 축소재편과 구조조정(structural adjustment)이 이루어졌다. 대체로 주요 복지공급자로서의 국가, 시장, 그리고 시민사회의 '복지삼각구조(Welfare Triangle)'에서 국가와 시민사회의 역할이 약화되고 시장에 맡기는 쪽으로 재편이 진행되어 왔다(Abrahamson, 1991). 이 시기의 복지국가 축소재편은 (신)우파 정권에 의하여 주도되었으며, 복지국가의 성장을 주도하였던 좌파 정당은 급격하게 퇴조하였다. 그러나 1990년대에 서구국가에서 좌파 정권이 재등장하기 시작하여 1996년 영국 노동당의 토니 블레어정부에 이어 1998년 독일에서 사민당 쉬뢰더정부가 집권함으로써 1999년 현재 스페인을 제외한 모든 서구국가에서 좌파정당이 집권하고 있다.

이들 좌파정부는 1980년대 이후 우파정부에 의하여 지나치게 축소된 국가복지와 노동의 재상품화(re-commodification)에 대한 반성에서 우파와 좌파 간의 대립보다는 화합을 강조하는 중간노선인 '제3의 길'을 제시하고 있다.

그러므로 1980년대 이후 급격하게 추진되었던 국가복지의 재편 또는 구조조정은 어느 정도 마무리된 것으로 판단되며, 현재까지 축소조정이 진행된 상태에서 서구 각국의 국가복지의 골격은 21세기 초반까지는 유지될 것으로 보인다. 이러한 배경을 토대로 본 연구에서 제기하는 연구문제는 다음과 같은 두 가지로 요약된다.

① 1980년대 이후 서구 복지국가에서 전개된 핵심적인 복지정책영역에서의 재편 시도와 축소조정 결과는 국가별, 프로그램별로 어떤 차이가 나타나는가? 복지 국가의 성장을 설명하는 주도적 이론이었던 산업화 이론(또는 수렴이론)에 따르면 산업화와 더불어 모든 국가들이 유사한 복지제도를 가지게 될 것이며, 후발 산업국가들도 종국적으로는 서구 국가들과 유사한 제도를 갖게 될 것으로 보았다. 그렇다면 후기산업사회에 접어들면서 진행된 서구 복지국가의 축소조정 결과를 비교할 때 '새로운 수렴(new convergence)'현상이 나타나는 지 아니면 '다양성(divergence)'이 나타나는지를 살펴보고자 한다.

② 국가별, 또는 프로그램별 축소조정의 결과에 차이가 니타난다면, 이를 설명할 수 있는 적절한 이론은 무엇인가? 이와 관련하여 다음과 같은 질문이 제기될 수 있다. 복지국가의 성장을 설명하는 이론, 예를 들면 산업화이론(근대화 이론 또는 수렴이론)이나 권력자원론 등으로 복지국가의 축소재편을 설명할 수 있는가? 축소를 설명하기 위해서는 성장을 설명하는 이론과는 다른 이론이 필요한 것인가? 이 연구는 성장을 설명하는 이론과 축소재편을 설명하는 이론 은 상당히 다를 것이라는 전제에서 출발한다. 왜냐하면 복지국가의 성장과정 은 새로운 제도가 도입되어 정착되는 제도화(institutionalization)의 과정인 반면 복지국가 축소과정은 제도의 해체와 감축의 과정이다. 그런데 성장기 국가복지 프로그램이 확립되면서 새로운 이익집단이 형성되었고, 시간이 흐름

에 따라 이해관계 및 권력관계도 변화된다. 그러므로 제도화된 국가복지 프로
그램이 가지는 특성 자체가 축소재편과정에서 독립변수로서의 일정한 역할을
하게 된다. 이같이 확립된 프로그램과 관련된 특성의 독립적 역할을 강조하는
입장이 신제도론의 분파 중 역사적 제도론(historical institutionalism)이다.
그러므로 이 연구에서는 국가복지의 성장을 설명하는 이론의 연장선상에서
후기산업사회론(특히 포스트 포디즘 이론) 및 권력자원론과 함께 역사적 제도
론의 관점을 축소재편의 차이를 설명하는 유력한 이론으로 고려하기로 한다.

2) 연구범위 및 방법

이 연구의 분석대상은 미국, 영국과 스웨덴이다. 복지국가의 유형을 자유주
의, 권위주의, 사회민주주의로 구분한 에스핑-앤더슨에 따르면 미국과 영국은
자유주의 복지국가, 스웨덴은 전형적인 사회민주주의 복지국가로 분류된다
(Esping-Andersen, 1990). 복지국가의 위기에 대응하여 1980년대에 미국과 영국
은 신보수주의적 입장에서 복지서비스의 민영화, 규제완화 및 상업화를 통하
여 국가복지의 영역을 축소하고, 정부보다는 가정과 시장의 역할을 강조하는
복지다원주의 또는 복지혼합의 정책을 추진한 반면에, 스웨덴은 사회민주주의
적 관점에 따라 복지정책기조를 유지하는 정책을 추진하여 왔다(Mishra, 1990;
김영순, 1995; 남궁근, 1998c 참조). 이 연구에서는 연구범위를 핵심프로그램인
노령연금, 보건의료(의료서비스와 상병수당), 실업(고용)보험 등 세 가지 영역에
한정하여 고찰하기로 한다. 복지정책 전반이나 총지출보다는 프로그램 단위로
재편 및 축소조정의 결과를 살펴볼 경우 변화의 정도를 민감하게 포착할 수
있다고 생각되기 때문이다. 노령연금과 보건의료서비스는 전 국민이 혜택을
받는 보편적 프로그램이며 지출액수가 큰 핵심적 프로그램인 반면, 상병수당
과 고용(실업)보험은 보편적 프로그램이면서도 취약한 일부 계층만이 실제
급여를 제공받는 프로그램이다. 연구의 시간적 범위는 국가복지의 축소조정이
본격화된 1981년부터 1995년까지다. 그러나 1980년대 이전 복지국가 성장기

의 역사적 배경과 현재에 관한 것도 필요한 경우에는 언급하기로 한다.

본 연구에서는 비교역사사례연구(comparative historical case-study) 방법을 사용하였다. 이 글의 연구문제는 복지국가 위기에 대응하여 미국, 영국 및 스웨덴에서 핵심적 국가복지 프로그램(노령연금, 보건의료서비스, 상병수당 및 실업보험)을 재편하기 위해 시도한 정책과 그 결과를 파악한 다음, 차이가 있다면 그 원인이 무엇인지를 규명하는 것이다. 이러한 연구문제는 그 자체가 연구방법을 상당히 한정시킨다. 연구에 포함된 사례가 소수이므로 횡단면적 자료의 통계분석을 시도하기가 어렵다. 그러므로 스카치폴(Skocpol)과 소머스가 비교역사의 연구방법에서 사용되는 논리의 하나로 제시한 거시적 인과분석을 적용하기로 한다(Somers, 1980). 이 방법에서는 거시적 수준의 구조와 과정에 관한 인과적 추론을 위해서 상이한 사례를 사용하는데, 이는 밀(J. S. Mill)의 일치법과 차이법, 또는 튜니(Teune)와 쉐보르스키(Przeworski)가 제시한 최대상이체계설계와 최대유사체계설계를 사용하는 것과 유사하다(Teune & Przeworski, 1970; 남궁근, 1998a: 76-86). 일치법 또는 최대상이체계의 논리에 따르면 설명하려는 현상(예를 들면 노령연금의 유지)을 공통적으로 보유한 사례(예컨대 미국과 스웨덴)가 여타의 환경요인이 다름에도 불구하고 가설적 원인을 공유하고 있음을 밝힐 수 있다. 한편 차이법의 논리에 따르면 어떤 사례(예컨대 미국)에서는 설명되는 현상(예컨대 노령연금의 유지)과 가설적 원인이 동시에 나타나는 반면에 다른 사례(예컨대 영국)에서는 그러한 현상과 가설적인 원인이 모두 나타나지 않는다는 점을 밝힐 수 있다. 본 연구에서 영국, 미국, 스웨덴을 연구사례로 설정한 것은 이들이 사례비교에서 이상형(ideal type)을 제공할 수 있기 때문이다. 미국과 영국은 자유주의 복지국가에 포함되며 스웨덴은 사회민주주의 복지국가로 분류된다. 그러므로 미국과 영국과의 비교는 유사체계의 비교에 해당되며, 이들 국가와 스웨덴의 비교는 상이체계의 비교라고 볼 수 있다.

2. 국가복지 프로그램의 구조조정

서구 복지국가에서 1970년대의 위기에 대응하여 1980년에 들어 본격적으로 국가복지의 축소조정이 이루어지면서 그 내용과 그 성과에 관하여 상당한 연구가 이루어졌다(예를 들면 Pierson, 1994: 김영순, 1995; 남궁근, 1998b, 1998c; 장훈, 1996 참조). 이러한 연구의 일반적 결론은 축소조정의 노력에도 불구하고 총지출로 측정할 때 사회복지지출은 오히려 완만한 증가현상이 나타나기 때문에 축소재편 노력의 성과가 크지 않다는 것이다. 그런데 국가별, 프로그램별로 구체적 축소조정의 내용과 성과에 상당한 차이가 있으므로 이를 먼저 살펴보기로 한다.

1) 황금기 국가복지 프로그램의 특징

서구 자본주의 복지국가는 19세기 말 20세기 초에 태동하여 1960년대에서 1970년대 초에 황금기를 맞은 것으로 평가된다(Flora & Heidenheimer, 1981; Pierson, 1998). 황금기인 1975년 전후 미국, 영국, 스웨덴의 노령연금, 보건의료, 실업보험 분야에서 국가복지 프로그램의 특징이 <표 9-1>에 요약되었다. 복지국가 황금기인 1975년 전후 세 나라는 모두 노령연금 분야에서 국민적 최저수준을 보장하는 기본연금과 적정한 급여의 원칙에 따른 소득비례급여를 제도화하였다. 보건의료분야에서 영국과 스웨덴은 전 국민 대상의 의료서비스와 소득비례급여를 포함한 상병급여제도를 가지고 있다. 그러나 미국은 노인 대상의 의료서비스 프로그램(Medicare)만을 가지고 있을 뿐 연방정부의 상병급여제도는 없다. 실업급여 분야에서는 세 나라 모두 소득비례급여를 제도화하였다. 그러나 각 제도가 도입된 시기와 관리방식, 특히 노령연금 분야에서 소득비례급여제도가 도입된 시기, 그리고 프로그램별 관리방식에는 상당한 차이가 있다(<표 9-1> 참조).

<표 9-1> 미국, 영국, 스웨덴 황금기의 복지프로그램의 특징(1975년 전후)

영역＼국가		미 국*	영 국	스웨덴
노령연금	최초법률	1935년	1908년	1913년
	관리체제	사회보험	사회보험 및 공적부조 이원체제	보편연금 및 사회보험 이원체제
	급여구분	소득비례급여 (1935년)	기본급여 및 소득비례급여(SERPS, 1978년도입)	기본급여 및 소득비례급여 (ATP, 1960년 도입)
보건의료	최초법률	의료서비스 1965년 상병 급여: 없음	1911년 (의료 및 상병급여)	1891년(상병 급여) 1931년(의료서비스)
	관리체제	사회보험 (Medicare)	NHS 및 사회보험(상병 급여)	사회보험제도 (상병 및 의료서비스)
실업보험	최초법률	1935년	1911년	1934년
	관리체제	사회보험제도	사회보험제도	노조관리: 노조가입자 노동시장위관리: 사회보험

자료: SSA, *Social Security Program Throughout the World*, 1975년판에서 정리함.
주: *는 미국의 경우는 연방정부의 제도에 국한함.

노령연금 분야에서 균일액수의 기본연금에 추가한 소득비례급여의 도입시기는 국가복지의 위기에 대응한 축소조정과 관련하여 매우 중요한 의미를 가진다. 미국에서는 1935년 도입된 사회보장법이 이미 소득비례급여를 포함하고 있었다. 영국에서는 뒤늦게 1978년에 국가소득관련연금제도(SERPS)를 도입하였으며, 스웨덴은 매우 격렬한 논쟁을 거쳐 1960년 공공부문에서 관리하는 소득비례연금(ATP)을 도입하였다.[1]

한편 보편적인 사회보험제도에서 벗어난 특수한 관리방식을 채택하고 있는

---

1) ATP 제도를 둘러싸고 1950년대에 격렬한 논쟁이 전개되었는데, 당시 국민투표에서 고려된 대안은 ① 부과방식(pay-as-you-go system)을 토대로 한 법정연금, ② 기존의 기본노령연금 수준 인상, ③ 민간적립연금의 장려 등 세 가지였다. 1960년 초 국민투표(referendum), 의회해산, 총선, 세 의회에서의 표결을 통하여 사민당과 노동조합이 선호하였던 제1안, 즉 국가통제하의 보편적 공공부문 연금제도의 도입이 확정되었다 (Stahlberg, 1991: 214-215).

프로그램도 축소조정과 관련하여 중요한 의미를 가진다. 보건의료분야에서 영국의 보건의료서비스는 전통적인 사회보험제도에서 벗어나 1946년부터 국가에서 직접 운영하는 NHS시스템에서 담당하게 됨으로써 사회보험방식의 상병급여와 분리되었다. 한편 스웨덴에서는 영국 및 미국과는 달리 실업보험제도가 도입 초기부터 노조가 관리하는 프로그램과 비노조원을 대상으로 운영되는 노동시장위원회 프로그램으로 이원화되었다. 스웨덴에서는 1934년 실업보험을 도입하면서 그 관리권을 노동조합에 부여한 소위 겐트시스템을 채택하였다(Bo Rothstein, 1992: 46-51).

2) 국가복지 프로그램의 구조조정

1970년대 복지국가의 위기가 국가복지(state welfare)에 대한 문제로 제기된 만큼 재편의 방향은 국가복지의 동결 또는 축소이다.[2] 미국, 영국, 그리고 스웨덴에서 노령연금, 보건의료, 그리고 실업보험의 분야에서 국가복지의 재편을 위한 정책을 살펴보기로 한다.

(1) 미국의 국가복지 구조조정

레이건의 공화당 행정부는 영국의 대처정부와 더불어 신보수주의적인 관점에서 국가복지의 축소(retrenchment)를 주도하여 왔다.

노령연금분야에서 레이건 행정부는 대처정부와 유사한 축소재편을 시도했지만 그 성과는 미미하였다. 피어슨에 따르면 연금축소에서는 성취된 것이 거의 없었고,[3] 재정불균형 문제에서는 제한된 범위에서만 구조적 개혁이 이루

---

2) 1973년 석유파동 이후 서구 복지국가의 위기의 논의 및 그 원인에 관한 신우파와 신좌파, 그리고 사회민주주의자의 견해에 관하여는 피어슨(C. Pierson, 1998), 미슈라(Mishra, 1990), 그리고 남궁근(1998c) 참고.
3) 집권 직후인 1981년 봄 레이건 행정부는 세금감축과 더불어 국내지출의 삭감을 시도하였다. 그 일환으로 OMB는 사회보장예산 약 450억 달러 삭감안을 작성하였는데 그 핵심은

<표 9-2> 미국 노령연금(OSAI) 급여지출 대GDP 비중 (단위: %)

연도	1980	1981	1982	1983	1984	1985	1986	1987	1988	1989	1990	1991	1992	1993	1994	1995
대GDP 비율	3.77	3.31	4.41	4.35	4.18	3.99	4.07	4.09	4.03	3.97	3.87	4.06	4.08	4.08	4.02	4.01

자료: OASI 지출, HCWM. 1996 Greenbook, p.17, Table 1-7b 및 SSA. *Annual Statistical Supplement to Social Security Bulletin*, 1993, p.231 Table 5.A4., GDP 자료, BOC, *Statistical Abstract of the United States*, 1999년판, US Census Bureau에서 필자가 계산.

어졌다(Paul Pierson, 1994). 1983년에는 사회보장기금(trust fund)의 지급불능 위협 때문에 정치 행위자들의 합의에 의한 타협적 해결방안을 토대로 사회보장법을 개정하였다. 이 법안에는 피고용자와 자영업자의 보수세(payroll tax) 인상, 6개월의 COLA 조정연기 및 사회보장급여에 대한 세금부과, 그리고 은퇴연령 상향조정 등 급여 축소를 위한 조치가 포함되었다. 그러나 1983년 개혁은 민영화의 확대와 같은 조치가 포함되지 않아 연금체제의 근본구조를 변경시키지 못하였다. 공화당 정부는 사회보장의 축소 없이 획기적인 예산개혁을 할 수 없다는 점을 인식하고 노령연금급여의 축소문제를 지속적인 정책의제로 다루었고, 매년 노령연금급여의 축소를 제안하였지만 대폭적인 감축안이 통과된 적은 없었다.[4] 한편 1992년 민주당의 클린턴 정부가 집권한 이후에

조기은퇴 선택자의 급여를 제한하여 200억 달러를 절약하는 것으로 1982년 1월 1일부터 발효될 예정이었다. 그런데 이 안을 선택할 경우 140만의 수혜자에게 사전경고를 하지 않은 상태에서 급여를 삭감하게 된다. 더 나아가서 OMB 처장인 스토크만(Stockman)은 기초연금 40억 달러 삭감 및 생계비수당(Cost of Living Allowance:COLA) 조정의 3개월 연기를 제안하였다. 스토크만의 요청과 레이건(Reagan)의 승낙을 받고 보건사회부장관(Health and Human Services secretary) 슈웨이커(Richard Schweiker)가 1981년 5월 예산법안을 제출하였다. 그러나 그 법안에 대한 반대여론이 비등하였고, 상원은 96-0으로 사회보장 예산의 '불공정'하고 '급격한' 삭감에 반대하였다. 결과적으로 1981년에 궁극적으로 통과된 삭감안은 극히 부분적인 삭감에 그쳤으며, 사회보장체제의 재정문제를 해결하는 데는 부적합한 것이었다. 여기에서 대통령과 의회다수당인 민주당 모두 고통스러운 해결방안을 제안하는데 앞장서지 않으려고 하였다. Paul Pierson(1994) 참조.

는 전반적인 사회보장에 관하여 공화당보다는 관대한 입장을 가지고 있었으므로 노령연금의 긴축을 위한 특별한 시도가 없었다. <표 9-2>에 제시된 바와 같이 GDP에 대비한 노령연금의 급여비율은 1980년의 3.77%에서 출발하여 1995년 4.01%에 이르기까지 4% 정도를 유지하고 있다. 그러므로 피어슨이 지적한 바와 같이 미국에서는 노령연금의 축소노력은 실패한 것으로 평가된다(Paul Pierson, 1994: 69).

보건의료분야에서 레이건 행정부는 공공부문의 지나친 개입 때문에 의료비가 상승하는 것으로 보았고, 공공부문을 감축하고 민간부문을 확대하면 보건의료비 증가문제가 해결될 것으로 생각하였다. 당시 사회보장기금과 마찬가지로 의료보험기금(Medicare Fund)도 고갈위기에 처해 있었으므로 레이건 정부는 Medicare 지출의 대대적 삭감을 시도하였다. 1982년에는 Medicare 도입 이래 가장 근본적인 개혁인 사전수가제도(system of prospective payments)가 고려되었다.[5] 이 제도가 1982년 조세형평및재정책임법(TEFRA)에서는 채택되지 않았

---

4) 1984년 이후의 사회보장예산에 관한 투쟁은 1981년 스토크만(Stockman)의 실패를 되풀이하였다. 사회보장예산은 그 규모가 방대하기 때문에 매년 예산 삭감자들의 관심을 끌었다. 그러나 바로 그 특성 자체가 법안이 제출되면 반대의 목소리를 크게 하고 따라서 정책결정자로 하여금 후퇴하도록 하였다. 연방정부의 적자를 해소하기 위하여 사회보장을 삭감한다는 아이디어는 1985년에도 재등장하였는데 그 당시에는 백악관이 아니라 상원 공화당에서 주도권을 행사하였다. 이전에 사회보장문제로 곤욕을 겪었던 레이건 대통령은 이 문제에 깊이 관여하려 하지 않았다. 반면에 돌(Robert Dole)과 같은 공화당 상원지도자들은 지속적인 큰 적자가 초래할 정치적 및 사회적 결과에 관심을 가지게 되었다. 길고 복잡한 협상과정을 거쳐서 돌(Dole)은 1년간 COLA의 동결을 포함하는 일괄계획(package)을 마련하였다. 레이건은 명목상 지원했을 뿐이고, 민주당이 반대하는 가운데 법안은 50 대 49로 통과하였다. 그러나 민주당이 다수당인 하원에서 통과하기는 어려웠다. 대통령은 하원의장과 협상하여 사회보장을 유지하는 대신 국방예산을 증가시키기로 타협하였다. 상원의원들은 대중적인 프로그램을 삭감하는 것이 어렵다는 것을 재발견했을 뿐이다. 1987년에도 정부의 재정적자 문제가 심각한 문제로 대두하였는데 레이건 행정부는 적자감축의 가능한 표적 중 사회보장민을 유일하게 제외시켰다. 결과적으로 1987년의 예산삭감도 사회보장에는 전혀 손대지 않은 가운데 마무리되었다(Paul Pierson, 1994: 67-69).

<표 9-3> 미국 의료보험(Medicare) 지출의 대GDP 비중

(단위: %)

연도	1980	1981	1982	1983	1984	1985	1986	1987	1988	1989	1990	1991	1992	1993	1994	1995
대GDP 비율	1.15	1.25	1.41	1.47	1.46	1.55	1.58	1.60	1.54	1.54	1.70	1.77	1.90	1.98	2.07	2.19

자료: Medicare지출자료, HCWM. 1998 Greenbook Table 3-1, GDP자료는 BOC, Statistical Abstract of the United States, 1998, US Census Bureau, p.722. http://www.census.gov/ prod/3/98pubs/98statab/cc98stab.htm에서 필자가 계산

으나, 1983년 사회보장법에서 채택되었다. 이러한 가격통제 외에도 메디캐어 예산은 1981년 이래 매년 지출통제대상이었으며, 거의 매년 의회에서 상당한 예산삭감이 이루어졌다.[6] 클린턴 행정부는 공공의료보험을 전 국민에게 확대 하려고 시도하였으나 결과는 실패로 돌아갔다.[7] 그러므로 미국에서 보건의료

---

5) 사전수가제도는 진단명(diagnosis-related groups: DRGS)에 따라 미리 진료비의 가격을 설정하고, 이에 따라 메디캐어의 진료비 상환(reimbursement)을 청구할 수 있도록 한 제도이다. 이 제도는 의료비에 대한 중앙집권화된 가격통제제도의 하나다.

6) 1980년부터 1993년까지 의회를 통과한 예산 및 법률에서 Medicare 비용의 절약과 세입인상을 가져 오는 조치 및 그 추정치는 다음과 같다. 1981년 OBRA: 1982~1984회 계년도 지출삭감 41억 달러, 1982년 조세형평및회계책임법(TEFRA): 1983~1987회계 년도 지출삭감 231억 달러, 1983년 사회보장법: 1983~1988회계년도 세입인상 114억 달러, 1984년 적자감축법(DRA): 1984~1987회계년도 지출삭감 61억 달러, 1985 COBRA: 1986~1991회계년도 지출삭감 126억 달러, 1986년 OBRA: 1987~1989 지출삭감 10억 달러, 1987년 OBRA: 1988~1990회계년도 지출삭감 98억 달러, 1989 년 OBRA: 1990~1994회계년도 지출삭감 109억 달러, 1990년 OBRA: 1991~1995 회계년도 지출삭감 431억 달러, 1991~1995회계년도 세입인상 269억 달러, 1993년 OBRA: 1994~1998회계년도 지출삭감 558억 달러, 1994~1998 세입인상 538억 달러 등이다. 한편 1997년 균형예산법에 의한 1998~2002회계년도의 지출삭감액은 1164억 달러로 추산되고 있다. HCWM, 1998 Greenbook, p.240 참조. 그러나 이러한 지출삭감 및 세입 인상을 합산할 수 없다고 밝히고 있다.

7) Clinton은 보건의료체계를 개혁하여 전국민의료보험을 도입할 것을 약속하는 선거운동 으로 다수의 지지를 받아 대통령에 당선되었다. 클린턴의 대통령 당선 직후 정부관료, 보건정책전문가, 의회 직원 등으로 구성된 대규모 대책위원회에서 1993년 1~5월 동안

서비스 분야의 지출을 억제하려는 노력은 상당한 성공을 거두었다고 볼 수 있다.

이러한 감축조치에도 불구하고 메디캐어 지출의 증가 추세는 지속되었다. <표 9-3>에 제시된 바와 같이 메디캐어 지출의 대GDP 비중은 1980년 1.15%에서 1995년 2.19%로 꾸준하게 증가하였다. 이는 노령인구의 증가와 의료기술의 진보에 따른 보건의료비용의 지출추세에 따른 것이다.

실업보험분야에서 레이건 정부의 삭감정책은 급여율 인하 및 자격조건 강화를 통한 직접 삭감과 '노동복지(workfare)'를 강조하는 이데올로기적 공격으로 구분된다.8) 레이건 정부는 연장급여기준을 강화하고,9) 실업보험수혜자의 수

에 Clinton 보건계획안을 입안하였다. 6월 이후 연말까지 이 위원회는 개혁의 특징을 분명하게 제시하는 데 실패한 반면 민간보험업자와 같은 실질적인 이해당사자들은 그 개혁안에 반대하는 로비와 광고전을 펼쳤다. 1994년 위원회에서는 비판자들의 비판을 반영하여 계획안을 개정하였다. 그러나 국민들은 클린턴(Clinton)의 개혁안이 거대한 정부관료주의, 비용, 그리고 비효율을 내포한다고 믿게 되었다. 1994년 여름 그 안은 최종적으로 철회되었다. 미국 정부가 가까운 장래에 사회의료보험제도를 도입하는 것은 불가능한 것으로 보인다(Skocpol, 1994: 73-74).

8) 실업급여는 다른 사회보험의 급여와는 달리 일할 능력이 있는 사람에게 지급된다. 그러므로 전통적으로 생계비 조사 후 지급되는 공적부조 프로그램을 축소하기 위해 사용되는 슬로건인 "일할 능력이 있는 사람에 대한 지급이 축소되어야 직업을 찾게 된다"는 주장이 실업급여에도 적용된다.

9) 실업보험급여는 26주 정규급여, 고실업에 대처한 연장급여(extended benefits: 주정부와 연방정부가 비용을 분담하는 13주 추가급여), 그리고 법정급여가 아닌 추가 보충급여 (supplemental compensation)의 복잡한 3층구조(three-tier system)로 구성된다. 실업보험의 연장급여는 고실업기간 중 대통령이 시스템의 특별조정(ad hoc adjustments)을 위한 적극적 조치를 취해야 지급할 수 있도록 되어 있었다. 대통령이 적극적인 행동을 취해야 한다는 점에서 대통령의 비토권한이 크게 강화되었다. 레이건은 재량권을 발동하여 1980년대 초반 경기침체기에 과거 경기침체기에 지급하였던 연장급여를 주지 않기로 결정하였다. 실업률이 더욱 높아졌음에도 불구하고, 1980년대 초반 장기실업자에 대한 실질급여는 1970년대 후빈의 경기침체기보다 약 1/3 가량이 낮은 수준이었다. 이러한 연장급여 기준을 강화하여 1980년대 초반의 극심한 경기침체기에 실업급여를 극적으로 줄일 수 있었는데 1983년 한 해에만 46억 달러를 절약하였다. Paul Pierson(1994: 119) 참조.

<표 9-4> 미국 실업률, 실업자보험가입비율 및 실업급여지출 대GDP 비중

(단위: %)

연도	1980	1981	1982	1983	1984	1985	1986	1987	1988	1989	1990	1991	1992	1993	1994	1995
실업률*	7.0	7.5	9.5	9.5	7.4	7.1	6.9	6.1	5.4	5.3	5.4	6.5	7.3	7.0	6.3	5.6
실업자 중 보험가입자 비율**	50	41	45	44	34	34	33	32	32	33	37	42	52	48	37	36
실업급여 및 훈련수당의 대GDP 비율*	0.65	0.50	0.71	0.74	0.48	0.44	0.42	0.38	0.32	0.30	0.35	0.48	0.67	0.62	0.45	na

주: 실업급여 및 현금훈련수당은 주 및 지방정부 지출과 연방정부지출을 합산한 액수임.
  *는 BOC, Statistical Abstract of the United States, 1986, 1994, 1998 및 SSA, Social
  Security Bulletin, Annual Statistical Supplement, 1993, 1997, Table 3.A.3.
  **는 HCWM, 1998 Greenbook, p.332.

당에 세금을 부과함으로써 실업급여를 축소하였다.[10] 이러한 조치들이 결합
하여 실업자 중에서 실업수당을 받는 사람의 비율이 1980년 50%에서 1988년
33%, 그리고 1995년 36%로 떨어졌다(<표 9-4> 참조).[11] 실업급여 및 훈련수
당이 GDP에서 차지하는 비중도 1980년 0.65%에서 1988년 0.32%로 떨어졌
고, 민주당 정권으로 교체기인 1992년 상승하다가 1994년에는 0.45%로 다시
떨어졌다.[12] 그러므로 미국에서의 실업급여 부문의 축소조정 노력은 상당한
정도 성공한 것으로 판단할 수 있다.

---

10) 1986년 조세개혁법(Tax Reform Act)으로 모든 실업수당에 세금이 부과되었는데, 이는
  실업수당의 16%를 삭감하는 결과를 가져왔다. Ways and Means Committee,
  Background Data(1991: 491), P. Pierson(1994: 119)에서 재인용.
11) 한 조사연구에 따르면, 이러한 감소의 4~18%는 제조업 부문 실업자수의 감소,
  22~39%는 주정부의 정책변화, 11~16%는 연방정부의 실업수당에 대한 과세 때문인
  것으로 추정되었다. HCWM. 1998, Greenbook, p.331 참조.
12) 1992년 실업보험법 개정으로 실업률이 6.5%를 초과하면 13주, 8%를 초과하면 20주를
  연장급여할 수 있도록 하였다. SSA, 1993. Annual Statistical Supplement to Social
  Security Bulletin, 1993, pp.94~95.

(2) 영국의 국가복지프로그램 구조조정

1979년 집권한 대처정부에 의해 본격적으로 추진된 국가복지 프로그램의 구조조정을 위한 시도는 축소(retrenchment) 또는 해체(dismantling) 등 다양한 용어로 불리고 있다(Mishra, 1990; Gough, 1991: 121-129; Gough, 1993, 117-121; Cochrane & Clarke, 1993; Taylor-Goodby, 1996; Johnson, 1990, 37-44; Paul Pierson, 1994; 남궁근, 1998b 등 참조). 이러한 정책은 1990년 존 메이저 총리의 보수당 정권에 의하여 승계되었으며, 1997년 집권한 토니 블레어 노동당정부에서도 대체로 유지되고 있다.[13]

노령연금분야는 보수당정부에 의한 삭감 및 민영화를 위한 노력이 집중된 분야이며 상당히 성공한 분야이다. 1980년 대처정부는 사회보장법을 개정하여 물가 또는 소득에 연동되어 있었던 기본연금을 물가에만 연동시키도록 개정한 결과 장기적으로 기본급여의 상대적 가치가 크게 하락하였다(Paul Pierson, 1994).[14] 노령연금의 본격적 개편은 1987년 사회보장법에서 구체화되었는데, 1987년 사회보장법은 국가소득비례연금(SERPS) 지출을 삭감하는 조치들 즉 연금산정기준의 '생애 최고 20년 평균소득'에서 '전생애 평균소득'으로 개정, 소득비례연금지급기준을 소득의 25% 수준에서 20% 수준으로 하향 조정, 배우자의 연금수급권을 전액에서 절반으로 삭감하는 조치를 도입하였다. 한편 직업연금제도에 가입할 경우 외부계약(contract out)의 허용조건을

---

13) 블레어 노동당정부가 채택하고 있는 복지정책은 기존 보수당의 축소 및 민영화 정책과 큰 차이가 없다. 즉 신노동당의 복지정책 기조는 전통적으로 노동당이 주장하였던 복지 국가론 및 보편주의 원칙에서 탈피하여 개인에게 일할 수 있는 능력을 갖도록 하고, 일할 기회를 주는 이른바 '일하기 위한 복지(welfare to work)'로 수정되었다. 블레어정부 의 복지정책개혁구상에 관하여는 1998년 3월 28일 발간된 다음 웹사이트의 녹서를 참고하시오. http://www.dss.gov.uk/hq/wreform.

14) 1980년의 개혁에서는 물가에 대하여만 연동하도록 개정하였다. 이러한 개혁은 장기적 으로 매우 큰 지출삭감 효과를 가져온다. 1988년까지 계산하면 결혼한 부부의 수당 연금 수급액은 79.90 파운드에서 65.95파운드로 감소되어 약 20%가 감축되는 것으로 추산되었다.

<표 9-5> 영국 노령은퇴연금의 수혜자와 지출 대GDP 비중

(단위: 천명, %)

연도	1981	1982	1983	1984	1985	1986	1987	1988	1989	1990	1991	1992	1993	1994	1995
수혜자수	9,291	9,386	9,487	9,578	9,732	9,865	9,944	10,001	10,002	10,029	10,059	10,125	10,131	10,167	10,289
대 GDP 비율	4.88	4.98	4.91	4.80	4.76	4.72	4.47	3.98	4.05	4.10	4.47	4.51	4.51	4.39	4.23

주: 수혜자수, 지출액 및 GDP 자료는 CSO, Annual Abstract of Statistics, No.25, 1989 edition
및 1999 edition, 수혜자수는 12월 말 기준. 회계년도가 익년 3월 말에 종료되므로 1981년도
지출은 1981/1982 회계년도의 지출을 말함. GDP자료는 회계년도 자료가 아니므로 GDP
대비 퍼센티지가 실제와 약간 다를 수 있음.
노령연금의 대부분은 기본연금(basic pension payment)이며, 기타 소득비례연금과 무기여
은퇴연금 및 크리스마스 보너스로 구성됨. 1995년의 경우 기본연금 92.0%, 소득비례연금
7.5%, 무기여연금 0.1%, 그리고 크리스마스 보너스 0.4%로 구성됨.

완화하고, 자발적인 개인연금을 장려하기 위해서 1988년부터 1993년까지
모든 신규가입에 대하여 추가로 2%의 세금을 환불하기로 하였다.

이러한 감축조치의 결과 노령연금의 수혜자는 1981년 929만 명에서 1995
년 1,028만 명으로 증가하였음에도 불구하고 노령연금지출이 GDP에서 차지
하는 비율은 1982년 4.98%를 정점으로 계속 축소되어 SERPS삭감조치가
도입되었던 1987년에는 4.53%로, 1995년에는 4.23%로 감소하였다(<표
9-5> 참조).[15]

15) 한편 1980년의 물가연동인상율 삭감, 그리고 1986년 국가소득관련연금을 대체하는
민간단체연금의 장려 및 개인연금에 대한 세제혜택 등 여러 가지 형태의 민영화 추진정
책을 도입한 결과 민간부문 연금가입자와 민간연금의 비중은 크게 증가하였다. 영국정부
의 통계에 따르면 개인연금가입자의 수가 1987/1988년 320만 명에서 1990/1991년
481만 명으로, 그리고 1993/1994년에는 573만 명으로 크게 증가하였다(구체적 수치는
DSS, 1996, Table H1.02 및 H2.02 참조). 토니 블레어정부의 보고서에서도 과거와
비교하여 연금부분에서 공공-민간부분의 파트너십으로 발전하였음을 지적하고 있다.
1953년에는 직업연금에 가입한 피고용자는 28%에 불과하였으나 1998년 현재 근로자
의 3/4인 1,900만 명이 직업연금 또는 개인연금에 가입하고 있다. 1995년 현재 2/3

<표 9-6> 영국 NHS에 대한 정부지출의 대GDP 비중

(단위: %)

연도	1981	1982	1983	1984	1985	1986	1987	1988	1989	1990	1991	1992	1993	1994	1995
대GDP 비율	5.22	5.17	5.06	5.01	4.87	4.85	4.88	4.91	4.87	5.08	5.54	5.95	5.92	5.98	5.71

자료: CSO, *Annual Abstract of Statistics*, No.25, 1989 edition 및 1999 edition, HMSO. 회계년도
가 익년 3월 말에 종료되므로 1981년도 지출은 1981/1982회계년도의 지출을 말함. GDP
자료는 회계년도 자료가 아니므로 GDP 대비 퍼센티지가 실제와 약간 다를 수 있음.

보건의료분야의 경우 보건의료서비스와 현금상병수당의 관리체계가 다르
므로 별도로 살펴보아야 한다. 대처정부는 집권초기에 NHS를 의무적 민간의
료보험으로 대체하고자 하였지만 NHS제도에 대한 국민의 절대적인 지지
때문에 NHS유지라는 기본 골격은 유지하였다.[16] 그리하여 제한된 범위 내에
서 민간부문의 역할을 강화하고, 서비스의 이용자부담을 증가시키는 정책을
추진하였다. 이러한 노력에도 불구하고 NHS 지출은 오히려 증가하였다. <표
9-6>에 나타난 바와 같이 1980년대 초반 GDP 대비 5%를 약간 상회하였던

이상의 가구가 생명보험에 가입하고 있다(http://www.dss.gov.uk/hq/wreform/참조). 이
에 따라 상대적으로 국가연금이 차지하는 비율은 1977/1978년 53.1%에서 1986/7년에
는 43.2%로 약 9.9% 포인트 낮아졌으며, 민간부문의 직업연금을 받는 노령인구의
비율은 1975년 29%에서 1985년 37%로 8% 포인트 증가하였다(Barr & Coulter, 1990:
294, Table 7.4 및 Table 7.5). 그러므로 영국에서는 연금부문에서의 국가복지를 상당부
문 민간부문으로 이전하였음을 알 수 있다.
16) NHS는 국가가 소유하고 관리하는 보건의료체제에서 모든 국민에게 최소한의 비용으
로 포괄적인 서비스를 제공하는 영국국가복지의 핵심적 제도로서 왕관의 보석(Jewel
in the Crown)으로 불린다. 그러므로 NHS는 신보수주의 이데올로기에 집착하는 대처행
정부의 축소주의자들에게는 가장 혐오감이 큰 대상이었다. 대처행정부의 민영화 주창자
들은 NHS를 강제적 민간의료보험으로 교체하려 하였다. 대처행정부의 초대 사회서비스
부 장관인 젠킨(Patrick Jenkin)은 NHS평가팀을 만들어 작업하게 하였고, 그 팀에서는
의무석빈산보험을 제안하였다. 그러나 NHS의 대중적 인기 때문에 이러한 제안은 정책
대안으로 제시되지는 않았다. 그 대신 대처수상을 포함하여 보수낭 성부에서는 NHS가
'우리의 관리하에 안전하다(NHS is safe in our hands)'라는 발표를 여러 차례 되풀이하
였다. NHS를 둘러싼 정치에 관하여는 Klein(1989) 참조

<표 9-7> 영국 상병급여 수혜자와 지출 대GDP 비중

(단위: %)

연도	1981	1982	1983	1984	1985	1986	1987	1988	1989	1990	1991	1992	1993	1994	1995*
대GDP 비율	0.26	0.19	0.09	0.09	0.08	0.05	0.04	0.04	0.04	0.04	0.05	0.06	0.06	0.05	-

지출액 자료: CSO, Annual Abstract of Statistics, No.25, 1989 edition 및 1999 edition, London: HMSO. 회계년도가 익년 3월 말에 종료되므로 1981년도 지출은 1981/1982회계년도의 지출을 말함. GDP자료는 회계년도 자료가 아니므로 GDP 대비 퍼센티지가 실제와 약간 달라짐.
주: *는 1995년 3월부터 Sickness Benefit과 Invalidity Benefit이 통합되어 incapacity benefit으로 대체되었으므로 상병수당지출액수를 따로 계산할 수 없음.

NHS지출은 1990년대 초반에는 거의 6%에 가까울 정도로 증가하였다. 그러므로 보건의료서비스 분야에서 NHS로 대표되는 국가복지를 축소하는 데 성공하지 못했다고 평가하여야 할 것이다.

현금상병수당 분야에서 대처정부는 1980년 소득비례급여(ERS)를 폐지하였고, 1983년 4월부터 상병 초기 8주간 상병급여를 법정상병급료(statutory sick pay: SSP)로 변경시켜 결과적으로 그 기간 동안 상병수당의 지급책임을 국가에게서 고용주로 이전시켰다. 한편 1987년 4월부터는 고용주의 급료지급기간을 28주로 연장시켰다. <표 9-7>에서와 같이 상병수당이 GDP에서 차지하는 비중이 1981년 0.26%에서 법정상병급료가 도입된 1983년에는 0.09%로, 법정급료기간 연장조치가 도입된 1987년부터는 0.04%로 더욱 크게 감소되었다.

상병수당의 법정급료화 조치를 민영화의 성공사례로 지적하기도 하지만, 다른 한편으로는 실제 효과가 미미하다는 주장도 있다. 즉 법정급료화가 단기 상병급여의 지급책임을 공공부문에서 민간부문으로 이전시켰지만, 실제로 고용주의 요구에 따라 정부가 세금면제 또는 지출상환(reimburse)의 조치를 취하였기 때문에 정부로서는 얻은 것이 거의 없다는 것이다(Paul Pierson, 1984: 140; O'Higgins, 1989: 172; Barr & Coulter, 1990: 281).[17] 상병급여 지출의 비중이 원래 크지 않았고, 초기에는 조세지출로 그 효과가 상쇄되었지만 궁극적으

<표 9-8> 영국의 실업급여 수혜자와 지출 대GDP 비중

(단위: 천명, %)

연도	1981	1982	1983	1984	1985	1986	1987	1988	1989	1990	1991	1992	1993	1994	1995
실업률	5.1	8.1	10.5	10.7	11.0	11.2	10.1	8.1	6.3	5.8	8.0	9.7	10.3	9.3	8.0
수혜자수*	1206***	1041	983	926	901	956	811	630	381	452	626	654	584	458	387
대GDP 지출비율**	0.69	0.56	0.51	0.50	0.46	0.46	0.38	0.28	0.15	0.16	0.28	0.30	0.26	0.19	0.15

주: *는 지출액 자료는 CSO, Annual Abstract of Statistics, No.25, 1989 edition 및 1999 edition, London: HMSO. 회계년도가 다음해 3월 말에 종료되므로 1981년도 지출은 1981/1982회계년도의 지출을 말함.
**는 GDP자료는 회계년도 자료가 아니므로 GDP 대비 퍼센티지가 실제와 약간 차이가 있음.
***는 1981년에는 자료가 없으며 1982년 2월의 수치임.

로는 조세지출을 줄임으로써 상병수당의 대폭 감축에 성공하였다고 볼 수 있다.[18]

실업급여는 대처정부에 의하여 추진된 사회보장제도의 개혁으로 가장 심각한 타격을 받은 부문이다(Atkinson & Micklewright, 1989: 19-21). 소득관련보충

17) 크리디(Creedy)와 디즈니(Disney)의 추산에 의하면 SSP(28주) 도입이 1986~1987 회계년도 정부기금에 미친 영향은 다음과 같다. 이익 813백 만 파운드(국민보험급여 절약 550백 만 파운드, DHSS관리비 절약 35백 만 파운드, SSP에 대한 추가소득세수입 147백 만 파운드, 국민보험기여금 추가수입 81백 만 파운드)에서 손실 698백 만 파운드[고용주에 대한 SSP 환불(조세지출) 688백만 파운드, 보충급여 및 관련주택급여에 따른 추가지출 10백 만 파운드]를 제외한 순이익 115백 만 파운드다. 순이익 115백만 파운드의 사회보장 지출에 대한 절약효과는 총 지출의 0.2%에 불과하다. 만약 고용주의 SSP 환불신청에서 도덕적 해이가 나타날 경우에는 총 비용이 더욱 커질 것으로 예측된다는 것이다. Creedy & Disney, 1989, p.229, Table 5 및 p.232, Figure 1 참조. 한편 세금면제는 소위 조세지출(tax expenditure)로 불리며 민영화의 중요한 형태 중 하나다.
18) 고용주에 대한 환불의 수준이 1986년 도입당시 100%에서 1991년에는 80%로 축소되었고, 1994년에는 거의 없어졌다(Kalisch, Aman & Buchele, 1998: 56 참조).

급여(ERS)의 폐지와 수당에 세금부과, 물가연동제의 중지, 실업수당에서 부양가족(특히 부양자녀)에 따른 지급의 폐지, 직장연금에서 실업급여의 감축, 관리의 강화, 자격상실기간의 연장 등 대부분 조치가 실업자에게 불리한 조치였으며 실업수당의 실질적 가치를 크게 하락시켰다(이명숙·강수택, 1996: 352-357).

<표 9-8>에 나타난 바와 같이 실업급여의 수혜자 수는 1981년 120만 명 정도였던 것이 1995년에는 38만 7천 명으로 크게 줄었으며, 실업급여지출의 비중도 0.69%에서 0.15%로 크게 줄었다.[19] 그런데 1995년도의 실업률도 8.0%에 달하므로 수혜자수 및 급여지출액의 삭감이 실업률의 하락에 기인한 것이 아니라 실업보험정책의 변화에 기인한다는 점이 분명하다.

(3) 스웨덴의 국가복지 구조조정

스웨덴은 대체로 1980년대 말까지 완전고용과 더불어 핵심적인 복지국가 프로그램을 대체로 방어해 왔다. 그러나 1990년 후반부터 경기후퇴와 실업률의 급격한 증가에 따라 복지프로그램은 심각한 위기에 직면하였고, 사민당 정부는 복지급여 및 서비스 삭감 등 축소조치를 취하기 시작하였다. 1991년부터 3년 동안 집권한 중도우파정부는 본격적인 복지지출 삭감 및 복지프로그램 개혁을 시도하였다(Gould, 1996: 79-88 참조). 1994년 총선 이후 복귀한 사민당 정부도 기존의 복지국가 방어정책에서 어느 정도 후퇴하고 있다(Pierre & Wildfeldt, 1995, 1996: 464-465).

노령연금분야에서는 1980년대 내에는 스웨덴 정부의 지출억제 조치는 거의 없었으나, 1990년의 경제위기에 직면하여 1991년부터 노령연금의 기본급여(base amount)를 1989년 대비 3% 삭감하고, 1992년에는 추가로 3% 삭감하였다. 한편 연금체계를 근본적으로 재검토하여 1994년 의회에서 여야합의로

---

19) 한편 1996년 10월에는 실업급여와 실업자에 대한 소득지원 프로그램을 폐지하고 구직자 수당을 도입하였다.

연금개혁을 위한 지침이 통과되었다(Hagemann, 1995: 44-45 참조). 이 지침을 토대로 1998년 확정된 새로운 연금제도에는 재원조달방법에서 부과방식과 적립방식의 혼합, 사회보장급여에 대한 기여금 부과, 기여금 50%의 피고용자 부담 등의 조치가 포함되었고, 수혜액수를 '생애최고 15년 소득기준'에서 '평생소득 기준'으로 변경하여 결과적으로 수혜액수를 하향조정하였다.[20] 이 개혁안을 1987년 영국의 SERPS개혁과 비교하면, 스웨덴에서도 기본급여 축

---

20) 1994년 여야합의로 의회를 통과한 연금제도 개혁지침에 따라 의회에 각 정파대표로 연금개혁소위원회(Working Group on the Implementation of the Pension Reform)가 구성되었다. 이 위원회에 서는 개혁지침에 따라 구체적 법률초안을 작성하였으며 1998년 6월 8일 의회에서 법안이 최종적으로 통과되었다.

　새로운 연금체제는 점진적으로 적용되며, 1954년 이후 출생자는 새로운 체제의 적용을 받는다. 연금체제 개혁의 지침은 다음과 같다. 첫째, 연금체제는 전 국민에게 노령기에 안전한 기본소득을 보장해야 한다. 현행과 마찬가지로 개편된 체제도 강제 적용되며 사회보험청에서 관리한다. 둘째, 연금은 평생소득을 기초로 한다. 그러므로 근로소득뿐 아니라 상병수당, 육아수당 등 사회보장급여에도 기여금을 부과한다. 셋째, 평생소득의 18.5%를 연금체제에 기여금으로 지불한다. 연금수급자는 기여금과 이자를 받게 된다. 넷째, 18.5% 중 16%는 부과방식(pay-as-you-go scheme)으로 당해연도에 사용된다. 다섯째, 나머지 2.5%는 적립방식으로 보험금적립계정(premium reserve account)에서 관리한다. 보험가입자는 자신의 보험적립금계정의 투자 관리자를 선택할 수 있다. 여섯째, 기여금과 연금급여는 경제성장, 즉 평균소득 증가와 연계되어 계산된다. 일곱째, 연금체제는 인구통계학적 변화에 따라 민감하게 조정된다. 연금권리는 은퇴시점에서 계산된 평균수명을 기준으로 계산된다.

　개편 전 연금체제는 기본연금과 소득비례연금으로 구성되는데 소득비례연금의 완전수혜자는 '최고 15년 소득 평균'의 60%를 받도록 되어 있었다. 그런데 이러한 규칙에 따르면 생애소득은 같지만 단기간 고소득자가 생애 동안 일정한 소득자보다 연금을 많이 받게 되어 불공정의 문제가 제기될 수 있다. 즉 소득과 연금의 연계가 모호하다는 것이다. 개편된 제도하에서는 생애소득에 기초하여 급여액을 계산한다. 실제로는 생애 동안의 기여를 기준으로 18.5%의 기여금 중에서 부과방식 16%와 적립방식 2.5%로 이원화하였다. 매년 연금액수를 기대여명과 실질임금의 성장이라는 요인을 고려하여 조정하는데, 종전과는 달리 기여금의 50%(즉 9.25%)는 피용자가 부담(개편 전에는 전액 고용주 부담)하도록 하였다.

　이상 http:\\www.pension.gov.se\in English\summary.html 참조.

<표 9-9> 스웨덴 노령연금 지출 대GDP 비중

(단위: %)

연도	1981	1982	1983	1984	1985	1986	1987	1988	1989	1990	1991	1992	1993	1994	1995
대GDP 비율	7.34	7.36	7.51	7.20	7.35	7.45	7.44	7.51	7.54	7.50	7.87	8.48	8.68	8.54	8.17

자료: OECD, 1998. *OECD Social Expenditure Database, 1980~1996*(CD-ROM version).
주: 노령연금만 포함되었으며, 장애연금 및 유족연금은 제외됨.

소 및 ATP하향지급 등 지출축소를 위한 조치는 영국과 유사하지만 민간연금을 장려하는 외부계약(contract-out) 허용과 같은 조치는 도입되지 않았다. 즉 제도개혁은 기본적으로 인구의 노령화에 따른 재정수지 불균형을 해소하는 것이 주목적이며, 연금부문에서 공공부문의 역할을 축소하려는 시도는 아닌 것으로 평가된다. 1998년 개혁안에서도 사회보험방식으로 강제 적용되는 공공연금은 전 국민의 안전한 기본소득을 보장하여야 한다는 점을 분명히 하고 있다.

노령연금은 스웨덴 복지지출에서 가장 구성비가 큰 요소인데 <표 9-9>에 제시된 바와 같이 꾸준한 증가세를 보이고 있다. 노령연금의 대GDP 비중은 1981년 7.34%에서 1992년 8.17%로 증가하였다. 그 이유는 기본연금보다 소득비례연금(ATP)의 급격한 증가에 따른 것이다(Hageman, 1995). 1995년의 경우 소득비례연금의 대GDP 비중이 4.79%로 기본연금 2.89%보다 훨씬 큰 비중을 차지한다.

보건의료서비스와 상병 급여를 사회보험방식으로 관리하는 스웨덴의 경우 1980년대에 중앙정부 의료서비스 지출삭감을 위해서 지방분산화라는 수단을 활용한 바 있으나, 민영화를 위한 조치는 취하지 않았다. 그러나 1990년대 경제위기를 경험하면서 보건의료지출의 축소를 위한 조치가 도입되었다. 검진을 위한 의사방문, 처방, 입원 등의 의료서비스의 수수료를 대폭 상향조정하여 비용을 절감하고 의료시스템의 과용 또는 남용을 방지하고자 하였다(Gould, 1996: 84-85). 한편 수혜자 소득의 90%에 이르기까지 관대하게 지급되었던

<표 9-10> 스웨덴 보건의료분야(의료서비스 및 상병수당)지출 대GDP 비중

(단위: %)

구분 \ 연도	1981	1982	1983	1984	1985	1986	1987	1988	1989	1990	1991	1992	1993	1994	1995
의료서비스	8.73	8.82	8.72	8.55	8.13	7.88	7.90	7.79	7.86	7.88	7.63	6.64	6.59	6.32	5.90
상병수당	2.21	2.09	1.93	1.93	2.07	2.13	2.26	2.79	2.75	2.59	2.20	1.32	1.30	1.24	1.16

자료: OECD 1998, *OECD Social Expenditure Database, 1980~1996*(CD-ROM version).

상병수당의 삭감이 1991년 집권한 중도우파 정부 개혁의 주요 목표가 되었다. 정부는 1992년부터 1일의 무급여 대기일을 포함시키고, 급여율을 대폭 하향 조정하는 조치를 채택하였다(Gould: 1996: 79-80).[21] 한편 상병 후 최초 14일 동안 상병수당을 고용주의 상병급료(SSP)로 전환하였다. 이러한 조치는 1983년 영국의 보수당 정부에서 도입한 것과 유사한 조치다.

이같이 의료서비스 부문과 상병수당 양면에서 지출감축을 위한 비교적 강도 높은 조치를 통하여 1991년 후반부터 보건의료부문의 지출을 줄이는 데 성공하였으며 그에 따라 의료서비스와 상병수당의 대GDP 비중이 각각 1981년 8.73% 및 2.21%에서 1995년 5.90%와 1.16%로 낮아졌다(<표 9-10> 참조). 그러므로 스웨덴의 경우 영국과 시차는 있으나 의료보험 분야 중 의료서비스와 상병수당 부문에서 각각 축소조정이 상당히 성공한 것으로 평가되어야 할 것이다.

실업급여분야에서도 1980년대에는 큰 변화가 없었으나 1990년대에 장기 실업자의 증가에 따른 실업급여비용을 삭감하기 위한 개혁조치가 도입되었다(Ramaswamy, et al., 1995; Gould, 1996). 그 주요내용으로는 1993년부터 5일 동안 무급여일을 도입하고 대체율을 90%에서 80%로 하향조정하였다.[22] 이

---

21) 질병발생시 1일 무급여일 도입, 2·~3일은 65% 지급, 그리고 첫해의 나머지 기간에는 80% 지급, 그리고 그 이후에는 70% 지급으로 고쳤다.

22) 과거에는 실업급여와 정부의 적극적 노동시장정책에 따른 공공근로를 교체하면서 거의 무제한으로 실업급여를 받을 수 있었으나 1993년에는 그 기간을 최대 2년으로

<표 9-11> 스웨덴 실업보험급여의 대GDP 비중

(단위: %)

연도 구분	1981	1982	1983	1984	1985	1986	1987	1988	1989	1990	1991	1992	1993	1994	1995
실업률 (%)	2.5	3.2	3.5	3.1	2.8	2.7*	2.1	1.8	1.5	1.7	2.9	5.3	8.2	na	na
대GDP 비율**	0.56	0.74	0.98	0.94	0.91	0.92	0.84	0.72	0.67	0.92	1.66	2.71	2.84	2.63	2.30

자료: 실업률, SCB, *Statistical Abstract of Sweden*, 1985, 1990, 1995 실업보험지출: OECD, 1998. *OECD Social Expenditure Database*, 1980~1996(CD-ROM version).

주: *는 1987년부터는 1993년에 도입된 새로운 계산방식에 따라 재계산함. 1986년의 경우 새로운 계산방식에 따르면 2.4%로 낮아짐.

　**는 실업보험지출에는 실업급여(unemployment benefits)만 포함되었고 실업자 재훈련비용, 공공근로 사업비용은 포함되지 않음.

같이 실업급여 비용을 삭감하는 조치가 도입되었지만 여전히 그 소득대체율이 높고, 실업자는 정부의 실업급여와 적극적인 노동시장 정책에 따른 훈련 및 공공근로에 참여할 수 있기 때문에 실질적으로 기한에 관계없이 정부의 실업 프로그램의 혜택을 받을 수 있다. 따라서 강도 높은 축소조정을 단행한 영국과 미국에 비하면 지출축소의 범위는 상대적으로 매우 적은 편이다(<표 9-11 참조>).

3) 구조조정 정책 및 성과 비교

이상에서 1980년대부터 1995년까지 미국, 영국, 스웨덴에서 노령연금, 보건 의료, 실업보험 분야의 국가복지의 재편 및 축소조정을 위한 정책을 살펴보았다. <그림 9-1>에 이 기간 중 각국에서 도입된 중요한 정책과 함께 GDP 대비 비중으로 측정된 프로그램별 지출의 추세가 제시되었다. 주요정책 도입 전후의 지출추세의 변화를 살펴보면 정책개입의 성과를 판단할 수 있을 것이다.[23]

한정하였다. 그러나 1994년 집권한 사민당이 이를 무효화시켜서 실질적으로는 무제한으로 실업급여를 받을 수 있다.

<그림 9-1 가>에 제시된 바와 같이 노령연금 분야에서, 미국은 1983년 사회보장법에서 세입인상과 지출축소 조치를 도입하였지만 지출삭감의 성과는 크게 나타나지 않았다. 영국은 1980년 소득연동제폐지, 1987년 사회보장법에서 소득비례연금(SERPS)삭감과 민영화를 위한 정책을 도입하였는데, <그림 9-1 가>에서 도입시점 이후 지출삭감의 성과를 파악할 수 있다. 한편 스웨덴에서는 1991년 기본급여 삭감 및 1994년 연금제도 개혁을 통하여 급여지출을 축소하고자 하였는데, <그림 9-1 가>에서 1994년부터 지출이 어느 정도 축소되고 있음을 확인할 수 있다. 그러므로 지출축소 기준으로 보면 미국은 거의 성과를 거두지 못하였고, 영국은 1980년대에 뚜렷한 성과가 나타나며, 스웨덴은 1990년대 중반 이후 어느 정도 성과가 나타나는 것으로 판단된다. 그러나 축소조정의 성과를 단순히 프로그램 지출비중의 증가 또는 감소만으로 평가하기 어렵고, 초기지출의 수준과 민영화 등 근본구조의 변화 정도를 종합적으로 고려해야 한다. 이들을 고려하면 노령연금 분야에서는 영국은 상당한 축소조정이 이루어진 반면, 미국과 스웨덴은 소폭 조정에 머물렀다고 평가할 수 있다.

<그림 9-1 나>의 보건의료서비스 분야에서 미국은 1983년 사전수가제를 도입하였고 메디캐어 지출삭감법안을 거의 매년 도입하였음에도 불구하고 지출의 증가경향이 나타나고 있다. 영국의 경우 NHS의 골격을 유지하면서 보건의료서비스 지출이 꾸준히 증가하였다. 스웨덴에서는 1991년 일부 서비스 유료화 조치 등으로 보건의료서비스 지출이 상당부문 감축되었음을 알 수 있다. 미국의 경우 반복적인 지출삭감에도 불구하고 대GDP 비중은 증가하

---

23) 과학적인 분석을 위해서는 여러 가지 준실험적 정책평가방법을 적용할 수 있다. 각 시계열자료에 단절적 시계열설계(interrupted time-series design)를 사용할 수 있으며, 또한 각 영역에서 3개국의 자료를 비교할 수 있으므로 통제시계열설계(control-time series design) 등 복잡한 방법을 적용할 수 있다. 필자의 예비적 분석에서 정책개입이 지출축소에 미친 통계적 유의성 여부를 확인할 수 있었으며, 그 결과는 대체로 여기에서 논의한 내용과 일치하였다.

<그림 9-1> 미국, 영국, 스웨덴 프로그램별 주요정책과 지출추세(1981~1995)

가 노령연금 분야의 주요정책과 지출추세

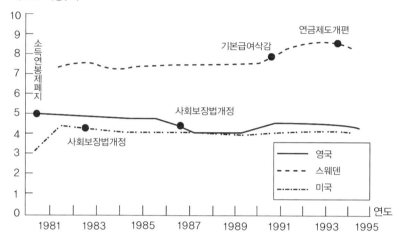

나 보건의료서비스 분야의 주요정책과 지출추세

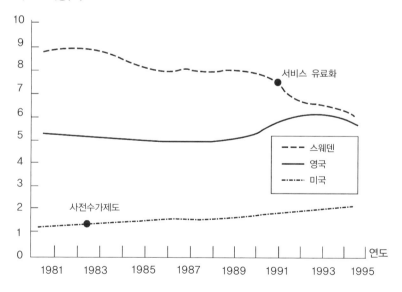

다. 상병수당 분야의 주요정책과 지출추세

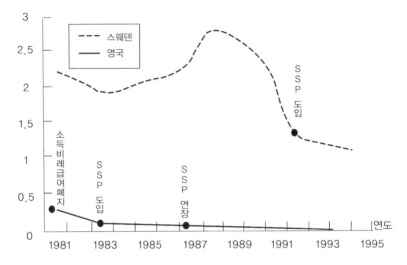

대GDP비중(%)

라 실업보험 분야의 주요정책과 지출추세

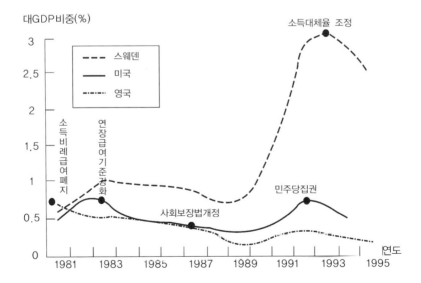

대GDP비중(%)

였으나 초기지출의 수준이 매우 낮은 점을 고려할 때 지출억제에 어느 정도 성공하였다고 판단된다. 종합적으로 판단할 때 영국에서는 NHS 축소조정에 성공하지 못한 것으로 평가되며, 스웨덴에서는 1990년대 이후 보건의료서비스지출 삭감에 어느 정도 성공한 것으로 평가된다.

<그림 9-1 다>의 상병수당 분야에서 영국은 1980년 소득비례급여 폐지, 1983년 SSP도입, 1987년 SSP기간연장에 따라 상병수당의 지출이 급격하게 축소되었음을 알 수 있다. 한편 스웨덴은 영국보다 10년 늦은 1992년 SSP를 도입하는데 이에 따라 상병수당 지출이 크게 감소하였다. 영국과 스웨덴은 10년의 시차가 있지만 상병수당 분야의 대폭 감축에 성공한 것으로 평가된다.

<그림 9-1 라>의 실업보험 분야에서 세 나라의 차이가 가장 뚜렷하게 나타난다. 미국은 레이건 행정부의 1983년 연장급여기준 강화 등의 조치 이후 감축추세가 뚜렷하게 확인되며, 1992년 민주당 정권교체기에 일시 증가하였으나 다시 감소추세가 나타난다. 영국에서는 1980년 소득비례급여 폐지, 1987년 사회보장법의 급여축소 조치 이후 실업급여지출의 감소추세가 눈에 띄게 나타나고 있다. 스웨덴에서는 1993년의 소득대체율 조정 등으로 지출이 어느 정도 감소하였지만 여전히 상대적으로 높은 수준을 유지하고 있다. 대체적으로 미국은 상당한 축소, 영국은 대폭 축소, 그리고 스웨덴은 축소에 성공하지 못하였다고 평가할 수 있다.

이상의 논의를 토대로 프로그램별 축소조정의 결과를 요약하여 <표 9-12>에 제시하였다. 이러한 프로그램별 변화를 종합할 경우 국가별로 전체적인 축소조정의 성과를 평가할 수 있는데 대체로 영국, 미국, 스웨덴의 순서로 나타나고 있다. <표 9-12>에 제시된 결과를 토대로 볼 때 후기 산업사회에 접어들면서 서구 복지국가의 재편 및 축소조정의 결과에서 국가별, 프로그램별 다양성을 확인할 수 있다.[24]

---

24) 여기에서 다음과 같은 해석상의 문제가 제기될 수도 있다. 사회민주주의의 마지막 보루(last bastion)인 스웨덴(Gould, 1996)에서도 자유주의 복지국가인 미국과 영국이 1980년대에 본격적으로 추진한 축소재편 정책을 약 10년 정도의 시차를 두고 추진하고

<표 9-12> 미국, 영국, 스웨덴 국가복지 프로그램 축소조정 결과 요약(1980~1995)

영역＼국가		미 국	영 국	스웨덴
노령연금		소폭	중간	소폭
보건의료	보건의료서비스	중간	소폭	중간
	상병수당	해당 없음	대폭	대폭
실업보험		중간	대폭	소폭
전반적 축소조정 성과		중간	대폭	소폭

주: 소폭은 거의 변화가 없음. 중간은 상당한 변화, 대폭은 큰 변화가 있음을 나타냄.

3. 국가복지 축소조정을 설명하는 이론과 논의

이상에서 국가복지의 축소재편이라는 흐름 속에서 구체적 재편의 내용과 성과는 국가별로 다르고 프로그램별로 다르다는 점을 확인할 수 있다. 여기에 서는 본 연구의 두 번째 연구문제, 즉 국가별, 프로그램별 축소조정 차이의 이유를 후기산업사회론, 권력자원론, 그리고 역사적 제도론을 적용하여 설명 하기로 하겠다.

있다는 점에서 축소재편의 흐름을 새로운 수렴으로 볼 수도 있을 것이다. Talyor-Goodby(1996: 210)는 서구 복지국가들의 정책들이 공통적으로 급여축소, 비용절감, 추가수입을 위한 정책, 보건의료체제의 관리개혁, 그리고 책임분산의 방향으로 약한 수렴경향(fragile convergence)을 보인다고 주장하고 있다.

한편 에스핑-앤더슨(Esping-Andersen, 1996: 10-20)은 지난 10년간 경제적 사회적 위기에 대응한 서구 복지국가들의 적응패턴이 스칸디비아 모형(스칸디나비아 국가의 국가복지의 유지와 공공부문 고용증가 전략), 신자유주의 모형(앵글로 색슨 국가의 시장 중심적 진략), 노동감축보형(대륙국가의 사회보장 유지와 사회서비스 부문 고용축소)으로 뚜렷하게 구분된다고 보고 있어 수렴보다는 다양싱의 방향을 강조한다. 그는 같은 맥락에서 동부·중부 유럽, 남미 및 동아시아 국가들도 공통적으로 특정 서구 모델을 모방하지 않고 국가별로 독특한 궤도(trajectory)를 따를 것으로 본다.

1) 후기산업사회론에 의한 국가복지 축소조정의 설명

후기산업사회론은 산업화이론(또는 근대화론 및 수렴이론)의 연장선상에 있는 것으로 국가복지 구조 조정의 원인으로 사회경제적 환경의 변화를 강조하는 관점이다. 산업화이론에서는 국가복지의 성장을 농업사회로부터 산업(공업)사회로의 변모에 따른 필연적인 결과라고 보았다.[25] 이와 유사한 맥락에서 국가복지의 (축소)재편은 산업사회에서 후기산업사회로의 변모에 따른 결과라고 볼 수 있다. 그러면 산업사회와 대비되는 후기산업사회의 특징은 무엇이며, 왜 이러한 특징이 복지국가의 축소조정과 관련되는가? 쿠마는 후기산업사회의 특징을 이론화하려는 여러 가지 시도들을 그 강조점에 따라 정보사회이론, 포스트 포디즘, 그리고 포스트 모던사회론으로 구분하고 있다(Kumar, 1995). 정보사회론에서는 공업 중심에서 지식·정보 중심으로 산업기반의 변화를 강조한다. 한편 포스트 포디즘에서는 포디즘적 축적체제에서 포스트 포디즘적 축적체제로의 변화에 따른 유연성을 강조하며, 포스트 모던 사회론에서는 획일성과 규격성에서 벗어난 다양성을 강조하고 있다. 이러한 이론들 중 포스트 포디즘이 다음과 같은 이유에서 황금기 국가복지의 위기와 그 축소조정의 불가피성을 설명하는 논리를 가장 분명하게 제공하고 있다고 생각된다.[26]

제숍은 포디즘 사회에 적합한 전형적인 포디즘 국가가 케인지안 복지국가라고 본다(Jessop, 1994: 17). 조절양식의 관점에서 보면 케인지안 복지국가는 비교적 폐쇄적인 국민경제 내에서 수요측면의 관리를 수단으로 완전고용을 보장하고, 포디즘의 성장 양식에 부합되는 대량생산과 대량소비가 가능하도록

---

25) 윌렌스키에 의하여 대표되는 산업화이론(근대화론 또는 수렴이론)에 의하면 복지국가는 산업사회의 발전에 의하여 초래된 필요와 수요(needs and demands), 그리고 가용자원(available resources)의 증가 때문에 출현하고 성장한 것으로 본다(Wilensky, 1975). 이에 대한 간결한 요약으로는 피어슨(Pierson, 1998: 11-22) 참조.

26) 포스트 포디즘의 관점에서 국가복지의 축소조정을 논의한 문헌으로는 버로우스 (Burrows)와 로더(Loader)의 편저서(1994) 참조.

집단협상을 규제하는 두 가지 핵심적 기능을 수행한다(Aglietta, 1979). 그러므로 피어슨(1994: 97)이 지적한 바와 같이 황금기의 복지국가는 포디즘 사회의 민족국가 범위 내에서 자본축적의 요구와 조직화된 노동계급의 방어적 역량에 의하여 형성되고 유지되었다. 이러한 포디즘적인 조절양식과 케인지안 복지국가는 포디즘 체제에 내재한 경직성(built in rigidities) 때문에 위기에 처하게 된다(Williams, 1994; Pinch, 1994). 포드주의는 포스트 포드주의 시대의 특징으로 간주되는 세계화(globalization)의 도전에 적응하지 못했기 때문에 붕괴되었다(조동기 역, 1997: 232-242). 특히 1970년대 서구자본주의 국가의 경제위기에 효과적으로 대처하지 못하면서 포드주의적 케인지안 복지국가는 위기에 처하고 새로운 축적체제의 출현이 필요하게 되었다(Jessop, 1994).

  포스트 포디즘 이론가들은 현재 포디즘적 축적체제로부터 새로운 축적체제로 변천과정에 있으며 아직까지 새로운 축적체제가 완성되지 않았다는 점, 그리고 포디즘의 경직성(rigidities)이 유연성의 논리(logic of flexibility)로 대체되고 있다는 데 동의하고 있다(Piore & Sable, 1984; Kumar, 1995; C. Pierson, 1994: 96-97). 포스트 포드주의에서 강조되는 속성인 유연성은 구조화되고 표준화된 것을 특징으로 하는 포드주의 체제와는 뚜렷하게 구분되며, 세계적 수준, 국가수준, 그리고 개별기업 등 사회생활의 전 분야에 적용된다. 제숍(1994)은 위와 같은 포스트 포디즘적 조절양식에 부합되는 국가는 케인즈적 복지국가가 아닌 새로운 형태의 국가로 슘페터적 노동복지국가(Schumpetrian workfare State)로 정의될 수 있다고 본다. 슘페터적 노동복지국가는 경제의 공급측면에 개입함으로써 개방경제하에서 국민경제의 구조적 경쟁력을 강화하고, 노동시장 유연성의 필요성과 국제경쟁이라는 제약조건에 사회정책을 종속시키는 기능을 수행한다. 위와 같은 포스트 포디즘 이론에 의하면 자본주의 국가의 축적체제와 조절양식이 포디즘에서 포스트 포디즘으로 전환되면서 케인지안 복지국가는 축소조정을 통하여 슘페터적인 노동복시국가로 전환될 수밖에 없었다고 본다.

  이러한 관점에서 볼 때 1980년대 영국, 미국, 그리고 1990년대 스웨덴에서 추진한 국가복지의 축소조정은 포스트 포디즘 사회로 전환되는 과정에서 이루어진 것이다. 영국과 미국의 국가복지의 축소조정은 이러한 관점에서 설명되고 있으며(예컨대 Jessop, 1994; Williams, 1994; Pinch, 1994; C. Pierson: 1994), 같은 논리에서 스웨덴과 같은 사회민주주의 국가에서도 국가복지의 축소조정은 불가피하다고 본다. 예를 들면 굴드는 1990대 초반 스웨덴의 경제위기는 포스트 포디즘 자본주의의 국제화와 경쟁 강화에 적절하게 대처하지 못했고, 1980년대에 복지 시스템의 과감한 개혁을 시도하기 못했기 때문에 발생하였고, 1990년대 초반에 시작된 국가복지의 축소조정은 포스트 포디즘 사회로의 변천에 의해서 그러한 방향으로 나아갈 수밖에 없었던 것으로 본다(Gould, 1966: 75-76). 또한 과거와 달리 세계화가 진행된 포스트 포디즘 사회에서 국민국가 단위의 정책에는 한계가 있으므로, 경기가 회복되더라도 황금기 스웨덴 모형으로 복귀하기 어렵다는 것이다.

여러 가지 형태의 후기산업사회론, 특히 포스트 포디즘 이론은 기술발전과 세계화의 도전에 따른 포디즘적 축적체제와 조절양식의 붕괴가 황금기 케인지안 복지국가의 축소조정을 불가피하게 만든 배경 조건이라는 점을 적절하게 논증했다고 판단된다. 그러나 포스트 포디즘 사회로의 변화를 측정할 수 있는 적절한 지표[27]를 찾기 어렵고, 이들 이론으로는 특정 국가와 특정 프로그램에서 이룩한 축소조정 결과의 차이를 설명할 수 없다는 데 문제가 있다. 그러므로 다음에 고찰하게 될 다른 이론들에 의한 설명의 여지를 남겨두고 있다.

2) 권력자원론에 의한 국가복지 축소조정의 설명

권력자원론(power resources theories)은 복지국가의 성장을 설명하는 유력한 이론으로 국가복지를 지지하는 집단의 권력자원(power resource)의 영향을 강조한다. 즉 노동자들이 자신들의 권력자원을 성공적으로 동원할 수 있으면 국가

---

27) 고용구조의 측면에서 상시고용자의 감소 및 피트타임(part-time) 고용자의 증가 등의 지표, 또는 후기산업사 회의 활동을 나타내는 직종 종사자에 관한 자료(Esping-Anderson, 1990: 203-206)를 고려할 수 있을 것이다.

복지가 강화된다는 것이다. 이러한 관점에 의하면 조직화된 노동계층 또는 좌파의 힘(Korpi, 1989), 노동계급과 농민의 동맹(Esping-Andersen, 1985; 1990), 그리고 노동계급정당(Stephens, 1979)의 집권 등이 복지국가의 태동과 성장을 설명할 수 있다. 이 이론은 노동자의 조직률이 높고 좌파정당의 집권기간이 긴 스웨덴 등 스칸디나비아 국가들을 그 모형으로 제시하고 있다. 이러한 논리를 국가복지의 축소조정에 적용한다면 노동자들의 권력자원이 후기산업 사회(특히 유연성이 강조되는 포스트 포디즘 사회)에서 피하기 어려운 국가복지의 축소조정의 압력을 억제하는데 기여할 것으로 추론할 수 있다. 즉 노조 조직률 이 높고, 좌파 정당의 정치권력이 강한 국가에서는 국가복지의 축소재편이 어려울 것이고, 노동자들의 권력자원이 취약한 국가에서는 축소재편 노력이 상대적으로 성공할 가능성이 높다는 것이다. 이러한 논리에 따라 미국과 영국, 그리고 스웨덴에서 노동조합 조합원 현황과 조직률의 추세를 검토하기로 한다.

<표 9-13>에서 미국과 영국의 경우 1980년부터 1995년까지 노동조합 가입자의 절대숫자가 감소하였을 뿐 아니라, 조직률도 하락하였다. 미국의 경우 노조 조직률이 1983년 20.1%에서 1995년 14.9%로 하락하였으며, 영국 의 경우에는 1980년 48.2%에서 1995년 28.4%로 크게 하락하였다. 한편 스웨덴의 경우에는 1979년 79.8%에서 1993년 91.3%로 오히려 증가하였다. 그러므로 3개국에서 노조조직률로 측정한 노동계층의 권력자원의 크기의 변 화와 국가복지의 축소조정의 정도는 영국, 미국, 스웨덴의 순서로 대체로 일치 하는 경향을 보인다. 영국, 그리고 어느 정도까지는 미국에서도 노동계층이 국가복지의 축소를 방어하는데 필요한 조직을 유지하지 못하였고, 따라서 이들 국가의 국가복지의 축소는 국가복지를 지지하는 노조집단의 상대적 권력 자원의 약화에 기인한 것으로 설명될 수 있다. 한편 1980년대에 스웨덴이 국가복지의 골격을 유지한 것은 노조집단의 권력자원에 의한 것으로 설명할 수 있지만 1990년대에도 노조 조직률이 계속 증가하였나는 점에서 1990년대 의 축소조정을 설명하기 어렵다. 한편 이 이론의 논리에 의하면 좌파정당이 집권할 때, 국가복지의 성장을 촉진하고 축소를 방어할 수 있다는 것인데,

<表 9-13> 미국, 영국, 스웨덴 노조 조합원 및 조직률(1980~1995)

(단위: 1,000명, %)

연도	1980	1985	1990	1995
미국	17,717*(20.1%)	16,996(18.1%)	16,740(16.1%)	16,360(14.9%)
영국	12,947(48.2%)	10,821(39.0%)	9,947(34.9%)	8,089(28.4%)
스웨덴**	3,334(79.8%)	3,573(82.8%)	3,854(86.9%)	3,946(91.3%)

자료: 미국, BOC, *Statistical Abstract of the United States*: 1998, p.444.; 영국, CSO, Annual
    Abstract of Statatistics, 1989년판 및 1998년판의 자료를 토대로 필자가 계산; 스웨덴,
    SCB, *Statistical Abstract of Sweden*, 1980, 1985, 1990 및 1995년 판에서 필자가 계산.
주: *는 미국에서 1980년은 1983년의 수치임.
    **는 스웨덴은 각각 1979, 1983, 1988, 1993년의 수치임. 조합원수는 공공부문과 민간부
    문 조직을 합산한 수치임. 스웨덴은 LO: 스웨덴노동조합총연맹, SACO: 전문직노동조합총
    연맹, TCO: 공무원노동조합 노조원수를 합산함.

1992년 미국 민주당, 1994년 스웨덴 사민당, 1996년 영국 노동당 등 좌파정당
이 재집권한 후에도 축소조정의 방향이 크게 역전되지 않았음을 설명하기
어렵다. 그리고 권력자원론도 특정 국가 내에서의 프로그램별 변화의 차이를
설명하기 어렵다는 점에서 산업화론과 같은 문제점을 가진다.

3) 역사적 제도론에 의한 국가복지 축소조정의 설명

국가복지 축소조정의 패턴을 후기산업사회론 또는 노동조합의 권력자원
등의 차이에 기인한 것으로 보는 표준적인 설명으로는 동일 국가 내에서의
프로그램별 축소조정의 차이를 설명할 수 없다. 이러한 차이를 설명하기 위하
여 역사적 제도론(historical institutionalism)을 적용하기로 한다. 역사적 제도론
은 신제도론[28]의 한 갈래로 정책의 채택, 성장 및 변화를 설명하는데 있어서
국가정치제도의 특성과 정책의 구조적 속성을 강조한다. 이러한 접근방법은

---

28) 신제도론은 합리적 선택제도론, 사회학적 제도론, 역사적 제도론 등으로 구분된다.
    합리적 선택제 도론에 관하여는 정용덕 편(1999)을 볼 것.

비교사회정책연구에서 사회경제적 환경의 변화 또는 산업노동자의 권력자원 등과 같은 사회중심적 설명의 한계를 지적하고 국가중심적 설명을 강조하는 스카치폴(Skocpol)과 그 동료들(예를 들면, Skocpol & Ikenberry, 1983; Skocpol, 1992; Orloff & Skocpol, 1984; Skocpol, 1995b; Rueschmeyer & Skocpol, 1996)에 의해 시작되었다.29) 역사적 제도론에서 제도(institution)의 개념은 다양하게 사용되며 대체적으로 "행위를 구조화하는 공식 조직과 비공식적인 규칙과 절차를 포함하는 것"으로 정의된다(Thelen & Steinmo, 1992: 2). 홀에 따르면 제도는 "정치체와 경제의 다양한 단위에서 개인 간의 관계를 구조화하는 공식 규칙, 순응절차, 그리고 표준운영절차를 포함"하는데, 그의 제도분석의 틀에 는 거시, 중위, 미시 등 상이한 수준에서의 규칙과 절차가 포함된다(Hall, 1986: 1).30) 역사적 제도론의 핵심적 설명변수는 제도와 역사이며, 제도가 차이를 가져오고(institution matters), 역사가 차이를 가져온다(history matters)로 요약된 다(남궁근, 1998a: 220-226; Thelen & Steinmo: 1992; Immergut, 1998). 여기에서는 국가복지 프로그램 축소조정의 차이를 살펴보기 위해서 관련된 제도적 배열의 특성을 거시수준에서 정치제도의 특성과 중위수준에서 프로그램의 특성으로 구분하여 살펴보기로 한다.

(1) 정치제도의 특성

잉머거트는 정치제도를 게임의 규칙(rules of the game)으로 이해하면서 정책 결정에 관한 헌법상의 규칙과 선거결과(비교적 안정적인) 등의 공식적 측면을 강조한다(Immergut, 1992a, 1992b). 잉머거트가 강조하는 정치제도적 배열의

---

29) 권력자원론이 스웨덴을 모형으로 전개한 이론이라면 국가중심적 이론은 사회정책분야 에서 laggard로 지적되는 미국적 예외(American exceptionalism)을 설명하는 데 초점을 맞추고 있다. Paul Pierson(1994: 31).
30) 프랑스와 비교히여 영국에서 케인즈주의로부터 통화주의로의 전환을 분석한 홀(Hall) 의 제도분석 틀은 세 가지 수준으로 구성되는데, 첫째 입헌민주주의와 결합된 시장경제 제도, 둘째 각국 정치경제 조직화의 특징, 셋째 공공기관과 민간기관의 표준운영절차다.

<표 9-14> 미국, 영국, 스웨덴의 정치제도의 차이: 수평적 통합의 정도

국 가	수평적 통합	비 고
미국	약함	대통령제 양원제
영국	강함	의원내각제 양당제도, 소선거구제
스웨덴	중간	의원내각제, 다당제도(연립정부 가능) 사회조합주의에 따른 합의

특징에서는 거부점(veto-point)의 수와 위치를 중시한다.[31] 이 연구에서도 잉머거트와 유사한 관점에서 '공식적 게임의 규칙'으로 정의되는 정치제도의 특성의 차이가 이들 국가에서의 국가복지 축소조정의 차이를 설명할 수 있을 것이라는 가설을 검토하기로 한다. 여기에서는 '게임의 규칙'을 구성하는 정치제도의 특성으로 중앙정부기관 간 견제와 균형의 정도, 즉 수평적 통합의 정도를 고려하기로 한다.[32]

---

31) 잉머거트는 프랑스, 스위스, 그리고 스웨덴에서 보건의료에 관한 유사한 프로그램이 제안되었으나, 그 결과가 달라진 원인을 분석하고 있다. 프로그램뿐 아니라, 이에 반대 입장을 가지고 있는 강력한 이익집단, 즉 의사협회가 존재한다는 점도 유사한 상황이었다. 잉머거트는 그럼에도 불구하고 그 결과가 달라지게 된 원인을 정책결정과정의 상이한 단계에 존재하는 거부점의 위치와 수에서 찾고 있다. 스웨덴의 경우 행정부 영역에서 결정이 내려지므로 거부점이 없었다. 프랑스 제4공화국에서는 의회가 결정권을 가지고 있었는데, 일부 의원과 결탁한 이익집단이 거부결정을 이끌어낼 수 있었다. 그러나 제5공화국의 헌법에서 행정부가 의회를 우회할 수 있도록 허용되면서 거부점이 제거되었다. 한편 스위스에서는 주민투표로 최종결정이 이루어지는데 이익집단이 주민투표를 요구하면서 거부결정을 이끌어낼 수 있었다. 잉머거트는 이들 3개국의 보건의료체제를 결정한 것은 정책결정자나 이익집단의 선호가 아니라 이들이 다양한 집단과 선거권자들을 동원할 수 있는 상이한 정책결정구조와 관련된다고 본다. 즉 의사집단이 동일한 정도의 강한 영향력을 가지고 있었음에도 불구하고 그 결과가 달라진 이유는 각국에서 법안의 통과에 필요한 절차를 의미하는 게임의 규칙, 특히 거부점의 위치와 수가 달랐기 때문이라는 것이다. 그런데 여기에서 거부점의 개념은 일찍이 윌다브스키(Wildavsky)와 프레스맨(Pressman)이 오클랜드 사례연구에서 정책집행의 실패원인의 하나로 지적한 거부점과 유사한 것이다.

<표 9-14>에 요약된 바와 같이 미국의 정치제도는 의회와 행정부 사이에 견제와 균형이 이루어지는 정치제도로 3개국 중 수평적 통합의 정도가 가장 약한 국가이다. 이러한 정치제도에서는 소수의 반대파가 유효하게 로비활동을 할 수 있는 거부점(veto-points)이 상하 양원 및 분과위원회에 다수 존재하기 때문에 새로운 정책의 채택도 어려울 뿐 아니라, 이미 채택된 정책의 변경도 어려워 현상유지 편향이 나타난다. 영국의 정치제도에서는 정치적 권위가 집중되어 있는데, 의원내각제 국가일 뿐 아니라 소선구제를 채택하여 연립정부의 가능성이 적기 때문이다. 스웨덴은 의원내각제 국가이지만 다당제로서 연립정부가 가능하며(1991~1994년 중도-우파 연립정부가 집권), 사회조합주의적 전통에 따른 합의의 절차를 거쳐야 하므로 수평적 통합의 정도는 중간에 해당한다. 국가복지 프로그램의 본격적 축소재편이 시작된 1980년대에 영국의 보수당은 의회에서 압도적인 다수를 차지하고 있었던 반면, 미국의 집권당은 의회의 소수당인 경우가 많았다. 미국과 영국은 1980년대부터 신보수주의적 관점에서 똑같이 국가복지의 축소조정을 추진하였음에도 영국이 미국보다 축소조정에 성공한 것은 상당부분 이러한 정치제도적 특성의 차이에 기인한 것으로 볼 수 있다. 상원, 하원, 그리고 양원의 각종 위원회 등 거부점의 수가 많은 미국의 정치체제에서 레이건 행정부가 매년 제출한 노령연금 삭감제안은 상당부분 거부된 반면, 집권화된 영국의 정치체제에서 대처행정부의 유사한 제안은 큰 저항 없이 통과되었다. 스웨덴의 경우 1991년 우파정부는 소수연립정부33)로서 1991년부터 1993년까지 시도한 아동급여 감축 및 부분연금 감축

32) 피어슨은 미국과 영국의 국가복지 축소재편을 설명하면서, 중앙정부기관간의 수평적 통합의 정도뿐 아니라 중앙정부와 주정부 및 지방정부와의 수직적 통합의 정도를 고려하고 있다(P. Pierso, 1994: 32-36).

33) 1991년 선거결과 사민당은 1988년보다 5.2% 포인트가 줄어든 138석(39.5%)의 의석을 획득하여 패베를 신인하였고, 보수낭 지도자인 빌트(Bildt)를 총리로 하여 보수당-자유당-중도당-기독교민주당의 4당 연립정부기 출범하였으나, 이들 모두를 합하여 의석의 48.9%밖에 차지하지 못한 불안정한 연립정부로서 7.2%(25석)의 의석을 차지한 신민주당(New Democracy)의 지지에 의존하였다(Pierre & Widfeldt, 1992: 523).

과 같은 연금체제의 축소노력은 의회에서 좌절되는 경우가 많았으며, 영국의 정치체제에서 우파 정부가 쉽게 추진하였던 축소정책을 채택하는 데에는 큰 어려움이 따랐다(Taylor-Goodby, 1996: 214). 한편 스웨덴에서 1994년 주요지침 결정에서 시작하여 1998년에 확정된 연금체제개혁은 사민당정부에서 추진되었지만 의회를 구성하는 정파 간의 합의를 구하는 방식으로 진행되어 상당한 시일이 소요되었다.[34] 그러므로 미국, 영국, 스웨덴의 정치제도적인 특성의 차이 때문에 유사한 축소조정안에 제기될 경우에도 결정에 이르기까지의 기간 및 그 결과가 상당히 달라질 수 있으며, 따라서 이를 통하여 1980년대와 1990년대의 국가별 축소조정 결과의 차이를 어느 정도 이해할 수 있다.

그러나 정치제도적 특성의 차이만으로는 보건의료서비스 및 실업보험 분야에서 미국 보수당정부가 거둔 상당한 성과, 그리고 NHS에서 영국 보수당정부의 상대적 실패를 설명하기 어렵다. 그러므로 정치제도적 특성은 사회경제적 환경(후기산업사회론)과 노조조직률(권력자원론)과 마찬가지로 거시수준의 변수로 프로그램별 재편결과를 설명하는 데에는 일정한 한계가 있다.

(2) 프로그램의 특성

역사적 제도론자들은 정책의 과거 역사를 추적하여 과거의 결정이 후속되는 경로에 미치는 제약을 강조하는데(Skocpol, 1995a: 106), 이를 경로종속성(path-dependency)이라고 부른다. 즉 현행의 제도 및 구조가 정치행위자들로 하여금 이미 확립된 정책경로에 따르도록 하기 때문에, 기존의 정책으로부터 대규모 변화가 일어날 가능성이 희박하다는 것이다(Wilfold, 1994: 251-183). 새로운 정책이 채택되면 이를 중심으로 새로운 이익집단이 형성되고, 이에 따라 이익집단 간의 관계가 변화되는데 폴 피어슨은 이를 정책의 피드백 효과, 즉 정책이 정치를 생산하는(policies produce politics) 현상이라고 부른다(Paul Pierson, 1994: 39-50).

프로그램의 특성에 관련된 변수로 프로그램의 성숙도(maturity: 제도시행의

---

34) 구체적인 내용은 주 20 및 http://www.pension.gov.se/ 참조.

기간), 포괄성(inclusiveness: 가입 및 수혜자의 비율), 관리체제의 특성을 고려하기로 한다. 프로그램의 성숙도는 그 프로그램의 역사(history)를 대변하는 지표로서 시행기간으로 측정되는데 성숙도가 높을수록 축소조정이 어려울 것이다.[35] 포괄성은 가입자와 수혜자의 전 국민에 대한 비율로 측정할 수 있는데 가입자보다는 수혜자의 크기와 특성이 더욱 중요하다. 예를 들면 실업보험(그리고 어느 정도까지는 상병수당)의 경우 거의 모든 근로자가 가입되어 있지만 실제 수혜자는 고용상태가 취약한 일부 계층에 집중되므로 포괄성은 낮다. 포괄성이 높으면 이해관계를 가진 사람이 많으므로 축소조정이 어려워진다. 마지막으로 프로그램의 관리체계도 중요한 변수이다. 노령연금, 보건의료, 실업급여의 전형적인 관리체계는 사회보험방식이다. 예외적으로 영국은 보건의료서비스에서 일반재정으로 운영되는 NHS제도를 가지고 있으며, 스웨덴의 실업보험은 노조에서 관리한다. 이와같이 독특한 관리방식을 발전시킬 경우 수혜자들 또는 관리자들의 결집력, 소속감, 관심도가 높아지므로 축소조정이 어려울 것이다.

<표 9-15>에 국가복지 프로그램 축소조정의 결과(<표 9-12 참조>)와 함께 성숙도, 포괄성, 관리방식 등 프로그램의 특성이 제시되어 있다. 노령연금분야의 성숙도는 소득비례연금 도입시점을 기준으로 구분하였는데 연금제도는 도입 후 약 20년이 경과할 경우 완전한 제도로 성숙된다. 따라서 국가복지 구조조정이 본격적으로 시작된 1980년을 기준으로 1960년 이전에 도입한 경우 성숙도가 높은 것으로 볼 수 있다. <표 9-1>에 제시된 것처럼 미국의 노령연금은 1935년 도입 당시부터 소득비례급여를 포함하고 있어서 성숙도가 높은 반면 영국의 SERPS는 1978년에 도입하여 성숙도가 매우 낮다. 한편 스웨덴의 ATP는 1960년에 도입되어 성숙도가 높은 편이다. 보건의료분야에

---

35) 복지프로그램의 최초도입시기, 그리고 그 시점으로부터 계산되는 성숙도는 복지국가의 성장을 연구하는 데도 주요 종속변수 또는 설명변수로 활용되었다. 예를 들면 의료보험 제도 채택배경을 연구한 남궁근(1998: 235-278) 또는 60개국에서 최초 사회보험 입법을 설명한 우수이(Usui, 1994: 254-277) 참조.

<표 9-15> 국가복지 프로그램 특성과 축소조정 결과(1980~1995)

국가 / 영역		미국				영국				스웨덴			
		조정결과	성숙도	포괄성	관리체제	조정결과	성숙도	포괄성	관리체제	조정결과	성숙도	포괄성	관리체제
노령연금		소폭	높음	높음	보험	중간	낮음	높음	보험	소폭	높음	높음	보험
보건의료	보건의료서비스	중간	낮음	낮음	보험	소폭	높음	높음	NHS	중간	높음	높음	보험
	상병수당	-	-	-	-	대폭	높음	낮음	보험	대폭	높음	낮음	보험
실업보험		중간	높음	낮음	보험	대폭	높음	낮음	보험	소폭	높음	낮음	노조관리

주: 성숙도는 제도의 최초 실시시기를 기준으로 높음과 낮음으로 구분. 단 연금은 소득비례연금 도입 시기를 기준으로 구분.
　　포괄성은 제도의 가입자와 수혜자 특히 수혜자를 중심으로 높음과 낮음으로 구분.

서 미국의 의료서비스 프로그램(Medicare)는 1965년 도입되어 성숙도가 낮은 반면 영국과 스웨덴은 모두 1931년 이전에 도입하였고, 실업보험은 세 나라에서 모두 1935년 이전에 도입되어 성숙도가 모두 높다.

프로그램의 포괄성의 측면은 국가 간 차이보다는 프로그램별 차이가 더욱 크다. 노령연금의 경우 세 나라 모두 전국민연금이 도입되었으므로 포괄성이 높다. 보건의료서비스에서 노인계층만이 대상인 미국은 포괄성이 낮은 반면 전 국민대상의 영국과 스웨덴은 포괄성이 높다. 한편 영국과 스웨덴의 상병수당, 그리고 세 나라의 실업보험은 실질 수혜자의 수가 적기 때문에 낮음으로 분류하였다. 한편 프로그램의 관리체제에서는 영국 NHS와 스웨덴 실업보험만이 전형적인 사회보험방식과는 다른 독특한 관리체제를 가지고 있다.

이제 분야별로 프로그램의 특징과 축소조정의 결과를 대비해 보자. 노령연금분야에서는 성숙도와 포괄성이 높은 미국과 스웨덴이 소폭조정에 그친 반면 성숙도가 낮은 영국은 상당한 축소에 성공하였다. 그러므로 노령연금에서는 성숙도가 축소조정에 영향을 미치는 주요변수로 볼 수 있다. 보건의료서비스에서는 소폭조정에 그친 영국과 상당한 축소가 이루어진 미국 및 스웨덴을 비교할 때, 미국은 성숙도와 포괄성이 모두 낮기 때문에 논외로 하더라도,

영국과 스웨덴의 체제는 모두 성숙도와 포괄성이 높지만 관리체제에서 다른 점이 발견된다. 한편 상병수당은 영국과 스웨덴 모두 대폭 축소조정이 되었는데 주된 이유는 포괄성이 낮기 때문인 것으로 보인다. 스웨덴 실업보험은 포괄성이 낮지만 미국 및 영국과는 달리 노조관리 체제라는 특성을 가지고 있었기 때문에 소폭 조정이 그쳤다. 전체적으로 소폭 축소에 그친 프로그램인 미국 노령연금, 영국 보건의료서비스, 스웨덴 노령연금 및 실업보험의 특징을 살펴보면, 성숙도와 포괄성 또는 성숙도와 특수한 관리체제라는 특성을 가진 프로그램이다. 결합적 인과관계의 논리에 따르면 이 요소들이 인과적으로 결합될 때 축소조정의 압력을 견디어 낼 수 있었던 것이다(Ragin, 1987: 남궁근, 1998a: 119-144). 역사적 제도론자들은 제도의 특성 및 역사와 관련된 변수들의 결합된 형상(configuration)으로서의 인과관계를 강조하고 이들을 분리하기 어렵다고 보는데(Immergut, 1998), 여기에서도 포괄성, 성숙도, 독자적 관리체제라는 개별 요인보다도 포괄성과 성숙도라는 요소, 또는 성숙도와 특수한 관리체제라는 요소가 결합한 맥락적 특징이 중요하다고 생각된다.

노령연금분야에서 미국과 스웨덴의 소득비례노령연금은 20년 이상의 성숙한 역사를 가지고 있으며 전 국민이 가입자 또는 수혜자로 제도에 포함되었기 때문에 재정압박에 따른 축소조정 및 민영화의 압력이 컸음에도 불구하고 실질적인 축소조정이 어려웠던 반면, 영국의 SERPS제도는 뒤늦게 1978년 도입되었기 때문에 대부분의 수혜자들이 연금급여를 지급받기전, 즉 성숙단계에 이르기 전인 1987년의 개혁으로 급여감축 및 민영화 조치가 가능하였던 것으로 볼 수 있다(Paul Pierson, 1994 참조). 보건의료서비스 분야에서 비버리지 구상에 따라 1946년 제도화된 영국의 NHS는 복지국가 영국의 핵심제도로서 대다수 국민의 생활의 일부로 자리 잡고 있기 때문에 보수당 정부의 민영화 의도에도 불구하고 대폭적인 개편을 추진할 수 없었다(주 20 참조). 반면에 상당한 축소조정이 이루어진 프로그램은 사회보험 프로그램 중에서 성숙도가 낮거나(영국 노령연금) 또는 포괄성이 낮은 프로그램이다. 일반적으로 말하면 1980년대 이후 거센 축소조정의 압력에도 불구하고 오랜 역사를 가지고 있고 모든 국민이 혜택을 받는 프로그램은 축소조정이 어려웠고(미국, 스웨덴 노령연금 및 영국 보건의료서비스),[36] 일부 또는 취약계층만이 수혜대상인 프로그램(영국과 스웨덴의 상병수당 및 미국과 영국 실업보험)은 상당한 축소조정이 이루어졌다. 한편 스웨덴 실업보험은 1934 도입당시부터 노조가 관리하도록 결정되었는데[37], 이를 토대로 노동조합의 위상이 크게 강화되었고, 이러한 강력한 노조의 관리하에 있었기 때문에 실업보험의 축소조정이 어려워졌다. 이 사례는 역사적 제도론에서 주장하는 '정책이 정치를 결정'한 전형적인 경우라고 할 것이다. 또한 스웨덴의 ATP는 1960년 격렬한 토론을 거쳐 공공연금영역에 포함시키기로 결정되었는데, 지금은 성숙한 프로그램으로 확고하게 제도화되어 1998년의 개혁에서도 공공연금의 골격을 유지하게 되었다는 점에서 경로종속성을 강하게 보여주고 있다.

이러한 결론 자체는 단순하게 보이지만 방법론적으로 볼 때 유사체계설계와 상이체계설계를 동시에 적용하여 도출한 결과라는 점에서 매우 의미가 크다. 즉 미국과 스웨덴에서 각각 신자유주의와 사회민주주의라는 노선의 차이에도 불구하고 국가복지의 축소조정 과정에서 노령연금의 유지라는 공통된 결과가 나타난 것은 바로 프로그램이 높은 성숙도과 포괄성이라는 결합적 특징을 가지고 있었기 때문으로 판단된다(최대상이체계 또는 일치법의 적용). 한편 미국과 영국은 신자유주의 노선이라는 유사한 노선을 공유하고 있었음에도 불구하

---

36) 필자와의 대화에서 윌렌스키(H. Wilensky)는 미국 노령연금의 축소가 불가능한 이유로서 중산층을 포함한 국민의 전폭적인 지지를 들고 있었다. 그런데 이러한 전폭적 지지는 프로그램이 이미 성숙하였기 때문에 가능한 것이며 이 점에서 스웨덴 노령연금과 영국의 NHS도 유사하다.

37) 스웨덴은 실업급여를 사회보험방식으로 도입할지 아니면 겐트시스템을 도입할지를 둘러싸고 오랫동안 논쟁하다가 1934년 사민당정부에서 공산당의 반대를 물리치고 겐트시스템을 채택하였다. 그런데 오늘날 겐트 시스템을 채택하고 있는 스웨덴, 덴마크, 핀란드, 아이슬란드 및 벨기에는 노조조직률이 70% 이상으로 사회보험제도를 채택하고 있는 국가들과 비교하면 매우 높다. 그런데 겐트 시스템의 도입기인 1920년대 전후에 이들 국가들의 노조조직률은 사회보험방식의 실업보험제도를 채택한 국가들보다 오히려 낮았다(Bo Rothstein, 1994: 44-45).

고 노령연금분야에서의 축소조정결과가 다른 것은 바로 프로그램 성숙도의 차이 때문이라고 할 수 있다(최대유사체계 또는 차이법의 적용).

4. 요약 및 결론

1) 요약

이 연구의 목적은 1980년대 이후 서구 복지국가에서 전개된 핵심적인 복지 정책영역의 재편시도와 축소조정의 결과를 국가별, 프로그램별로 살펴보고, 만약 그 결과에 차이가 나타난다면, 그 이유를 설명하고자 하는 것이었다. 이에 따라 1980년대 이후 영국, 미국, 스웨덴의 노령연금, 보건의료(보건의료서비스와 상병수당), 실업보험의 3개 영역에서 국가복지 축소조정을 위한 정책 및 성과를 비교하였는데 그 결과 국가복지의 축소재편이라는 흐름 속에서 구체적 재편의 내용과 성과는 국가별, 프로그램별로 다르다는 점을 확인할 수 있었다. 국가별, 프로그램별 축소조정에 차이가 나타난 이유를 후기산업사회론, 권력자원론, 그리고 역사적 제도론을 적용하여 설명하였다. 후기산업사회론, 특히 포스트 포디즘 이론, 권력자원론, 그리고 정치제도적 특성은 각국의 전반적인 축소조정 결과의 차이를 어느 정도 설명하지만 프로그램별 재편결과를 설명하는 데 있어서 일정한 한계가 있었다. 프로그램의 특성에 관련된 변수로 프로그램의 성숙도, 포괄성, 관리체제의 특징을 고려한 결과 전체적으로 소폭 축소에 그친 프로그램인 미국의 노령연금, 영국의 보건의료서비스, 스웨덴의 노령연금 및 실업보험에서의 특징을 살펴보면, 프로그램의 성숙도와 포괄성의 결합 또는 성숙도와 독자적 관리체제의 결합이라는 특성을 가지고 있었다. 반면에 상당한 축소조정이 이루어진 프로그램은 사회보험 프로그램 중에서 성숙도기 낮거나(영국 노령연금) 또는 포괄성이 닞은 프로그램(영국과 스웨덴의 상병수당 및 영국과 미국의 실업보험)이었다.

2) 결론

첫째, 후기산업사회의 국가복지 프로그램 축소조정결과에서 새로운 수렴경향이 나타나는가 또는 다양성이 나타나는가? 이 연구에서 고찰한 미국, 영국, 스웨덴에서는 프로그램별 축소조정의 정도가 국가별로는 물론 특정 국가 내에서도 상당히 다르다. 예를 들면 같은 자유주의 복지국가인 미국과 영국을 비교하여 볼 때 노령연금의 경우 미국은 지출의 축소에 실패한 반면, 영국은 대폭 축소·재편하였고, 보건의료서비스의 경우 미국은 의료서비스 프로그램(Medicare) 지출억제에 성공한 반면 영국은 NHS의 민영화 및 지출억제에 실패하였다. 자유주의 복지국가와 사회민주주의 복지국가라는 차이에도 불구하고 상병수당은 영국과 스웨덴에서 공통적으로 대폭 축소되었다. 한편 영국은 1980년 실업급여에서 황금기 복지국가 보험급여의 특징인 소득비례급여를 폐지한 반면 미국과 스웨덴은 여전히 이를 유지하고 있다. 이러한 축소재편 결과를 프로그램 단위로 비교하면 국가 간, 프로그램 영역 간에 수렴성향보다는 다양성을 확인할 수 있다.

둘째, 이러한 축소재편의 차이를 설명하는 이론을 고찰한 결과 국가복지프로그램의 채택과 성장을 설명하는 유력한 이론의 연장선상에 있는 후기산업사회론, 그리고 권력자원론으로는 축소조정의 차이를 설명하는데 일정한 한계가 있었다. 반면에 복지국가의 성장기에 제도화된 복지 프로그램의 특성, 즉 프로그램의 성숙도와 포괄성, 관리체제의 특성이 프로그램별 축소조정의 차이를 설명하는 강력한 변수였다. 이 분석에 따르면 프로그램의 성숙도와 포괄성(미국과 영국의 노령연금), 그리고 성숙도와 비사회보험방식의 독자적 관리체제(영국 NHS, 스웨덴 실업보험)의 결합관계가 축소조정이 어려운 프로그램의 특성인 반면 포괄성이 적은 프로그램들은 대체로 상당한 축소가 이루어졌다. 일반적으로 말하면 역사가 길고 수혜자가 많은 프로그램과 독자적인 관리방식을 발전시킨 프로그램은 축소되지 않았다. 이런 점에서 볼 때 후기산업사회에서 국가복지 프로그램의 다양성이 나타나는 원인은 바로 국가복지 프로그램의 제도적 유산과 특성, 그리고 이를 둘러싼 이해관계의 차이 때문이라는 주장이 확인된 셈이다(Esping-Anderson, 1996: 5-6). 복지국가의 위기에 대한 대응한 해결방식은 각 프로그램의 특징을 토대로 결정되며, 바로 그 때문에 수렴적 경향보다는 다원적 경로(multiple paths)가 존재한다고 볼 수 있다. 그러므로 경로종속성 또는 정책이 정치를 결정한다(Paul Pierson, 1994; Thelen & Steinmo, 1992)는 역사적 제도론자들의 주장이 어느 정도 타당한 것으로 보인다.

셋째, 이 연구에서는 상이한 국가 간의 비교와 유사한 국가 간의 비교가 동시에 가능하도록 영국, 미국, 스웨덴을 사례로 선택하였는데, 복지프로그램 자체의 특성이 결합되어 독립변수의 역할을 한다는 점이 상이체계설계(일치법)과 유사체계설계(차이법)에서 동시에 확인되었기 때문에 매우 강력한 증거라고 생각된다. 이러한 설계는 제도론에서 중시하는 역사적 연구방법(Immergut, 1998)과 결합하여 통계분석적 접근방법을 사용하지 않을 경우에도 상당히 설득력 있는 증거를 얻을 수 있다. 역사적 제도론자들은 분석사례의 특성 및 역사와 관련된 변수들이 결합된 형상(configuration) 또는 맥락(context)으로서의 인과관계를 강조하며 이를 개별 변수로 분리하기 어렵다고 본다(Immergut, 1998). 그런데 이러한 결합적 인과관계는 다수사례를 대상으로 한 통계분석적 방법을 적용하여 증명하기 어렵고, 소수사례의 비교방법이 적절한데 이 경우 상이체계 설계와 유사체계 설계를 혼합하여 사용할 수 있다.[38]

넷째, 국가복지 프로그램의 재편을 이해하고 설명하기 위해서는 다(多)수준에서 복수의 관점을 적용한 분석이 필요하다. 거시적 차원에서 포스트 포디즘을 포함한 다양한 후기산업사회론, 권력자원론을 적용하여 국가적 차원에서 작용하는 축소재편의 현상을 어느 정도 설명할 수 있었다. 즉 포스트 포디즘 이론은 후기 산업사회에서 케인지안 복지국가 개편의 불가피성을 적절하게 논증하고 있으며, 이 이론에서 제시하는 축소조정의 흐름 속에서도 권력자원론과 정치제

---

38) 한편 결합적 인과관계를 규명하기 위한 방법으로 제시된 부울대수접근방법을 사용하면 더욱 체계적인 비교가 가능할 것이다(Ragin, 1987; 남궁근, 1998a: 119-144 참조).

도적인 특성은 축소조정의 결과에서 국가별로 상대적인 차이가 나타나는 현상을 파악할 수 있도록 하였다. 그러나 개별 국가 내에서 프로그램별 축소조정 결과의 차이를 설명하기 위해서는 중위수준의 변수인 프로그램별 특성을 보완하여야 한다는 것이다. 역사적 제도론을 적용하면 이와 같이 프로그램과 관련된 국가와 사회의 관계를 규정하는 제도적 특성을 고려하는 분석틀(이정복, 1996)을 구성할 수 있다는 점에서 유용한 접근방법임을 확인할 수 있었다.

이상에서 볼 때 후기산업사회에서 복지정책 재편 방향은 국가별 차이도 물론 나타나고 있지만 기존 정책 및 프로그램의 고유한 특성 때문에 프로그램별 재편결과의 차이가 더욱 크게 나타나고 있었다. 따라서 앞으로의 연구에서는 프로그램의 재원조달방식, 관련된 공공부문과 민간부분의 관계, 프로그램과 관련된 중앙정부와 지방정부의 관계 등 기존 프로그램의 특성을 더욱 구체적으로 살펴보는 연구가 필요하다고 생각된다.

참고문헌

김영순. 1995. 「복지국가 재편의 두 가지 길」. 서울대학교 대학원 정치학박사 학위논문.
남궁근. 1998a. 『비교정책연구: 이론, 방법, 적용』. 서울: 법문사.
_____. 1998b. 「영국의 복지국가 재정위기에 대응한 정책선택과 성과」. 『강신택교수 정년기념논문집』.
_____. 1998c. 「복지국가의 위기 극복을 위한 정책선택의 비교연구: 영국과 스웨덴을 중심으로」, 《정책분석평가학회보》, 8권, 1호, 81~110쪽.
이명숙·강수택. 1996. 「영국의 사회보장제도와 실업」, 《유럽연구》, 1996년 가을호, 341~369쪽.
이정복. 1996. 「정치제도적 분석방법」, 『한국의 정치』. 서울: 나남.
장훈. 1996. 「복지국가의 위기와 신보수주의적 대응의 결정요인」, 《복지국가 위기와 사회정책의 전망: 비교사회복지》, 제3집, 한림대학교 사회복지연구소.
정용덕 편. 1999. 『합리적 선택과 신제도주의』. 서울: 대영문화사.
조동기 역. 1997. 『정보사회이론』. 서울: 나남. Webster, F.(1995). *Theories of Information Society*. London: Routledge.

Abrahamson, P. 1991. "Welfare and Poverty in the Europe of the 1990s." *International Journal of Health Service*, 21:2.

Aglietta, M. 1979. *A Theory of Capitalist Regulation*. London: New Left Books.

Atkinson, T. & J. Micklewright. 1989. "Turning the Screw: Benefits for the Unemployed 1979~88." chapter 1 in Dilnot, A & I. Walker(eds.). *The Economics of Social Security*. New York: Oxford University Press.

Barr, Nichols & Coulter, Fiona. 1990. "Social Security: Solution or Problem?" in John Hills(ed.). *The State of Welfare: The Welfare State in Britain since 1984*. Oxford: Oxford University Press.

Bo Rothestein. 1992. "Labor-Market Institutions and Working-class strength." pp.33~56, in Sven Steinmo, K. Thelen & F. Longstreth(eds.). *Structuring Politics: Historical Institutionalism in Comparative Analysis*. Cambridge: Cambridge University press.

BOC(Bureau of the Census), US Department of Commerce. 1986, 1994, 1998, 1999. *Statistical Abstract of the United States*. Washington, D.C.: U.S. Government Printing Office.

Burrows, R. & B. Loader. 1994. *Towards a Post-Fordist Welfare State?* London and New York: Routledge.

Cochrane, A. & J. Clarke. 1993. *Comparing Welfare States: Britain in International Context*. London: Sage.

Creedy, J. & R. Disney. 1989a. "New Pension Scheme in Britain." in Dilnot, A & I. Walker(eds.). *The Economics of Social Security*. New York: Oxford University Press.

_____. 1989b. "Public and Private Partnerships in Social Security: Recent UK Policy." in B.A. Gustafsson & N. Andres Kleemarken(eds.). *The Political Economy of Social Security*. London: North-Holland.

CSO(Central Statistical Office, UK). 1989, 1988, 1999. *Annual Abstract of Statistics*. London: Her Majesty's Stationery Office.

Dilnot, A. & S. Webb. 1989. "The 1988 Social Security Reform." in Dilnot A. & I. Walker(eds.). *The Economics of Social Security*. New York: Oxford University Press.

DSS(Department of Social Security, UK). 1994, 1996. *Social Security Statistics*. London: The Stationery Office.

Esping-Andersen, G. 1996. "After the Golden Age? Welfare State Dilemmas in a Global Economy." in Esping-Andersen, G.(ed.). *Welfare State in Transition*. London: Sage.

_____. 1990. *The Three Worlds of Welfare Capitalism*. Cambridge, UK: Polity Press.

_____. 1985. *Politics against Markets*. Princeton: Princeton University Press.

Esping Anderson, G & W. Korpi. 1984. "Social Policy as Class Politics in Post-War Capitalism: Scandinavia, Austria and Germany." in J. H. Goldthrope(ed.). *Order and Conflict in Contemporary Capitalism*. Oxford: Clarendon Press.

Flora, P. & A. J. Heidenheimer. 1981. *The Development of Welfare States in Europe and America*. New Brunswick: Transaction Books.

Gough, I. 1991. "The United Kingdom." in Gough, I., G. Therborn & A. Pfaller(eds.). *Can the Welfare States Compete?* London: Macmillan, pp.101~152.

_____. 1979. *The Political Economy of the Welfare State*. London: Macmillan.

Gould, Arthur. 1996. "Sweden: The Last Bastion of Social Democracy." in Vic George & Peter Taylor-Goodby(eds.). *European Welfare Policy: Squaring the Welfare Circle*. London: Macmillan Press, pp.72~94.

_____. 1993. *Capitalist Welfare Systems: A Comparison of Japan, Britain and Sweden*, London: Longman.

Hagemann, R. 1995. "Social Security in Sweden." in D. Lachman et al(eds.). *Challenges to the Swedish Welfare State*. Washington DC: IMF.

Hall, Peter. 1986. *Governing the Economy: The Politics of State Intervention in Britain and France*. New York: Oxford University Press.

HCWM(U.S. House of Representatives, Committee on Ways and Means). 1996, 1998. *Green Book: Background Material and Data on Programs within The Jurisdictopm of the Committee on Ways and Means*. Washington, D.C.: U.S. Government Printing Office.

Immergut, Ellen M. 1998. "The Theoretical Core of the new institutionalism." *Politics & Society*, vol.26, no.1.

_____. 1992a. "The rules of the game: The logic of health policy-making in France, Switzerland, and Sweden." chapter 3 in Steinmo, Thelen and Longstreth(eds). *Structuring Politics: Historical Institutionalism in Comparative Analysis*. Cambridge: Cambridge University Press.

_____. 1992b. *Health Politics: Interests and Institutions in Western Europe*. New York: Cambridge University Press.

Jessop, B. 1994. "The Transition to post-Fordism and the Schumpeterian workfare state." chap. 2 in Burrows, R. & B. Loader(eds). *Towards a Post-Fordist Welfare State?* London and New York: Routledge.

Johnson, N. 1990. *Reconstructing the welfare state: a decade of change 1980~1990*. London: Harvester Wheatsheaf.

Kalisch, D. W., T. Aman, & L. A. Buchele. 1998. *Social and Health Policies in OECD Countries: A Survey of Current Programmes and Recent Developments*. Paris: OECD.

Klein, Rudolf. 1989. *The Politics of National Health Service*, 2nd edition. London, Longman.

Korpi, W. 1989. "Power, Politics, and State Autonomy in the Development of Social Citizenship." *American Sociological Review*, 54: 3, pp.309~328.

Kumar, Krishan. 1995. *From Post-Industrial to Post-Modern Society: New Theories of the Contemporary World*. Oxford: Blackwell.

Mishra, R. 1993. "Social Policy in the postmodern World." in Jones, Charles(ed.). *New perspectives on the welfare state in Europe*. London: Routledge.

_____. 1990. *The welfare state in capitalist society: policies of retrenchment and maintenance in Europe, North America and Australia*. London: Harvester Wheatsheaf.

_____. 1984. *The Welfare State in Crisis: Social Thought and Social Change*, Sussex, UK: Wheatsheaf Books.

O'Higgins, Michael. 1989. "Social Welfare and Privatization: The British Experience." in Sheila B. Kamerman and Alfred J. Kahn(eds.). *Privatization and the Welfare State*. Princeton: Princeton University Press.

OECD. 1998. *Social Expenditure Database*(1980~1996), CD-ROM version. Paris: OECD.

_____. 1981. *The Welfare State in Crisis*. Paris: OECD.

Offe, C. 1984. "Some Contradictions of the Modern Welfare State." in J. Keane(ed.). *Contradictions of the Welfare State: Clause Offe*. Cambridge, Mass: MIT Press.

Olsson. Sven E. 1990. *Social Welfare and Welfare State in Sweden*. Lund, Sweden: Arkiv forlag.

_____. 1989. "Sweden." in Dixon J. & R. Scheurell(eds.) *Social Welfare in Developed Market Countries*. London: Routeledge.

ONS(Office for National Statistics, UK). 1997. *Social Trends 27*, 1997 edition. London: The Stationary Office.

Orloff, A.S. & T. Skocpol. 1984. "Why not Equal Protection? Explaining the Politics of Public Social Spending in Britain 1900~1911 and the United States, 1890~1920." *American Sociological Review*, 49, pp.726~750.

Pierre, Jon & A. Wildfeldt. 1992~1996. "Sweden." *European Journal of Political Research*, vol.22, 24, 26, 28 & 30.

Pierson, C. 1998. *Beyond the welfare state? the new political economy of welfare*, 2nd edition. London: Blackwell Pubishers.

_____. 1994. "Continuity and Discontinuity in the Emergence of the 'post-Fordist' welfare State." chapter 6 in Burrows, R. & B. Loader(eds.). *Towards a Post-Fordist Welfare State?* London and New York: Routledge.

Pierson, Paul. 1994. *Dismantling the Welfare State?* Cambridge: Cambridge University Press.

Piore, M. & Sable, C. 1984. *The Second Industrial Divide*. New Yorks: Basic Books.

Pinch, S. 1994. "Labor Flexibility and the Changing Welfare State." in Chapter 4, Burrows, R. & B. Loader(eds.). *Towards a Post-Fordist Welfare State?* London and New York: Routledge.

Przeworski, Adam and Henry Teune. 1970. *The Logic Comparative Social Inquiry*. New York: John Wilcy & Sons.

Ragin, C. 1987. *The Comparative Method: Moving Beyond Qualitative and Quantitative Strategies*, Berkeley: University of California Press.

Ramaswamy, R. 1995. "The Swedish Labor Market." chapter 3 in D. Lachman, et al.(eds.). *Challenges to the Swedish Welfare State*. Washington, DC: IMF.

Rueschmeyer, D. & T. Skocpol. 1996. *States, Social Knowledge, and the Origins of Modern Social Policies*. Princeton: Princeton University Press.

SCB(스웨덴 통계청). 1980, 1985, 1990, 1995. *Statistical Abstract of Sweden*. Stockholm: Statistiska Centralbyran.

Skocpol, T. 1995a, "Why I am an Historical Institutionalist." *Polity*, 28.

_____. 1995b. *Social Policy in the United States: Future Possibilities in Historical Perspective*. Princeton: Princeton University Press.

_____. 1992. *Protecting Soldiers and Mothers: The Political Origins of Social Policy in the United States*. Cambridge: Harvard University Press.

_____. 1994. "Is the Time Finally Ripe? Health Insurance Reforms in the 1990s." Morone, J. A. & G.S. Belkin(eds.). *The Politics of Health Care Reform: Lessons from the Past, Prospects For the Future*. Durham: Duke University Press.

Skocpol, T. & J. Ikenberry. 1983. "The Political Formation of American Welfare State." *Comparative Social Research*, 6, pp.87~118.

Skocpol, T. & M. Somers. 1980. The uses of comparative history in macrosocial inquiry." *Comparative Studis in Society and History*, 22, pp.174~197.

SSA(Social Security Administration). (1993, 1997). *Annual Statistical Supplement to Social Security Bulletin*. *Washington*, D.C.: U.S. Government Printing Office.

_____. 1975. *Social Security Program Throughout the World*. Washington, D.C.: U.S. Government Printing Office.

Stahlberg, A. 1991. "Lessons from the Swedish Pension System." pp.214~234 in Wilson, T & D. Wilson(eds). *The state and social welfare: the objectives of policy*. London: Longman.

Stephens, J. 1979. *The Transition from Capitalism to Socialism*. London: Macmillan.

Taylor-Goodby, P. 1996. "The United Kingdom: Radical Departures and Political Consensus." in Vic George and Taylor-Goodby(eds). *European Welfare Policy*. Polity Press.

Thelen, Kathleen & Sven Steinmo. 1992. "Historical institutionalism in comparative politics." in S. Steinmo, K. Thelen & F. Longstreth(eds.). *Structuring Politics: Historical Institutionalism in Comparative Analysis*. Cambridge: University of Cambridge Press.

Usui, Chikako. 1994. "Welfare State Development in a world system context: event history analysis of first social insurance legislation among 60 countries, 1880~1960." in T. Janoski & A. M. Hicks(eds.). *The Comparative Political Economy of the Welfare State*. Cambridge: Cambridge University Press.

Wilfold, D. 1994. "Path Dependency, or Why History Makes It Difficult but Not Impossible to Reform Health Care Systems in a Big Way." *Journal of Public Policy*,

14:3, pp.251~283.

Wilensky, H. 1975. *The Welfare State and Equality: Structural and Ideological Roots of Public Expenditure*. Berkeley: University of California Press.

Williams, F. 1994. "Social Relations, Welfare and the Post-Fordism debate." in Chapter 4. Burrows, R. & B. Loader(eds.). *Towards a Post-Fordist Welfare State?* London and New York: Routledge.

http://www.census.gov/prod/3/98pubs/98statab/cc98stab.htm
http://www.dss.gov.uk/hq/wreform
http://www.pension.gov.se/in English/summary.html

| 제 4 부 |

산업정책과 공기업 개혁

제10장

경제위기와 산업정책의 변화: 핀란드의 사례
조현석

1. 서론

'작지만 강한 나라', 즉 '강소국(强小國)'이라고 불리는 핀란드는 1990년대 초 경제위기를 겪으면서 이른바 '혁신주도 경제(Innovation-driven Economy)'로 발전하는 데 성공했다.[1] 세계화와 극심한 경제침체의 '위기'를 산업구조 고도화의 '기회'로 활용한 보기 드문 성공 사례가 된 것이다. 산림산업 중심의 산업구조에서 벗어나 정보통신 강국으로서의 위상을 확보했으며 세계 최고 수준의 국가경쟁력을 자랑하는 국가 혁신체제를 구축하였다. 이로써 유럽 국가 중에서 상대적으로 뒤쳐져 있던 핀란드는 경제위기를 거치면서 명실상부하게 상위 그룹으로 도약했다.

이러한 핀란드의 경제개혁의 성공은 우선 제도변화와 정책변화에 대한 이론적 논의에 대해 깊은 함의를 지닌다. 뿐만 아니라 '혁신주도 경제'의 문턱에서 고민하고 있는 우리나라의 산업전략에 대해서도 의미 있는 정책적 시사점을 줄 수 있다. 이 글은 이러한 문제의식에서 1990년대 이후의 핀란드의 경제위기

---

1) 혁신주도 경제의 개념은 포터의 이론에서 나온 것이다. Porter(1990) 참조.

와 성공적인 경제개혁의 경험을 산업정책의 관점에서 분석하고자 한다. 산업정책이 이러한 성공 사례의 핵심적인 요인으로 자리 잡고 있다는 것이다.

산업정책 연구는 일본, 한국과 같은 동아시아 국가들의 산업화 경험을 바탕으로 발전국가(Development State) 대 조절국가(Regulatory State)라는 이론적 구도를 띠고 전개되어 왔다(Johnson, 1982). 그러나 이러한 이분법은 세계적으로 다양한 방식으로 적용되어 온 산업정책의 경험을 설명하는 데 한계를 보인다. 여기에서 논의하는 핀란드와 같은 북구국가의 산업정책은 발전국가나 조절국가 모델 중 어느 한 모델에 속한다고 보기 어렵기 때문이다. 북구 국가들을 위시한 유럽의 작은 국가들의 산업화 경험을 비교 연구한 카첸스타인은 이 국가들의 경험을 조합주의국가 모델이라고 정식화했다(Katzenstein, 1985). 국가와 사회 간의 독특한 상호의존적 관계에 바탕을 두고 있는 조합주의 모델은 국가 주도 모델이나 시장 주도 모델과는 구분되어야 한다는 것이다.

탈발전국가론이 제기되는 등 아시아 지역에서 1990년대 말 경제위기를 계기로 산업정책의 논의 구도가 변화하고 있는 것처럼 북구 국가들의 경우도 조합주의 모델의 변화 여부를 둘러싼 이론적 논쟁이 일어나고 있다. 특히 1990년대 초 경제위기가 이러한 논쟁을 촉발했다고 볼 수 있다. 경제위기와 그에 대한 대응이 이러한 조합주의적 구조에 어떤 영향을 미쳤는가 하는 점이 논쟁의 핵을 이루고 있다(Katzenstein, 2003).

이 글은 이러한 논의를 직접 다루는 것은 아니지만 이러한 이론적 논의들을 염두에 두고 핀란드의 산업정책과 그 정책변화를 분석한다. 조합주의 모델에 특유한 중앙 임금협상을 매개하는 삼자 정책협의와 같은 제도적 틀과 국가의 정책결정 구조를 포함하는 제도적 변수와 함께 새로운 정책 환경변화에 대응하는 과정에서 고안되는 정책이념 변수가 산업정책의 변화에 어떤 영향을 주는가를 분석하는 것이 이 글의 구체적인 연구 목적이다.

이 글의 구성은 다음과 같다. 다음 2절에서는 경제위기와 세계화가 핀란드 경제에 어떤 영향을 주었는지를 검토하고 이로 인해 핀란드가 직면한 새로운 산업정책 과제가 무엇인지 포터의 이론을 빌려 간략하게 논의한다. 3절에서는 정책이념과 제도의 개념을 가지고 산업정책 분석틀을 제시한다. 4절에서는 이러한 분석틀을 적용하여 핀란드 산업정책의 변화를 설명한다. 5절에서는 요약과 함께 결론을 제시한다.

2. 경제위기와 세계화: 새로운 산업정책의 과제

여기에서는 산업정책의 환경으로서 경제위기와 그 영향에 대해서 분석함으로써 핀란드가 직면한 새로운 산업정책 과제가 무엇인지를 검토한다. 체계적인 비교는 아니지만 필요하면 스웨덴과의 비교도 포함시킨다. 우선 경제위기가 얼마나 심각했는지 몇 가지 지표를 살펴보자. 핀란드의 경우 1991년 마이너스 성장을 기록했으며 1990~1993년 사이 실질 GDP가 11.4%나 감소하였다. 또한 실업률도 1980년대 말 3% 수준에서 같은 기간 11% 수준으로 급증했으며 특히 1994년에는 20%에 달하는 등 실업률은 더 악화되었다. 또한 총고용률도 65%로 크게 감소한 이후 1994~1997년 기간에는 오히려 더 악화되었다. 또한 도산 기업의 수도 1985~1990년 기간에 2,798건보다 2배 이상 많은 6,792건을 기록했다. 특기할 것은 핀란드의 경우 1994~1997년간 모든 거시 경제 지표가 호조를 보이지만 실업률은 여전히 높으며 스웨덴에 비해서도 매우 높다는 점이다. 2002년대 초까지도 핀란드의 실업률은 9% 수준을 보였다.

스웨덴과 비교해 보면 핀란드가 얼마나 더 심각한 경제위기를 겪었는지 알 수 있다. 스웨덴의 경우 실질 GDP가 1991~1993년 기간 1.6% 감소했으며 실업률은 1991~1993년 기간에 1985~1993년 기간의 2.1%에서 5.5%로 증가했으며 1994~1997년 기간에는 이보다 더 높아졌다. 또 도산 기업의 수도 1985~1990년 사이에 6,698건에서 1991~1993년 사이에 19,109건으로 거의 세 배나 증가했다(Honkapohja and Koskela, 1999: 401-436).

1990년대 초 핀란드의 경제위기는 1980년대 중반 이후 시작된 경기호황이

<표 10-1> 경제위기 전후 거시경제 지표(스웨덴과 핀란드)

	스웨덴			핀란드		
	1985~1990	1991~1993	1994~1997	1985~1990	1991~1993	1994~1997
GDP(실질)	2.2	-1.6	2.6	3.4	-11.4	4.8
수출	2.8	2.6	11.4	1.9	6.7	9.6
수입	5.4	-2.1	9.7	6.3	-3.3	8.6
실업률	2.1	5.5	7.9	4.4	11.1	14.8
고용률(전체고용/인구, 15~64세)	80.1	75.5	69.9	73.2	65.5	61.9
도산기업의 수	6,698	19,109	N.A.	2,709	6,792	4,527

주: 단위는 연평균 성장률(%, 도산기업의 수 제외)

식으면서 갑자기 닥친 것이어서 충격이 훨씬 더 컸다. 1980년대 후반의 경기호황은 경쟁력의 강화보다는 경기적인 요인들이 더 크게 작용한 결과였다. 즉 금융시장의 자유화로 인한 은행 대출의 증가와 함께 해외 자본의 유입이 증가했고, 에너지 가격의 하락과 핀란드의 주력 산업인 산림 제품의 가격이 상승하여 수출이 급증했다. 반면 재정정책은 상당히 느슨하게 유지되었다. 이 결과 고용 사정이 좋아진 반면 인플레이션은 1980년대 중반의 2~3% 수준에서 1989년에는 7%로 상승하였다. 경기호황이 지속되었기 때문에 기업들은 위험 부담을 크게 느끼지 않고 은행 대출을 늘렸으며 그 결과 부채가 늘어나서 재무구조가 악화되었다. 일종의 도덕적 해이 현상이 정부, 기업, 은행 등 전반에 걸쳐 나타났다. 그러나 경기호황이 지속되었으므로 이를 큰 문제로 여기지 않았다. 이러한 가운데 1980년대 말로 접어들면서 세계경제의 성장이 둔화되어 수출이 감소하였으며 특히 소련의 붕괴로 1989년 대 소련 수출이 70% 이상 급감하였다. 기업의 채무가 증가한 가운데 독일은 통일 비용을 충당하기 위해 이자율을 인상했으며 이것이 핀란드 기업들에게는 큰 부담이 되었다. 이러한 문제에 대응하기 위하여 핀란드 통화의 평가절하를 시도했으나 높은 이자율 때문에 많은 기업이 도산하면서 경제위기가 찾아들기에 이르렀다. 핀란드의 경제위기는 1980년대 후반 미숙한 거시경제정책 관리로 인해 악화된 측면이 있기는 하지만 기본적으로 핀란드 경제의 산업구조 조정과 경쟁력 향상을 가로막았던 구조적인 요인에 의해 촉발되었다고 볼 수 있다. 바로 여기에서 1990년대 핀란드의 새로운 산업정책의 과제를 도출해낼 수 있다.

핀란드의 산업정책 논의에 큰 영향을 미친 포터의 경제발전단계론을 빌려서 이러한 문제를 논의해 보자(Poter, 1990). 그에 따르면 한 국가의 경제적 번영이나 경제발전은 자원을 얼마나 효율적으로 활용하느냐에 달려 있다. 이러한 생산성은 자국 기업이 특정한 산업부문에서 국제경쟁력을 갖추는 데 가장 필수적인 요소다. 이러한 의미에서 경쟁력은 한 국가의 요소부존을 반영하기보다는 인위적으로 창출되는 것이다. 경제발전 수준이 향상된다는 것은 기존 경쟁력이 있는 산업부문에서 경쟁우위가 강화되거나 새로운 산업 부문으로 진입하여 성공적으로 경쟁력을 확보하는 것을 말한다. 여기에서 경쟁이란 물론 세계적인 규모에서 일어나는 국제경쟁을 말하는데 경쟁력이 약한 산업에서는 수입을 하고 경쟁력이 강한 산업에서는 수출을 할 수 있는 능력이 중요하다는 것이다.

포터는 경쟁력의 여러 조건이 어떤 구성을 보이는가에 따라 경제발전 과정을 네 단계로 구분한다(Porter, 1990).[2] 요소 주도 단계, 투자 주도 단계, 혁신 주도 단계, 부 주도 단계가 바로 이것이다. 요소 주도 단계란 한 국가 내 부존 조건 중에서 국제적으로 유리한 부문을 중심으로 기업들의 경쟁력이 형성되는 것을 말한다. 예를 들면 사우디아라비아의 경쟁력은 원유 생산 능력에 기초하고 있다. 그러나 이러한 경쟁력은 자연적인 고갈이나 기술에 의해 대체될 경우 어려움을 겪게 된다. 투자 주도 단계란 대량생산 제품 부문에서 대규모 자본의 투입에 따른 규모 경제의 실현을 통해서 경쟁력을 확보하는 것을 말한다. 이 단계에서는 성숙 기술이 활용되는 대규모 장치산업이 발전하는데 저렴한 노동력의 공급이 원활히 이루어져야 경쟁력이 확보될 수 있다.

---

2) 경쟁력의 네 가지 조건은 요소 조건, 수요 조건, 기업전략과 구조 그리고 지원 산업의 조건을 말한다.

흔히 이러한 단계는 중화학공업의 시기에 해당한다. 다음 혁신 주도 단계는 표준 기술이나 저렴한 자본과 노동비용에 의존한 단계를 넘어 기술혁신 능력이 경쟁력의 원천이 되는 단계를 말한다.

이러한 이론을 경제위기 전후의 핀란드에 적용해 보자. 핀란드는 1970년대와 1980년대에 걸쳐 복지국가를 이룩했지만 경제발전 단계는 요소 주도와 투자 주도의 단계를 벗어나지 못했다. 경쟁력의 중요한 원천인 산림산업의 비중이 30% 이상 되었으며 산업산림 부문과 제지 및 펄프 산업을 중심으로 관련되는 기계 산업, 금속 산업, 화학 산업, 엔지니어링 산업이 발달되어 있었다. 이런 점 때문에 나라 경제 전체가 '산림산업 클러스터'라고 할 정도로 이 산업부문의 비중이 매우 커서 구조적 취약점을 가질 수밖에 없었다. 핀란드를 대표하는 기업인 노키아도 1980년대에는 이 부문의 사업이 가장 큰 비중을 차지하고 있었다.

이러한 맥락에서 핀란드의 산업정책 과제는 크게 두 가지로 정리될 수 있다. 하나는 요소 집약적이고 자본집약적 경제발전의 단계를 벗어나서 기업의 혁신역량을 강화함으로써 혁신주도 경제로 발전해 가는 것이다. 다른 하나는 이와 밀접히 관련되어 있지만 기술발전의 추세에 맞추어 산업구조 고도화를 이룩하는 것이다. 첨단기술 중심의 산업구조 개편이 요구된다는 것이다. 1980년대 핀란드의 산업정책 논의에서도 이러한 점에 대한 인식이 잘 드러난다. 정책 우선순위를 위한 사회적 토론이 활발히 이루어졌으며 기술정책 제도가 정비되고 연구개발 투자의 증대를 위한 노력이 시작되었다.[3] 경제위기는 이러한 노력을 보다 더 조직화하고 제도화하는 데 기여했다고 할 수 있다.

---

3) 예를 들면 1790년대 말에는 정부, 대학, 연구기관, 경영단체, 노동단체 등이 참여하는 기술위원회가 설립되어 2년간에 걸쳐 정책 우선순위와 제도 설립에 관한 사회적 합의를 형성했다. Castells and Himanen(2004: 48-49) 참조.

3. 산업정책의 분석틀

제도주의적 분석에 의하면 정책변화는 제도적 변화와 정책이념에 의해서
설명될 수 있다. 아래 그림이 보여주는 것처럼 제도는 국가·사회 간 관계구조를
응축하고 있는 제도적 틀과 정책결정 구조의 두 차원을 가지고 있다. 또한
정책이념은 경제 위기와 같은 정책 환경의 변화 속에서 새로운 정책 과제가
대두될 때 이에 대응하는 과정에서 형성된다고 할 수 있다.

<그림 10-1> 산업정책 분석틀

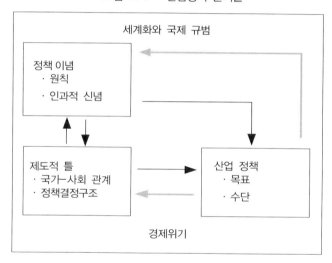

1) 정책 이념

정책이념(policy ideas)이 정책결정에 큰 영향을 미친다는 점은 경제정책 변화
에 대한 케인즈 경제이론의 영향을 분석한 홀의 연구가 잘 보여준다(Hall,
1989). 일부 제도주의 연구자들은 이념을 제도의 일부로 간주하기노 하지만
여기서는 제도와 이념을 구분하는 입장을 취한다.

정책이념은 두 개의 구성요소를 가지고 있다(Goldstein and Keohane, 1993).[4] 첫째, 원칙으로서의 신념체계로 정책이념의 규범적 요소를 말한다. 이러한 신념은 비교적 일관성과 지속성을 유지하면서 정책문제의 정의나 정책수단의 선택을 정당화하는 기능을 수행한다. 예를 들어 신념은 정부의 역할이나 정책목표를 정당한 것으로 받아들이느냐 여부에 중요한 역할을 하며 정치·경제 엘리트, 전문가나 관료들을 포함한 넓은 의미의 정책공동체 안에서 어느 정도 공유된다. 둘째, 인과적 신념이다. 이것은 정책처방을 할 때 정책목표와 정책수단 사이의 인과관계를 뒷받침해 주는 인지적 요소와 관련된다. 산업정책의 경우 예를 들어 경제이론이나 지식이 인과적 신념에 해당한다. 이것은 목표에 대한 정책수단의 효과성을 판단하는 기준으로 작용하는데 주로 정책결정자, 관료, 학자 등 전문가 사이에 공유된다.[5]

우리가 정책결정이라고 할 때는 주로 정책수단의 선택을 의미하는데 선택된 정책수단은 무엇보다 목표 달성에 효과적이어야 하며 또한 규범적으로 정당하다고 여겨져야 한다. 예를 들어 어떤 정책수단이 정당하게 여겨진다고 하더라도 정책수단으로서 실질적인 효과를 낳기 어렵다고 여겨진다면 정책결정자들에 의해 채택되기는 어렵다. 또 그 반대 상황도 생겨날 수 있다. 이러한 정책이념은 정책형성과 특히 정책변화에서 주요한 요인으로 작용한다. 경제위기나 세계화로 인해 정책 환경 변화로 인해 야기될 수 있는 새로운 정책문제는 기존의 방법으로는 풀기 어렵게 된다. 이러한 상황에서 정책결정자들은 새로운 정책이념을 통해 새로운 정책방향을 모색하고 정책변화를 위한 정치적, 제도적 노력을 하게 된다고 할 수 있다.

---

4) 이들은 이념이나 사고(Ideas)가 세 가지 종류의 신념 — 세계관, 원칙, 인과논리 — 으로 구성되어 있다고 본다. 여기에서는 세계관의 측면을 제외한 두 가지를 정책이념의 구성 요소로 본다.

5) 켐벨은 인과적 신념을 또 프로그램과 패러다임으로 구분하여 전자는 정책결정자와 관료들에 의해 담지되며 후자는 주로 이론가들에 의해 담지된다고 파악한다. 그러나 현실적으로 이론적 전문가들과 정책결정자들이 다양한 방식으로 교류하고 있다는 것을 고려하면 이러한 구분이 큰 의미를 지닌다고 보기 어렵다(Campbell, 2004).

정책이념은 조직과 제도를 통하여 구체적인 정책변화로 나타난다. 새로운 조직이 만들어지기도 하지만 이제까지 있었던 조직의 임무를 재조정하는 경우도 있다. 새로운 정책이념의 출현과 제도화 과정이 상당한 기간에 걸쳐 이루어지는 것과 마찬가지로 제도와 조직의 변화 또한 하루아침에 이루어지는 것이 아니다. 예를 들어 핀란드의 경우 과학기술정책위원회(STPC)는 1987년에 설립되었는데 경제위기를 거치는 과정에서 경제정책 내지는 산업정책의 조정제도로서 중요한 역할을 하게 된 것이다.

2) 제도적 틀과 정책결정 구조

여기에서 제도는 두 가지 차원을 가지고 있다고 이해된다. 하나는 넓은 의미로 국가-사회 관계에 관한 제도적 틀을 말하고 다른 하나는 좁은 의미로 정책결정과 집행 구조를 의미한다. 국가-사회 관계는 일반적으로 세 가지 유형이 있다. 시장 주도적인 자유주의 유형, 국가 주도적인 국가주의 유형, 마지막으로 국가와 사회가 상호 침투되어 있으며 국가 및 사회 영역의 다양한 행위자 사이에 사회적 합의를 중시하는 조합주의 유형이 있다. 북유럽의 국가들은 기본적으로 조합주의 유형에 속하며 카첸스타인은 특히 북유럽국가들의 조합주의를 다른 유형과 구분하여 신조합주의라고 부른다(Katzenstein, 1985). 카첸스타인의 평가에 따르면 북유럽국가들이 산업전략과 산업구조 조정에서 유연성을 발휘하는 것은 이러한 조합주의적인 제도적 틀에서 기인한다고 파악된다.[6] 예를 들어서 이러한 제도적 틀은 중앙 임금협상을 매개하는 정부, 기업, 노동 부문간 삼자정책협의 제도와 같은 형태를 띤다.

제도적 틀의 또 다른 차원은 정책결정 구조를 말한다. 이 차원의 제도적 틀은 부분적으로 국가-사회 관계에 배태되어 있다고 할 수 있지만 분석을

---

6) 핀란드는 소련과의 특별한 관계 등의 지정학적 이유에서 국가의 역할이 상대적으로 컸다고 볼 수 있다. 같은 맥락에서 산업정책에서도 국가의 역할이 적극적이었다. 그러나 이러한 점을 동아시아 국가에 흔히 적용하는 국가주의와는 구별되어야 할 것이다.

위해서는 구분하여 검토하는 것이 필요하다. 예를 들면 핀란드의 국가과학기술정책위원회(STPC)의 경우 장관들과 같은 정부 참여자뿐만 아니라 고용주 대표나 노동계 대표도 공식참여자가 된다. 정책결정구조의 경우 집권적인 구조를 띠고 있는지 분권적인 구조를 띠고 있는지가 중요한 부분이다. 핀란드의 경우 경제위기를 계기로 중앙집권적 정책구조가 분권적인 구조로 서서히 변화되는 양상을 띠었다. 이것도 두 가지로 구분해 보아야 하는데 산업정책과 기술정책의 분야에서 보면 중앙정부의 수준에서도 수평적 정책조정이 활성화되는 측면이 있고 지방정부의 권한도 점차 강화되어 가는 측면도 있다. 중앙정부의 정책결정구조의 경우 총리가 위원장으로 있는 국가과학기술정책위원회(STPC)가 정책기조와 우선순위를 정하고 부처 간 정책조정을 수행한다. 그 아래 교육부와 통상산업부가 주로 정책 수행 책임을 맡고 있으며 집행 업무는 기술개발청(Tekes), 학술원 등이 담당하며 이러한 하부기관에 기술정책 입안 및 집행 권한이 상당히 위임되어 있다고 한다. 산업정책에서도 1990년대 이후에는 국내적인 요인과 EU와의 관계에서 지방정부의 역할이 커지고 있다. 지역혁신정책이 산업정책에서 차지하는 비중이 커지고 있는 것과 맥을 같이한다.[7]

3) 정책 수단의 변화

정책결정은 일반적으로 정책수단의 선택을 의미한다. 어떤 정책수단이 높은 성과를 낳을지는 매우 불확실하다. 설사 어떤 정책 목표를 위한 수단의 선택이 이론적인 근거를 바탕으로 이루어졌다고 하더라도 이것이 수단의 선택에 작용하는 유일한 요인이 되기는 어렵기 때문이다. 제도주의 시각에서 이러한 문제를 어떻게 조명할 것인가? 제도주의에서도 정책수단 선택이 합리적 근거를 가져야 한다는 점을 부정하지 않는다. 다만 합리성의 측면 외에 정책

---

7) 핀란드의 중요한 산업지역 중의 하나인 탐파레(Tampare) 지역의 지역혁신정책 사례연구에 의하면 클러스터와 지방정부의 역할이 커지고 있다. Schienstock, et al.(2004) 참조.

수단 선택을 제약하거나 정당화하는 차원을 동시에 고려해야 한다고 주장한다. 위에서 분석한 정책이념이 바로 이러한 기능을 하는 것이라고 이해된다. 정책의 정당화 차원은 인지적 차원에 관련되어 있는 것이 아니라 비인지적인 차원에 관련되어 있다. 이러한 정당화 기능은 위에서 분석한 정책이념의 두 가지 차원 중에서 원칙적 신념에 해당하는 것이다. 켐벨은 이것을 개념, 상징, 대중 정서로 구체화하면서 정책수단을 정당화하고 선택의 범위를 제약하는 요소로서 작용한다고 말한다(Campbell, 2004: 90-123).

이러한 논의는 정책수단의 선택에 가해지는 국제적 차원의 영향을 고려하지 않고 있다. 그러나 분석틀에서 시사되고 있는 것처럼 국제적 차원의 영향 —세계화와 국제규범— 은 직접적으로 작용하기보다는 제도적 틀을 통해 영향력을 발휘한다. 세계무역기구(WTO)의 보조금협정과 같은 국제 규범도 국내적으로 법제화되거나 제도화되어 반영된다고 볼 수 있다는 것이다. 북유럽국가의 경우 국제적 영향은 유럽연합과의 정책조화라는 관점에서 더욱 복잡한 양상을 띠게 된다. 금융정책이나 재정정책의 경우 핀란드와 스웨덴이 EU에 가입한 이래 탈규제와 자유화가 가속적으로 이루어진 것이 이러한 측면을 말해 준다. 또 핀란드를 포함한 북유럽국가들의 지역혁신정책의 발전은 EU의 구조자금과 상당한 관계를 가지고 있다.

정책이념과 제도가 정책수단을 선택하는 데 영향을 미친다고 해서 이러한 요인들이 구체적인 개별 프로그램의 선택에 직접 영향을 미치는 것을 의미하지는 않는다. 이러한 논의를 진전시키기 위해서는 정책수단의 범주화가 필요하다. 여기에서는 발전국가의 관점에서 정책수단을 두 가지 범주로 구분하는 논의가 도움이 된다. 이 논의는 발전국가 초기에 정책결정자들이 시장 형성(market-shaping) 수단을 선호하다가 국내 시장이 발전하면서 시장 적응(market-conforming) 수단을 채택한다고 주장한다. 정부의 지원으로 국내 기업을 육성하여 국내 시장을 형성할 필요가 있는데 이렇게 되면 국내 시장을 형성하는 기업들의 능력이 커지고 국내시장이 세계시장에 편입됨으로써 정부의 직접적인 지원이 간접적인 지원으로 변화되어 나가는 것이다. 즉 정책수단은 선별적인 성격에서 범용적인 성격으로 변화되어 나가는 것이다. 예를 들면 산업화 초기에는 특정 산업 내지 심지어 특정 기업을 지원하는 정책금융이나 외화 할당이 주요한 정책수단으로 사용되는데 산업화가 진전되면서 범용적인 성격의 세제 지원이나 융자 지원을 더 선호한다는 것이다. 이러한 측면에 더해 1990년대 들어 세계화가 진척되고 WTO와 같은 국제 무역 레짐이 강화되면서 형성된 국제규범도 각 국가의 정책수단을 제약하는 요인이 되고 있다. 예를 들면 수출보조금이나 생산보조금이 금지된 것이나 정부의 민간부문에 대한 연구개발 지원에 대해 연구 개발활동의 범주별로 합법적인 지원 비율을 정해 두고 있는 점이 산업정책 변화에 큰 영향을 미치고 있다.

앞의 두 가지 산업정책 수단의 범주 외에 하나의 범주를 더 설정하는 것이 최근 산업정책의 변화를 논의하는 데 도움이 된다. 앞의 두 가지 범주는 어느 정도 국가의 주도를 전제로 한다고 볼 수 있다. 그러나 최근의 변화를 보면 국가와 시장 혹은 국가와 기업 간 상호의존적 관계에 주목하여 국가의 역할이 주도자에서 매개자나 촉진자의 위상으로 변화되고 있다는 분석들이 제시되고 있다. 이러한 점에서 시장 촉진(market facilitating) 수단의 범주를 세 번째 정책수단의 범주로 설정하는 것이 분석적으로 유용하다고 생각한다.

논의를 정리해 보자. 정책수단은 크게 세 가지 범주로 구분된다. 시장형성 수단, 시장적응 수단, 그리고 시장촉진 수단이 바로 그것이다. 시장형성 수단은 발전국가 초기에 나타나는 것으로 생산 보조금이나 수출 보조금 등 직접적인 보조금 지급, 흔히 낮은 이자율과 같은 특혜를 수반하는 정책금융, 외화 할당, 환율 수단, 보호 관세, 진입규제나 수입규제 등이 대표적인 예다. 시장적응 수단은 범용적 성격의 세제 지원, 융자 지원, 인력훈련 지원, 기술개발 지원, 비전의 제시 등이 대표적인 예다. 시장촉진 수단의 경우도 세제 및 금융 지원, 기술개발 지원, 인력훈련 지원, 비전의 제시 등을 포함하나 지원되는 방식이 상당히 다르다고 볼 수 있다. 예를 들면 산업 클러스터 중심으로 지원하거나 기초연구에 중점적으로 시원하는 방식을 취한다. 금융 시원의 경우에노 창업 초기에 제공되는 벤처 금융의 경우 정부가 단독으로 지원하기보다는 민간부문과의 파트너십을 형성하여 지원하는 방식을 취한다. 특히 시장촉진 수단의 경우 정보 제공이나 매개적 역할이 중요시 된다. 또한 기술혁신체제의 구축, 클러스터 형성이나 지역혁신정책이 중요한 정책수단으로 활용되는 것이다.

산업정책 수단의 범주화와 이에 관한 논의는 산업정책에서 국가의 위상 및 역할에 대한 논의와 밀접히 관련되어 있다. 단순화한다면 시장형성적 혹은 시장적응적 정책수단은 산업발전의 주도자로서의 국가와 연관이 있고 시장촉진적 정책수단은 촉진자로서의 국가와 관련이 있다고 말할 수 있다. 문제는 촉진자로서의 국가의 역할은 이론적으로 체계화되지 않았다는 점이다. 이 글은 촉진자로서의 국가라고 할 때 구체적인 의미가 무엇인지 탐구하는 것을 중요한 연구목적의 하나로 삼는다.

4. 산업정책의 전개

4절에서는 이러한 분석틀을 토대로 하여, 경제위기를 계기로 핀란드 사회의 정책이념 논의와 함께 산업정책의 제도적 틀과 정책조직체계를 구체적으로 분석하고 이러한 맥락에서 산업정책의 변화를 정책수단의 변화 관점에서 분석한다. 이러한 분석에 앞서 우선 경제위기를 전후한 핀란드 산업정책에 대해서 개관한다.

산업화란 관점에서 보면 핀란드는 1950년대 이후 두 번의 큰 변혁을 겪었다. 한번은 1950년대 이후 서서히 일어난 산업화이며 다른 하나는 1990년대 초 경제위기를 계기로 급격하게 일어난 산업구조 개편이다. 1950년대 이후의 산업화는 핀란드의 특징인 산림산업을 중심으로 이루어졌기 때문에 '산림산업 주도 산업화'로 불리기도 한다. 핀란드는 산림산업의 경쟁력을 중심으로 특유의 산업구조를 유지했다. 즉 산림산업을 중심으로 관련 부문의 기계류 산업과 화학 산업이 발전했으며 각종 지원 산업이 형성되어 '나라 전체에 걸쳐 있는 산림산업 클러스터'가 발전되었다고 볼 수 있다. 이제는 세계적인 통신 기업으로 알려진 노키아도 이 시기에는 주력 사업이 산림산업 부문에 있었다(Oinas, 2005: 1229-1230).

산림산업 중심으로 형성된 산업구조와 기업체제는 '핀란드식 자본주의' 발전에 큰 영향을 미쳤다. 정치적으로 보면 산림은 대부분 농민들이 소유했으며 정치적 엘리트들도 큰 영향력을 지닌 산림산업 부문과 밀접한 관계를 맺고 있었다. 사회체제는 국가 계획에 의해서 조정되었으나 고용주 단체와 고용자 단체가 노사관계 및 단체교섭에 큰 역할을 하는 조합주의적 요소 또한 띠고 있었다. 이러한 '국가 주도 체제'는 소련과의 특별한 대외관계로 인해 형성된 점도 무시할 수는 없다. 기업체제의 측면에서는 세 개의 기간은행이 대형 주력기업과 함께 기업 그룹을 형성하고 그 아래 다양한 기업을 거느리고 있었다. 이러한 대형 기업에는 산림기업이 하나 이상 포함되어 있었다. 같은 그룹에 속한 기업들은 은행에게 쉽게 신용을 공여받았으며 어려움에 처할 때 긴급 구제 신용도 제공받을 수 있었다. 이러한 기업들은 일종의 카르텔을 형성하고 있었으며 상당히 폐쇄적인 구조를 유지하였다. 또한 경제정책의 조정이 국가에 의해 주도되었으며 많은 기업이 국가에 의존적이거나 국영기업의 위상을 가지고 있었다.[8]

이러한 산림산업 중심의 산업구조와 기업체제의 문제점에 대한 비판적 인식이 정보사회론의 형태로 경제위기 이전에도 나타났다. 예를 들면 산림 부문 중심의 다각화된 대기업이었던 노키아의 대표이사인 카이라모(Kari Karinamo)는 그러한 정보사회론 주창자 중의 한 사람이었다. 그러나 이러한 노력은 산림산업을 중심으로 굳어진 경제 및 기업 체제를 변화시키기에는 역부족이었다. 그런데 1990년대 초 경제위기는 이러한 산발적인 경제개혁 노력을 더욱 더 체계화하고 가속화시켰다.

경제위기의 요인에 대해서는 앞에서 언급했으므로 여기서는 경제위기가

---

8) 국영기업은 고부가가치 생산의 약 20%, 전체 수출의 23%, 고용 비율도 12.5%를 차지하고 있다. 최홍건·박상철(2003; 186-7) 참조. 핀란드는 1990년대 초 경제위기로 인한 구조개혁 이후에도 국영기업의 비중이 높은 편이다(Oinas, 2005: 1230).

핀란드 정치경제와 기업체제에 어떤 심대한 변화를 야기했는지를 정리한다 (Oinas, 2005: 1230-1232). 첫째, 경제위기로 금융시장의 자유화와 국제화로 인해 은행 중심의 기업 그룹과 조정체계가 붕괴되었다. 따라서 개별 기업들은 점차 국제화된 자본 시장에 더 의존하는 상황이 되었다. 둘째, 주요 은행과 대형 기업을 중심으로 한 다각화된 '재벌' 형태의 기업 그룹이 사라지고 대신 노키아의 변화에서 알 수 있듯이 전자산업이나 통신산업 등의 산업부문에 특화된 대형 기업이 형성되었다. 노키아의 경우 1990년 경제위기를 계기로 주력 부문이었던 산림 부문을 포함하여 전력배전, 고무 사업 부문까지 매각하면서 전자산업에 특화하는 전략을 선택했다. 이로 인해 40,000여 명이었던 노키아의 고용 인력 중 15,000명을 감축할 정도로 심각한 구조조정을 단행했다(Ali-Yrkko, 2001: 72-73). 셋째, 이러한 결과 핀란드 경제의 주력 수출 부문도 산림산업에서 전자산업 부문으로 크게 변화되었다.[9] 특히 통신 산업 부문에서 노키아와 같은 대기업이 나타난 것과 상호 밀접하게 연계된 것이지만 이러한 산업구조 고도화는 핀란드의 산업화 역사뿐 아니라 국제적으로도 매우 획기적인 것이었다. 넷째, 자본 소득과 임금 소득 간 분배구조가 크게 변화되었다. 주식 소유의 확대와 스톡옵션제의 도입 등으로 대규모 자본 소득을 누리게 된 신부유계층이 생겨났으며 이러한 결과로 전통적인 임금 계층의 경제적 지위가 약화되어 평등 사회의 전통이 위협받는 상황이 초래되었다. 또한 전통적인 중앙 임금협상이 기업별 임금협상으로 전환되는 사례가 증가하는 등 조합주의적 합의 제도가 약화되는 현상도 나타나기 시작한 것이다.

이러한 변화에 주목하여 핀란드의 조합주의적 정치경제체제가 경제위기를 거치면서 부분적으로는 자유시장 중심 경제체제로 변화되고 있다는 시각이 대두되고 있기도 하다(Skurnik, 2005). 이러한 시각을 평가하기 위해서는 구체

---

9) 산업부문별 수출 구성의 변화를 보면 전자산업은 1980년 4%, 1990년 11%, 2003년 33%로 증가하였다. 산림 및 가공 산업은 같은 기간 31%, 21%, 20%로 변화했나. 산림 부문이 여전히 크지만 주력 산업은 산림산업에서 전자산업으로 바뀐 것이다. OECD(2005a: 100) 참조.

적으로 산업정책을 분석해 볼 필요가 있을 것이다. '새로운 정책이념의 형성'에서는 앞에서 제시한 산업정책 분석틀을 가지고 구체적으로 핀란드의 사례를 분석하기로 한다.

1) 새로운 정책이념의 형성

핀란드의 산업정책 역사는 그렇게 오래 되지 않았다. 1970년대 석유위기에 대처하기 위해 산업정책의 제도화가 이루어지기 시작한 것이다. 1970년대와 1980년대에는 거시정책 수단과 함께 부분적으로 적극적인 개입주의 정책이 이루어졌다. 거시정책 수단은 성장과 고용을 촉진하기 위한 목적에서 핀란드 통화의 평가절하와 같은 환율 수단이 주요 이용되었다. 이와 함께 미시적 수단으로 사양산업에 대한 국가 보조금 지원, 유치산업의 보호 정책 등이 이용되었다(Yla-Anttila and Palmberg, 2005: 5-6).

1990년대 초 경제위기는 이러한 전통적인 산업정책에 큰 변화를 요구했다. 세계화와 기술발전의 가속화에 의해 야기되는 구조적 압력에 대응하기 위한 정책수단이 필요하게 된 것이다. 1970년대와 1980년대의 정책수단은 단기적인 관점에서 기업의 비용 경쟁력을 강화시키기 위해 시행된 것이 대부분이었는데 1990년대 초부터는 이와 같은 정책 수단을 사용하는 데 많은 제약을 받았다. 예를 들어 평가절하와 같은 환율정책은 EU와의 정책조화 요건으로 인해 큰 제약을 받았으며 마찬가지로 금융정책에도 많은 제약이 따랐다.

우선 정책이념에 대한 논의가 산업정책의 변화와 어떻게 연관되는지 분석한다. 핀란드의 산업정책 주관 부서인 통상산업부가 OECD에 제출한 한 보고서에 의하면 1990년대 핀란드의 새로운 산업정책 과제는 기본적으로 투자주도 경제를 혁신주도 경제로 전환하는 것이라고 한다(OECD, 1998: 33). 이러한 인식은 바로 포터 교수의 경제발전단계설에 바탕을 둔 것으로(Porter, 1990), 이를 실현하기 위해 1990년대에 들어서 세 번에 걸친 정책 검토가 이루어졌다. 경제위기의 와중에 구상된 1993년의 'National Industrial Strategy', 1996년의 'A New Outlook on Industrial Policies', 그리고 이것의 후속으로 1996년 말의 'Government's White Paper on Industrial Policy'가 바로 그것이다. 이러한 문서를 중심으로 산업정책의 새로운 정책이념을 분석한다(OECD, 1998: 33-38). 우선 앞에서도 지적했지만 이러한 보고서는 모두 경제의 세계화와 지식기반경제의 도래가 주요한 환경변화를 이룬다고 인식하고 있다. 1993년의 'National Industrial Strategy'는 우선 특정기업이나 산업 부문에 대한 선별적인 보조금 지급과 같은 직접적인 정부 개입의 지양이 필요하다고 인식한다. 세계시장에 내놓을 수 있는 제품이나 산업부문의 육성을 바탕으로 한 수출 주도 성장 전략을 새로운 정책방향으로 설정했다. 구체적인 정책수단으로 인적자본 육성, 기술개발 등이 제시되었으며 기업과 산업 활동의 상호작용과 상호의존을 중시하는 '클러스터 기반' 접근법이 제시되었다. 이러한 정책변화의 이론적 근거로는 포터의 경제발전단계론과 클러스터이론이 원용되었다(Poter, 1990; 1998).

그러나 이 문서는 개입적 정책수단을 포기하고 클러스터 육성과 같은 수평적 정책수단의 채택 등 산업정책의 변화 필요성을 인정했지만 정부의 역할을 분명하게 제시하지는 못했다.[10] 그래서 후속으로 나온 1996년의 'Outlook'은 정부의 역할과 그것의 이론적 근거를 제시하는 데 관심을 기울였다. 산업정책의 원칙은 유지되었지만 기본적으로 정부의 역할은 시장실패의 보정에 두었다. 중요 부문에서의 경쟁의 부족, 자본 시장의 불완전 경쟁구조, 연구개발과 교육에 대한 투자 부족 등으로 인해 이러한 부문에 대한 정부의 지원 및 촉진 역할이 필요한 과제라고 인식되었다. 불완전한 자본 시장 구조는 일반적인 자본 시장에 관한 것이 아니라 벤처 자본 시장을 중심으로 한 것이다.

이러한 인식변화는 1996년 말에 발간된 'Government's White Paper'에도 그대로 반영되었다. 기본적인 정책사고는 시장실패 접근법과 클러스터 접근법

---

10) 이 문서는 중요한 산업클러스터로 산림 부문, 통신, 금속, 에너지, 환경, 수송 부문 등을 제시했다(OECD, 1998: 34).

을 따르고 있었다. 새로운 점은 서비스 부문의 중요성을 제시한 것이었다. 구체적으로 국영기업 문제, 조세제도, 금융시장과 같은 거시경제 정책 외에 경쟁정책, 국가 보조금 지원, 기술개발과 교육, 지역개발과 산업정책 관리 등이 중요한 정책과제로 제시되었다.

　이러한 정책 검토를 통해 산업정책의 정책이념이 새롭게 설정되었다고 볼 수 있다. 금융과 기술 부문에서는 시장실패론, 산업정책에 대한 체제론적 접근법, 클러스터 접근법 등이 새로운 정책이념의 중요한 구성요소가 되었다. 시장실패론은 굳이 산업정책 분야가 아니라고 하더라도 정부의 역할을 뒷받침하는 경제이론으로 인식되고 있다. 그러나 핀란드의 새로운 산업정책에서는 이 개념이 더욱 구체적인 의미를 가지게 되었다. 하나는 금융시장에 관련된 것이고 다른 하나는 기술개발에 관련된 것이다. 금융시장과 관련해서 핀란드 정책 당국은 특히 벤처 자금의 조달에 연관된 시장실패를 보정하는 정부의 역할을 강조하였다. 기술정책 부문의 시장실패론은 정부의 적극적인 기술개발 지원정책의 근거로 활용되었다.[11] 산업정책에 대한 체제론적 접근법은 전통적으로 분리되어 있었던 과학정책과 기술정책의 통합, 기술정책과 산업정책의 통합과 같이 하부 정책 분야의 상호의존성을 강조하는 관점이다. 이러한 시각은 국가 혁신체제의 구축과 같은 정책수단의 시행으로 이어졌다.[12] 이렇듯 1990년대 핀란드의 산업정책에 논의에는 포터의 경제발전단계론과 클러스터이론이 큰

---

11) 기술 부문의 시장실패란 기술 지식은 기술 개발에 투자한 기업에 의해서 부분적으로 전유될 뿐이며 제품의 시장 판매, 기술 인력의 이동, 모방 등의 방식으로 경쟁 기업에게 쉽게 확산되기 쉬운 성질을 가지고 있다는 점에 기인한다. 개발된 기술지식의 전유성을 높이기 위한 방법으로 특허제도가 있지만 이것은 불완전한 보호제도이다. 이러한 기술 지식의 성질 때문에 사기업들은 기술개발에 과소투자하게 되며 이것이 시장실패로 이어지게 된다.

12) 이러한 체제론적 산업정책 시각은 1990년 과학기술정책위원회의 한 보고서에서 처음 제시되었다고 한다. 진화주의 경세학사들이 국가혁신제제론을 제시한 시기가 1980년대 말 1990년대 초반이라고 할 수 있다. 핀란드의 경우 이론적인 논의가 발전하기 전에 산업정책 논의에 이러한 관점들을 도입하기 시작했다고 볼 수 있다.

영향을 미쳤다. 클러스터는 산업의 입지적 이점을 극대화하기 위한 개념에서 등장한 것이다. 1990년대 클러스터 정책이 주요 산업정책 수단으로 등장한 것도 이런 맥락에서 나온 것이다.

앞에서는 주로 인과적 측면에 관련된 정책이념 혹은 정책사고에 대해서 검토했지만 규범적 측면과 관련된 부분에 대해서도 검토가 필요하다. 정책을 정치적으로 정당화하는 측면과 관련 있는 정책이념의 규범적 요소는 핀란드 산업정책의 경우 '기술 민족주의'라고 할 수 있는 부분이다. 기술발전에 대해서 거부감을 가질 수 있는 노동세력도 "기술발전은 일자리를 증가시키지 줄이지 않는다"고 인식하고 있는데 이러한 인식은 단순한 합리적 인식의 소산이라기보다는 기술발전을 일종의 민족통합의 상징으로까지 여기는 핀란드의 정치적 정서와 밀접한 관련이 있는 것으로 볼 수 있다. 1980년대 이후 연구개발투자의 대규모 증대를 산업정책의 목표로 내세우고 적극적인 기술정책을 시행한 것은 이러한 점과 밀접히 관련되어 있다고 볼 수 있다. 특히 1990년 초 이래로 기술정책이 산업정책의 핵심을 구성하고 기술정책 중심으로 산업정책이 시행된 것은 이러한 새로운 정책이념의 대두와 밀접한 관계를 갖는다고 볼 수 있다.

2) 제도적 틀과 산업정책 조직체계

핀란드의 경우 경제위기를 겪으면서 조합주의적 사회적 합의 기제를 유지해 왔던 제도나 전통이 상당히 약화되었다고 평가되기도 한다.[13] 우선 기간 은행과 대형 기업 중심으로 형성되었던 기업 그룹과 조정체계가 거의 붕괴되고 금융의 국제화와 탈규제로 자본 시장이 자유화되었다. 자본 소득의 증가와

---

13) 이러한 쟁점에 대해서도 다양한 시각이 있다. 신자유주의적 성격을 상당히 가지고 있다는 시각, 여전히 조합주의적 구조를 유지하고 있다는 시각, 절충적 시각 등 세 가지가 있다고 한다. Moen and Lilja(2005) 및 Ornston(2004)에 이러한 논의들이 소개되어 있다.

함께 임금 소득과의 배분구조가 악화되었다. 이러한 요인으로 인해 전통적인 중앙 임금협상의 전통이 약화되고 기업별 임금협상의 사례도 생겨나게 되었다. 이러한 변화는 핀란드 특유의 조합주의적 정책조정기제를 약화시키는 방향으로 작용했다고 볼 수 있다.

그러나 부문간 정책조정을 위한 담론 기제(discursive institution)와 같은 제도적 틀은 쉽게 변화되지 않는다. 산업정책에 관한 한 핀란드에서는 1970년대 말 이후부터 새로운 변화가 모색되고 있었으며 이러한 변화는 경제위기 이후 산업정책 변화에 큰 역할을 한 제도의 형성으로 나타났다(Moen and Lilja, 2005; Castells and Himanen, 2004). 1970년대 석유위기를 겪었던 핀란드는 기술정책에 적극적인 관심을 갖게 되었으며 1979년 이러한 문제를 논의하기 위해 참여적 숙의기구로서 기술위원회를 구성하였다. 이 위원회는 조합주의적인 삼자 정책협의 기제로서 총리를 위시하여 관련 정부 부처, 고용주 단체 및 노동단체의 대표, 전문가 등으로 구성되었고 기술발전을 통한 경제발전의 비전을 마련한다는 목적을 가지고 있었다(Ornston, 2004: 22). 여기서의 논의를 토대로 핀란드 정부는 과학기술 분야에 대한 투자를 늘린다는 '정책 방침(decision-in-principle)'을 정하였다.[14] 이를 위해 기술개발청(Tekes)이 1983년에 설립되었다. 또한 과학기술예산을 집중적으로 투자할 네 개의 프로그램을 추진했다.[15] 이러한 정책 논의는 핀란드 산업정책 변화에 중대한 영향을 끼친 제도의 설립으로 이어졌다. 1987년 과학기술정책위원회(STPC)가 구성된 것이다. 이 과학기술정책위원회는 정책조직의 하나이면서 또한 담론 기제의 역할도 담당했다. 다음에 상술하겠지만 이 위원회가 단순히 부처간 정책조정 기구가 아니라 사회적 합의를 형성하기 위한 정부, 기업계, 노동계 사이의 삼자 정책협의 제도의 하나라는 점을 유의할 필요가 있다.

산업정책 결정구조는 핀란드 정치경제의 제도적 틀의 하부체제에 해당한다

---

14) 목표는 1992년까지 GDP 대비 2% 수준으로 증액하였다.
15) 네 개 프로그램 중 세 개가 전자 부문과 정보통신 부문이다.

고 볼 수 있다. 부분적으로 1980년대에도 점진적인 변화가 일어나기도 했지만 1990년대 핀란드의 산업정책 조직체계에는 큰 변화가 일어난다. 이러한 변화는 산업정책에서 국가의 역할 변화와 밀접한 관계를 가지고 있다. 우선 정책조직 체계의 기능을 조정 기능과 실행 기능으로 구분하여 산업정책 조직체계의 주요 구성 요소를 살펴본다(OECD, 2005; Yla-Anttila and Palmberg, 2005; Castells and Himanen, 2004).

우선 정책조정 기능을 수행하는 기관으로 1987년에 설립된 과학기술정책위원회(STPC)을 가장 먼저 꼽을 수 있다. 과학기술정책위원회는 1960년대 설립된 과학정책위원회를 확대 개편한 것이지만 그 전신이 자문기관에 불과한 것과는 달리 과학기술정책위원회는 과학기술정책 분야를 중심으로 실질적인 조정기능을 담당했다. 총리가 위원장을 맡고 통상산업부 장관과 교육부 장관이 부위원장을 맡으며 재무부를 포함하여 3개 타 부처 장관들이 위원으로 참가한다. 뿐만 아니라 10명의 위원들이 정부 밖에서 임명되는데 고용주 단체와 고용자 단체 등 사회세력의 대표와 학술원, 연구개발센터(VTT), 대학 총장 및 교수, 산업계 인사 등이 여기에 포함되어 있다. 이러한 구성에서 알 수 있듯이 중요한 것은 주요 사회세력 간 사회적 합의 기제라고 할 수 있는 조합주의적인 제도 틀이 정책조정 기구에 내장되어 있다는 점이다. 산업정책 및 과학기술정책의 우선순위와 기본적인 지침의 결정이 정부에 의해 하향식으로 주도되는 것이 아니라 수평적 조정 기제를 통해 이루어지도록 되어 있는 것이다(Castells and Himanen, 2004: 50-51).

그 다음 정책집행은 교육부와 통상산업부가 담당하는데 기초과학은 학술원에, 기술개발은 기술개발청(Tekes)에 세부적인 집행이 대부분 위임되어 있다. 특히 1983년에 설립된 기술개발청은 1980년대 초에 형성된 핀란드의 장기 기술발전전략을 실행하기 위한 제도의 하나였다. 기술개발청은 통상산업부 산하 기관이지만 연구개발 자금의 지원 결정에서 상당한 자율성을 누린다. 이러한 자율성으로 민첩하게 행동하고 더욱 장기적인 시각을 유지할 수 있다고 한다. 다시 말하면 연구 및 산업 현장의 변화를 신속히 반영하는 정책결정을 할 수 있다는 것이다. 또한 기초과학에 대한 지원은 학술원이 담당하는데 연구 수행은 대학과 공공연구기관에서 상당 부분이 이루어진다. 대학은 이원 화되어 있다. 헬싱키 기술대학 등 전통적인 대학 외에 1980년대에 전문대학과 같은 폴리테크닉을 설립했다. 대학은 20여 개에 이르는 반면 이러한 폴리테크 닉은 전국에 걸쳐 27개에 달한다. 폴리테크닉은 학생과 교수 모두 산업 현장을 오고가면서 학습하고 연구한다. 예를 들면 헬싱키 교외 지역에 있는 한 폴리테 크닉의 경우 교수진 중 상당한 수가 노키아에서 근무한 전력을 가지고 있으며 많은 학생들도 노키아에서 일한 경력을 가지고 있다.

기술개발청과 보완적인 관계에 있는 국가연구개발기금(Sitra: 이하 Sitra)은 일종의 국영 벤처자본 회사다. Sitra는 의회 산하기관으로 일종의 연구기관 (Think-tank) 역할도 담당한다. 최근에는 민간 벤처자본 시장이 발전하여 초기 의 사업 구상에 대한 지원의 비중을 높여가고 있다. 기술개발청이 기술개발 아이디어 창출에 기여한다면 Sitra는 이것을 사업화하는 활동을 지원한다는 의미에서 두 기관의 지원은 상호 보완적이라고 할 수 있다. 이외 수출금융공사 (Finnvera)와 기업지원센터(Finpro: 이하 Finpro)는 모두 기업 지원 기관이며 국가 의 예산 지원을 받고 있다. Finnvera는 공식적인 수출금융 업무를 담당하며 중소기업에 대한 EU의 재정지원 프로그램을 대행하는 핀란드 기관이다. 특히 중소기업에 대한 지원, 수출 금융 지원, 기업의 국제화에 대한 지원 등을 주로 담당하며 각 지역에 지역사무소를 두고 있다. Finpro는 전문서비스 조직 이다. 관민 협조 방식으로 운영되며 국제화를 위한 서비스와 자문, 시장 정보 및 마케팅 자문, 혁신 프로그램 운영 서비스 등의 업무를 제공한다. 한편 지역 고용 및 경제개발센터라고 하는 T&E 센터는 여러 중앙정부 부처와 관계를 맺고 주로 중소기업에 대해 기업 경영 서비스를 제공하는 일종의 네트 워크 조직이다. 전국에 15개의 사무소를 운영하며 다른 기관들의 업무도 중개 하는 역할을 담당한다. 또한 EU가 제공하는 구조 자금(Structural Fund)을 EU의 지침에 따라 운영하는 일을 담당하며 소관 업무가 대부분 중소기업과 관련된 다. 연구개발센터(VTT: 이하 VTT)는 공공연구센터로서 여러 지역에 걸쳐서

<그림 10-2> 산업정책 정책결정 구조

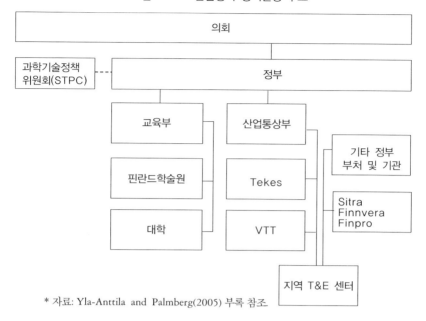

* 자료: Yla-Anttila and Palmberg(2005) 부록 참조.

활동하고 있다.

　이러한 정책조직체계의 특징은 몇 가지로 요약될 수 있다. 첫째, 국가과학기술정책위원회의 경우처럼 중요한 정책결정과 조정이 사회적 합의 방식으로 이루어진다는 것이다. 이러한 기관은 중요한 이해당사자들이 참여하는 사회적 합의기제를 결정절차에 내장하고 있다고 볼 수 있다. 둘째, 전반적인 우선순위와 방향의 결정은 중앙정부 수준에서 이루어지지만 연구개발 현장과 시장에 가까이 있는 하부 조직들에게 집행 권한이 대폭 위임되어 있다는 것이다. 이의 대표적인 예로 기술개발청은 통상산업부 산하기관이지만 구체적인 자금지원에서는 상당한 자율성을 누린다. 셋째, 또한 다양한 집행기관 간 정책조율이 긴밀하게 이루어지고 있다는 점이다. 기술개발청, 학술원, Sitra, 그리고 VTT는 협력을 강화하기 위해 네 기관 협의회를 정기적으로 개최하고 있다.

　넷째, 1990년대 이후 지방분권화가 점진적으로 이루어졌다. 이 부분에서는 조금 더 구체적인 언급이 필요하다. 산업정책의 경우 전국에 걸쳐 16개의 지역기술센터가 운영 중이며 1997년에는 내무부 소관으로 고용 및 경제개발센터(EEDC 혹은 지역 T&E 센터)가 각 지역에 15개가 설립되어 통상산업부, 노동부, 농림부 등 여러 정부부처에서 운영하는 지역 사무소를 통합하여 운영하고 있다.16) 고용 및 경제개발센터(EEDC)는 기술개발청, Finnvera와 함께 지역경제와 지역혁신을 관할하는 3대 기구 중의 하나다. 또한 지역에 따라서 관계 기관 통할 기구가 1990년에 와서 설립되었다. 예를 들면 경제위기 이후 지역혁신체제의 구축에 성공한 탐페레(Tampere) 지역에서는 탐파레 지역 위원회(Council of Tampere Region)가 1990년에 설립되었다. 이 위원회는 법적으로 관계기관 합동조직과 같은 성격을 가지고 있으며 고용 및 경제개발센터(EEDC)와 함께 지역개발과 혁신정책을 조정하고 모니터링 하는 역할을 수행하고 있다(Schienstock, G. et al., 2004: 144-145). 핀란드에서는 대학의 역할도 1960년대와 1970년대를 지나면서 지역화되어 왔다고 볼 수 있다. 주요 지역 클러스터에는 대학이 중심적인 역할을 하며 특히 1980년대에 들어 현장인력개발과 산학협력의 강화를 위해 27개의 폴리테크닉이 여러 지역에 분산적으로 설립되었다.

3) 산업정책의 변화

산업정책의 변화는 구체적으로 산업정책 수단의 변화를 의미한다고 해도 틀린 말이 아니다. 크게 보면 산업정책 수단은 1990년대 초 경제위기를 지나면서 거시경제 정책수단에서 장기적인 관점에서의 미시적 정책수단을 선호하는 방향으로 변화되어 왔다. 미시정책수단으로는 구체적으로 연구개발, 교육과 훈련 정책, 기술하부기반의 구축, 그리고 국가 및 지역혁신체제의 구축 등을 들 수 있다. 이러한 변화는 금융의 자유화와 국제화, 통화정책 등 거시경제정책의 EU체제와의 연동과 국제무역에 대한 국제규범의 제약을 반영하는 것이라

---

16) http://www.te-keskus.fi 참조.

고 할 수 있다. 이러한 환경변화에 대응하기 위해 핀란드는 상대적으로 미시정
책수단의 개발과 구축에 노력해 왔다. 이러한 산업정책의 변화를 산업정책과
기술정책의 통합, 기술혁신체제의 구축, 지역혁신체제와 산업 클러스터의 발
전 등을 중심으로 검토한다(Yla-Anttila and Palmberg, 2005: 13-16). 이러한
부분은 산업정책에서 국가가 주도자의 역할과 판이하게 다른 촉진자의 역할을
수행하는 것을 가장 잘 보여 준다.

(1) 기술정책과 산업정책의 통합

핀란드 산업정책의 특징이자 강점 중의 하나는 산업정책과 과학기술정책이
밀접하게 연계되어 있다는 점이다. 두 정책영역이 거의 통합되어 있다고 볼
수 있다. 이 말은 산업정책 중에서 기술정책의 위치가 매우 중요하고 독특하다
는 것을 의미한다. 이러한 점은 1987년 과학기술정책위원회의 설립에 잘 반영
되어 있다. 앞에서도 살펴본 것처럼 과학기술정책위원회는 산업정책 제도이지
만 핵심적인 역할은 기술정책을 중심으로 정책조정 기능을 수행하는 것과
함께 산업정책 영역에서 삼자 정책협의 기능까지 수행하는 데 있다. 한 연구는
특히 경제위기 이후 신용 수단과 같은 거시적 산업정책 정책수단을 사용하기
어려워지면서 기술정책이 핵심적인 부문 간 수평적 조정기능을 수행하게 됨으
로써 그 위상이 크게 격상되었다고 평가하고 있다. 즉 기술정책이 산업정책의
핵심적인 영역이 되었다는 것이다(Ornston, 2004).

핀란드 산업정책에서 기술정책이 핵심적인 정책 수단으로 자리 잡았다는
것은 기술혁신이 경쟁력의 핵심이라는 기능적인 의미에서 그런 것만은 아니
다. 정책이념의 개념을 적용하면 기술정책은 경제적 효과의 측면뿐만 아니라
산업정책을 정당화하는 규범적 측면을 포함하고 있다. 핀란드에서 기술발전은
경쟁력의 요소를 넘어 민족 형성 혹은 국가통합의 상징으로 인식되고 왔다.
이런 맥락에서 핀란드식 '기술-경제 민족주의'가 운위되는 것은 자연스런 일이
라고 할 수 있다(Schienstock, et al., 2004: 128).

핀란드의 기술정책은 기술정책 집행기관 사이 협력의 제도화를 촉진할 뿐만

아니라 연구개발 지원을 통해서 기업, 대학, 공공 연구기관 간의 수직적 협력 및 기업 간 네트워크 구축을 주요한 목표로 설정하고 있다. 실례로 기술정책을 중심으로 기술개발청, 학술원, Sitra, VTT 등 네 기관 간의 정기적인 회합이 제도화되어 있다(Yla-Anttila and Palmberg, 2005: 13-16). 지역 수준에서도 이러한 국가 기관들은 협력네트워크를 잘 유지하고 있다. 특히 지역혁신정책에서 핵심적인 역할을 수행하는 세 개의 국가 지역 기관들 ― 기술개발청, 고용 및 경제개발센터(일명 T&E 센터), Finnvera ― 은 밀접하게 협력하면서 기술개발 지원을 통한 지역 혁신주체 간 네트워크 형성 등의 임무를 수행한다.[17]

핀란드의 경우 기술정책이 산업정책에서 매우 독특한 위상을 가지고 있다고 지적했는데 경제위기에 대한 대응 과정에서 이러한 위상이 상당히 강화되었다고 볼 수 있다. 혁신주도 경제로의 전환이 중요한 정책과제로 대두되면서 기술정책의 중요성이 크게 인식된 것이다. 기술정책 중에서 가장 중요한 부분은 정부의 연구개발 지출의 확대 공약이다. 앞에서도 언급한 것처럼 핀란드 정부는 1970년대 석유가격 인상에 따른 경제위기를 겪으면서 기술정책과 기술혁신의 중요성을 인식하여 장기 기술발전 전략의 구상 및 이를 뒷받침하는 사회적 합의 형성을 위해 1979년 기술위원회를 조직하였다. 또 핀란드 정부는 기술정책의 방향 정립을 위해 '정책 방침'을 정하였고 1992년까지 GDP 대비 연구개발예산을 당시 1.2% 수준에서 2.2% 수준까지 증액한다는 목표를 세웠다. 이것은 정부가 공공 연구개발예산을 확대하는 것은 물론 민간 부문이 연구개발투자를 증가시키지 않으면 달성하기 어려운 정책 목표다. 정부 부처뿐만 아니라 중요한 사회세력 대표들까지 참여한 기술위원회는 민간 부문의 참여와 협력을 위한 사회적 합의 형성에 중요한 역할을 하였다.

1992년 들어 경제위기의 와중에서도 이 목표가 달성되었으며 정부는 새로운 목표, 즉 1999년까지 2.9% 수준까지 증가시킨다는 목표가 설정되었다.

---

17) 이러한 부분에 대한 탐페레(Tampere) 지역 사례연구에 대해서는 Schienstock, et al.(2004) 참조.

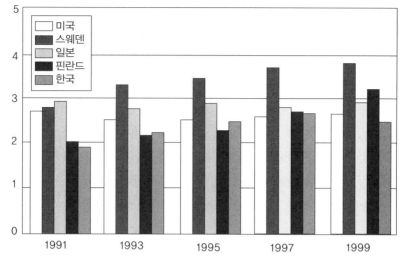

<그림 10-3> 연구개발 투자 비교: GDP 중 연구개발 투자의 점유비

자료: 과학기술부(2002)

이러한 목표는 정부든 민간부문이든 긴축을 해야 하는 상황에서 이루어진
것이어서 그 의미가 유별하다고 볼 수 있다. 2003년 연구개발 지출 총액은
3.5% 수준이다. 이것은 스웨덴 다음인 세계 2위 수준이다(OECD, 2005b).
EU 국가 평균이 1.5~2.0% 수준인 것을 감안하면 매우 높은 수준이라고
할 수 있다(Castells and Himanen, 2004: 48-50).[18]

(2) 기술정책과 기술혁신체계의 구축

핀란드 산업정책의 변화에 기여한 이론적 시각 중의 하나가 체제적 접근법
이라는 것을 앞에서 언급했다. 이러한 체제적 접근법이 가장 잘 나타나고
있는 정책이 기술혁신체제의 구축이다. 핀란드의 경우 과학기술정책위원회가

---

18) 최근 목표가 4% 수준으로 인상되있다고 한다(Oinas, 2005: 1235). 핀란드의 경우
   1995~2003년간 매년 연구개발예산의 성장률이 9% 이상을 기록하여 EU(15개 국가
   기준) 평균 4% 수준을 훨씬 상회하였다. OECD(2005b) 참조.

1990년에 기술혁신체제의 개념을 세계에서 가장 먼저 산업정책에 도입했다 (Georghiou, et al., 2003: 59-60). 다른 선진국가들에 비해 매우 이른 시기에 혁신체제의 개념에 주목한 것이다. 사실 기술혁신체제론은 1980년대 후반 진화주의 경제학을 중심으로 논의되기 시작했다. 주요한 저작이 1990년대 초반에 출간된 것을 감안하면 핀란드는 상당히 일찍부터 이 개념에 착안했다고 할 수 있다.[19] 참고로 우리나라도 최근에 기술혁신체제 접근법을 산업정책과 기술정책에 적용하고 있으며 이에 따라 정책 우선순위의 결정과 정책조정 기능을 수행하는 국가과학기술위원회를 강화하고 과학기술부의 위상을 부총리 부처로 격상시킨 바 있다. 경제적 상황이 좋지 않은 스웨덴도 2000년대에 들어 타개책의 하나로 기술혁신체제의 구축을 강화하고 있다.

기술혁신체제 접근법에 따르면 혁신은 단순히 개별 국가 기관이나 기업들에 의해 창출되는 것이 아니라 공공 및 시장 행위자들의 경제적 관계, 제도 및 정책의 네트워크에서 배태되는 것이다. 기술정책은 인적, 물적 자원을 공급하는 것이 아니라 다양한 생산영역과 정책영역 간의 관계를 조정함으로써 혁신과 구조조정을 촉진하는 것으로 인식된다(Ornston, 2004: 19). 이런 의미에서 본다면 기술정책은 국가-사회관계의 수준에서부터 산업정책의 형성 및 집행조직의 수준을 망라하는 넓은 영역에 자리 잡게 된다. 핀란드의 과학기술정책위원회의 제도적 위상과 역할에 이런 정책 인식이 잘 반영되어 있다.

산업정책 집행의 핵심 조직인 기술개발청(Tekes)의 예로서 이러한 점을 살펴본다. 기술개발청은 하향적 정책과 상향적 정책을 병행한다. 즉 기술개발청 스스로가 새로운 연구 프로그램을 창안, 주도하는가 하면 기업이나 대학 등 현장에서부터 새로운 프로그램을 공모 형식으로 제안 받는다. 전자의 경우에도 연구계, 산업계, 정부, 대학의 대표자들과 긴밀한 협력하에 정책 프로그램을 설계한다. 또한 후자의 경우에는 대기업, 기업, 대학, 연구기관 간 협력이 얼마나 이루어질 수 있는가 하는 점이 중요한 선정 기준이 된다. 다시 말하면

---

19) 예를 들어 Lundvall(1992)이 대표적인 저작이다.

많은 연구주체가 네트워크에 참여하느냐 하는 기준이 매우 중요하게 간주된다는 것이다. 이러한 정책으로 기술개발청은 현장에서 이루어지는 협력 활동이나 경쟁에 대해 많은 지식과 정보를 축적하게 되고 이것이 다시 정책 프로그램 설계에 환류되는 것이다(Castells and Himanen, 2004: 52-53).

또한 산업정책 정책조직 내 여러 조직과 제도는 긴밀한 연계하에서 기능을 수행한다. 1980년대에는 대학과 연구소, 학술원, 기술개발청, Sitra, Finpro, Finnvera 등의 정책집행과 지원 조직들은 기술혁신의 각 단계(기초연구, 응용연구, 제품 개발, 상업화)에서 고유한 기능(기술개발 보조금 지원, 융자, 주식 취득, 서비스 제공 등)을 수행하는 데 만족했다. 예를 들면 학술원은 기초연구와 일부 응용연구를 지원하는 기능을 수행하고 기술개발청은 제품 개발과 일부 상업화 단계를 지원했다. 그러나 기술혁신체제의 개념이 도입되면서 이러한 공공 지원기관들의 역할도 크게 혁신되었다. 기술혁신의 주기가 빨라지고 기술혁신 단계의 중첩화가 일어남에 따라 이러한 지원기관들의 기능도 같이 변화하게 되었다. 다시 말하면 고유한 기능을 수행하는 동시에 다른 지원 조직들과 협력 네트워크를 구축하여 이러한 변화에 대응하였다. 예를 들면 금융 서비스를 제공하는 Finnvera는 상업화 단계에 있는 기업들을 지원하는 과정에서 긴밀한 협력을 한다(Yla-Anttila and Palmberg, 2005: 16-17).

(3) 지역혁신체제와 산업 클러스터

나라가 작은 핀란드는 국가경제와 혁신체제에서 지역이 큰 역할을 하지 못했다. 여기에는 세 가지 요인이 작용했다고 볼 수 있다(Schienstock, G. et al., 2004: 127). 첫째, 핀란드는 중앙집권적 전통이 강한 나라로서 아직까지도 이러한 전통이 남아 있는 부문이 많다. 이것은 지정학적인 요인과 깊은 관계가 있는 것으로 보이는데 이로써 모든 중요한 경제적 결정은 수도인 헬싱키에서 이루어진다. 둘째, 핀란드 경제는 기본적으로 자원 의존 경제의 특징을 가지고 있다. 산림산업을 중심으로 산업화가 이루어져 온 것이다. 이러한 산업구조로 인해 사회제도와 국가 정책도 산림산업과 밀접히 연관되어 있으며 이 산업부문의 이익과 필요에 따라 형성되어 왔다고 볼 수 있다. 셋째, 핀란드는 문화적인 동질성이 높은 사회로 기술발전과 경제발전이 국가발전과 민족적 정체의식의 형성과 밀접하게 연결되어 있다고 인식된다.

지역경제발전과 지역혁신에 대한 문제의식이 본격적으로 형성된 것은 경제위기 이후라고 할 수 있다. 전통적으로 지역정책은 지역 간 균형과 형평성을 더 중요하게 간주하였으나 1990년대에 들어 효율성이 강조되었다. 이런 맥락에서 산업정책이 지역적 차원을 포함하게 되었다. 정책의 중점도 하드웨어 구축에서 지식과 네트워크 형성과 같은 소프트웨어가 중요하게 고려되었다. 이러한 지역발전정책을 위해 또한 1994년 지역발전법을 제정하였으며 조정제도로 지역위원회(Regional Council)를 각 지역에 설립하였다. 또한 1994년 지역개발프로그램 제도를 시행하는 등 프로그램 중심의 지역발전을 모색하였다. 또한 1995년부터 지원받은 EU의 구조자금도 지역화 노력에 크게 기여하였다 (Virkkala, 2002).

지역발전정책은 여러 가지 차원을 포함하고 있다. 여기서는 지역 대학 체제, 전문성 센터 프로그램, 과학단지, 산업 클러스터와 함께 지역적 수준에서 산업정책 조직체계를 간략하게 살펴본다. 우선 핀란드의 대학은 지역과 크게 밀착되어 있다. 20개의 일반 대학 가운데 예를 들어 탐페레 공과대학(Tampere University of Technology)과 같은 10개의 공과대학은 각 지역에 소재하고 있다. 1990년대에 들어 산학협동과 지역 밀착성의 제고를 목표로 설립된 폴리테크닉 대학들은 지역경제발전에 큰 기여를 하고 있다. 20개 정도에 불과한 일반 대학에 비해 이러한 대학들은 전국적으로 27개가 설립되어 있다. 이 대학들은 지역 지향 대학들로서 산업 구역(industrial district)이나 과학단지 주위에 위치하고 있으며 산업협력의 활성화를 위한 각종 인력양성 및 기술개발 프로그램을 운영하고 있다.

또한 전문성 센터가 중요한 지역발전 제두다.[20] 전문성 센터는 지역 산업발

---

20) 이에 대해서는 장영배(1999)에 자세하게 소개되어 있어서 참조하였다.

전을 위해서 1994년 내무부가 추진한 사업으로 이 프로그램의 목표는 국제경쟁력을 갖춘 지식집약 기업들의 창업과 발전을 촉진하는 조건과 환경을 조성하는 것이다. 이 프로그램은 전문성 센터 사이의 전문화와 분업을 지원하는 것을 목적으로 한다. 이 프로그램에 의하면 지역 수준에서 가장 두드러진 협력 조직들은 대학, 공공연구기관, 기업, 지역 정부당국이다. 이 프로그램은 이러한 협력 주체들 사이 네트워크 형성과 개선을 추구하고 있다. 이러한 프로그램 실행의 기대되는 직접적 결과는 혁신, 새로운 기업 활동, 지역 발전거점의 개발이며 간접적 결과에 대한 기대는 노하우와 네트워킹 경험의 축적이다. 이런 점에서 전문성 센터는 지역 혁신 클러스터의 핵이 될 수 있으며 이 프로그램은 지역 클러스터의 형성과 발전을 지원하는 데 기여한다. 이 전문성 센터는 1994년 8개 선정되었으며 특별 프로그램으로 산업부문을 중심으로 한 세 개의 센터가 추가로 지정되었다.[21]

과학단지 혹은 테크노폴리스도 지역혁신체제의 중요한 구성 요소의 하나이다. 1980년대에 들어 핀란드 정부는 지역마다 공과대학을 설립하고 공과대학을 중심으로 과학단지를 건설하기 시작했다. 1990년대까지 10개 과학단지가 설립되었는데 대부분 1980년대 후반 이후 세워졌다(이재규, 2000; 최홍건·박상철. 2003: 242-43). 과학단지는 클러스터의 한 종류라고 할 수 있는데 특화, 지식, 네트워크를 주요 특성으로 하고 있다. 과학단지에는 대학, 연구기관, 정부기관, 기업 등 다양한 주체들이 입주하고 있으며 긴밀한 네트워크를 형성하고 있다. 예를 들어 1986년에 설립된 탐페레 과학단지는 정보통신 및 자동화 기술로 특화된 곳이고 입주 기업의 수는 노키아 연구센터를 포함해 145개에 달한다. 단지를 중심으로 단지 내부나 인근에 대학이나 정부지원 기관 등 다양한 혁신주체들이 집적해 있다.

---

21) 노키아는 헬싱키 교외지역인 에스푸(Espoo)시에 본사를 두고 있지만 탐파레, 울루(Oulu), 투르크(Turuk) 등 수요 지역의 과학단지나 클러스터에는 연구센터를 두고 있다. 각 지역에 운영되고 있는 모든 전문성 센터에는 노키아가 다양한 방식으로 참여하고 있다고 한다.

지역혁신체제에서 중요한 것은 각 지역에 지역사무소를 두고 있는 정부 지원 기관 및 제도다. 이 중에서 중요한 기관은 연구개발 자금을 지원하는 기술개발청, 고용 및 지역경제발전 센터, 그리고 기술혁신의 상업화 단계에서 자금 지원 서비스를 제공하는 Finnvera가 3대 주요 기관이다. 이 중에서 1997년에 설립된 고용 및 지역경제센터(일명 T&E 센터)가 특히 중요한 역할을 담당한다. 이 조직은 1990년대에 본격화된 지역경제발전 정책에 맞추어 다양한 지원 업무를 조정하는 역할을 담당한다. 이것은 통상산업부, 농림부, 노동부 등 중앙 세 개 부처의 지역 공조 조직이라고 할 수 있는데 전국적으로 15개가 설치되어 있고 지역혁신과 지역발전에 큰 역할을 하고 있다(Schienstock, et al., 2004).

　마지막으로 클러스터 정책이 가장 발달한 국가 중의 하나가 핀란드다. 클러스터는 두 가지로 구분된다. 하나는 지역을 매개로 한 지역혁신 클러스터이고 다른 하나는 산업클러스터다. 산업 클러스터는 일정한 지역을 중심으로 발달하는 경우도 있지만 지리적으로 매우 넓은 범위에 걸쳐 형성되어 있는 경우도 있다. 이 경우는 특정 산업부문별로 클러스터가 형성되므로 산업 클러스터라고 하는 것이다. 핀란드의 경우 정보통신산업 클러스터, 삼림산업 클러스터가 유명하고 환경산업 클러스터, 건강산업 클러스터가 있다. 특히 정보통신산업 클러스터, 산림산업 클러스터는 전국에 걸쳐 있는 것으로서 독특한 형태라고 할 수 있다. 정보통신산업 클러스터의 경우 노키아가 핵심적인 역할을 하고 있다. 앞에서도 언급한 바와 같이 노키아는 일종의 '네트워크 기업'으로서 연구센터를 주요 지역에 운영하고 있을 뿐만 아니라 공급기업, 고객기업, 연구개발 기업, 벤처 기업, 공공 연구기관, 정부 정책기구 및 지원기관들과 전후방에 걸쳐 네트워크를 촘촘히 형성하고 있다. 핀란드의 산업구조 고도화는 노키아를 중심으로 한 정보통신산업 클러스터 형성과 공진화한 것이라고 할 수 있을 정도이다. 이런 맥락에서 노키아는 기함(flagship)기업이라고 일컬어진다(Oinas, 2005: 232-34).

5. 결론 및 함의

핀란드는 1990년대 초 경제위기의 충격 속에서 위기를 기회로 활용하여 산업구조 고도화에 성공함으로써 정보통신 강국의 위상을 확보하고 혁신주도 경제를 이룩하는 데 성공하였다. 이 글은 이러한 성공이 1990년대 초 이후 국내외 환경변화에 대응하기 위해 핀란드가 추진한 새로운 산업정책과 밀접한 관계를 가지고 있다고 주장한다. 금융의 국제화와 자유화, 그리고 국제 무역규범의 제약 속에서 핀란드는 산업정책 영역에서 주도자로서의 국가 역할을 지양하여 촉진자로서의 국가역할을 정립하고 혁신주도 경제로의 발전을 이룩한 것이다.

촉진자로서의 국가의 역할은 구체적으로 미시적인 산업정책 수단을 통해서 구현된다. 첫째, 기술발전과 혁신의 중요성을 감안하여 장기적이고 전략적인 관점에서 연구개발 투자를 대폭 증액하는 정책을 일관되게 추진하는 등 적극적인 기술정책을 시행하였다. 둘째, 산업정책과 기술정책에 대해 혁신체제의 개념을 일찍 도입하여 기술혁신체제를 구축함으로써 산업정책의 변화를 모색하였다. 이러한 기술혁신체제를 통해서 중앙정부 및 지방정부의 정책조정과 집행조직, 대학, 연구기관, 대기업, 중소기업 등 다양한 혁신주체 간에 협력을 촉진하는 네트워크를 형성함으로써 기술혁신이 효율적으로 이루어질 수 있는 체제를 구축하였다. 이러한 기술혁신체제의 개념이 1990년대 말 OECD의 정책 권장사항이 되고 우리나라도 최근 기술혁신체제의 구축을 중요한 산업정책으로 채택하고 있는 점을 감안하면 핀란드가 일찍이 기술혁신체계를 중심으로 산업정책의 개혁을 추진해 왔다는 사실은 매우 의미심장한 일이라고 할 수 있다. 셋째, 중앙정부 주도의 산업정책을 지양하고 산업정책 정책구조를 분권화시키는 것과 함께 각 지역이 지역혁신체제를 구축하는 것을 지원함으로써 기술혁신 능력을 극대화하는 데 노력했다. 우리나라의 경우 최근 몇 년 사이에 지역혁신정책과 혁신 클러스터 조성이 산업정책의 주요한 부분이 되고 있다. 이런 점에서 보면 핀란드의 지역혁신정책과 클러스터 정책이 아주 이른

시기에 이루어진 정책 변화라고 할 수 있다.

이 글은 이러한 정책변화가 1990년대의 경제위기에 대응하는 과정에서 모색된 새로운 정책이념의 대두와 정책조정제도 및 정책조직 체계의 조정과 밀접한 관계를 가지고 있다는 점을 보여주었다. 새로운 정책이념은 핀란드의 특유한 기술민족주의 이념과 함께 이론적인 요소로서 포터의 경제발전단계론, 클러스터 접근법, 산업정책에 대한 체제론적 접근법, 기술 부문 시장실패론 등을 들 수 있다. 이러한 정책이념은 연구개발투자의 지속적이고 획기적인 증대 등 기술정책의 중요성을 정부 및 기업엘리트들에게 인식하게 함으로써 기술혁신체제의 구축에 대한 주요한 이론적 근거로 작용하였다.

또한 제도적 변수로는 사회적 합의 기제와 정책조정 기제로 작용한 과학기술정책위원회의 설립과 역할 강화를 들 수 있으며 이와 함께 1990년대에 들어 이루어진 정책집행 체계의 분권화를 들 수 있다. 1990년대에 들어 전통적인 집행조직인 기술개발청의 역할 확대가 이루어졌으며 1997년에는 지역고용 및 경제발전센터가 각 지역에 설립되었으며, 또 통상산업부, 농림부, 노동부의 정책 및 지원 업무의 통합 운영이 이루어졌다. 또 기술개발청, 학술원, 국가연구개발기금(Sitra), 그리고 연구개발센터(VTT) 간 협력을 강화하기 위해 네 기관 협의회를 정기적으로 개최하고 있다. 또 1994년 지역발전법을 제정하고 조정제도로 지역위원회(Regional Council)를 설립하여 지역발전과 지역혁신을 체계적으로 추진했다.

마지막으로 핀란드의 산업정책 변화에 대한 사례 연구에서 우리나라에 대한 정책적 시사점을 몇 가지 도출해 볼 수 있다. 우선, 정책 담론구조의 실질화가 필요하다고 여겨진다. 우리나라에서도 과학기술정책을 종합 조정하는 국가과학기술위원회가 설치되어 있다. 또 이 기구는 최근 몇 년 사이에 역할과 위상이 크게 제고되었다. 대통령이 주재하며 과학기술 부총리가 부위원장이 되고 과학기술부 내 차관급 기관으로 설치된 과학기술혁신본부가 사무국 기능을 수행한다. 또한 회의 개최도 정기화되어 있으며 횟수도 실제 많이 늘었다. 그런데 핀란드의 경우 주요 관련 장관들로 선임되는 정부측 위원보다 민간위원의 수가 더 많으며 실질적인 사회적 이해당사자 집단의 대표들로 선임된다. 우리나라의 경우 관련 부처 장관들인 정부측 위원들의 수가 10여 명으로 과반수를 훨씬 넘으며 7~8명의 민간 위원들은 전문가 내지 명망가 중심으로 선임되어 있다. 핀란드의 경우 국가과학기술정책위원회가 정책담론 및 정책조정 제도로서 실질적인 역할을 수행한다면 우리나라의 국가과학기술위원회는 여전히 민간 참여가 형식화되어 있고 정부 주도의 구조를 벗어나지 못하고 있다고 평가된다. 정책에 대한 사회적 합의를 넓히기 위해서는 민간 참여가 실질적으로 이루어질 수 있도록 정책담론 제도의 개혁이 필요하다고 할 수 있다.

둘째, 핀란드 산업구조조정의 성공은 무엇보다 국가혁신체계의 구축에 일찍부터 노력을 기울여 온 데서 기인한다. 국가혁신체계의 구축과 원활한 작동은 무엇보다 정부, 시장 부문, 과학기술계, 교육계, 노동계 등 다양한 혁신주체의 참여와 협력에 기초하고 있다. 우리나라도 최근 들어 국가혁신체계의 구축에 정책적 노력을 기울이고 있다. 초창기라서 정부가 주도하고 있는 양상을 보이는 데 정부의 역할이 무엇보다 중요하지만 정부가 일방적으로 이끌어가는 방식이 계속되어서는 안 된다. 다른 주체들의 자발적인 참여와 협력을 이끌어 내기 위해서는 앞서 언급한 대로 참여제도와 정책 담론 제도의 실질적인 운영이 필요하다.

셋째, 나라마다 사정은 다르지만 산업정책에서도 분권화는 세계적인 추세이다. 지역혁신정책의 추진이나 지역산업 클러스터의 형성 등 지방정부의 산업정책 역할이 중요해 지고 있는 것이다. 핀란드의 경우에도 1990년대 이후 이러한 추세가 크게 나타나고 있다. 국가혁신체계의 구축 노력과 특히 EU의 구조 자금(Structural Fund) 지원은 이러한 추세를 더 가속화시키고 있는 것으로 보인다. 분권화의 구체적인 양상은 매우 다양하게 나타나는데 산업클러스터의 형성, 지역혁신정책의 추진, 지역위원회의 설립 등이 대표적인 정책수단이 되고 있다. 우리나라의 경우 지방자치가 서서히 발전하고 있으며 산업정책의 전개과정에서 지방정부의 역할이 필요하다는 인식도 생겨나고 있지만 제도,

예산 등의 측면에서 중앙정부의 주도적 역할이 여전한 것으로 보인다. 중앙정부가 설계한 표준적 지원제도나 프로그램이 각 지역에 일률적으로 적용되는 폐해는 여전히 계속될 우려가 있는 것이다. 각 지역의 산업적, 경제적, 사회문화적 환경에 맞는 지원 프로그램이나 제도를 시행하기 위해서는 더욱 실질적인 중앙, 지방 간 분권화와 파트너십 형성이 필요한 과제라고 여겨진다.

참고문헌

과학기술부. 2002. 과학기술동향 보고서.
이재규. 2000. 「핀란드의 국가경쟁력에 관한 관찰적 연구」. ≪국제경영연구≫, 11(2) (12월).
임채성. 2003. 『유럽 강소국 국가혁신시스템의 특징과 시사점』. 과학기술정책연구원(11월).
장영배. 1999. "핀란드의 과학기술체제와 정책". 과학기술정책연구원.
최홍건·박상철. 2003. 『2만 불 시대의 기술혁신전략』. 서울: 푸른사상.

Ali-Yrkko, J. 2001. "The Role of Nokia in the Finnish Economy." ETLA Article (1).
Brandt, Mats. 2001. "Nordic Clusters and Cluster Policies." in Age Mariussen(ed). *Cluster Policies —Cluster Development?*(Nordregio Report, Stockholm ; http://www.nordregio. se.rol02.htm 2004년 10월 24일 접근).
Campbell, John L. 2004. *Instiututional Change and Globalization*. Princeton: Princeton University Press.
Castells, M. and Himanen, P. 2004. *The Information Society and the Welfare State: The Finnish Model*. New York: Oxford University Press.
Charmers Johnson, Johnson, Chalmers. 1982. *MITI and the Japanese Miracle: The Growth of Industrial Policy*, 1925~1975. 장달중 역. 1984. 『일본의 기적: 통산성과 발전지향형 정책의 전개』. 서울: 박영사.
Cooke, Philip, et al. 2004. *Regional Innovation Systems: The Role of Governance in a Globalized World*(2nd edition). London: Routeldge.
Einhorn, Eric S. and John Logue. 2004. Can the Scandinavian Model Adapt to Globalization? *Scandinavian Studies*, 76(4)
Gerd, S. et al. 2004. Escaping Path Dependency: the Case of Tampere, Finland, in Cooke, Philip, et al.(2004).
Georghiou, L., et al. 2003. *Evaluation of the Finnish Innovation Support System*. Ministry of

Trade and Industry, Finland.

Goldstein, Judith and Robert O. Keohane. 1993. "Ideas and Foreign Policy." Judith Goldstein and Robert O. Keohane. *Ideas and Foreign Policy: Beliefs, Institutions, and Political Change*, 3-30. Ithaca: Cornell University Press.

Hall, Peter A. 1989. Conclusion: The Politics of Keynesian Ideas, in Peter A. Hall, ed., *The Political Power of Economic Ideas: Keynesianism across Nations*, Princeton: Princeton University Press, pp.361~391.

Honkapohja, S. and Koskela, E. 1999. The Economic Crisis of the 1990s in the Finland. *Economic Policy*, vol.29(October), pp.401~436.

Katzenstein, Peter. 1985. *Small States in World Markets: Industrial Policy in Europe*. Ithaca: Cornell University Press.

_____. 2003. 'Small States' and Small States Revisited. *New Political Economy*. 8(1), pp.9~30.

Krasner, Stephen D. 1984. Approaches to the State: alternative Conceptions and Historical Dynamics. *Comparative Politics*, 16(2).

Lundvall, Bengt-Ake, ed. 1992. *National Systems of Innovation: Towards a Theory of Innovation and Interactive Learning*. London: Pinter.

Moen, E. and Lilja, K. 2005. "Change in Coordinated Market Economies: The Case of Nokia and Finland." in M. Glenn, et al. eds., *Changing Capitalism: Internationalization, Institutional Change, and Systems of Economic Organization*, New York: Oxford University Press, pp.352~379.

OECD. 1998. *Policies for Industrial Development and Competitiveness*.(Directorate for Science, Technology and Industry).

_____. 2005a. *Innovation Policy and Performance: A Cross-Country Comparison*.

_____. 2005b. *Science, Technology, and Industry Scoreboard —Towards a Knowledge Economy*. OECD.

Oinas, Paivi. 2005. Finland: A Successful Story? *European Planning Studies* 13(8) (December).

Ornston, Darius. 2004. Political Renegotiation, Institutional Recombination and Economic Restructuring: Finnish Technology policy in Comparative Perspective. Background Papers, The Innovation Alliance: Succeeding in an Evolving Global Economy. August 24, 2004. BRIE, University of California University, Berkeley.(http://brie.edu/~briewww/research/innovation. 2005년 11월 10일 접근)

Porter, Michael E. 1990. *The Competitive Advantage of Nations*. New York: Free Press.

_____. 1998. "Clusters and the New Economics of Competition." *Harvard Business Review* (Nov.~Dec.).

Schienstock, G. et al. 2004. "Escaping Path Dependency: The Case of Tampere, Finland." in P. Cooke, et al. eds. *Regional Innovation Systems: The Role of Governance in a Globalized World*, 2nd ed. London: Routledge, pp.127~153.

Uusitalo, H. 1996. Economic Crisis and Social Policy in Finland in the 1990s. SPRC Discussion Paper No.70(October).

Viren, M. and Malkamaki, M. 2002, "The Nordic Countries." in B. Steil, D. G. Victor, and R. R. Nelson, eds., *Technological Innovation and Economic Performance*. Princeton: Princeton University.

Virkkala, Seija. 2002. The Finnish Case. in A. Osthol and B. Svenssion, eds. *Partnership Repnses —Regional Governance in the Nordic States*.(Nordgegio Report 2002: 6). Stockholm: Nordregio, pp.135~202.

Yla-Anttila, P. and Palmberg, C. 2005. *The Specificities of Finnish Industrial Policy: Challenges and Initiatives at the Turn of the Century*. Discussion Papers No.973(ETLA).

제11장

전력산업의 구조개편: 덴마크 사례

이혁주

1. 덴마크 전력산업의 의의와 연구질문

덴마크는 여타 스칸디나비아 국가와 마찬가지로 공공재의 전달과정에서 공공부문이 차지하는 비중이 다른 OECD 국가들보다 높은 편이며, 중앙정부에게서 독립적 지위를 부여받은 지방정부가 중요한 역할을 담당하고 있다 (OECD 2000a-d). 그러나 전력산업을 포함한 망형산업(網型産業) 일반에서는 지방자치단체가 제공하는 공공서비스와 달리 다른 OECD 국가처럼 규제완화와 민영화가 진척된 분야가 많다. 전력산업은 망형산업의 한 형태로서 보통 물리적인 망조직을 매개로 생산된 서비스가 전달되는 산업을 일컫는다. 망형산업은 과거 국가 기간산업 혹은 공익산업(유훈, 1985)으로 불리던 것으로 도로, 철도, 항만, 전력산업, 통신산업, 우편, 가스산업 그리고 지방자치단체의 상하수도사업 등이 전형적인 예다.

전력산업은 대규모 고정투자에 따른 규모의 경제와 범위의 경제, 생산되는 재화의 공공성, 그리고 저장 불가능성 등의 특징을 지닌다. 이러한 특징으로 인해 전력산업은 통상 비경쟁적 부문을 포함하고 있는데, 이들 부문에서의 경쟁은 이루어지기도 힘들 뿐만 아니라 경제학적으로도 바람직하지 않은 측면이 있다. 따라서 서비스 공급의 형평성과 보편성 등 공익을 목적으로 규제가 가해지기도 하는데, 규제의 주된 경제학적 이유는 시장의 실패라고 말할 수 있다.

전력산업에 자연독점적 특성이 존재한다는 점은 시장경쟁에 의존해 사회적으로 바람직한 결과를 얻기 힘들고, 따라서 일정 형태의 정부개입이 이들 산업에서 요청된다는 점을 시사하기도 한다. 여기서 중요한 정책문제는 "어떻게 망이라는 비경쟁적 요소를 규제하면서 동시에 망을 투입요소로 사용하는 전력산업의 생산 활동에 경쟁을 도입하느냐"라고 말할 수 있다. 이는 전력산업의 규제완화와 민영화 논리의 핵심이며, 비경쟁적 요소와 경쟁적 요소를 분리해 경쟁이 가능한 부문에서는 민영화를 지향하고, 그렇지 않은 부문에서는 공적 소유 혹은 공공규제를 통해 공익성과 기업성을 동시에 달성하고자 하는 논리다.

덴마크의 전력산업은 참여형 개혁모델을 지향하는 북유럽의 전통에 비추어 보았을 때 독특하다. 즉 산업구조적 측면에서는 시장형 개혁을 채택했음에도 불구하고 개별 서비스의 공급방식에서는 참여형 개혁의 내용을 담고 있는 혼합형으로 이런 점에서 덴마크 내 다른 망형산업뿐 아니라 다른 나라의 전력산업 구조개편과도 뚜렷이 구별된다. 따라서 이 장에서는 덴마크의 전력산업이 북유럽의 다른 나라뿐 아니라 자국 내 다른 망형산업과도 다른 개혁방식을 선택했는데 왜 그러한 일이 발생했는지를 설명하고자 한다. 이 작업을 위해 대체로 <표 11-1>에 설명된 것처럼 덴마크 내 다른 망형산업과 북유럽을 포함한 OECD 국가에 대해 비교연구를 시도한다.

<표 11-1>에 따라 본 연구는 덴마크의 전력산업을 중심으로 연구를 진행하되 비교연구가 가능하도록 덴마크의 통신산업과 북유럽 핀란드 및 노르웨이의 망형산업에 대한 논의 가운데 직접적으로 관련 있는 부분만을 선별해 논의하기로 한다. 이를 위해 우선 덴마크의 선력산업을 중심으로 논의를 시작하고, 이후 덴마크 내 통신산업의 규제완화 및 다른 북유럽국가의 공기업 및 망형산업의 규제완화 조치의 역사와 제도에 대해 알아본다. 그리고 이러한 논의가

<표 11-1> 비교연구의 틀

비교대상 산업		비교국가		
		덴마크	다른 북유럽국가	다른 OECD 국가
비교대상 산업	전력산업	주분석대상	(나)	(다)
	다른 망형산업	(가)	(라)	(마)

주: (가): 덴마크 내 같은 망형산업인 통신산업과 비교함으로써 개혁유형의 선택이 왜 다른지에
     대한 실마리를 얻을 수 있다.
   (나), (다): 이론상 다른 나라의 동종 산업과 비교함으로써 덴마크의 전력산업이 채택한 개혁유형
     의 선택뿐만 아니라 개혁전략 간 차별적 성과에 영향을 미친 요인을 추적해낼 수 있을
     것이다.
   (라), (마): 다른 북유럽국가 및 OECD 국가의 여타 망형산업에 대한 검토를 통해 산업 간
     국가 간 비교연구가 가능하다. 이 작업을 통해 자유화조치 당시의 초기조건이 어떻게
     개혁유형의 선택에 영향을 미쳤는지에 대한 추정을 가능케하는 단서를 제한적이지만
     포착할 수 있다.

끝난 후 전력산업의 규제완화 효과에 대한 OECD 국가간 비교분석과 함께
북유럽국가와 덴마크 간 개혁유형에 따른 비판적 성과비교를 하게 된다. 마지
막으로 국가 간, 산업 간 비교를 통해 덴마크 전력산업에서 현재와 같은 혼합형
개혁 유형을 선택하게 된 요인이 무엇이었는지에 대해서 알아본다. 이 마지막
작업에서는 앞의 개혁유형 내 비교보다는 거시적 관점에서 문제를 재조명하게
된다. 덴마크와 한국 모두 전력산업 구조개편의 모형이 영·미식이라는 공통점
을 가지고 있어 덴마크 전력산업 규제완화 과정을 통해 파악한 정책적 시사는
한국의 전력산업 구조개편을 이해하는 데도 도움을 준다. 그래서 이 글의
마지막에는 최근 한국에서도 문제가 되고 있는 전력산업의 구조개혁에 대해
시장형 개혁의 가능성과 한계 그리고 전망에 대해 알아본다.

연구는 주로 문헌연구를 통해 수행한다. 북유럽국가의 망형산업 가운데
덴마크의 전력산업을 제외하고는 자세한 자료의 입수가 어려웠다. 따라서
이 글에서는 불가피하게 주로 OECD에서 발간한 보고서 및 관련 문헌을
이용해 연구를 수행한다.

2. 덴마크 전력산업의 규제완화

1) 덴마크 망형산업의 특징

덴마크의 경제는 매우 개방적인 대외교역부문과 함께 경쟁촉진정책이 더 필요한 내수산업부문 등 대조적인 두 경제체제를 유지하고 있다.[1] 이 나라의 역사적 특성이 곧잘 국내경제의 폐쇄성을 왜곡하기도 한다. 이를테면, 서비스 부문과 비교역재가 유통되는 국내시장의 경우는 경쟁을 피하는 협동적인 산업 분위기가 널리 퍼져 있다. 그러나 이러한 비경쟁적 산업구조 때문에 높은 가격과 제한된 선택권, 미약한 소비자의 대 생산자 협상력 등이 초래되었다. 또한 경쟁을 제한하는 산업규제 때문에 신규기업의 진입이 억제되고 불평등한 조건에서 기존 업체와 경쟁해야 하는 상황이 벌어지고 있다. 이러한 점은 '공평'한 산업정책의 기본정신에 위배된다고 말할 수 있다.

규제가 완화된 망형산업에서는 원칙적으로 경쟁의 원칙을 존중하기는 한다. 그러나 실제 집행에서는 산업간 차이가 작지 않다. 정보통신산업의 경우는 비교적 빠르게 경쟁적 분위기를 수용하고 있으나, 교통산업에서는 이행속도가 매우 느리다. 규제가 여전히 신규진입과 혁신을 가로막으며, 경쟁촉진정책으로 반경쟁적인 각종 협약이나 계약이 제거되었으나 여전히 공공규제로 인한 제약이 많이 남아있다.

덴마크 정보통신서비스 시장의 시장개방 정도와 경쟁수준은 덴마크의 다른 사업부문에 비해 최고 수준이다. 정보통신서비스 시장은 과거 점진적 경쟁촉진 정책에서 벗어나 1997년 완전경쟁을 위해 대외적으로 개방되었다. 현재는 시장접근에 필요한 개별적 면허나 승인이 불필요할 정도로 시장접근에 관한 한 완전히 개방되었다. 또한 OECD 여타 국가와는 달리 외국인에 대한 소유제한이 없다. 이를테면, 텔리아(Telia)와 텔레2(Tele 2) 같은 정보통신업체는 100%

---

1) 이 절의 내용은 OECD(2000a)를 주로 참고했다.

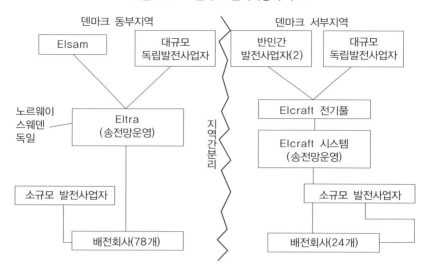

<그림 11-1> 덴마크 전력시장의 구조

스웨덴 기업의 소유이며, 모빌릭스(Mobilix)의 경우도 프랑스 텔레콤(Telecom)이 대주주다. 그 결과 덴마크 통신서비스 시장에는 글로벌원(Global One), 유니소스 (Unisource), 에이티앤티(AT&T) 같은 외국정보통신업체가 다수 진출해 영업하고 있다. 그 결과 정보통신 사용료가 OECD 국가 가운데 가장 낮은 편에 속하게 되었다. 그러나 개별 핵심시장에서는 텔레덴마크(Tele Danmark)의 과거부터 지녀온 독점적 지위가 여전히 유지되고 있다. 이를테면 지방유선TV 시장에서 텔레덴마크(Tele Danmark)는 그 우월적 지위 때문에 통신시설의 경쟁 등에서 제한을 받고 있고 그 결과 음성서비스 같은 신종 서비스의 제공도 규제를 받고 있다.

한편 덴마크 전력산업의 특징은 다음과 같이 요약할 수 있다(OECD, 1998). 첫째, 산업의 주요부문이 수직 결합되어 있고 지역조합과 지방자치단체가 전력산업의 주요부분을 소유하고 있다. 둘째, 덴마크 전기시장은 크게 두 개의 독립된 지역시장으로 분리되어 있다. 엘삼(Elsam)과 엘크라프트(Elkraft)가 이들 두 시장의 사업자로서 영업하고 있는데, 현재는 구조적 변화가 진행되고 있다 (<그림 11-1> 참조). 셋째, 전체 전기의 약 78%가 수입석탄으로 생산되고 있다. 그러나 정부는 1997년 이후 환경보호를 위해 석탄 사용을 금하고 있다. 한편, 천연가스와 재생에너지의 활용을 촉진하기 위해 여러 가지 정책과 유인책이 구사되고 있다. 넷째, 열병합발전이 장려되고 있으나, 이는 송배전망이 열병합발전소와 연결되어야 하는 문제 때문에 경쟁 장애 요소로 작용하기도 한다.

2) 전력산업의 규제완화

덴마크 전력산업의 규제완화에 대해 알아보기 위해 우선 그 정책환경에 대해 알아보고 이어서 전력산업의 산업구조 현황, 구조개편과 규제완화의 내용 등에 대해 알아본다.

(1) 정책환경

덴마크의 전력산업에 대해 이야기하면서 덴마크의 에너지정책, EU의 관련 정책, 그리고 인접국가의 시장자유화 조치에 대해 이야기하지 않을 수 없다. 1973년 석유위기 이전까지 에너지부문에 대한 정부의 규제는 전혀 없었다. 석유파동 이후 정부의 에너지 기본정책은 당시 90%에 달하던 석유에너지 의존도를 줄이는 것으로 모아졌고, 그 결과 발전산업은 연료를 석유에서 석탄으로 대대적으로 전환하게 된다. 그 결과 1973년 전체 전력의 64%가 석유를 이용하던 것에 비해 10년 후인 1983년에는 불과 5%만 석유에 의존해 생산하게 된다. 이와 동시에 가스를 활용한 난방사업이 적극 추진되었으며 각 지역을 가스 혹은 지역난방서비스 지역으로 지정하게 된다. 이러한 조치로 도시지역뿐 아니라 농촌지역에서도 가스관의 광범위한 설치가 이루어졌다.

석탄에 대한 의존이 심해지면서 1980년대 말에는 이산화탄소와 같은 온실가스 저감(低減)이 중요한 사회적 과제로 떠오르게 된다. 그 결과 석탄에 크게 의존하던 정책에서 다시 천연가스 중시정책으로 바뀌게 되었고, 동시에 열병합발전에 대한 관심이 크게 증가하게 되었다. 1986년에는 전력사업자들과 합의 아래 국내생산연료를 활용하는 450메가와트의 소규모 열병합발전소 건설을 추진하게 된다. 1990년에는 온실가스의 저감 목표연도를 2005년으로 잡고, 에너지절약, 열병합발전의 증대, 청정연료의 사용 및 연구개발을 위한 '에너지 2000'을 발표하였다. 이 보고서에 따르면, 에너지절약을 위해 에너지 가격을 높게 유지하는 것이 필요하다는 점을 천명하고 이를 위해 에너지세제를 대대적으로 개편하게 된다.

한편, EU가 각 회원국에 내리는 지침은 전력의 국제거래와 국내시장의 규제에 대한 내용을 담고 있는데, 특히 망운영자의 독립적 지위, 송전망에 제3자 접근 허용, 소비자 선택권의 확대 규정 등이 덴마크 전력산업 개편을 촉진한 중요한 요인으로 작용한다.

1990년대 노르웨이와 스웨덴의 전력시장 개편 또한 덴마크 전력시장의 개편에 커다란 영향을 주었다. 이들 자유화 조치는 소비자에게 전력공급자 선택권 부여, 발전과 송전의 수직통합 해체 혹은 상호독립성 증대 등인데, 이러한 인접국가의 자유화 조치와 성과는 덴마크 전력시장 자유화에 큰 영향을 미치게 된다.

(2) 전력산업의 구조

덴마크 전력시장은 <그림 11-1>에서 보는 바와 같이 동부시장과 서부시장으로 나뉜다. 서부의 경우 6개 발전사업자가 공동소유한 엘삼(Elsam)이 발전에 대한 계획과 통제, 전력거래, 연료의 구매, 새 발전소의 건설자금 조달 등을 담당한다. 이들 발전사업자는 다시 소비시장에서 영업하는 배전회사들이 소유하고 있다. 송전 역시 이들 지역 배전회사들이 공동소유하고 있다. 현재는 배전회사 사이에 인수합병이 활발히 이루어지고 있는데, 2000년 현재 56개 회사가 남아 있다. 이에 비해 동부시장은 서부시장보다 소유가 집중되어 있다. 동부시장의 양대 발전사업자 가운데 하나인 엘크라프트(Elkraft)는 법적으로 조합의 형태를 취하고 있으며, 망운영자 역시 엘클라프트시스템(Elkraft System)으로서 회계와 정보시스템은 엘크라프트와 분리되어 있으나 여타 경영관리부문은 엘크라프트와 통합되어 있다. 발전비용은 전적으로 공동관리되고 모든 발전사업자가 동일요금을 받으며 전력판매수입은 그 생산비용과 같게 되돌려 받는다. 따라서 발전사업자 간 비용절감 유인이 상대적으로 적은 편이다. 비경쟁적인 발전부문에 비해 송배전망은 일부 지역에서는 인접국 회사의 망과 연결되어 있어 경쟁이 촉진되고 있다. 그러나 이러한 요소에도 불구하고, 외국회사와 덴마크 회사 간 교차소유라든가, 쌍방 송전계약, 송전망의 용량제약 등 여러 이유에서 경쟁을 크게 촉진하지는 못하고 있다.

엘트라(Eltra)는 독립 망운영자를 요구하는 EU 지침에 따라 1997년 설립되었다. 1999년에는 망운영자가 발전부문에서 독립된 법적 지위를 유지해야 한다는 법이 의회에서 통과된다. Eltra의 공동사업자(즉, 지역배전회사들)들은 매년 Eltra의 사업보고서와 예산을 승인하고 이사회 임원을 선출한다. 따라서 형식상 Eltra가 발전사업자와 분리되어 있다고 하더라도 소유구조상으로 지역 배전회사가 실질적으로 통제하고 있다. 그러나 기본적으로 덴마크의 동·서부 지역이 서로 송전망으로 연결되어 있지 않아 두 지역의 발전사업자 간에도 경쟁할 만한 여건이 되지 못한다고 할 수 있다. 또한 법령상 송전요금이 원가를 초과하지 못하도록 규제를 받고 있다.

(3) 전력산업의 규제개혁

덴마크의 전력산업은 북유럽 및 유럽연합의 다른 국가들과 여러 가지 면에서 유사점과 함께 차이점도 보이고 있다.[2] 덴마크 전력시장은 다른 북유럽국가와 마찬가지로 여러 가지 시장자유화 조치를 1999년 단행하였다. 그 주요 내용을 보면 발전사업과 배전사업의 수직분리, 송배전망에 대한 제3자 접근허용(규제하에서), 소비자 선택권의 전면 도입, 전력풀(power pool)이 의무가 아닌 일부 쌍방계약에 의한 전력계약 허용, 그리고 공공부문이 전력산업체의 대주주라는 점이나. 그러나 이러한 유사점에도 불구하고 몇몇 핵심적인 차이점이

---

2) 이 항의 내용은 OECD(2000b, c)를 주로 참고했다.

있다. 우선 덴마크는 송전망 운영이 독립적 조직의 통제하에 있지 않고, 여전히 지방자치단체나 소비자조합의 통제하에 있다. 비록 망에 대한 제3자의 공평한 접근이 허용되었다고는 하나, 이들 공익집단이 상당수의 발전사업체를 소유하고 있기 때문에 송전서비스의 제공에는 보이지 않는 차별이 존재한다고 한다. 또 다른 차이점은 환경정책수단인데, 덴마크의 경우 명령·통제와 같은 방식을 주로 사용하고 있다는 점에서 다른 나라와 구분된다. 1999년 규제개혁 조치 이전까지의 규제내용을 보면, 전력산업은 총 수입이 총 비용과 동일하도록 요금규제를 받고, 이 요금은 미래의 투자비까지 고려한 원가보상방식을 따르고 있다. 즉 비용이 들어간 만큼 수입이 보장되며, 실제 투자수요야 어떠하든 간에 전력생산비에 일정 공정보수율(fair rate of return to capital)을 곱해 전력요금을 산출한다. 이 방식은 우리나라의 전력산업과 수도사업도 적용되고 있는 방식이다. 또한 전력산업을 소비자조합과 지방자치단체가 소유하고 있어 민간 사업자에 비해 감독이 상대적으로 부족한 편이라고 말할 수 있다. 따라서 항상 비용만큼 수입이 보장되기 때문에 생산비를 절감할 유인(誘因)이 부족하고, 생산비에 일정한 비율(=공정보수율)을 곱해 가격을 설정하고 투자비를 확보해 주기 때문에 합리적인 투자를 할 유인도 부족하다. 특히 이러한 규제하에서는 과투자(過投資)의 위험이 상존한다고 말할 수 있을 것이다.

이들 문제에 대한 해결책으로서 유인규제(誘因規制)의 채택이 추진되었다. 이 아이디어의 핵심은 비용과 수입 간 자동 연결고리를 끊는 것이다. 이를테면, 비용 대비 일정 배율의 전력가격을 책정해 소비자에게 부과하는 것이 아니라 한 기업이 부과할 수 있는 최대요금만을 설정하고(상한요금, price cap) 나머지는 기업의 재량에 맡긴 후, 기업이 판매수입을 증대하거나 비용을 절감하여 얻은 이윤은 기업의 몫으로 하는 제도다('RPI minus X규제'라 불린다). 또 다른 제도는 벤치마킹을 이용한 제도로서 이것 역시 기업의 경영노력에 따라 그 성과를 보상받는 제도다.

과투자를 유도하는 현재의 가격설정방식은 일정비율의 공정보수율을 적용하는 데서 주로 발생하기도 하지만, 미래의 투자수요를 5년 전에 전체비용의

75%까지 확보할 수 있다는 데서도 기인하고 있다. 이때 기업은 미리 확보한 투자자금(소비자가 결국 미리 지불한)을 자본에 대한 기회비용(=이자)을 지불하지 않고 보유하게 된다. 그 결과 기업이 자본을 시장가격보다 싸게 공급받으며, 전체 유형자산의 91%(Elsam의 경우)가 이러한 방식으로 조달되어 과투자를 유도한다는 점이다. 부차적으로 이러한 관행 때문에 다른 산업에 비해 투자금을 선행 확보하고 그 결과 부채비율이 매우 낮다는 점도 지적할 수 있다. 1999년 규제개혁에서는 이러한 폐습을 없애고자 투자금을 미리 확보하는 방식을 지양하게 된다. 즉 자본조달의 기본방식에 따라 'pay-as-you-go' 방식을 택하게 된다.

3) 덴마크 사례에서 본 참여형과 시장형 구조개편

(1) '시장형' 산업구조로의 개편

각 생산단계별로 수직분리된 전력시장의 구조형성을 목표로 1999년 개혁이 이루진다. 이 조치는 EU의 1996년 지침에 따라 취해진 조치임은 앞서 살펴본바와 같다. 이 지침의 주유내용은 시장의 대외 개방, 생산단계 간 수직분리와 생산단계 내 수평분리를 통한 사업자 간 공정경쟁, 소비자의 사업자 선택 보장 등이었다. 이 지침의 내용이 곧 현재 우리가 보고 있는 덴마크 전력산업의 지향점이라고 말할 수 있다. 이 지침의 내용을 그림으로 요약하면 <그림 11-2>와 같다.

시장구조 측면에서 본 덴마크 전력산업의 구조는 영·미식과 동일한 모양이다. 즉 종래 수직 계열화된 하나의 공급자가 전력의 발전, 송전, 배전 등 모든 것을 책임지던 것에서 생산단계별로는 수직분리하고 동일 생산단계에서는 경쟁이 가능한 몇 개의 기업으로 분할해 경쟁을 유도하는 체계로 전력산업의 구조를 전환했다. 수평분리를 통한 경쟁도입는 전력거래시장을 실시하고 여기서 모든 전력의 거래가 실시간으로 이뤄지는 방식에서 특히 두드러지게 나타난다. 이러한 의미에서 덴마크 전력산업의 '구조'는 시장형 개혁을 따랐다고 볼 수 있다.

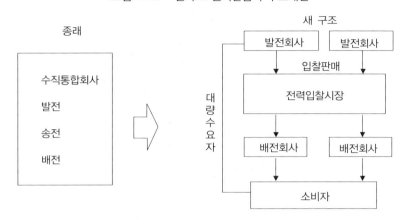

(2) '참여형' 소유·통제구조의 온존

그렇다면 '시장형' 구조가 곧 시장참여자의 '시장형' 행위를 유발할 수 있을 것인가? 그 답은 '예'이면서 동시에 '아니오'다. 우선 전력산업의 각 생산단계별 사업자의 소유·지배에 대한 규제내용에 대해 살펴보자.

<표 11-2> 생산부문별 소유지분 규제현황

사업영역	소유 및 경영	규제
영업	모든 여타 사업자와 독립된 법인. 다른 사업영역에 속한 법인의 최대 15%까지 지분소유 혹은 이사회 다수 확보 불가	통상의 영업회사
배전	다른 부문의 사업체와 별도 법인. 전력소비자의 이사참여 필수	사업승인 필요. 이사회 선거 규제받음. 가격규제, 자본에 대한 수익률 규제, 이윤 허용
송전	다른 부문의 사업체와 별도 법인	사업승인 필요. 가격규제, 자본에 대한 수익률 규제, 제한적 이윤 허용
시스템운영	다른 부문의 사업체와 별도 법인	사업승인 필요. 이사회 선거 규제받음. 가격규제, 자본에 대한 수익률 규제. 영이윤
발전	다른 부문의 사업체와 별도법인(예외적으로 영업부문은 가능). 다른 사업부문 사업체의 지분 최대 15% 허용, 다른 사업부문 사업체 이사진의 과반수 불가	통상의 상업회사. 신규진입자는 열병합발전만 가능

<표 11-2>는 일견 덴마크 전력산업이 영·미형 전력시장 구조와 유사하고 사업자 간 경쟁이 심할 것이라는 인상을 줄 것이다. 왜냐하면 모든 주요 사업영역의 각 사업자는 다른 사업영역에 속한 다른 사업체와는 독립된 사업체여야 하며 지분 혹은 이사회 구성에서도 과반을 점할 수 없고, 또한 생산단계의 모든 사업체가 수직 분리되었기 때문이다. 그러나 이런 외견과는 달리 이들 각 회사는 배전회사→발전회사→운영회사 및 망 소유회사 등으로 연쇄소유 구조로 되어 있고 이 배전회사의 배후에는 지역소비자 조합과 지방정부가 대주주로 되어 있다. 따라서 이들 '공익주주'가 지역 내에서 전기사업자에 대한 주주권을 확보하고 있는 현 상황에서 지역 내 사업자 간 경쟁은 제한적일 수밖에 없다.

<그림 11-2>는 덴마크 전력산업의 연쇄적 소유구조를 잘 보여주고 있다. 이 그림에서 보는 것처럼 전력산업 전체의 최종 보유회사는 배전회사이고 이 배전회사를 소유하고 있는 것이 공익단체인 지방정부와 소비자조합이다.

북유럽의 여타 사회복지 서비스와 마찬가지로 덴마크에서 전기를 지방공공 서비스로 취급하던 전통이 있었다. 그래서 과거 각 지방의 공공기관들은 자기 구역 내의 전력 수요 충당을 위해 생산, 배전, 공급 및 망운영 등을 직접 소유하고 운영했다. 이러한 전통하에서 덴마크는 EU에 가입하게 되었고 EU 의 시장정책은 기본적으로 시장경쟁 촉진정책이었으며 이러한 기본철학에

<그림 11-3> 덴마크 전력산업의 실질적 소유관계

송전망운영 단계	Elcraft 및 Elsam 兩社가 지역 내 송전망 전체 소유
시스템 운영 단계	Elkraft의 80%=SK Power사 소유
	20%=Copenhagen Power사 소유
발전단계	SK Power의 59% = NESA(배전회사) 소유
	Elsam=서부시장 전체 발전용량 6710MW 중 4500MW
	Elkraft=동부시장 전체 발전용량 4789MW 중 4298MW
지역 내 배전회사	지역소비자조합 및 지방정부가 소유

입각해 시장의 구조는 <그림 11-2>와 같은 모습을 하게 된다. 그러나 기존 산업의 이해관계는 <그림 11-3>과 같은 소유구조를 통해 상당부분 그대로 유지된다.

3. 다른 망형산업과 북유럽국가의 사례

문헌검토를 통해 다음 세 가지 질문에 대한 힌트를 얻고자 한다.

① 추구된 개혁의 선택에 영향을 미친 요인은 무엇이었는가?

② 국가와 산업마다 규제완화의 정도가 다른데 무엇 때문에 그런가?

③ 시장개혁 혹은 규제완화의 성과는 개혁유형 혹은 규제완화의 정도와 어떤 관련을 갖는가?

1) 덴마크 통신산업

(1) 시장형 개혁의 내용

같은 망형산업이면서도 전력산업과는 다른 개혁방식을 취한 산업이 바로 통신산업이다. 따라서 전략산업과 다른 개혁방식을 선택하게 된 이유를 파악하기 위해 덴마크 통신산업에 대해 우선 자세히 알아볼 필요가 있다.[3]

덴마크의 경우 1997년 말에는 인구 100명당 정보통신회선이 63.6개였는데, 이는 OECD 국가 가운데 5위에 해당하는 보급률이었다. 고정망의 디지털화는 1998년에 완료되었고, 이동통신망의 디지털화는 84% 정도이다. 그리고 덴마크의 통신산업을 이야기하면서 앞서 살펴본 EU의 행정지침에 따라 오히려 그 지침보다 18달 빠른 1996년 7월 국내통신시장의 자유화조치를 단행하게 된다.

---

3) 이 절의 내용은 주로 OECD(2000b)를 참조하였다.

덴마크는 통신산업의 자유화를 위해 1995년 당사자 간에 정치적 합의가 있었는데 원래 현재의 텔레덴마크(Tele Danmark社) 이전에는 4개의 지역회사가 있었다. 그러나 지역회사는 통신시스템의 차이로 전국을 통합하는 망을 형성하는 데 문제가 있었고 국내, 국제시장에서의 경쟁력 강화를 목적으로 텔레덴마크사라는 지주회사를 1991년 설립하여 통합하게 된다. 이 통합과 더불어 디지털화된 전국망을 구축하게 된다. 텔레덴마크(Tele Danmark)는 전적으로 민간이 소유한 기업으로서 주식의 41.6%가 아메리텍(Ameritech)이라는 외국계 회사의 소유이며 국내 투자자의 지분이 일부에 지나지 않고 정부의 지분은 전혀 없다.

덴마크 통신산업이 시장형 개혁노선을 택했다는 증거는 위의 소유지분 구성을 통해서 엿볼 수도 있지만 좀 더 직접적으로는 시장자유화 조치의 구체적 내용을 통해서 확인할 수 있다. 덴마크 통신산업은 1995년 4월 "2000년까지 가장 좋고 값싼 통신서비스"의 제공을 목표로 구조조정하기로 정치적 합의가 이루어졌다. 이 합의에 따라 1996년 전면자유화 이전까지 통신산업의 구조조정은 다음 두 단계를 밟아 진행된다.

- 1단계: 당시 최대 독점사업자이던 텔레덴마크가 가지고 있던 두 가지 독점권, 즉 자사 소유 전국통신망을 통한 텔레비전 · 라디오 독점전송권과 도시경계 내 광역망의 설치에 대한 독점권 등을 폐지했다. 또한 이동통신 사업자들의 망 접근을 좀더 용이하게 함으로써 국내 및 국외 이동통신업체와 연계된 서비스를 제공할 수 있도록 했다.
- 2단계: 덴마크 통신산업의 일대 전환점은 1995년 12월이다. 이때 1996년 7월까지 전면자유화에 대한 정치적 합의가 있었고, 이른바 2단계 자유화조치의 시작을 알린다. 이 2단계는 다음 두 단계를 거쳐 진행된다.
  - 2a 단계: 우선 전면자유화가 가능하도록 법제의 정비기 뒤따른다. 여기에는 모든 통신시설과 서비스에 대한 접근권 개방, 중계의 기본 틀 마련, 가격규제의 얼개 마련, 보편서비스 의무조항 정비 등이 있었다. 동시에 통신중재위

원회도 설치되었다.

· 2b단계: 이 후속단계에서는 실질적 경쟁이 가능하도록 하는 법제의 정비가 주안점이었다. 중앙통신위원회(National Telecom Agency: NTA)의 독립성 제고, 중계제도 추가 정비, 스펙트럼 할당을 위한 얼개 마련 등이 이 시기에 마련된다.

1996년의 전면자유화 조치로 서비스시장에 대한 사업자의 진입은 매우 자유로워졌다. 모든 사업자는 NTA의 승인이나 등록이 없이 행정명령에 규정된 일반적 조건(개인정보 및 데이터보안, 비상서비스, 관련정보를 규제자에게 제공하는 의무 등)만을 충족시키면 통신사업을 할 수 있도록 되어 있다. 이러한 개방형 체제의 운영 결과, 2000년 현재 사업자수는 50명을 넘고 있다. 이러한 관리방식은 다른 OECD 국가들과 대단히 다르다. 보통은 규제자가 인허가권을 이용해 사업자에게 일정 조건을 부과하게 된다. 즉 시장지배적 사업자에 대해서는 반경쟁적 행위를 사전에 막기 위해 다른 사업자보다 더 자세한 영업정보를 요구한다든가 혹은 일정한 영업조건을 부과한다. 그런데 덴마크에서는 인허가를 통해 시장규율(market discipline)을 확보하는 대신 각종 행정명령을 통해 시장규율의 확보를 시도하고 있다. 이러다 보니 단일법제나 체계를 통해 접근할 때보다 규제의 자의성이 높아지는 결과가 초래되었다.

프로그램 전송서비스 역시 NTA로부터 허가를 받아야 한다거나, 케이블TV방송의 설립운영을 위해 등록을 해야 한다거나 하는 일이 필요가 없다. 또한 케이블TV 방송사업자는 통신서비스를 자사 망을 통해 자유롭게 제공할 수 있다. 덴마크의 통신산업에 대한 외국인 소유제한이 없는 것도 또 다른 특징이다.

텔레덴마크는 전국망과 지방망을 소유한 독점적 지위 때문에, 신규사업자는 텔레덴마크가 운영하는 망을 이용해 서비스를 제공해야 하는 형편이다. 이러한 이유 때문에 NTA는 텔레덴마크 이외의 사업자가 망을 이용하는 문제에 대해 규제를 한다. 망접근에 대해 텔레덴마크와 분쟁이 생겼을 때 역시 중재에 나선다. <표 11-3>은 최근의 중재실적이다. 이상과 같은 규제덕분에

<표 11-3> 망 접속 관련 중재 실적

1995	1996	1997	1998
2건	7건	15건	38건

망이용 사업자수는 전면자유화 이후 지속적으로 늘어나, 1998년 12월 말 현재 24개 업체와 텔레덴마크 간에 협상이 이뤄졌다.

다만 여기서 주의할 것은 이러한 규제개혁 조치에도 불구하고 유선전화 보편서비스, 종합정보통신망(ISDN), 임대회선 요금, 전화번호 응답서비스, 장애자를 위한 특별서비스 등에 대한 요금규제는 지속되고 있다는 점이다. 또한 국내 시내전화 시장에서는 여전히 텔레덴마크의 시장점유율이 무척 크고 망접근에 대한 보이지 않는 차별의 가능성은 여전히 존재한다고 한다. 그러나 이러한 통상적인 우려나 한계에도 불구하고 덴마크 통신시장은 매우 경쟁적이며 소유구조가 덴마크 전력산업과는 달리 100% 민간소유이라는 점에서 시장형 개혁을 택했다는 점은 유의할 점이다.

(2) 시장형 개혁의 성과

1996년 전면자유화 이후의 가장 큰 변화는 통신시장에 다수의 사업자가 새로 진입했다는 것이다. 그 결과 2000년 현재 50개 이상의 사업자가 통신망과 통신서비스 시장에서 영업하고 있다. 고정망 부문에서는 경쟁이 주로 국제전화시장에서 발달하고 있다. 텔레덴마크는 시장점유율이 1997년에는 25%가, 1998년에는 35%가 자유화 이전보다 줄어들었다. 장거리통화시장에 신규진입이 이루어진 것은 1997년 이후였기 때문에 1997년 신규진입자의 점유율이 5%에 그쳤고, 1998년 말에 이르러 10%로 성장했다. 앞으로도 장거리 및 국제전화시장에 더 많은 신규진입이 있을 것으로 예상되며, 여타 부가서비스 사업자들도 계속 이 시장에 진입할 것으로 기대되고 있다

시내통화시장에서는 앞서 다른 시장과는 달리 여전히 텔레덴마크의 독점이 유지되고 있으며, 앞으로도 당분간 이런 추세가 지속될 것으로 보인다. 더구나

기반시설 부문에서는 신규진입자에 의한 투자경쟁이 아직 전혀 없는 것으로 보고되고 있다. 이런 점은 다른 OECD 국가의 사례와 좀 다르다.

전면 자유화 이후 가장 경쟁적 시장이 된 곳이 이동통신시장이다. 1992년에 텔레덴마크와 소노폰(Sonofon)에 대해 사업허가를 내준 이후, 덴마크는 GSM 기술시장에서 처음 경쟁을 도입한 나라가 되었다. 이후 1997년 DSC1800 분야에서 네 개 업체에 사업인가를 내주면서 경쟁은 더욱 확대되었고 텔리아 (Telia)와 모빌릭스(Mobilix) 등 두 신규사업자의 진입이 이루어졌다. 이러한 규제완화의 결과, 서비스요금의 인하와 각종 신규서비스 제공이라는 성과가 있었다.

2) 다른 북유럽국가의 망형산업과 규제완화

(1) 노르웨이

노르웨이의 공기업은 설립배경을 기준으로 대체로 세 가지 유형으로 분류할 수 있다.[4] 첫째는 기반시설 관련 혹은 자연자원 관련 공기업, 둘째는 사회복지 사업 혹은 사회정책적 차원에서 설립된 공기업, 셋째는 정부 내 서비스 관련 공기업 등이다. 기반시설 관련 공기업은 중앙은행, 주택은행, 농업은행, 우편공사, 통신공사, 철도공사 등 망형산업으로 분류되는 사업을 수행한다. 본 연구에서 주로 관심을 갖는 이들 망형산업은 모두가 관련 서비스를 국가가 직접 제공하겠다는 의도에서 국영기업으로 출발한 것이다. 따라서 덴마크 전력산업처럼 분산소유구조로 출범한 망형산업이 아니었다. 이러한 차이는 EU의 출범과 더불어 촉발되는 규제완화과정에서 규제완화의 강도와 시장개혁 유형의 선택에 중요한 영향을 미친다. 노르웨이의 망형산업의 역사와 규제완화 이력에 대해 좀 더 자세히 알아보자.

1855년 전신전화청(Telegraph Directorate)을 설립한 것은 광범위한 기반시설

---

4) 이 항목의 내용은 Jøsevold(1998)를 주로 참고했다.

의 설치를 국가가 직접 담당하고 관련 서비스(국가의 핵심적 공공서비스)를 직접 제공하고자 하는 의도에서였다. 1857년에는 우정사업본부(Postal Services Administration)를, 1864년에는 공공도로사업청(Directorate of Public Roads)을 설립하고, 1865년에는 철도사업을 위한 책임자를 임명하였다. 전기사업에서는 국가의 수력자원을 보호하고 활용하려는 목적에서 민간의 수력발전사업 참여규제가 1906년에 처음 시행되었다. 1920년에는 국가가 직접 발전소 건설에 참여하였다.

통신공사인 텔레노(Telenor)는 과거 정부기업 형태이던 노르웨이 텔레콤이 민영화되어 텔레노 에이에스(Telenor AS: 정부투자기관 형태)로 된 것을 말한다. 통신사업의 규제완화는 1980년대 중반으로 거슬러 올라간다. 규제완화의 첫 단계는 흔히 보듯이 서비스 기능과 규제기능의 분리이고, 규제기능은 노르웨이 통신위원회(NTA)로 독립되었다. 통신공사의 임무는 양질의 통신서비스를 누구에게나 동일한 조건으로 제공(universal service)하는 것이다. 이밖에도 비상통신 기능의 제공, 시각장애인과 청각장애인을 위한 문자서비스, 외국정부와 선박을 위한 텔렉스서비스 같은 사회정책적 차원의 서비스도 제공한다. 이러한 서비스의 대가로 정부의 특별지원이 없는 대신 독점사업수익으로 해당사업의 비용을 충당한다. 그리고 관련법의 규정에 따라 통신공사는 100% 정부소유다.

우정공사(Posten Norge BA)는 과거 혼합기업에서 발전된 형태의 기업으로 1996년에 현재와 같은 공사로 발전하였다. 우정사업은 정부의 사업부문별 규제완화 조치와 통신기술의 발달로 정부독점에서 점차 경쟁사업의 형태로 변화해 왔다. 현재 우정공사는 350그램 이하 우편에서만 독점사업을 하고 있을 뿐, 여타 사업영역에서는 다른 사업체들과 경쟁하고 있다. 이 독점부문에서는 전국 단일요금, 동일조건 서비스라는 보편적 서비스를 제공해야 하고 그 대신 우정공사는 정부의 우편물 배송에서 일정한 특혜를 누리게 된다. 1997년부터는 별도의 계성을 통해 이 사업이 관리되고 있다. 우편사업을 감독하는 규제기관으로는 우정사업위원회(Posttilsyn)과 통신위원회가 있다.

철도공사(Norwegian State Railways)는 한국의 경우처럼 정부기업에서 출발해 현재는 영업과 시설관리를 분리한 두 개의 별도 조직으로 독립·분화하였다. 이 분리조치는 1990년에 회계상 선로를 영업부문에서 처음 분리하면서 착수되었다고 할 수 있다. 이러한 분리조치를 통해 영업이익이 가능한 영업부문(철도공사, NSB BA)을 독립시키고, 선로의 유지관리와 계획부문(National Rail Administration)에서는 국가의 역할을 더욱 분명히 하고 강화하였다. 그리고 이러한 철도사업의 규제와 감독을 위해 교통통신부 밑에 철도감독청(Railway Inspectorate)을 설치·운영하고 있다. 이러한 분리조치로 정부의 보조금이 두 부문으로 나뉘어 지급되었고, 그 결과 영업부문은 선로관리부문에 일정한 사용료를 지급하는 등 원가의식과 각 사업부문의 재무책임성이 높아지는 효과가 있었다. 최근 철도공사는 몇몇 부문에서 사업다각화를 시도하고 있다. 버스 자회사 혹은 공항과 시내를 연결하는 철도서비스 제공 자회사의 설립 등이 그러한 예다.

(2) 핀란드

핀란드는 1980년대까지 독점·가격규제·카르텔 등 비교적 폐쇄적 경제체제를 유지하고 있었다. 당시에 외국인은 핀란드에서 주식을 산다거나 토지를 살 수 없을 정도였다. 그러나 1990년부터 핀란드 경제는 엄청난 변화를 겪게 된다(OECD, 2000d, 2003). 현재 핀란드는 다른 나라에 비해 매우 경쟁적인 사업환경을 가지고 있는 개방경제 국가로서 국내총생산의 35%를 대외교역을 통해 얻고 있으며, 이 수치는 1980년대에 비해 10%나 증가한 것이다. 이러한 시장개방 조치의 결과 소비자의 선택폭이 훨씬 넓어졌고, 뇌물수수·부패·암시장 등은 국제수준에 비해 현격히 낮아지게 되었다.

어떤 의미에서 핀란드는 지식경제에 매우 잘 적응해 성공한 나라라고 할 수 있다. 1980년대만 해도 목재, 종이, 금속제품 등을 주로 수출하던 핀란드는 통신산업의 빠른 성장으로 지식기반경제가 되면서 근본적인 경제적 변화를 겪게 된다. 이러한 변혁을 추동한 요인으로는 규제완화, 디지털화, 데이터 전송능력의 획기적 증대 등 세 가지를 꼽을 수 있다. 예를 들면, 통신사업분야의 규제완화와 더불어 과거 정부 공기업이 독점하던 시장에 경쟁이 도입되었고, 여기에 아날로그 통신기술이 디지털 기술로 발전되면서 여러 사업자들이 경쟁적으로 새로운 서비스를 창출하고 새로운 부를 쌓았으며 시장규모가 확대되는 경제적 성과를 거두게 되었다. 유럽 전 지역에 통하는 GSM 휴대전화 통신망이 1991년 처음 도입된 이래, 지리적으로나 기능상으로 빠르게 성장해 왔다. 규제완화에 속도가 붙은 것은 텔레팩스와 데이터통신 분야의 기술혁신 때문이었다. 이러한 기술혁신과 시장변화에 따라 새로운 법제가 필요했고, 빠르게는 1980년대에 이미 그러한 제도적 정비가 있었다. 정보통신 분야의 규제완화와 규제철폐 덕분에 핀란드의 기업은 다른 국제적 기업에 앞서 개방 경제의 변화에 더 잘 적응하고 성공하게 되었다.

핀란드에서 1990년대에 불었던 시장화 경향은 일종의 놀랄 만한 사건이라고 할 수 있다. 공공서비스의 전달체계를 혁신시켰던 계기는 1987년에 제정되어 그 이듬해부터 발효된 공기업법(State Enterprise Act)이다. 이 법의 적용으로 인해 국가사무 가운데 사업적 성격이 있는 활동에 대하여 공기업법이 우선 적용되었고, 이 공기업법은 해당 사업의 법인화(incorporation)를 향한 중간조직으로 활발히 활용되었다. 그 결과, 1990년 당시 정부기업은 약 6만 7천 명을 고용했는데 1997년 공기업화를 통해 이 규모는 5천 명으로 감소하게 되었다. 현재 이들 가운데 일부는 더욱 민영화되어 있는 상태다.

4. 개혁유형에 따른 전력산업 규제완화의 효과분석

현재 덴마크 전력산업 구조의 성과에 대해 평가하기에는 구조개편의 역사가 일천해서 대단히 어려운 상황이다. 따라서 우선 OECD 경제국(Department of Economics)이 수행한 연구로서 전력산업의 시장형 개혁성과에 대한 국제 비교연구 결과에 대해 우선 알아보고, 제한적이지만 덴마크의 성과에 대해 알아보며 이러한 성과가 개혁방식의 차이에서 오는 결과인지에 대해서도 논의한다.

1) 시장지향형 개혁의 성과 평가: OECD 국가 일반

전력산업의 규제완화 효과는 OECD 국가에 대해 비교 연구한 Steiner(2000)의 연구를 통해 알아보고자 한다. 정량적 효과분석으로 OECD 국가의 연구성과를 참조한 이유는 덴마크에 국한된 정량분석 결과를 얻을 수 없다는 현실적 한계에도 일부 기인하지만, 다른 한편으로는 덴마크의 경우 유럽연합의 일부로서 그 규제완화 및 민영화의 모델이 영국과 미국 쪽이었고 이 점에서는 다른 OECD 국가와 크게 다르지 않기 때문이다. 따라서 이러한 공통적 지향에 착안해 OECD 국가의 전력산업에 대한 최근의 연구분석은 여전히 유효한 정책시사를 준다.

발전과 송전의 수직분리는 발전부문에 대한 신규진입을 촉진하기 때문에, 장기적으로 전력요금을 내리는 효과가 있다. 그러나 요금에 대해 측정한 계수는 통계적으로 유의하지 않은 것으로 나타났다. 이는 수직분리의 효과가 나타나는 데는 많은 시간이 걸리기 때문인 것으로 보인다.

민간소유의 정도가 큰 전력산업을 많이 가지고 있을수록 요금이 더 높은 것으로 나타났으며, 통계적으로도 유의하다. 즉 민간소유가 반드시 경쟁을 촉진해 요금인하로 이어지지는 않는다는 뜻이다. 여기에는 여러 가지 이유가 있을 수 있다. 첫째, 민간소유의 정도가 높을수록 투자자본의 비용을 가격에 반영하는 비율이 높고, 또한 민간투자시 투자자본에 대한 공공의 보조가 줄어드는 경향이 있다. 그러나 공공소유시 자본비용의 일부를 조세를 통해 가격보조함으로써 낮은 가격이 형성된 것이라면 이는 적어도 경제학적 관점에서는 비효율적일 가능성이 높다. 둘째, 국가독점이 민간독점으로 대체되었을 뿐 실제 시장경쟁이 촉진되지 못할 경우, 규제에 의하지 않는 한 민간기업이 요금을 낮게 책정할 아무런 이유가 없다.

망에 대한 접근보장이 실제 전력요금의 인하로 연결되기 위해서는 두 가지 조건이 충족되어야 한다. 즉 망접근에 대한 실질적 공정성이 확보되어야 하고, 또한 실제로 망 접근을 신청하는 신규사업자가 있어야만 한다. 따라서 이

<표 11-4> 규제완화가 전력요금에 미친 영향

종속변수	요금	가정요금 대비 산업요금 비율
설명변수		
발전과 송전의 수직분리 정도	-0.001	-0.051*
민간소유의 정도	0.003*	0.035*
망에 대한 제3자 접근	-0.003	-0.035*
현물도매시장 존재여부 (존재=1, 없음=0)	-0.005*	-0.114*
자유화까지의 잔여 년수	0.001*	
민영화까지의 잔여 년수	0.001	
전체 전력생산량 중 수력발전의 비율	-0.034*	
전체 전력생산량 중 원자력의 비율	0.002	
국내총생산	0.000	
기간	11	11
국가 수	19	19
관측치의 개수	209	209

주: *는 $p < .05$
　잔여연수가 3년인 경우 -3으로 측정

두 조건이 충족되어 실제로 전력요금이 인하된 것으로 판명되기까지는 일정 시간이 필요하다. 반면 현물시장에서는 망접근 보장으로 인한 가격인하가 즉각 나타날 수 있을 것이다. 이러한 추론에 근거해 추정된 회귀계수의 유의도를 이야기할 수 있을 것이다. 현물시장의 계수는 기대한 부호일 뿐만 아니라 유의하다. 그리고 그 크기도 다른 어떤 변수보다 크다.

민영화나 자유화가 가까울수록 가격이 내려가는 것이 아니라 오히려 가격이 올라가거나 가격이 계속 높게 유지되는 경향이 나타났다. 이 점은 통신산업과 같은 망형산업에서도 유사하게 나타나고 있는 현상이다(Boyland and Nicoletti, 2001). 통상 민영화의 목적이 정부재정부담을 최소화하고 재정수입을 늘리는 것에 있다면 이러한 부호가 이해가 된다. 또한 가격이 높은 시점에 민영화를 단행하는 경향이 높기 때문에 이러한 '+'가 나온 것으로 추성할 수도 있다.

수력발전은 운영비가 작기 때문에 수력발전의 비율이 높을수록 전체전력이 전력비용이 낮아지는 경향이 있다. 이와는 반대로 초기비용뿐 아니라 운영비

<표 11-5> 규제완화가 생산성에 미친 영향

종속변수	가동률	적정 생산용량과 실제 생산용량 간 차이
설명변수	종속변수	0.00003*
발전과 송전의 수직분리	0.00003*	-0.10447*
민간소유의 정도	0.00001*	-0.03332
망에 대한 제3자 접근의 정도	-0.00001	0.03985
핵발전에 대한 호감정도	-0.00002	-0.03986
석탄발전에 대한 호감정도	-0.00003	0.16975*
도시화	0.00000	-0.00071
기간	11	11
국가 수	19	19
관측치의 개수	209	209

주: *는 $p < .05$

도 결코 낮지 않은 원자력발전의 점유율은 가격인상 요인으로 작용하고 있음
을 보여준다. 통상 원자력발전이 첨두수요보다는 기초수요를 충족시키기 위해
이용됨에도 이런 결과가 나왔다.

규제완화가 가정요금 대비 산업요금의 비율에 미치는 영향을 보면, 규제개
혁에서 가장 큰 혜택을 보는 수요자는 대규모 산업수요자이지 가계(家計)수요
자가 아니라는 것을 알 수 있다. 산업체 수요자의 경우, 통상 수요규모가
가계에 비해 크고 공급자를 바꿀 수 있는 힘이 있으며, 또한 현물시장에 참여할
수도 있기 때문에 자유화의 혜택을 많이 볼 수밖에 없을 것이다. 그러나 가계의
경우 기존 지역배송망에서 기존 전기회사의 전기 공급에 계속 의존해야 하기
때문에 규제완화의 혜택은 상대적으로 작을 수밖에 없다. 그리고 민간소유
비율이 높을수록 산업요금에 대한 정부보조가 상대적으로 줄어드는 경향이
있고, 이 때문에 산업요금이 가정용 요금에 비해 올라가는 경향이 있다.

다음으로 규제완화와 민영화가 생산성에 미친 영향에 대해 알아본다. 생산
성지표는 전력생산 용량 대비 생산량을 의미하는 가동률과 또 다른 지표로
적정생산용량과 실제 생산용량 간 차이 등 두 가지 지표를 통해 알아본다.
<표 11-5>의 분석결과를 보면 대체로 규제완화의 효과가 긍정적임을 보여준

다. 수직분리와 민간소유비율이 높을수록 가동률은 높고 적정생산용량과 가깝게 생산용량을 갖춘다는 점을 보여준다.

2) 참여형 시장개혁의 성과: 덴마크 전력산업 사례

(1) 가격

비교대상을 어떤 종류의 전력으로 하느냐 그리고 그 비교대상을 어느 국가로 삼느냐에 따라 덴마크 국내시장의 전력요금이 상대적으로 싸기도 하고 혹은 비싸기도 하다. 산업용 전기의 경우 OECD 국가 가운데 중간 정도의 가격을 보이고 있다. 그러나 같은 북유럽국가인 핀란드나 스웨덴에 비하면 15%에서 60%까지 비싼 가격을 수요자가 지불하고 있다고 한다. 한편 가정용 요금의 경우는 이보다 훨씬 심해서 OECD 국가 가운데 두 번째로 요금이 비싸고 같은 북유럽국가인 스웨덴에 비해서는 1997년 현재 88%가, 핀란드에 비해서는 1997년 현재 14%나 비쌌다고 한다.

문제는 이러한 가격차이가 전력산업 전반의 지배구조와 직접 관련이 있느냐 하는 것이다. 우선 <표 11-4>와 <표 11-5>에서 보듯이 OECD국가에서 시장형 개혁의 성과를 부정할 만한 통계적 증거는 없다. 여기서 좀 더 나아가 시장형 개혁과는 다른 대안적 개혁 유형을 택했을 때 개혁의 시장성과는 시장형 개혁에 비해 못할 것이라는 가설의 설정이 가능하다. 이런 관점에서 보았을 때, 덴마크의 전력요금이 중상위 수준에 있는 이유는 실질적 시장개혁을 지향하지 못한, 그래서 내용상으로는 참여형 개혁의 모양을 취한 기본전략 때문이었을 것으로 보인다. 이를 더욱 뒷받침하는 사실로서 덴마크의 경우 전력산업 투자비의 상당 부분이 최종수요자의 부담으로 충당되는데 이 자본비용이 전력요금에 반영되지 않았다고 한다. 만일 그렇다면 앞에서 본 덴마크의 전력요금은 공식 통계보다 더 높은 순위를 차지할 가능성이 높아 보인다.[5]

---

5) 이러한 대규모 보조가 민영화 이후에는 상승된 소비자 가격으로 전가될 가능성이 크다.

(2) 전력 공급의 안정성

전력공급의 안정성 측면에서 덴마크의 전력은 안정적이라는 평가를 받고 있다. 상당 부분의 전력이 석탄을 이용해 생산되고 석탄은 해외 여러 나라에서 수입되고 있다. 이런 면에서 원료수급에서는 안정적이라는 평가가 가능해 보인다. 한편 역외시장과 통합된 덴마크 서부시장의 경우 노르웨이와 스웨덴에서 공급되는 수력전력은 공급량의 변동이 심한 편이지만 이 변동에 대비한 덴마크 전력산업의 대응공급 체계는 잘 갖추어져 있는 편이라고 한다.

아무리 시장형 개혁방식이 전력요금 인하에 큰 효과가 있다고 해도 이로 인해 전력공급의 안정성이 문제가 된다면 개혁의 성과는 빛이 바랠 것이다. 덴마크에서 전력공급의 안정성이 높은 이유에 대해 덴마크에서 전력이라는 재화를 지방공공재의 일종으로 파악하고 그 생산과 공급과정에 소비자와 지방정부가 깊숙이 개입해 온 결과 때문이라고 말할 수도 있을 것 같다. 그러나 시장형 개혁이 반드시 공급의 안정성에 부정적 영향을 미치느냐에 대해서는 논란의 여지가 있다. 캘리포니아 전력사태를 예로 볼 때 전력의 민영화는 전력공급의 안정성 확보에 반하기도 한다는 평가가 내려지고 있다. 그러나 이는 민영화의 방식이 불완전해서 발생한 문제라는 진단도 있는 것이 사실이다. 이를테면 전력요금의 최종소비자 가격은 통제하면서 전력생산에 필요한 기름과 천연가스의 가격은 자유화한 채 캘리포니아의 전력산업은 규제가 완화된 상태였다. 따라서 생산비는 올라가게 허용하면서 판매가격은 규제해 왔기 때문에 생산자의 수익성 악화로 신규투자의 감소와 기존 생산시설의 가동률 저하로 전력 공급량 자체가 줄어들게 되었다. 이러한 상황에서 전력난은 불가피했다(전영재, 2000).

그러나 한편으로는 지방공공서비스로 제공되던 전력이 철저히 시장논리에 따라 제공될 때 이러한 자본투자 수요 자체가 합리화될 가능성이 있다. 이때 민영화로 인해 발생하는 투자비용의 전력요금 대한 최종인상효과는 불명확해 보인다.

5. 개혁유형의 선택과 시사점

1) 개혁유형 결정요인 분석

왜 어떤 국가의 어떤 산업은 시장형 개혁을 채택했고 왜 다른 국가의 어떤 산업은 다른 유형의 개혁노선을 지향했는가? 이제 전력산업을 포함한 망형산업의 여러 사례를 통해 이러한 의문에 대해 답할 차례다. 이에 대한 답은 앞서 살펴본 덴마크와 다른 국가의 사례를 통해 그 실마리를 찾을 수 있다. 우선 개혁유형의 선택과 관련해 북유럽국가의 전력 및 통신산업을 중심으로 지금까지 살펴본 바를 다음과 같이 정리할 수 있다.

- 노르웨이 통신산업=국가 서비스로 규정 → 국가독점사업 → 국유화 (중앙정부의 의지대로 자유화 용이) → 시장형 개혁
- 핀란드 통신산업=국가 서비스로 규정 → 국가독점사업 → 국유화 (중앙정부의 의지대로 자유화 용이) → 시장형 개혁
- 덴마크 통신산업=자유화 조치 이전 4개 지역 민간회사 → Tele Danmark 지주회사로 통합(100% 민간회사) → 자유화 조치 동시 단행 → 시장형 개혁
- 덴마크 전력산업=지방공공서비스의 일종으로 인식됨 → 규제완화 이전에는 소비자조합과 지자체가 소유한 다수의 지역회사가 분점 → 중앙정부의 추진력 감소 → 혼합형 개혁

노르웨이와 핀란드 통신산업의 사례에 비추어 보았을 때 덴마크 통신산업도 덴마크의 전력산업과는 달리 국가 기간산업으로서 발전해 온 경로를 밟아왔던 것으로 추정된다. 이런 관점에서 보면 왜 통신산업의 경우 국가에 관계없이 덴마크의 전력사업과는 다른 개혁유형을 선택하게 되었는지 설명할 수 있다. 즉 덴마크 전력산업과는 달리 다른 산업 혹은 국가에서는 국가가 국유기업의 '주인'으로서 혹은 순수 민간회사를 정책적으로 통제할 수 있는 권력으로서

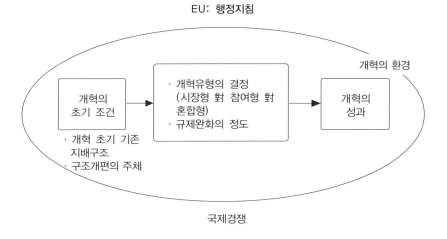

<그림 11-4> 개혁의 초기조건, 유형의 선택 및 성과

EU: 행정지침

자신의 의지대로 해당 산업의 구조를 비교적 자유롭게 재설계할 수 있었을 것으로 보인다. 이에 반해 덴마크의 전력산업은 통신서비스에 비해 필수재적 성격이 더욱 강했을 뿐만 아니라 지역 내에 기반을 둔 다수 이익단체의 강한 통제하에 있었기 때문에 기본적으로 EU의 행정지침에 따라 중앙정부 주도로 추진되었던 규제완화 및 시장자유화 조치에 대해 지역의 반응은 미온적이었을 가능성이 크다. 그 결과 중앙정부의 정책의제에 따라 시장자유화의 모양은 '산업구조적'으로는 띠되 실질 면에서는 기존의 '이해관계'를 변형된 소유구조와 의사결정 방식을 통해 그대로 보전한 형태를 띤 혼합형 개혁모델을 채택했던 것으로 보인다.

따라서 이러한 관찰의 결과 개혁조치 단행 당시의 초기조건, 즉 ① 해당산업을 중앙이 통제하고 있었느냐 아니면 지역단체가 통제하고 있었느냐에 하는 조건과 ② 개혁의 실질적 추진주체가 누구였느냐 하는 점이 개혁유형의 선택에 크게 영향을 미쳤음을 알 수 있다. 이를테면 중앙정부의 통제하에 있던 산업으로서 중앙정부가 개혁의 추진자로 나섰던 북유럽 여타 망형산업의 경우 거의 예외 없이 시장형 개혁을 추구했다. 이에 반해 개혁의 실질적 추진자이자 해당산업에 강한 통제력을 가진 주체가 지방단체였던 덴마크 전력산업의 경우 형식적 추진자였던 중앙정부의 의지가 지방정부를 통해 혼합형이라는 개혁유형으로 타협을 본 것이다. 이러한 개혁 초기의 사회적 여건은 당시 어떤 사회가 달성한 일종의 정치적 균형을 반영한 것으로서, 개혁이 갖는 정치경제적 특성상 개혁노선의 선택이 이 정치적 균형에 영향을 받지 않을 수 없었을 것이다.

그런데 개혁유형의 선택은 이후 개혁과정에서 보게 될 규제완화의 정도뿐 아니라 개혁의 성과에도 직접 영향을 준 것으로 보인다. 이를테면 덴마크 전력산업의 실질적 구조개편 주체는 지방정부였기 때문에 덴마크의 다른 망형 산업 이를테면 통신산업과 비교해서도 규제완화의 정도가 덜했다. 이런 점은 시장개혁의 성과에도 일정 부분 영향을 미친 것으로 보인다. 즉 개혁조치 이후 전력공급의 안정성 면에서 덴마크의 전력산업이 매우 신뢰할 만하다는 평가를 받고 있다는 점이다. 그 발생원인에 대해서 이견이 있기는 하지만 덴마크 전력산업의 공급안정성은 캘리포니아 전력난 사태에서 보았던 미국 전력산업의 안정성과는 분명히 구분된다. 그러나 요금 측면에서 보면 덴마크의 전력요금이 다른 나라와 비교해 종별로 그 인하효과가 불분명하게 나타나고 있다. 이 점은 철저하게 시장형 개혁을 추구하지 않고 혼합형 개혁을 선택한 데서 기인한 것으로 보인다.

2) 한국: 시장형 개혁의 또 다른 교훈사례?

한국의 전력산업 구조개편은 이미 국내외의 연구결과(Christensen and Greene, 1976; 손양훈·정태용, 1993)와 1990년대 후반 한국전력에 대한 경영진단과 더불어 본격적으로 논의되기 시작해 1999년 '구조개편 기본계획'의 확정, 그리고 '전력산업구조 개편촉진에 관한 법률'의 제정공포(2000. 12.23)와 '전기사업법'의 개정으로 실행을 위한 제도적 여건을 갖추게 된다. 구조개편의 기본골격은 1980년대 영·미에서 시행했고 이미 앞에서 본 바와 같이 한국전력이 독점한 전력공급체계를 서비스단계별 수직분할하고 다시 지역 간, 회사 간 수평분할하며 전력을 마치 일상 재화와 마찬가지로 현물시장에서 자유롭게 거래하도록 하는 것이다. 또한 그 내용 중에는 여전히 자연독점적 성격을 가진 망의 운영(계통운영 및 망의 유지관리)은 전기위원회와 같은 공공규제기관의 관리 아래에 두고 전력거래는 전력거래소를 통해 이루어지는 것이 포함되어 있다. 따라서 앞서 덴마크나 유럽연합 제국과 마찬가지로 우리나라도 정책기능은 산업자원부가 담당하되 규제기능은 정책부서와는 다른 독립위원회인 전기위원회가 담당하는 체계를 갖추는 것을 계획하였다. 이에 따라 2002년까지 발전부문에 대한 민영화를 완료하고 2단계로 2008년까지 도매경쟁체제를 도입하며, 3단계로 2009년 이후 소매경쟁이 가능하도록 하는 것이었다. 따라서 한국의 경우 영·미식 '시장형' 개혁모델을 따르고 있다.

그러나 이러한 의욕적인 구조개편 구상에도 불구하고 제1단계인 발전소 민영화계획부터 구조개편 작업이 순탄치 않게 진행되고 있다. 이를테면 첫 번째 매각대상으로 주식회사 남동발전을 선정해 입찰을 실시하였으나 유찰이 되었고 그 결과 기업가치를 높여 재추진하도록 하였다. 여기에 더하여 2003년 3월 28일 노사정위원회의 의결로 송배전의 분할을 연기하기로 결정함에 따라 전력산업의 구조개편 전망은 안개 속으로 접어들게 된다. 노사정위원회의 결정은 2000년 1월 캘리포니아에서 전후 최대의 전력난이 발생하면서 경쟁도 입에 처음부터 부정적이던 노동계의 이해와 맞아 떨어져 기존의 영·미식 구조개편 방향을 재검토하기에 이른 것이다. 최근에 한국개발연구원에서도 기존의 구조개편방식에 대해 재검토를 요구하는 보고서가 출간되면서 관련 학자들 사이에서도 논란이 더욱 분분해진 느낌이다(임원혁, 2004).

한국의 전력산업 구조개편이 시장형 개혁모형을 선택한 점은 앞서 살펴본 대로 개혁의 초기상황에서 시장형 개혁노선을 추종할 가능성이 높았고 실제로 비교적 최근까지 한국도 그러한 궤적을 따라 움직여왔다고 말할 수 있다. 우선 이러한 의제 설정자가 중앙정부이면서 동시에 중앙정부의 강한 통제를 받는 정부투자기관이었다는 점에서 한국의 전력산업은 덴마크의 전력산업과는 달리 노르웨이나 덴마크의 통신산업과 같은 시장형 개혁을 추구할 가능성이 높았고 실제로 그렇게 출발했다. 그러나 구조개편의 초기조건은 정책추진과정에서 여러 가지 변화를 맞게 된다.

- 외환위기의 극복에 따른 정책환경의 변화
- 국민의 정부를 승계한 참여정부의 '참여형' 국정운영
- 한국노동자 집단의 강한 영향력
- 캘리포니아 전력사태와 같은 사건 발생으로 시장형 개혁 모델 자체에 대한 반성

결국 실제 구조개편을 통해 달성하려던 시장형 개혁이 좌절되고 그 대안에 대한 명확한 방향조차 잡지 못하게 되면서 관련 논의 전체가 중단된 상태라고 말할 수 있다. 따라서 한국의 전력산업을 시장형 개혁모형으로 추진하는 일은 상당 기간 파행할 가능성이 커졌다.

다음은 발전-배전 분리의 중단을 권고한 노사정위원회의 결의문의 일부이다(노사정위원회, 2004).

공동연구단은 보고에서 배전분할을 통한 도매시장 도입 시 전기의 특수성(저장 불가능, 수요의 가격 비탄력성)과 과점시장 폐해로 전기요금 상승 및 공급불안정성 발생이 우려되므로 기대편익이 불확실할 뿐만 아니라 외국과 고립된 우리나라의 특수성으로 인해 전력대란의 가능성이 있고 한국전력공사에 의해 운영되는 현 체제가 저렴한 가격으로 전력을 안정적으로 공급한다는 임무를 비교적 성공적으로 수행중이라는 판단에 따라 현 체제가 전면 개편되는 배전분할 추진은 중단되어야 하며, 한국전력공사의 배전사업부문에 내부경쟁 및 경영효율성을 구현하기 위해 독립사업부제를 도입하되 세부방안에 대해서는 추후 연구를 거쳐 시행할 것 등을 제안하고 있다.

따라서 전력산입의 구조는 적어도 단·중기적으로는 위의 결의 내용대로 회계적 분리라는 가장 약한 수준의 '개편'만을 추구한 채 현재의 상태를 유지

할 것으로 보인다. 그러나 이러한 회계학적 경영효율화방안은 기업경영의 내부적 효율화 수단으로서 통상 기업에서 채택하는 방법이기 때문에 시장형 개혁모형은 실현되지 못했고 이러한 의미에서 한국의 예는 시장형 개혁을 시도하는 국가에 있어 그 잠재성과 함께 all or nothing형의 한계를 함께 보여주는 좋은 사례가 될 것으로 보인다. 이렇게 본다면 한국이 택하고 있는 현재의 시장형 모형 대신에 덴마크 전력산업과 같은 혼합형 개혁 모형을 한 가지 대안으로 고려해 볼 수 있을 것 같다. 이때 현재의 파편화된 소비자는 협상력을 지닌 거대한 공공단체로 재구성되기 때문에 공동연구단이 우려했던 과정의 폐해를 일정부분 제어할 수 있고, 이미 전력산업 구조개편계획이 잘 나타나 있는 것처럼 장기계약을 활성화함으로써 불안정한 전기공급과 전기요금의 상승에 대해 일정한 통제력을 발휘할 수 있을 것으로 보인다.

6. 결론

이상의 연구를 통해 개혁유형의 선택에 영향을 주었던 개혁당시의 초기조건이 개혁유형의 선택, 규제완화의 정도, 시장성과에 무시할 수 없는 영향을 미쳤다는 사실을 확인할 수 있었다. 따라서 같은 망형산업에 속하는 산업일지라도 동일 국가 내에서조차 서로 다른 개혁유형이 선택되었다. 본 연구에서 살펴본 덴마크는 시장형 개혁을 표방했으면서도 실제는 기존의 이해관계가 그대로 보존된 참여형 개혁을 추진했던 점에서 독특하고 재미있는 사례이다.

노사정위원회. 2004. 2004. 6. 17 보도자료. 노사정위원회 홈페이지 http://www.lmg.go.kr.

손양훈·정태훈. 1993. 『전력산업의 규모의 경제에 대한 연구』. 에너지경제연구원.
유훈. 1985. 『공기업론』. 법문사.
임원혁. 2004. 『전력산업구조 개편: 주요 쟁점과 대안』. 한국개발연구원.
전력신문. 2005. 발전 5사 분할 이후 어떻게 변했나. 창간 2돌 특집. 4월 2일자.
전영재. 2000. 캘리포니아 전력난의 실상과 시사점. 삼성경제연구소.
조창현·윤우진. 2001. 『네트워크산업 민영화과정에서의 경쟁과 규제』. 산업연구원.

Borenstein, S., Bushnell, J. and Wolak, F. 2002. Measuring Market Inefficiencies in California's Restructured Wholesale Electricity Market. *American Economic Review*, 92, pp.1376~1405.

Boylaud, Olivier and Nicoletti, Giuseppe. 2001. Regulation, Market Structure and Performance in Telecommunications, OECD Economics Department Working Papers No.237

Brumby, Jim, Hyndman, Michael, and Shepherd, Stuart. 1997. State Owned Enterprise Governance, OECD Public Management Service.

Christensen, L. and Greene, W. 1976. *Economies of Scale in U.S. Electric Power Generation. Journal of Political Economy*, 84, pp.656~676.

Gonenc, R. and Nicoletti, G. 2000. Regulation, Market Structure, and Performance in Air Passenger Transportation, OECD Economics Department Working Papers No. 254.

Green, R. 2003. "Failing Electricity Markets: Should We Shoot the Pools?" *Utilities Policy*, 11, pp.155~167.

Jøsevold, Roger. 1998. Reforming Public Enterprises —Case Studies: Norway, OECD Public Management Service.

Kaserman, D. and Mayo, J. 1991. "The Measurement of Vertical Economies and the Efficient Structure of the Electric Utility Industry." *Journal of Industrial Economics*, 39, pp.483~502.

OECD. 1998. Energy Policy in IEA countries: Denmark 1998 Review, IEAA/OECD, Paris.
_____. 2000a. Regulatory Reform in Denmark: Enhancing Market Openness through Regulatory Reform.
_____. 2000b. Regulatory Reform in Denmark: Regulatory Reform in the Telecommunications Industry.

_____. 2000c. Regulatory Reform in Denmark: Regulatory Reform in the Electricity Sector.

_____. 2000d. Regulatory Reform in Finland: Marketization of Government Services-State-Owned Enterprises.

_____. 2003. Regulatory Reform in Finland: Enhancing Market Openness through Regulatory Reform.

Salminen, Ari and Viinamaki, Olli-Pekka. 2001. Market Orientation in the Finnish Public Sector: From Public Agency to Privatized Company. Ministry of Finance, Finland.

Steiner, Faye. 2000. Regulation, Industry Structure and Performance in the Electricity Supply Industry. OECD Economics Department Work Paper No.238.

Walston, S., Kimberly, J., and Burns, L. 1996. "Owned Vertical Integration and Health Care: Promise and Performance." *Health Care Management Review*, 21(1), pp.83~92.

Wolfram, C. 1998. "Strategic Bidding in a Multiunit Auction: An Empirical Analysis of Bids to Supply Electricity in England and Wales." *RAND Journal of Economics*, 29, pp.703~727.

찾아보기

지은이

남궁근

서울대학교 정치학과, 서울대학교 행정학과 석사, 미국 피츠버그대 행정학 박사

미국 버클리 대학교 교환교수

현 서울산업대학교 행정학과 교수

미국행정대학원 연합회 우수박사논문상(1989) 수상

한국행정학회 저술부문 학술상 수상(1999): 수상작『비교정책연구』(법문사)

연구분야: 행정개혁, 연구방법론, 정책이론

저서:『행정조사방법론』(3판, 법문사, 2003)

　　　『비교정책연구』(법문사, 1999) 외 다수

논문:「북유럽국가의 인적자원관리」(≪한국행정학회보≫, 2005) 외

　　　국내외 학술지에 60여 편의 논문 발표

가이 피터스(B. Guy Peters)

미시간 주립대 정치학 박사(정부개혁, 관료제도 전공)

미국 피츠버그대 정치학과 석좌교수

미국정책학회 회장(1990) 역임

연구분야: 행정개혁, 비교정치, 관료제도

저서:『미래의 국정관리(The Future of Governing: Four Emerging Models)』(1996)

　　　『관료제의 정치(The Politics of Bureaucracy, 1978)』 외 다수

논문:「행정개혁의 전파(Diffusion of Administrative Reforms)」 외 70여 편, 그 외 일

　　　반논문 및 Book Chapters - 행정개혁의 성공과 실패에 관한 설명 등 130여 편

조현석

서울대학교 외교학과, 서울대학교 대학원 정치학 석·박사

현 서울산업대학교 행정학과 교수

연구분야: 과학기술정책, 산업정책, 국제관계

저서:『과학기술·환경·시민참여』(한울, 2002, 공저)

　　　『세계화와 한국』(을유문화사, 2003, 공저)

논문:「일본의 기술 중심 지역주의 모색」(2005)

　　　「클린턴 행정부의 신기술성책과 WTO 보조금 협정」(2004)

　　　「일본의 산학협동제도 연구」(2002) 등

김승현

서울대학교 정치학 학사, 미국 퍼듀대학교 정치학 석·박사

현 서울산업대학교 행정학과 교수

연구분야: 복지행정, 비영리조직, 사회적 자본, 연구방법론

저서: 『현대의 사회과학』(박영사, 2004, 공저)

논문: 「비영리부분에 관한 이론적 설명과 역사적 경험: 불리안 비교분석」(2004)

　　　「비영리부분의 성장요인에 관한 비교역사적 연구: 서구의 경험을 중심으로」(2003)

윤홍근

서울대학교 정치학 학사, 서울대학교 정치학 석·박사

현 서울산업대학교 행정학과 교수

연구분야: 정치행정이론, 한국정부

저서: 『유비쿼터스 시대 기업의 로비전략』(성균관대학교출판부, 2005, 공저)

　　　『현대의 사회과학』(박영사, 2004, 공저)

논문: 「글로벌화와 경쟁정책의 변화: 스칸디나비아국가비교연구」(2005)

　　　「미국 기업의 정치적 활동유형의 최근 변화 동향에 관한 연구」(2003) 등

정익재

고려대학교 정치외교학 학사, 미국 뉴욕주립대학교 행정학 박사

현 서울산업대학교 행정학과 교수

연구분야: 정보통신정책, 위험안전관리, 환경정책

논문: 「미국의 정보보호정책 추진방안 연구」(2004)

　　　「정보화정책 실패사례 분석과 정책교훈」(2002) 등

이혁주

한양대학교 도시공학과, 미국 하버드대 행정대학원 석사, 미국 펜실베니아대 도시 및 지역계획학 박사

안양대학교 전산통계학과 전임강사, 서울시정개발연구원 도시경영연구부 책임연구원

현 서울산업대학교 행정학과 교수

연구분야: 지역과학, 도시경제학

논문: 「덴마크 전력산업의 규제완화와 정책시사」(2005), "Curbing Excess Sprawl"(2006), ≪한국행정학보≫, ≪국토계획≫, ≪지역연구≫, *Journal of Regional Science*, *Regional Science and Urban Economics* 등 국내외 학술지에 정원관리, 도시관리, 토지이용-교통 일반균형모형, 그린벨트, 재택근무 등에 대한 논문 다수 발표

김상묵

한양대학교 행정학과, 한양대학교 대학원 행정학 석사, 미국 미시간주립대학교 정치학 박사
동국대학교 경주캠퍼스 행정학과 조교수
현 서울산업대학교 행정학과 부교수
연구분야: 조직설계, 조직행태 및 인적자원관리
저서: 『행정조직진단의 이론과 실제』(2004, 공저)
논문: 「정부조직의 직무특성에 관한 연구」(2005)
　　"Individual-Level Factors and Organizational Performance in Government Organizations"(2005)
　　"Gender Differences in the Job Satisfaction of Public Employees: A Study of Seoul Metropolitan Government Korea"(2005) 등

한울아카데미 855

스칸디나비아 국가의 거버넌스와 개혁

ⓒ 남궁근 외, 2006

엮은이 | 남궁근
펴낸이 | 김종수
펴낸곳 | 도서출판 한울

편집책임 | 안광은

초판 1쇄 발행 | 2006년 5월 30일
초판 2쇄 발행 | 2007년 10월 12일

주소 | 413-832 파주시 교하읍 문발리 507-2(본사)
       121-801 서울시 마포구 공덕동 105-90 서울빌딩 3층(서울 사무소)
전화 | 영업 02-326-0095, 편집 02-336-6183
팩스 | 02-333-7543
홈페이지 | www.hanulbooks.co.kr
등록 | 1980년 3월 13일, 제406-2003-051호

Printed in Korea.
ISBN 978-89-460-3535-5 93350